本书得到山西大学出版基金部分资助

国际战略研究丛书

美国在中东伊斯兰国家的文化外交

AMERICA'S CULTURAL DIPLOMACY IN THE ISLAMIC COUNTRIES IN THE MIDDLE EAST

郭 威／著

社会科学文献出版社
SOCIAL SCIENCES ACADEMIC PRESS (CHINA)

目录 CONTENTS

序　言 / 001

第一章　绪　论 / 001
　　一　问题的提出及本书的意义 / 001
　　二　研究现状 / 007
　　三　创新之处及难点 / 019
　　四　研究框架 / 021
　　五　研究方法 / 024

第二章　美国文化外交概述 / 026
　第一节　美国文化外交的发起 / 026
　　一　文化外交的概念及其演变 / 026
　　二　美国文化外交的开始 / 038
　第二节　美国文化外交的发展 / 043
　　一　第二次世界大战时期的美国文化外交 / 044
　　二　冷战时期的美国文化外交 / 045
　　三　20世纪90年代至21世纪初的美国文化外交 / 048
　　四　"9·11"事件以来的美国文化外交 / 050
　第三节　美国文化外交是公共外交的重要组成部分 / 053

第三章　文化外交与美国—中东伊斯兰国家关系 / 058

第一节　美国—中东伊斯兰国家关系概述 / 058
　　一　中东伊斯兰国家概念 / 058
　　二　第二次世界大战前美国与中东伊斯兰国家关系 / 060
　　三　第二次世界大战后美国与中东伊斯兰国家关系 / 063
第二节　新时期美国与中东伊斯兰国家开展文化外交的
　　　　必然性 / 067
　　一　武力无法解决一切 / 068
　　二　交流与对话是理解的关键 / 071
　　三　文化外交与人类共性 / 073
第三节　新时期美国推动文化外交的全面实施 / 075
　　一　有关文化外交会议及学术研讨活动 / 077
　　二　公共外交/文化外交机构的相继成立 / 079
　　三　文化外交机构发布的报告 / 082
　　四　文化外交的倡议和活动 / 087
　　五　学者、著名人士以及团体等对文化外交的呼吁 / 092

第四章　美国在中东伊斯兰国家的文化外交 / 095

第一节　美国在中东伊斯兰国家文化外交概述 / 095
　　一　实施背景 / 095
　　二　实施目标 / 097
　　三　实施机构 / 098
第二节　美国在中东伊斯兰国家实施文化外交的内容 / 100
　　一　教育交流项目 / 101
　　二　艺术交流项目 / 107
　　三　倡议互动项目 / 126
　　四　大众传播项目 / 138
第三节　美国在中东伊斯兰国家开展文化外交的特点 / 155
　　一　文化外交实施主体的多样性 / 155

二　文化外交参与群体的广泛性 / 157
三　文化外交运作机制以文化与教育事务局为主、其他
　　部门为辅 / 158
四　文化外交实施范围的广阔性 / 159
五　文化外交实施内容侧重交流项目、凸显美国价值观念 / 160
六　文化外交目标旨在维护美国全球利益 / 162

第五章　中东伊斯兰国家对美国文化外交的因应 / 165
　第一节　中东伊斯兰国家文化特性对美国实施文化外交的
　　　　　影响 / 165
　　一　伊斯兰教与中东伊斯兰国家文化 / 165
　　二　西方文明与中东伊斯兰国家文化 / 168
　　三　中东伊斯兰国家文化与美国文化外交 / 174
　第二节　中东伊斯兰国家政府层面的因应措施 / 179
　　一　中东伊斯兰国家政治现状 / 179
　　二　中东伊斯兰国家政府对美国文化外交的回应 / 186
　第三节　中东伊斯兰国家民众层面的反响 / 192
　　一　中东伊斯兰国家民众现状 / 192
　　二　中东伊斯兰国家民众对美国文化外交的看法 / 197

第六章　关于美国在中东伊斯兰国家文化外交的评价 / 206
　第一节　美国在中东伊斯兰国家文化外交评估及案例 / 206
　　一　关于美国文化外交的评估 / 206
　　二　美国在中东伊斯兰国家文化外交（官方）评估的若干
　　　　案例分析 / 216
　　三　美国与中东伊斯兰国家关系的现实状况 / 231
　　四　美国文化外交官方评估与现实状况的差异分析 / 242
　第二节　美国文化外交的诸多缺陷 / 244
　　一　美国文化外交的执行导向问题 / 244

二　美国文化外交的单向交流方式 / 249
　　三　美国文化外交管理上的缺陷 / 254
　　四　美国文化外交的投入不足问题 / 257
　　五　美国文化外交工作人员存在的问题 / 261
第三节　美国文化外交的困境 / 264
　　一　文化霸权 / 266
　　二　美国化 / 268
第四节　美国在中东伊斯兰国家文化外交实施中的可鉴之处 / 275
　　一　文化外交实施力量的多样性 / 275
　　二　政府部门和非政府部门之间的合作 / 279
　　三　建立文化外交评估机构 / 281

第七章　结语 / 284
　　一　文化外交是美国中东战略政策的重要组成部分 / 284
　　二　正确认识和实施文化外交有助于国际和谐关系的发展 / 291
　　三　积极开展文化外交对中国对外交往的重要意义 / 304

参考文献 / 311

后　记 / 336

序　言

　　文化导入外交，古已有之。然而，将文化有意识地纳入外交活动、从事文化外交实践则是20世纪以来的突出现象。纵观世界各国的外交活动，"文化关系"和"文化力"（推动文化传播、扩散的力量）受到广泛关注。有着全球影响力的美国早已把文化外交纳入国家总体外交之中，甚至成为其实现对外战略目标的支柱之一。美国不仅对外开展文化外交，输出美国式价值观，而且通过各种途径塑造美国的国际形象。那么，美国在伊斯兰世界是如何实施文化外交的？特别是2001年"9·11"事件以来，美国在中东伊斯兰国家加大了文化外交的投入力度，其效果究竟如何？是否改善了美国在中东乃至伊斯兰世界的形象？这是当前国际社会以及学界关注的重大热点问题。郭威博士以敏锐的观察力注意到这一问题的重要性，他在博士论文基础上完成的著作《美国在中东伊斯兰国家的文化外交》就是对该问题的深入探讨。

　　郭威撰写的《美国在中东伊斯兰国家的文化外交》依据国际关系理论和文化交往理论，从文化外交入手研究美国与中东伊斯兰国家之间的关系，揭示美国与中东伊斯兰世界之间错综复杂关系背后的诸多因素，分析美国在中东伊斯兰国家文化外交实践之得失缘由，进而提出在国际关系领域开展文化外交的基本原则。因此，这本著作的出版，不仅是作者个人的重要学术成就，也是对中东研究和国际文化关系研究方面的重要贡献。主要表现在如下几个方面。

　　第一，这本著作提高了关于美国在中东伊斯兰国家文化外交的研究水平。文化外交是目前国际关系研究的前沿领域，但是，从文化外交入手探讨美国与伊斯兰世界的关系一直是国内外学术研究领域中的薄弱点。一方面，作者从教育交流项目、艺术交流项目、倡议互动项目和大众传播项目等四个方面归纳并梳理美国在中东伊斯兰国家的文化外交实践，进而总结和概括美国在中东伊斯兰国家开展文化外交的特点，诸如，文化外交实施主体的多样性；参与群体的广泛性；运作机制以国务院文化与教育事务局为主、其他部门为辅；实施范围的广阔性，在国内外同时进行；实施内容侧重交流项目、凸显美国价值观念；文化外交目标旨在维护美国的全球利益；等等。另一方面，作者还考察了中东伊斯兰国家如何应对美国的文化外交、从官方到民间的态度等等。因此，这本著作较为全面地展现了美国与中东伊斯兰国家的文化关系，具有一定的开拓性，是我国学者对大国与中东关系研究的新成果。

第二，这本著作揭示了美国在中东伊斯兰国家实施文化外交的实质及作用。在美国推行的中东战略中，文化外交构成其重要组成部分，它对美国与中东伊斯兰国家的关系产生了深远影响。作者通过相关案例研究分析美国在中东伊斯兰国家推行文化外交的得失，客观分析了美国在中东伊斯兰国家文化外交的诸问题及困境，即"文化霸权"和"美国化"问题，由此决定了美国在中东伊斯兰国家的文化外交难以达成其预期目标——既没有改善美国的国际形象，也没有消除中东伊斯兰国家从官方到民众对美国的疑虑、猜疑。

第三，这本著作对于当前开展国家间公共外交实践有一定的借鉴意义。作者在考察美国与中东伊斯兰国家文化关系的基础上，提出了文化外交应倡导"平等观"、"双向性"和"对等性"，而非"优劣观"、"单向性"和"不对等"。应该说，文化外交必须建立在尊重不同文明的前提下，以包容、开明的理念开展文化外交，这将有助于推动国际关系的和谐发展。从中国现阶段发展的实际需要来看，文化外交已上升为国家间交往的重要内容，成为国家软实力的重要构成部分。因此，积极开展文化外交乃是中国对外交往的必然选择，从根本上符合构建和谐世界的基本理念。由此，这本著作的出版，具有很强的现实性和针对性，为当前我国开展公共外交和文化外交，尤其是在中东地区推动文化外交提供了借鉴和参考。

郭威撰写的著作《美国在中东伊斯兰国家的文化外交》即将付梓了，张晓东教授和我作为他的博士研究生导师，首先要向他表达由衷的祝贺。首先，该书凝聚了他多年来从事美国、中东研究和文化理论教研的心得体会，也是他在中国社会科学院研究生院攻读博士学位期间扎实学习和潜心思考的最终成果。其次，该书作为一篇出色的博士论文，是张晓东教授和我共同指导完成的，它凝聚着我们的心血，因此，该书之出版也是对已故著名中东问题专家张晓东教授的告慰。应该说，《美国在中东伊斯兰国家的文化外交》一书仍是美国与伊斯兰世界文化关系研究的初步成果，对该领域的研究还有待拓展和深化。因此，希望这本著作的面世，能够引起相关领域学者以及广大读者们的兴趣，进一步推动美国与伊斯兰世界关系的深入研究。

王林聪

2014 年 6 月 18 日

于中国社会科学院西亚非洲研究所

第一章

绪 论

一 问题的提出及本书的意义

（一）问题的提出

文化外交是一个跨外交学、文化人类学、产业经济学等学科的新型研究领域①。如今，文化外交已经成为现代外交中的一项重要内容，世界各国特别是有影响力的大国已经把文化外交作为外交的重要部分纳入国家的总体外交之中。许多国家都把文化外交视为有效弘扬本国文化、扩大自身影响、提高自身国际形象并促进相互理解的途径和工具而大力发展②。美国作为当今世界头号强国，它的对外行动，无论是军事、外交，还是文化方面，都对世界产生了重要影响，它与世界各国、国际组织、非政府组织的关系对世界格局的变化起着重要的作用。而中东地区长久以来一直是世界的热点地区，素有"三洲五海"（亚洲、非洲和欧洲，地中海、红海、阿拉伯海、里海和黑海）之地的称号，战略地位十分重要。而作为中东地区重要组成部分的中东伊斯兰国家，与美国的关系微妙。传统外交和军事外交长期以

---

① 彭新良：《文化外交与中国的软实力——一种全球化的视角》，外语教学与研究出版社，2009，第372页。
② 刘明霞：《试论战后日本文化外交》，硕士学位论文，华东师范大学，2009，第9页。

来一直是被公认的解决二者关系的手段,但是美国并没有通过这些手段赢得中东伊斯兰国家的尊重。尤其是伊拉克战争后,美国推出了一项针对伊拉克和整个阿拉伯国家进行民主改造的"中东民主化战略"。但在中东伊斯兰地区的实践中,这项被称为"大中东计划"的民主改造战略遭受了严重挫折:不是受到坚决的抵制,就是陷入严重的危机中。而中东伊斯兰地区也深受动荡之苦,持续恶化的局势对当地居民的生活造成了严重影响,金融业和旅游业受到重创。对于持续不断的动荡局势,广大民众已经十分反感甚至厌恶,渴望尽快恢复正常生活。就国际层面而言,二者的关系也影响到国际局势,使国际关系变得更加错综复杂,给国际社会的和谐发展带来阻碍。美国纽约圣约翰大学著名外交史学家弗兰克·宁科维奇(Frank A. Ninkovich)在其《文化外交》(Cultural Diplomacy)一书中说道:"文化手段和政治、经济、军事手段一样,不但都是美国外交政策的组成部分,在大国间军事作用有限的情况下,特别是在现代核战争中无法严密保护本国不受报复的情况下,文化手段尤其成为美国穿越障碍的一种更加重要的强大渗透工具。"[1] 特别是哈佛大学肯尼迪政治学院院长、美国前国家情报委员会主席、前助理国防部长约瑟夫·奈(Joseph S. Nye, Jr.)提出"软权力"的概念,他认为:文化是软权力的来源之一[2]。软权力(又称为"软实力")中的吸引力是一国吸引他国自愿地将本国利益和政策目标与影响国相契合的能力。综合来看,软实力来自政治、经济、军事、外交、科技、文化等不同的资源及其柔性运用之中。由于各种资源具有不同的属性和特征,因此,其在软实力的形成过程中也扮演了不同的角色。奈谈到了文化吸引力,吸引力的主要来源是影响国受人欢迎的文化、意识形态或政治价值,以及内外政策内容。文化吸引力涉及一国宗教、语言、教育、生活方式、电影、电视、报纸、网络、饮食等对他国人民的吸引力。显然,具有

---

[1] 张骥、刘中民等:《文化与当代国际政治》,人民出版社,2003,第341页。
[2] 倪世雄等:《当代西方国际关系理论》,复旦大学出版社,2001,第393页。

全球吸引力的文化无疑是构成软权力的重要基础，它能够对他国人民产生潜移默化的影响，促进他国对本国的喜爱程度以及对本国政策的接受和仿效程度[1]。文化软实力是国家软实力的战略支撑，决定着软实力的潜在规模、强度和生命活力。如果对一个国家来说，经济是根基、科技是动力，那么文化就是神经和血脉。没有经济作为根基，其他各种软实力都难以形成；没有科技作为推动力，其他软实力的发展则将受到限制；没有文化作为神经和血脉贯穿整体，则其他软实力不仅会活动不便，而且终将停滞不前、僵化枯萎。一个国家软实力的形成最终要通过各种形式的对外交往来实现并体现出来，就好比人要通过社会交往来展示自己的实力、确定自己的身份和地位一样，因此，外交软实力通过放大或缩小功能而决定着一国现实软实力的大小或强弱[2]。美国作为当今世界唯一的超级大国，其军事、经济硬实力在世界范围内无人能及，而其软实力也是维持国家强盛的重要基础。正如德国作家约瑟夫·乔菲（Josef Joffe）对美国的硬实力与软实力所做的描述那样："美国向其他国家展示的不单是强大的硬实力——最先进的枪炮、舰船和飞机，还有其无孔不入的软实力——哈佛、好莱坞、麦当劳和微软。"[3] 确实，美国拥有引以为豪的软实力：罗斯福总统概括的"四大自由"（言论自由、信仰自由、免于匮乏的自由、免于恐惧的自由）成为家喻户晓的经典表述；美国一直是接纳普通移民和知识分子最多的国家；美国文化更是主导了世界潮流，塑造着年青一代的头脑和心灵；美国的价值标准、意识形态不但能够通过国际货币基金组织、北约等国际组织发挥影响力，还能通过全球贯通的网络时刻渗透到各国人民的生活当中[4]。

---

[1] 陈志敏、肖佳灵、赵可金：《当代外交学》，北京大学出版社，2008，第163页。
[2] 孟亮：《大国策——通向大国之路的软实力》，人民日报出版社，2008，第50页。
[3] Josef Joffe, "Sofe Power Politics", Time Europe, Vol. 155, Issue 23, 2000, p.32.
[4] 肖欢：《国家软实力研究：理论、历史与实践》，军事谊文出版社，2010，第117~118页。

可见文化在一个国家对另一个国家的关系中意义变得非常大,而文化外交正是实施软权力中文化因素的一个重要途径。通过文化外交实施本国的对外战略,正成为各国在新时期、新形势下的一种战略选择。美国总统奥巴马2009年在开罗大学演讲中传达了"新开端"(New Beginnings)计划,强调美国与伊斯兰世界并不排斥,不需要相互竞争。他认为,双方必须持续地努力,相互倾听、相互学习、相互尊重,并寻求共同点。

本书试图通过探讨文化外交的特性及其在美国实践运用中的演变历程,来论证在彼此相互倾听、相互学习、相互尊重的前提下,文化外交是否是寻找共同点的有效方式之一,并最终给美国和中东伊斯兰关系带来新的开端,促进彼此的相互理解,从而给国际社会以及中国以启示?因此研究文化外交,尤其是美国在中东伊斯兰国家文化外交的实施对于我国实施文化外交以及如何实施文化外交有重要意义。

(二)本书的意义

1. 本书的理论价值

首先,推动文化外交基本问题的深入研究。文化外交作为一门新兴的学科还处于不断完善的阶段,其基本理论,包括概念的界定、特性、实践手段或方式等依然有待于继续探讨。本书在对研究现状进行分析的基础上,对文化外交的概念、特性、实践手段或方式等均做出自己的分析。尤其是通过对文化外交基本属性——平等性、相互性、辅助性和两重性的论述,从本质上揭示了文化外交的过程是相互间平等交流的过程,只有在彼此交流的基础上才能达到理解的目的,从而赢得心灵和思想的沟通。因此,通过论述,本书争取为完善文化外交的基本理论添砖加瓦。

其次,从文化外交的新视角考察、研究并分析美国与中东伊斯兰国家的关系。美国与中东分别是世界上独一无二的超级大国和热点地区。二者之间的冲突研究一直是学界关注的焦点,包括经济冲突和军事冲突，以及由此引发的一系列国际社会问题。但是在冲突之外我们还应该看到二者之间相对缓和的一面——文化互动，即美国在中东伊斯兰国家已经采取的一些文化外交实践活动。在这些实践活动中，缓和的程度要远远大于由经济和军事造成的冲突的程度。本书通过探讨缓和的一面，为理解美国与中东伊斯兰国家的关系提供一个新的视角，丰富对这一问题的认识。

最后，国际文化关系框架下对文化外交意义的理论分析。文化在当前国际关系中的作用越来越受到重视，许多学者论述了文化对国际关系的影响。在国外以入江昭教授为代表的文化国际主义者主张通过思想观念和人与人之间的交流、学术合作，或者促进各国相互理解的努力，将各个国家和民族之间的活动联系起来。在我国以俞新天研究员为代表的学者提出了国际文化学的理论框架。框架首先提出思想、观念和原则，进而产生思想观念的体系认同，接下来产生制度文化，从而对世界政治和经济产生影响。这些成为研究国家间文化关系与文化外交的重要理论依据。当提出思想、观念和原则后，通过什么途径达到思想观念的体系认同？文化外交是否是其中之一，并且应该去尝试的一种方式呢？如果是，那么通过文化外交是否能达到思想观念的体系认同，从而产生制度文化，并最终对世界政治和经济产生影响呢？通过探讨，本书尝试在国际文化学视野中对文化外交的意义进行理论分析。

2. 本书的实践意义

（1）就国际社会而言。

一方面，信息社会对国与国之间关系的要求。以互联网为代表的信息技术革命，将信息传递到世界的各个角落，不同的知识体系、价值系统、文化群落处于密切联系之中，彼此的差异、分歧、矛盾必然在这场碰撞中发生摩擦，甚至引发冲突。如何在外交上通过政府的力量，有意识地进行引导、协调和调节，架起不同文化与文明和平共处的桥梁，越来越彰显出文化外交的作用和意义。

另一方面，文化外交有利于国际合作、促进世界和谐。国际合作是指国际关系行为主体全面或局部的协调、联合等协力行为，是一种相互适应，它基于各行为主体在一定领域和范围内利益或目标的基本一致或部分一致。当前许多全球性问题只有在国际合作的基础上才可以完成。1997年11月1日，前国家主席江泽民在美国哈佛大学演讲的时候指出："相互了解，是发展国与国关系的前提。惟有相互了解，才能增进信任、加强合作。"[1] 体现出实现国家利益与满足国家利益两重性的文化外交正是促进国际合作的有效途径之一。国际合作在一定程度上避免了国际社会的冲突，促进了世界的和谐发展。

（2）就国家个体而言。

一方面，当前是一个文化外交的时代。冷战结束时，无论是资金的预算还是部门的变迁可以看出，美国文化外交在整体外交中的地位骤降。然而，随着"9·11"事件的发生，文化外交再次引起有关学者和政府官员的重视。时代的发展不仅要求拓展外交的内容，还要求拓展外交的实体范畴。文化外交作为现代外交的重要内容正成为各国总体外交的重要组成部分。世界各国十分重视通过文化外交弘扬本国文化，扩大自身的影响，尤其是文化外交有利于国家形象的塑造。国家形象是一个主权国家和民族在世界舞台上所展示的形状相貌及国际环境中的舆论反映，良好的国家形象是国际合作的前提条件[2]。良好的国家形象取决于本国良好的形象政策的实施。从根本上讲，良好形象政策的实施，还得依赖于国家固有文化自身的力量，文化外交越来越成为国际形象塑造关键的一环。因此，研究文化外交与国家形象的关系对于更好地实施文化外交、发挥文化外交的作用意义很大。

---

[1] 江泽民：《增进相互了解，加强友好合作》，载《江泽民文选》，2006，第58页。
[2] 李寿源：《国际关系与中国外交》，北京广播学院出版社，2001，第305页。

另一方面,对中国政府的启示意义。文化外交为中国的总体外交营造了良好的氛围,在发展双边关系中起了重要的推动和促进作用。从长远来看,推行文化外交是中国发展对外文化关系、维护世界文明多样性的重要途径。而且通过研究美国对中东伊斯兰国家文化外交的经验和教训,可以更好地改善中国与该地区的关系,从而实现中国的和谐发展。

二 研究现状

(一)国外研究现状

"文化外交"这个概念最早由美国外交史学家拉尔夫·特纳(Larf Turner)在20世纪40年代提出,后由美国外交史学家弗兰克·宁柯维奇(Frank A. Ninkovich)进行了系统的阐述和发展。可以说国外对文化外交的研究始于20世纪40年代末。"9·11"事件之后,文化外交被有关人士和机构重提到日程上来,对文化外交的研究热情也日益高涨起来,尤其是一些基金会、学会申请了文化外交研究的课题。其中,布鲁金斯学会中东政策萨班研究中心特别进行了美国对中东文化外交研究的项目。

1. 关于文化外交历史的研究

通过研究历史,可以比较全面地了解文化外交发展的过程,包括文化外交的政策、内容等。

首先,从政策的角度阐述文化外交历史。宁柯维奇的《美国信息政策和文化外交》(*U. S. Information Policy and Cultural Diplomacy*)重点分析冷战期间,美国政府为遏制苏联的需要,全面展开信息战,此时公共外交(Public Diplomacy)成为美国政府炙手可热的宠儿,而文化外交却被冷落,为公共外交所同化[1]。《文化外交与美国政府》

---

[1] Frank A. Ninkovich, *U. S. Information Policy and Cultural Diplomacy*, New York: Foreign Policy Association, 1996.

(Cultural Diplomacy and the United States Government)① 和《冷战后的美国文化外交》(Cultural Diplomacy in the Post - Cold War World)② 比较翔实地回顾了 20 世纪美国文化外交政策。

其次，对文化外交某一特定内容的历史研究。《真实是我们的武器》(Truth is Our Weapon)③ 和《公正世界的事实：美国的海外信息活动》(Facts to a Candid World: America's Overseas Information Program)④ 阐述了美国早期的对外宣传、文化活动。《国外不知的一面：美国对外教育文化政策与助理国务卿办公室》(Ignorance Abroad: American Educational Cultural Foreign Policy and the Office of the Assistant Secretary of State) 论述了肯尼迪政府时期国务院设立对外文化教育处与助理国务卿的经过及其对美国对外政策的影响⑤。

最后，对文化外交全面发展的历史研究。《文化方式：国际关系中的另一种方式》(The Cultural Approach: Another Way in International Relations) 系统地叙述了西方国家政府早期从事文化关系的历史，并提出了文化方式也是国际关系中的一种方式的观点⑥。《对外政策的第四层面：教育与文化事务》(The Fourth Dimension of Foreign Policy: Educational and Cultural Affairs) 对文化外交的历史与功能进行了较系统的分析、探讨⑦。《思想外交：美国对外政策与文

---

① Milton C. Cummings, *Cultural Diplomacy and the United States Government*, Cultural Diplomacy Research Series, Center for Arts and Culture, 2003.
② Kevin Mulcahy, "Cultural Diplomacy in the Post - Cold War World", *Journal of Arts Management*, 2003.
③ Edward W. Barrett, *Truth is Our Weapon*, New York: Funk & Wagnalls, 1953.
④ Oren Stephens, *Facts to a Candid World: America's Overseas Information Program*, Stanford: Stanford University Press, 1955.
⑤ Randolph Wieck, *Ignorance Abroad: American Educational Cultural Foreign Policy and the Office of the Assistant Secretary of State*, Westport: Praeger, 1992.
⑥ Ruth Emily McMurry, Muna Lee, *The Cultural Approach: Another Way in International Relations*, Chapel Hill: University of North Carolina Press, 1947.
⑦ Philip H. Coombs, *The Fourth Dimension of Foreign Policy: Educational and Cultural Affairs*, New York: Harper and Row, 1964.

化关系，1938~1950》(*The Diplomacy of Ideas: U. S. Foreign Policy and Cultural Relations*, 1938-1950) 论述了1938~1950 年美国政府对外文化关系的早期发展史①。值得注意的是，《国王的第一手段：20 世纪美国文化外交》(*The First Resort of Kings: American Cultural Diplomacy in the Twentieth Century*) 一出版便引起了美国学术界的广泛关注，它是目前为止研究美国文化外交史最为全面的专著②。

2. 关于文化外交理论的研究

国外对文化外交理论的研究主要集中于体系研究和战略研究。

一方面，对文化外交宏观体系的研究。20 世纪 60 年代，法国文化关系学者多洛（Louis Dollot）在《国际文化关系》中，从历史的发展趋势角度来审视国际文化关系的特点。英国外交官米切尔（J. M. Mitchell）的专著《国际文化关系》(*International Cultural Relations*) 是文化关系领域中一部具有开创意义的理论著作，从概念入手分析了文化外交与文化关系、文化宣传之间的异同③。入江昭（Akira Iriye）教授的《文化国际主义与世界秩序》(*Cultural Internationalism and World Order*) 描述了文化国际主义的发展，即通过跨国界文化活动而实现的国际合作的发展；主张通过思想观念和人与人之间的交流，通过学术合作，或者通过促进各国间相互理解的努力，将各个国家和民族各种各样的活动联系起来④。文化国际主义是研究国家间文化关系与文化外交的重要理论依据。

另一方面，从文化外交的战略意义进行探讨。文化外交的战略意义是指文化外交在当今时代背景下对实现国家利益所发挥的作用。

---

① Frank A. Ninkovich, *The Diplomacy of Ideas: U. S. Foreign Policy and Cultural Relations*, 1938-1950, Cambirdge: Cambridge University Press, 1981.
② Richard T. Arndt, *The First Resort of Kings: American Cultural Diplomacy in the Twenty Century*, Dulles: Potomac Books, 2005.
③ J. M. Mitchell, *International Cultural Relations*, London: Allen and Unwin, 1986.
④ Akira Iriye, *Cultural Internationalism and World Order*, Baltimore: Johns Hopkins University Press, 1997.

这部分研究在冷战后，尤其是"9·11"事件后尤为突出。2003年发表于《外交》(Foreign Affairs)杂志上的《为文化外交辩护：激发外国观众的兴趣》(The Case for Cultural Diplomacy: Engaging Foreign Audiences) 中阐述了文化外交的关键就在于是否赢得众人的心灵和思想，并强调了赢得心灵和思想与取得战争胜利同样重要[1]。《文化外交与国家利益》(Cultural Diplomacy and the National Interests) 中论述了文化外交与国家利益的关系，即文化外交的作用在于是否满足了国家利益的需求[2]。美国国务院文化外交咨询委员会2005年的年度报告《文化外交：公共外交之关键》(Cultural Diplomacy: the Linchpin of Public Diplomacy) 论述了文化外交在公共外交中的重要作用，认为文化活动是国家自身思维的最佳体现[3]。《多轨外交——通向和平的多体系途径》一书中提出的"多轨外交"理论，认为政府、非政府的专业机构和商务活动，以及宗教、资助、公民个人、研究/培训和教育、通信和媒体都是国家对外交流的渠道[4]。该书对研究文化外交具有"革命性"的影响。从中可以看出，文化外交是总体外交的一部分，对实现国家利益有着重要意义。

3. 关于文化外交实践的研究

文化外交是一门实践性非常强的学科，包括文化外交实施的途径、方法和手段等。可以说文化外交的研究是在理论研究中促进了实践研究，而实践研究中又加强了理论研究，二者相互依赖、相互促进。

一方面，关于文化外交的总体实践研究。国际文化外交学会（In-

---

[1] Helena K. Finn, "The Case for Cultural Diplomacy: Engaging Foreign Audiences", Foreign Affairs, 2003.

[2] Cultural Diplomacy and The National Interests, Arts Industries Policy Forum, the Curb Center for Arts, Enterprise, and Public Policy at Vanderbilt, 2005.

[3] Cultural Diplomacy: the Linchpin of Public Diplomacy, U. S. Department of State Bureau of Education and Cultural Affairs, http://www.state.gov/documents/organization/54374、pdf, accessed October 30, 2011.

[4] 〔美〕路易斯·戴蒙德、约翰·麦克唐纳：《多轨外交——通向和平的多体系途径》，李永辉等译，北京大学出版社，2006。

stitute for Cultural Diplomacy，简称 ICD）近几年每年都要发布年度《文化外交报告》（*Cultural Diplomacy Outlook Report*），从文化外交的资金、机构、项目、政策等方面全方位论述世界文化外交的开展和研究概况①。为了解当代文化外交在各个国家的具体实施提供了比较翔实的数据与案例，从中也可对文化外交实施国的外交实践进行横向对比。

另一方面，关于具体实施国的外交实践研究。例如：《文化外交：促进以色列公共形象中重要而忽视的工具》（*Cultural Diplomacy：An Important but Neglected Tool in Promoting Israel's Public Image*），论述了以色列开展的文化外交实践活动，并探讨了这些实践活动对促进以色列公共形象的作用②。在实施国研究中，涉及最多的国家是美国。如博士论文《20 世纪美国文化外交、富布莱特项目和美国——匈牙利高等教育关系》（*American Cultural Diplomacy，the Fulbright Program，and U. S. - Hungarian Higher Education Relations in the Twentieth Century*）中对美国在匈牙利的富布莱特项目做了较为翔实的阐述③。21 世纪以来，对于美国与伊斯兰国家的文化外交研究也在逐渐兴起，出现了许多关于美国与伊斯兰国家之间的文化外交关系的研究成果。如《比刀剑更强大：艺术文化在美国—穆斯林关系中的作用》（*Mightier Than the Sword：Arts and Culture in the U. S. - Muslim World Relationship*）④，此外还有由外交协会于 2005 年发布的《新开端：与穆斯林世界更有成效的对话》（*Strategies for a More*

---

① *Cultural Diplomacy Outlook Report*，Institute for Cultural Diplomacy，the web of Institute of Cultural Diplomacy，www. culturaldiplomacy. org.
② Ronit Appel，Assaf Irony，Steven Schmerz，Ayela Ziz，*Cultural Diplomacy：An Important but Neglected Tool in Promoting Israel's Public Image*，Argov Fellows Program in Leadership and Diplomacy，the Interdisciplinary Center Herzliya，Lauder School of Government，Diplomacy and Strategy，2008.
③ Christopher Medalis，*American Cultural Diplomacy，the Fulbright Program，and U. S. - Hungarian Higher Education Relations in the Twentieth Century*，the dissertation of Columbia University，2009.
④ Cynthia P. Schneider，Kristina Nelson，*Mightier Than the Sword：Arts and Culture in the U. S. - Muslim World Relationship*，the Brookings Project on U. S. Relations with the Islamic World，2008.

Fruitful Dialogue with the Muslim World)[1]、美国纽约大学对话中心2009年会议报告《通过艺术与思想在美国与穆斯林世界中弥补隔阂：可能性与局限性》(*Bridging the Divide Between the United States and the Muslim World Through Arts and Ideas: Possibilities and Limitations*)[2]、布鲁金斯学会于2009年发布的《奥巴马时代的机会：市民社会能否弥补美国与穆斯林世界的隔阂？》(*The Opportunity of the Obama Era: Can Civil Society Help Bridge Divides between the United States and a Diverse Muslim World?*)[3] 和美国伊斯兰世界论坛2010年所发布的《美国与穆斯林的转型伙伴关系》(*Transformative Partnerships in U.S. - Muslim World Relations*)[4] 等等，这些研究成果都从不同方面论述了美国在伊斯兰世界的文化外交实践活动。

4. 关于文化外交评估的研究

关于文化外交的评估，主要是对其成败得失的衡量。通过案例分析、定性定量分析、比较研究等来判断成败得失是当前学界普遍运用的方式。在案例分析、定性定量分析方面，美国国务院文化与教育事务局下属的政策与评估办公室已对文化外交的数个项目制定了评估标准并进行了定性定量分析，如对青年交流与学习项目的评估等等。根据这些评估所得出的结论对项目进行进一步改善，以使其效果更加显著、作用更大。在文化外交实施国家的比较研究方面，博士论文《加拿大、新西兰和印度的文化外交的比较研究》(*A Comparative Study of the Cultural Diplomacy of Canada, New Zealand and India*) 通过对加拿大、新西兰和印度文化外交的个案进行比较研究，

---

[1] Craig Charney, Nicole Yakatan, *Strategies for a More Fruitful Dialogue with the Muslim World*, Council on Foreign Relations, CSR No. 7, 2005.

[2] *Bridging the Divide Between the United States and the Muslim World Through Arts and Ideas: Possibilities and Limitations*, NYU Center for Dialogues Conference Report, 2009.

[3] *The Opportunity of the Obama Era: Can Civil Society Help Bridge Divides between the United States and a Diverse Muslim World?*, the Institute of Brookings, 2009.

[4] Peter Mandaville, *Transformative Partnerships in U.S. - Muslim World Relations*, the Brookings Project on U.S. Relations with the Islamic World 2010 U.S - Islamic World Forum Papers, 2010.

分析了文化外交在以上三国实施的效果，认为文化外交是外交领域中有价值的工具并且对政府机构变得越来越重要①。美国艺术与文化研究中心在所做的文化外交研究课题中发表的《国际文化关系：多国情况比较》（*International Cultural Relations：A Multi - Country Comparison*）也是从理念、优先事项、方案、结构、资金和规模等方面对9个国家进行文化外交的比较论述②。通过比较研究，可以更加直观地了解文化外交实施的成败得失，从而对文化外交做出比较客观的评估。

综观以上成果，国外学者对文化外交历史、理论、实践和评估的研究已经取得了一定成果。尤其在实践研究方面，文化外交在美国与伊斯兰国家关系中所起的作用已经引起了极大的重视。不过迄今为止还未见综合研究美国在中东伊斯兰国家文化外交实施情况的成果，学者们的研究成果还主要集中于美国在中东实施公共外交中所涉及的部分文化外交项目以及单纯的艺术形式——文化外交的一部分——在美国与伊斯兰国家关系改善中的作用。此外，没有研究成果特意关注美国在中东伊斯兰国家文化外交的实施，而是泛指美国和伊斯兰世界的关系。可以说，目前资料表明，国外对于美国在中东伊斯兰国家文化外交的全方位研究几乎为空白。

（二）国内研究现状

文化外交研究在我国虽然起步较晚，但是在理论研究和实践研究两个方面均取得了一定的成果。

1. 关于理论研究方面

理论研究是一门学科发展的根基所在，就像一座大楼的地基，地基越厚实，大楼越坚固。可以说文化外交的理论研究已经或者正

---

① Simon Mark, *A Comparative Study of the Cultural Diplomacy of Canada, New Zealand and India*, dissertation of the University of Auckland, 2008.
② Margaret J. Wyszomirski, Christopher Burgess, *International Cultural Relations：A Multi - Country Comparison*, Center for Arts and Culture, 2003.

在经历思想根源的探究、概念的辨析和研究范式的确定三个阶段。这三个阶段既可以按时间排序，但同时也有交叠。

文化外交的研究首先起源于思想根源的研究。国内较早的关于文化外交理论的著作应该为译著——法国国际事务专家路易·多洛（Louis Dollot）的《国际文化关系》（Les Relations Culturelles Internationales）[①]。作者认为国际文化交流的频繁进行，直接刺激了文化外交的兴起，文化外交就是源于这种文化交流，该译著为国内开展文化外交研究奠定了最初的理论基础。中共中央政策研究室的方立于1994年在《高校理论战线》发表了《美国对外文化交流中的政治因素》[②]，从政治的层面探讨了文化交流。当文化交流具有政治的目的时，文化交流也就成为文化外交的雏形，该文章是我国较早探讨文化外交缘起的成果。随后，南开大学王晓德教授于2000年出版了《美国文化与外交》[③]、2002年计秋枫、冯梁教授等人撰写了《英国文化与外交》[④]。这两部著作均探讨了文化与外交的关系，通过二者之间的联系为揭示外交的实质提供了一个新的角度，为研究文化外交提供了思想史的基础。

其次，关于文化外交概念的研究。在思想根源研究的基础上，一门学科的概念就会产生，那么学者们就会探讨其定义及与其相近概念的辨析等等，因为概念的探究是一门学科发展的最基本的步骤。文化外交作为外交的非传统形式，必然会引起很大的争议。李智博士于2003年在《外交学院学报》发表了《试论文化外交》，文中探讨了文化外交的内涵、外延及其地位作用[⑤]；并于2005年出版了《文化外交：一种传播学的解读》，该书对文化外交的含义、特点、

---

① 参见〔法〕路易斯·多洛《国际文化关系》，孙恒译，上海人民出版社，1987。
② 参见方立《美国对外文化交流中的政治因素》，《高校理论战线》1994年第3、4期。
③ 参见王晓德《美国文化与外交》，世界知识出版社，2000。此书在2008年由天津教育出版社出版了修订版，即《美国文化与外交》（修订版）。
④ 参见计秋枫、冯梁《英国文化与外交》，世界知识出版社，2002。
⑤ 李智：《试论文化外交》，《外交学院学报》2003年第1期。

性质、地位、种类、方式与途径进行了更详细的阐述与论证，此外书中对文化外交与公共外交做了概念辨析①。中国文化部副部长孟晓驷于2005年在《人民日报》发表文章对文化外交进行了定义：围绕国家对外关系的工作格局与部署，为达到特定的目的，以文化表现形式为载体或手段，在特定时期、针对特定对象开展的国家或国际公关活动②。

最后，关于研究范式的研究。研究范式是一个学科研究过程中前人积累的经验的抽象和升华。简单地说，研究范式就是从不断重复出现的事件中发现和抽象出的规律，及解决问题的经验总结。由于文化外交研究的新颖性，其研究范式还未形成固定形式，但是学者们已经在尝试用不同的范式来探讨文化外交。《文化外交：一种传播学的解读》从传播学的视角来分析文化外交，对文化外交的研究范式首次进行了尝试。彭新良博士于2006年在《宁波大学学报》发表了《外交学研究中的一个新领域——关于文化外交的几点思考》，文中认为文化外交具有从"人为物而外交"到"物为人而外交"、从低层次走向高层次的特点③；此外，于2008年出版的《文化外交与中国的软实力：一种全球化的视角》，从历史的角度探讨了文化外交所展现的三种不同形态：文化是外交的背景、文化是外交的手段，以及文化是外交的目标④。这是对文化外交研究范式比较系统化的探讨和尝试。

2. 关于文化外交的实践研究

文化外交是一门实践性非常强的学科。可以说文化外交的研究是在理论研究中促进了实践研究，而实践研究中又加强了理论研究，

---

① 参见李智《文化外交：一种传播学的解读》，北京大学出版社，2005。
② 孟晓驷：《锦上添花："文化外交"的使命》，《人民日报》2005年11月11日，第七版。
③ 彭新良：《外交学研究中的一个新领域——关于文化外交的几点思考》，《宁波大学学报》（人文科学版）2006年第4期。
④ 参见彭新良《文化外交与中国的软实力——一种全球化的视角》，外语教学与研究出版社，2009。该书于2008年由同一出版社出版了第一版。

二者相互依赖、相互促进。目前就国内研究成果而言，实践研究包括以下三个部分：实践内容研究、文化外交实施国研究和文化外交实践可行性或作用研究。

首先，关于文化外交实践内容研究。由于文化外交所包含的"文化"是一个非常广泛的概念，所以文化外交实践内容本身是一个非常难以确定的概念。就国内目前研究状况而言，主要集中于教育交流、语言教学和信息传播等方面。2006 年，李永辉教授等人翻译了美国学者路易斯·戴蒙德（Louise Diamond）和约翰·麦克唐纳（John McDonald）所著的《多轨外交——通向和平的多体系途径》①。这本书对于研究美国文化外交具有"革命性"的影响，同时也为文化外交实践指明了具体路径：研究/培训和教育、宗教、通信和媒体。胡文涛博士于 2008 年出版了《美国文化外交及其在中国的运用》②，作者以官方的富布赖特中国项目和非官方的福特基金会中国项目为个案，揭示了美国对华文化外交的动机、目标和成效，为中国文化外交机制的完善和借助文化外交实现和平发展战略，提供了有益的启示，这是国内第一本通过个案对文化外交进行阐释的专著，充分展现了教育交流作为实践内容的文化外交研究。《文化外交与中国的软实力——一种全球化的视角》中对作为语言教学个案的中国的孔子学院进行了分析，认为孔子学院"不仅是外国人学习汉语的中心，也是他们体验中国文化的基地，更是真正体现中国软实力的最亮品牌"③。王荣英于 2008 年发表在《求索》上的《美国文化输出与我国文化外交战略》一文对美国利用遍布世界的新闻传播网络进行文化信息输出的文化外交进行了剖析，强调我国应实施"强根固本、广结伙伴、积极参与的文化外交"④。

---

① 参见〔美〕路易斯·戴蒙德、约翰·麦克唐纳《多轨外交——通向和平的多体系途径》，李永辉等译，北京大学出版社，2006。
② 参见胡文涛《美国文化外交及其在中国的运用》，世界知识出版社，2008。
③ 彭新良：《文化外交与中国的软实力——一种全球化的视角》，外语教学与研究出版社，2009，第 327 页。
④ 王荣英：《美国文化输出与我国文化外交战略》，《求索》2008 年第 3 期。

其次，关于文化外交实施国的研究。美国虽然不是最早实施文化外交的国家，但是由于美国政府对文化外交的实践应用比较广泛，所以文化外交研究在美国取得了很大成绩，这也自然使得美国国内对美国文化外交的实践应用研究非常热门。在目前文化外交实施国的研究成果中，关于美国的研究最为突出，也最为全面。资助美国文化外交实践的基金会研究有胡文涛的《美国私人基金会参与文化外交的历程与动因》（《世界历史》2008年第6期）；美国在他国实施文化外交的研究有杨有孙的《美国文化外交及其在波兰的运用》（《世界历史》2006年第4期）、陕西师范大学2010届硕士路红霞的《论冷战早期美国对苏联的文化外交》和天津师范大学2009届硕士李妍的《9·11后美国对伊斯兰世界文化外交评析》，他们分别研究了美国在波兰、苏联和伊斯兰世界的文化外交实践活动。除美国之外，我国学者也对其他几个国家的文化外交做了研究，关于日本的有《日本对中国的文化外交》（刘勇，《特区经济》2009年第2期）、《试论日本文化外交中软权力的应用》（闫坤、张磊，《保定学院学报》2008年第2期）等；关于法国的有《试论法国的文化外交》（彭姝祎，《欧洲研究》2009年第4期）；关于英国的有《英国构建国际形象的文化外交战略》（招春袖，《国际新闻界》2011年第10期）等。当然，关于中国的外交实践研究也成果显著，如中共中央党校2006届博士李忠杰的博士论文《中国文化外交研究》在中国政府层面的文化外交、教育文化交流活动和信息交流活动等方面展示了中国的文化外交实践活动[1]；暨南大学2009届硕士余惠芬的《文化外交：理论、实践与比较——兼论中国文化外交的独特优势》探讨了文化外交实践活动；还有《早期中美文化外交中美国传教士的角色探析》（刘景，《考试周刊》2010年第40期）；等等。

最后，关于文化外交实践可行性或作用研究。文化外交的实践应用在"9·11"事件后重新得到肯定，无论是在西方还是在中国，

---

[1] 参见李忠杰《中国文化外交研究》，博士学位论文，中共中央党校，2006。

学界对文化外交实践或作用的研究均取得了大量成果。这部分成果主要集中在文化外交对国际威望、国家形象，以及提高国际竞争力等方面。李智在 2004 年发表于《学术探索》的《论文化外交对国家国际威望树立的作用》以从现实主义到建构主义的视角转换来阐明文化外交在国际威望树立中的作用[1]。孙红霞等人在《文化外交的独特价值》一文中探讨了文化外交是一国塑造国际形象的重要方式，对提升一国的国际竞争力发挥着重要作用，具有独特的价值[2]。孙艳晓在《文化外交的过程与成效评估》一文中探讨了如何对文化外交的效果进行评估[3]，并努力寻求一种对文化外交实践可行性进行评估的范式，该文是为数不多的探讨文化外交实践应用评估的文章，是一次突破性的尝试。

通过对国内外有关文化外交研究的现状回顾可以了解到当前国外对文化外交的研究从各个方面已经达到了一定深度，包括文化外交的历史发展研究、文化外交的理论研究、文化外交的实践研究，以及针对文化外交评估的研究。而国内对文化外交的研究虽然已经出现了专著和大量论文，但是这些研究尚有待于在理论和评估研究方面进行深入。同时还应该看到，在对文化外交研究已经比较深入的美国，尽管出现了许多关于美国与伊斯兰社会开展文化外交的研究成果，但专门针对美国在中东伊斯兰国家文化外交的研究为数不多，至于有关美国在中东伊斯兰国家开展文化外交的全面研究则几乎没有。作为当今世界头号强国的美国，不仅在中东伊斯兰国家实施了有目共睹的硬实力，也发挥了其正在兴起的软实力，而文化外交正是软实力中的一个重要部分。研究美国在中东伊斯兰国家的文化外交可以更加全面地认识美国的外交政策、美国文化外交的实质，

---

[1] 李智：《论文化外交对国家国际威望树立的作用》，《学术探索》2004 年第 10 期。
[2] 孙红霞、李爱华：《文化外交的独特价值》，《山东大师范大学学报》（人文社会科学版）2007 年第 1 期。
[3] 参见孙艳晓《文化外交的过程与成效评估——及对中国文化外交战略的思考》，《南方论坛》2010 年第 8 期。

以及文化外交在美国与中东伊斯兰国家关系中所起的作用，从而有助于我国更好地发挥自己的文化优势、实现"和谐发展观"的落实。

三 创新之处及难点

（一）创新之处

首先，研究视角新颖。关于美国和中东伊斯兰国家的关系，无论是政界、学界还是普通人群关注更多的是军事关系和传统外交关系，而从文化外交的角度去探讨二者之间的关系在国内外尚处于探索阶段。本书正是从文化外交的角度探讨美国和中东伊斯兰国家的关系，改变了以往学者们多从传统外交和军事外交等方面进行研究的固定模式，增添了看待二者关系的视角。

其次，关于文化外交实践方式和评估机制的研究。本书博采众家之长，通过分析、总结，从四个方面——教育交流项目、文化交流项目、倡议互动项目和大众传播项目——来探讨美国在中东伊斯兰国家实施的文化外交，这样可以比较全面地展示文化外交所涵盖的内容。就评估机制而言，文化外交的评估受到文化外交特性的影响，其科学性、客观性和准确性比较难把握，但如何对文化外交评估机制进行研究是学者难以回避的问题。本书通过比较官方评估与现实状况的差异对文化外交评估的研究进行一次尝试。

最后，在国际文化学的框架内探讨文化外交的研究体系。它的框架是首先提出思想、观念和原则，然后到思想观念的体系认同，接下来产生制度文化，从而对世界政治和经济产生影响。本书的一个创新点即是探讨："文化外交是否是其中之一？"如果是，那么通过文化外交是否能达到思想观念的体系认同，从而产生制度文化，最终对世界政治和经济产生影响呢？

（二）难点

文化外交研究是当前学术研究的薄弱点，其中，美国与中东伊斯兰国家文化外交研究成果寥寥无几。因此，本书存在诸多难点，同时也是学界争论的焦点。

首先，在文化外交理论研究方面。①关于对文化外交基本概念的界定。文化外交是文化与外交的结合，所以就有必要搞清文化以及文化外交的含义。由于文化的内容包罗万象，其概念也众说纷纭，这使得文化外交的界定必然仁者见仁，智者见智。②文化外交的研究体系。本书尝试在国际文化学的理论框架内探讨文化外交在国际关系中的作用。尽管国际文化学为文化外交研究起到了保驾护航的作用，但是以"提出思想、观念和原则，然后到思想观念的体系认同，接下来产生制度文化，从而对世界政治和经济产生影响"这样一种框架中去探讨文化外交尚属尝试阶段。

其次，在文化外交实践研究方面。在常规的研究中，尤其是国内研究，主要集中于教育交流、语言教学、信息传播等方面。国外研究则包括一些大学的文化外交课程，目前已涉及艺术、体育等内容，但是这并没有得到学界的公认。因此，如何确定文化外交实践的方式是本书的难点。

再次，在文化外交评估研究方面。文化外交是以文化传播、交流与沟通为内容所展开的外交，而文化又是交流情感、沟通心灵的最佳手段，表现形式丰富多彩，易于接受，能在满足人们精神享受的同时起到潜移默化、润物细无声的作用，而针对这种作用如何进行评估是文化外交中比较棘手的问题。它是一个实践的过程，却是一个抽象的结果，所以很难用定性、定量的方式做出评估。目前有机构和研究报告做出关于文化外交的某一项目的评估，但对文化外交的整体评估难度依然很大。本书探讨文化外交对美国与中东伊斯兰国家关系的作用，必然涉及对文化外交的整体评估，这也增加了本书研究的难度。

最后，资料收集的困难。由于文化外交研究的新颖性，国内的相关研究资料有限，更鲜见美国在中东伊斯兰国家文化外交的论述。国外的相关资料由于版权所限及政府文件的保密性，能够查阅的全文资料有限。同时，受客观条件的限制，很难进行现场调研获取第一手资料。此外，即便是国外已开展美国对中东伊斯兰国家文化外交的相关研究，但仍处于探索阶段，资料是非常有限的。加之笔者不精通中东伊斯兰国家的对象国语言，如阿拉伯语、波斯语和土耳其语等，更是无法获得这些语言的一手资料。

四 研究框架

本书以国际文化关系为大背景，以国际关系理论范式和文化理论范式为理论支撑，探讨文化外交在当今时代发展的必然性和必须性，以及文化外交具有的平等性、相互性、辅助性和两重性的内在属性，即只有文化外交的实施过程是一个相互平等交流的过程——通过在平等基础上的相互对话和倾听——交流才有可能达到双方的理解，才能赢得"心灵和思想"，从而获得文化认同、树立良好的国家形象，并为国际合作打下良好的合作基础，从而最终达到国际社会的和谐发展。美国与中东伊斯兰国家关系作为国际社会中的重要部分，不仅影响到双方的国家利益，也给国际利益格局带来重要影响。本书通过研究以美国在中东伊斯兰国家文化外交的启动/实施、特点、评估以及带来的教训与借鉴为主线，揭示出美国在中东文化外交的实质。

全书包括绪论、正文和结语三部分，其中正文共分为七章。全书具体内容如下：

第一章"绪论"。包括问题的提出及本书的意义、研究现状、创新之处及难点、研究框架和研究方法。

第二章"美国文化外交概述"。本章首先探讨文化外交的产生及概念，从而引申到美国文化外交是如何开始的。通过论述第二次世界大战前的国际形势以及文化外交在其他国家的展开,说明美国也在积极筹备文化外交的实施,并以文化关系司的建立为美国文化外交开始的标志。其次,分四个阶段论述美国文化外交的发展历程,即第二次世界大战时期的文化外交、冷战时期的文化外交、20世纪90年代至21世纪初的文化外交和"9·11"事件以来的文化外交。最后,从历史发展、实施方式、目标人群、预期目标、资金问题、隶属关系和评估机制等7个方面来说明美国文化外交是公共外交的重要组成部分。

第三章"文化外交与美国—中东伊斯兰国家关系"。本章首先论述美国与中东伊斯兰国家关系的历史与现状。其中二者在第二次世界大战及第二次世界大战前的关系无论从经济、文化还是政治等方面来看,整体上比较融洽。但是第二次世界大战后,美国的中东外交政策严重影响到二者的关系,使得美国在中东伊斯兰国家的参与性明显不足,伊斯兰在美国眼中的形象也有所下降。其次,文章从武力无法解决一切、交流与对话是理解的关键、文化外交与人类共性等方面论述了文化外交对解决二者关系的必然性。最后,论述随着有关文化与外交会议和系列研讨会的召开、文化外交咨询委员会等公共外交/文化外交机构的成立、相关报告的出炉,还有各种各样的倡议和活动以及著名人士的呼吁等都表明了新时期美国推动文化外交的全面实施。

第四章"美国在中东伊斯兰国家的文化外交"。本章首先对美国在中东伊斯兰国家的文化外交进行整体概述,包括实施背景、实施目标和实施机构。其次,通过教育交流项目(包括英语教学项目、学习伙伴计划、富布莱特项目等)、艺术交流项目(包括音乐舞蹈项目、视觉艺术项目、影视欣赏项目等)、倡议互动项目(包括国务院直接发起的活动、国务院主要资助的活动、其他部门的活动等),以及大众传播项目(广播电视、出版物、海外信息中心、互联网等)等方面来系统阐述美国在中东伊斯兰国家的文化外交的具体内容。通过比较全面而综合的论述,充分展现美国在中东伊斯兰国家的文化外交实践活动,这也是美国与中东伊斯兰国家文化外交的交流过程。最后分析美国在中东伊斯兰国家文化外交的特点。

第五章"中东伊斯兰国家对美国文化外交的因应"。本章从中东伊斯兰国家文化特性、政府和民众等方面来论述中东伊斯兰国家对美国文化外交的因应措施。首先,伊斯兰文化在历史的发展中与世界其他文化相互交融,给世界文明带来了重要影响,同时也证明了伊斯兰文化的开放性与包容性。其次,从政府层面来讲,中东伊斯兰国家的政治现状各有不同,加之因阿以冲突、海湾危机、民族矛盾等问题带来的动荡局势,使得各个国家对美国文化外交采取了有所差异的因应措施——有合作、怀疑,也有警惕。最后,从民众层面来讲,中东伊斯兰国家特殊的人口特点以及长期动乱给民众带来的灾难使得民众对美国文化外交有认可、接纳,也有抗议。

第六章"关于美国在中东伊斯兰国家文化外交的评价"。本章首先从文化外交评估的机构、内容和方式等方面对文化外交的评估做出阐述。并从青年交流学习项目、学习联通计划和爵士乐大使项目三个案例来分析文化外交的官方评估与中东伊斯兰国家对待美国的态度、美国在中东伊斯兰国家的国家形象,以及伊斯兰在美国的形象等现实状况的差异。其次,从美国执行导向问题、单向交流方式、管理缺陷、投入不足问题和外交人员问题等方面论述美国文化外交的缺陷,进而阐明美国文化外交存在的文化霸权和美国化这两个困境。最后,本章从三个方面,包括文化外交实施力量的多样性、政府部门与非政府部门之间的合作,以及建立文化外交评估机构,来论述美国在中东伊斯兰国家文化外交实施中的可鉴之处。

第七章"结语"。首先,要认识到文化外交作为美国公共外交的一个重要内容,是美国中东战略的重要组成部分。通过文化外交,中东伊斯兰国家民众可以更多地了解美国,同时美国也可以加深了解中东伊斯兰国家,这有助于二者之间的相互认知,同时也要认识到文化外交并没有改善美国的国家形象。其次,要充分认识文化外交的平等性、相互性、辅助性和两重性等四个特性。在国际文化关系的大背景下，通过恰当实施文化外交能够找到以人类共性为主要表现形式的共同价值观，这是国际合作能够得到实现的前提，从而在国际合作中游刃有余地解决全球问题，让世界和谐发展。最后，从中国现阶段发展的实际需要来看，文化外交已上升为国家间交往的重要内容，成为国家软实力的重要构成部分，因此，积极开展文化外交乃是中国对外交往的必然选择，从根本上符合构建和谐世界的基本理念。

五　研究方法

本书以马克思历史唯物主义和辩证唯物主义为理论指导，将文化外交这一外交方式置于国际文化关系的大背景下，旨在探索中寻求文化外交研究的体系。此外，在国际文化学框架下，综合运用国际政治学、国际关系学、传播学、历史学、社会学等学科的研究方法，探讨文化外交如何应用于美国和中东伊斯兰国家关系的改善，并采取以案例分析为主的方式对文化外交评估做出一比较系统的分析。

第一，实证研究方法。法国哲学家奥古斯特·孔德（Auguste Comte）创立的"实证主义"，倡导将自然科学的实证精神贯彻于对社会现象的研究之中，主张从经验入手，采用程序化、操作化和定量分析的手段，使对社会现象的研究达到自然科学那样精细化和准确化的水平。本书以美国在中东伊斯兰国家的具体文化外交实践为实例论证文化外交行为。

第二，宏观与微观研究法。宏观研究法是对文化外交在国际文化关系大背景下的整体性的把握。而微观分析法是研究美国在"9·11"事件后对中东伊斯兰国家的具体文化外交行为。更微观地讲，是通过文化外交行为中的具体文化内容来分析美国对中东伊斯兰国家的文化外交行为。通过宏观和微观相结合的方法，系统探索文化外交的特性。

第三，跨学科研究法。跨学科研究的主要目的在于通过超越以往分门别类的研究方式，实现对问题的整合性研究。由于文化外交的特殊性，其所涉及的"文化"是一个包罗万象的综合体，所涵盖内容包括教育、传媒、艺术等，只有通过跨学科研究才能更全面、更深刻地认识文化外交，从而探讨文化外交在美国与中东伊斯兰国家关系中扮演的角色。

第四，定性和定量研究法。定性方法是对收集资料进行归纳、分类、比较，进而对某个或某类现象的性质和特征做出概括。定量方法是从一组机构中收集各机构的可对比的信息并进行计算，从而对资料做出分析。对于文化外交的研究，通过定性和定量相结合的方式，即事实和调查数据相结合的方式，可以从抽象和具体两个方面充分了解其特性，从而有效地对文化外交的效度做出评估。

第二章
美国文化外交概述

第一节 美国文化外交的发起

一 文化外交的概念及其演变

（一）文化外交思想源于文化关系

国与国、洲与洲之间的文化关系要远远早于文化外交关系，并且其内涵比文化外交更加丰富，形式也更加多样。根据法国国际事务专家路易·多洛（Louis Dollot）的说法，文化外交的思想源于文化关系的演变，而文化关系的最直接体现就是文化交流。早期文化交流的主体多为商人和旅行家，这种交流的性质具有自发性强和规模小的特点，并不具备外交的功能。因此，文化外交思想源于文化关系，但文化外交"高"于文化关系。所谓"高"，就是指文化外交具有文化关系不具备的外交功能，即主体、客体、执行者以及目标等基本元素。两者的本质区别在于文化外交更加突出政府作为行为主体在对外文化关系中所起的作用。

自从人类进入文明时代，文化就是通过早期人们的生活交往、物质交换以及迁徙等各种途径向外扩散的。文化交流发生于两个或者多个文化源差异显著的关系之间。文化交流促进各民族、国家之间互通有无，增进文化的发展与融合。没有文化差异，没有因文化差异产生的势差，就不会很好地进行文化交流。同时，各个文化主体须具有自身的文化独特性，并且尊重对方，这样的文化交流才是有积极意义的。文化入侵、霸权文化、强势文化等并非文化交流的本义所在。

文化外交就孕育于这种民间文化交流之中。从词的含义来讲，文化外交比文化关系的内涵要窄。二者之间的最大区别是：文化外交着重突出政府在对外文化关系中所起的作用[1]。文化外交有两层意思：一是政府为许可、促进或限制文化交流而与其他国家协商签订多边或双边的协定，例如政府间召开的有关会议、协商洽谈文化协定、交流项目等；二是有关政府机构执行、实施文化协定及其所从事的文化关系方面的活动[2]。而文化关系的含义要广泛得多，它既包括不同国家之间的民间文化交流，也包括政府所从事的文化外交。文化外交在国际文化关系中占有十分重要的地位，因为文化关系需要充分利用政府提供的资源及国际协定所带来的有利条件。可以说，文化外交是一国政府所从事的对外文化关系的总和，或者说，是以主权国家为主体、对外行使主权的官方文化关系[3]。因而，文化外交源于文化关系，又"高"于文化关系。

（二）文化外交的产生

早在古希腊和波斯王国时期人们就曾利用文化作为战争的一种辅助手段。罗马帝国时期特别重视文化在对外扩张中的重要作用，强有力的文化联系，成为维系罗马帝国统一的重要纽带。与此同时，在世界各地，各种形式的文化交流比比皆是。比如在中国，著名的

---

[1] 韩召颖：《输出美国：美国新闻署与美国公众外交》，天津人民出版社，2000，第22页。
[2] J. M. Mitchell, *International Cultural Relations*, London: Allen and Unwin, 1986, pp. 3–4.
[3] 李智：《文化外交——一种传播学的解读》，北京大学出版社，2005，第24页。

唐朝高僧玄奘西游印度、明朝郑和下西洋等，都是早期文化交流的重要体现①。玄奘带着佛经回到长安时受到唐太宗的召见；郑和下西洋是奉朝廷之命与亚洲各国在政治、经济和文化上建立了友好关系。

在近代，法国成立了"法兰西（语言）同盟"，意大利成立了"但丁·阿里盖利协会"，其他国家也成立了类似的协会。此外，还建立了一定数量的教育机构。比如，1875 年在贝鲁特——世界上唯一有四所大学的城市，其中一所属黎巴嫩，三所属外国——出现了圣约瑟夫大学②。这种在外交关系中插入智力的交流和民族文化的传播的方法，其益处已经得到公认。至此，一种文化的自发影响已经不够，需要得到鼓励并且在必要时加以引导。正如国家机关越来越多地安排国民的文化生活并为此建立适当的机关（文化部或文化事务部、文化馆、剧院、文化博物馆等设施）一样，它们也想在国外保证一种文化影响。因而，国家按照一定的规格设置不同级别的文化关系机构，拨出款项，挑选人员，达成国际协议。今天，不同文化的人民之间的接触被认为是符合公共利益的，文化政策被看作是可以赢利的投资③。

进入 19 世纪之后，随着欧洲民族国家体系逐步建立，国际文化交流开始受到国家和政府的强力推动。"文化交流逐渐采取了新的形式：对思想和文学、艺术、科学作品进行交流，在这方面，公共权力打算至少像对产品和商品的贸易那样行使控制权。"④ 文化交流被纳入外交领域始于 20 世纪初：由于文化交流广泛扩及思想领域、文学艺术领域和科学技术领域，国家政府对文化交流开始实施管理和控制。第一次世界大战后，1920 年法国外交部率先将"学校和作品

---

① 赵可金：《公共外交的理论与实践》，上海辞书出版社，2007，第 238 页。
② 〔法〕路易斯·多洛：《国际文化关系》，孙恒译，上海人民出版社，1987，第 4 页。
③ 〔法〕路易斯·多洛：《国际文化关系》，孙恒译，上海人民出版社，1987，第 1 页。
④ 〔法〕路易斯·多洛：《国际文化关系》，孙恒译，上海人民出版社，1987，第 4 页。

办公室"改成"作品处",隶属于"政治事务司"。20世纪30年代,意大利、西班牙、德国、日本、英国、瑞士等国家都建立了全国性的文化机构。苏联在1925年建立了对外文化协会。国联设有"国际智力合作委员会"和"国际智力合作协会"(1925年在巴黎成立),国际文化关系也由此逐渐成形,但当时的范围仅限于欧洲、美洲,以及地中海一带①。第二次世界大战后,文化交流以前所未有的规模开始发展。各国建立的文化教育机构和1946年成立的联合国教育、科学及文化组织促进了各民族文化的交往和国际文化的交流②。

国际文化交流的频繁进行,直接刺激了文化外交的兴起。法国是西方国家中最早开展文化外交的国家。此后,国家开始运用创造性表达、交换理念和信息,以及增进相互理解等文化手段推进其对外政策的实施。法国文化的影响在地中海、东南亚、非洲等地仍然很强劲③。随后,西班牙、英国、德国、美国、意大利、日本等国家也相继加入了文化外交的行列。

此外,拉伯雷、杜贝莱、培根、笛卡儿、莱布尼茨、伏尔泰、狄德罗、格林、富兰克林、杰弗逊、约瑟夫·德·梅斯特尔等人,作为人文主义的使者,奉命在国外担任外交官,受到君主的接待并在君主身边冲任尚未定型的文化参赞或文化专员④。这些外交官虽未被任命为"文化参赞"或"文化专员",但事实上,他们已经开始扮演着"文化参赞"或"文化专员"的角色,承担起了某种意义上的"文化外交"的功能。

总之,无论在机构建设上,还是人员配备上,这些行为均为文化外交的开始打下了基础。

---

① 〔法〕路易斯·多洛:《国际文化关系》,孙恒译,上海人民出版社,1987,第5页。
② 鲁毅等:《外交学概论》,世界知识出版社,2004,第294~295页。
③ Ruth Emily McMurry, Muna Lee, *The Cultural Approach*, Chapel Hill: University of North Carolina Press, 1947, pp.9-38. 转引自赵可金《公共外交的理论与实践》,上海辞书出版社,2007,第238页。
④ 〔法〕路易·多洛:《国际文化关系》,孙恒译,上海人民出版社,1987,第3页。

(三) 文化外交的概念

1. 文化外交的定义

谈到文化外交，必不可少地要谈到文化和外交的定义。"文化"通常很难定义。它可以指美术、不同的艺术作品、文化产品和服务。"文化"也有人类学的意义，即是意义、信念、价值和传统等符号世界的基础，通过语言、艺术、宗教和传说等表达出来。因此，它在人类发展、认知、个人习惯和社区的复杂框架中扮演基本角色[1]。有的学者也认为文化包含人类的一定成就，包括抽象性的产品，比如价值体系[2]。我国学者认为：文化实际上在观念、制度、习俗、器物等方面都有所体现，在结构上也可分为内核、中间层和表层三个层次。内核实际上就是文化的最深层，主要包括思维方式、价值观念、道德规范、世界观、精神信仰、民族身份等，也就是所说的体现观念、精神和心理层面文化的认知体系，其中价值观念最为重要，也是文化中最稳定、最不易改变的部分；中间层是指作为制度、规则、习俗和社会关系的文化，主要包括法律条文、规章制度、风俗习惯、生产方式、行为礼仪、语言文字等，中间层的文化是文化内核的外在反映和具体体现，一般也比较稳定，不易发生改变；表层主要是指作为器物的文化和大众文化，反映的是人类的生活方式和生存样式，包括饮食服装、居住条件、交通手段、劳动（工作）器具、工艺技术、影视音乐、文化产业等物化的文化现象。作为器物的文化是中层文化和内核文化的反映，也是文化体系中最活跃、最不稳定的部分，是与其他文化接触和交流最多、最频繁的部分[3]。总而言之，无论文化是在人类学意义上、价值体系上，还是分为内核、中

---

[1] Steven Green, *New Directions, Culturay Proyeccion Exterior: Nuevos Valores y Estrategias de Accion*, Madrid: Real Instituto Elcano, 2010.
[2] Abbas Maleki, "New Concepts in Cultural Diplomacy", *Iranian Diplomacy*, 2008.
[3] 孟亮：《大国策——通向大国之路的软实力》，人民日报出版社，2008，第53~54页。

间层和表层,它均是通过符号获得和传递的。其中有些部分是容易获得和传递的,而有些部分是根深蒂固的,从而难以获得和传递。因此文化的定义可为:人类思想过程的集结,以此可以区别一组或一类人与另一组或一类人。

外交是一个过程,它包括清楚的目标、和目标有关的外部因素、实现预定目标的国家能力、战略性成果的发展、实施、评估和战略控制。首先,外交通过沟通、谈判、订立协议等和平方式来解决国家间的冲突,避免了通过武力的实际使用给人类带来的物质和人员损失。其次,外加一般通过合法的途径进行。外交官的行为要符合相关国际法和驻在国国内法的规定,在相关法律的框架下进行,避免了谍报活动可能带来的国际敌意和冲突。在此,外交主要是智力和技巧的运用。面对纷繁复杂的国家间利益矛盾,外交通过发挥外交人员的智慧和技巧来寻找共同利益的基础,确立调节国家间利益矛盾的解决方案。最后,外交也是人类社会进步的表现。纵观人类外交的历史,外交在处理国家间关系中的地位已经获得了极大的提升,得到了各个国家的高度重视,体现了人类历史总体上不断进步的趋势[①]。本质上讲,外交是有关一个国家在另一个国家环境和情势下的策略。根据这点,外交可以被定义为由一个国家的政策制定者所实施的一系列活动以面对其他国家或国际机构,从而实现所谓的国家利益[②]。

文化的多种定义使得文化外交的定义也变得有争议。美国政治学家米尔顿·卡明斯(Milton Cummings)对文化外交定义为:"在国家间及其民众间为促进相互理解而进行的思想、信息、艺术和其他文化方面的交流。但是当一个国家专注于促进其民族语言、解释其国家政策或观点以及向他国'讲述它的故事'的时候,'文化外交'更多的是单向的而不是双向的交流。"[③] 美国国务院教育与文化事务

---

① 陈志敏、肖佳灵、赵可金:《当代外交学》,北京大学出版社,2008,第42页。
② Abbas Maleki, "New Concepts in Cultural Diplomacy", *Iranian Diplomacy*, 2008.
③ Milton Cummings, *Cultural Diplomacy and the United States Government: A Survey*, Washington, D.C., Center for Arts and Culture, 2003, p.1.

局在其报告中对文化外交的定义是"公共外交的关键,在文化交流活动中使得国家的思想自身得到很好表达的一种方式"①。

文化外交是和政府在国家外交政策领域的行动联系在一起的,是以目标为外国政府或公众而进行的各个项目为基础的。公众通过参与文化活动、了解其他国家的语言、传统和风俗等,从而在思想上受到影响。现代文化外交关注的是国家之间思想与文化产品的交流。它的一个目标就是展现有趣的生活形态,以此对其他国家产生吸引。所有的相关活动都是为了促进国与国之间的相互理解,而最终实现国家间的共同合作。英国比较早地开始重视文化外交,1935年3月20日,在伦敦《泰晤士时报》(The Times)刊登英国文化委员会(British Council)成立公告时曾对文化外交的功能进行了阐述:致力于推进海外世界对英国语言、文学、艺术、音乐、科学、教育体制和我们国民生活其他方面的了解,从而增进海外世界对英国的好感、保持彼此之间密切的关系②。英国前退休外交官 J. M. 米切尔(J. M. Mitchell),利用曾在英国文化委员会从事文化外交的经历,于1986年出版专著《国际文化关系》(International Cultural Relations),该书定义文化外交为文化在国际协会中的介入,是文化运用于对国家政治外交和经济外交的直接支持③。按照 J. M. 米切尔的定义,他所谓的文化外交有两层含义:一是政府为许可、促进或者限制文化交流而与其他国家协商签订多边或双边的协定,例如:政府间召开的会议、协商洽谈文化协定、交流项目等;二是有关国际机构执行、实施文化协定及其所从事的文化关系方面的活动④。中国文化部副部

---

① Cultural Diplomacy: the Linchpin of Public Diplomacy, U. S. Department of State Bureau of Education and Cultural Affairs, http://www.state.gov/documents/organization/54374.pdf, accessed October 30, 2011.
② Ruth Emily McMurry, Muna Lee, The Cultural Approach: Another Way in International Relations, The University of North Carolina Press, 1947, p. 138。转引自胡文涛《美国文化外交及其在中国的运用》,世界知识出版社,2008,第28页。
③ J. M. Mitchell, International Cultural Relations, Allen & Unwin Publishers Ltd., 1986, p. 81.
④ 韩召颖:《输出美国:美国新闻署与美国公共外交》,天津人民出版社,2000,第22页。

长孟晓驷定义文化外交为：围绕国家对外关系的工作格局与部属，为达到特定的目的，以文化表现形式为载体或手段，在特定时期、针对特定对象开展的国家或国际公关活动；并分析指出，某项活动是否属于文化外交的范畴，可以用四条标准衡量：（1）是否具有明确的外交目的；（2）实施主体是否是官方或受其支持与鼓励；（3）是否在特殊的时间针对特殊的对象；（4）是否通过文化表现形式开展[①]。要全面准确定义文化外交，必须包括外交的主体与客体、目标与意义，以及手段与途径。那么文化外交可以定义为：政府或者非政府组织通过教育文化项目交流、人员往来、艺术表演与展示，以及文化产品贸易等手段为促进国家与国家之间、人民与人民之间相互理解与信任，构建和提升本国国际形象与软实力的一种有效外交形式，是外交领域中继政治、经济之后的第三支柱[②]。

因此，本书认为，文化外交可以定义为由国家政府发起、支持或资助，并通过有关文化和思想的交流达成包括人类共性在内的共同价值观，以在短期目标内实现国家间的相互理解，在中期目标内改善国家形象、为国家利益服务，而最终目标是满足国际利益、实现世界的和谐发展。

2. 文化外交与公共外交的关系

当谈到文化外交的定义时，需要谈及公共外交的概念。二者之间既有联系又有区别。公共外交的定义众说纷纭，学界并没有一个统一公认的定义。美国南加州大学公共外交研究中心教授尼古拉斯·卡尔（Nicholas Cull）在其著作《冷战和美国新闻署：美国的对外宣传和公共外交 1945-1989》中对公共外交的定义为：为促进美国的国家利益而采取的以理解、通知、使参与并影响国际公众的行动。公共外交的要素包括倾听、主张、文化外交、沟通外交和国际

[①] 孟晓驷：《锦上添花："文化外交"的使命》，《人民日报》2005 年 11 月 11 日，第七版。
[②] 胡文涛：《美国文化外交及其在中国的运用》，世界知识出版社，2008，第 32 页。

广播①。此外，公共外交的定义还有：为全球公众间不由个别国家资助的互动集合②。当前数字技术和社交网络的发展和可入性，例如脸谱（Facebook）、推特（Twitter）和第二生命（Second Life），改变了由非政府资助的公共外交的发展空间。因此，个人、非政府组织、国际商业联合会、跨国公司、文化和艺术组织，以及公共外交的非政府实践者都可以在没有政府的支持和批准下被横向地连接在一起。美国信息机构校友联合会（the United States Information Alumni Association，简称 USIAA）认为"公共外交"于 1965 年由塔夫茨大学弗莱彻法律和外交学院主任埃德蒙德·古利恩（Edmund Gullion）首次使用。古利恩在弗莱彻的爱德华·默罗（Edward R. Murrow）公共外交中心发行的一本小册子上是这样描述公共外交的：公共外交是有关外交政策形成和执行对公众态度的影响。它包含传统外交意义之上的国际关系的维度；其他国家公众意见的促进；私人组织的介入及一国在另一国的利益；外交事务的报告和它对外交政策的影响；以交流为业的人群间的沟通，如外交官和国外记者；跨文化交流的过程；等③。1997 年 6 月，美国信息机构并入国务院的计划组（Planning Group）并提供了它的公共外交定义，它强调的是把外交政策传递给外国公众："公共外交寻求通过理解、告知并影响外国公众而促进美国国家利益。"④美国 1987 年的《国际关系术语词典》对公共外交的定义是："公共外交指政府资助的项目，旨在告知并影响其他国家的公众意见；它的主要工具是出版物、电影、文化交流、广播和电视。"⑤ 根据南加

---

① Nicholas J. Cull, *The Cold War and the United States Information Agency*: *American Propaganda and Public Diplomacy*, 1945 – 1989, Cambridge: Cambridge University Press, 2008, p. 486.
② Margaret C. Ayers, *Promoting Public and Private Reinvestment in Cultural Exchange - Based Diplomacy*, Robert Sterling Clark Foundation, N. Y.: New York, 2010, p. 3.
③ Margaret C. Ayers, *Promoting Public and Private Reinvestment in Cultural Exchange - Based Diplomacy*, Robert Sterling Clark Foundation, N. Y.: New York, 2010, p. 3.
④ Margaret C. Ayers, *Promoting Public and Private Reinvestment in Cultural Exchange - Based Diplomacy*, Robert Sterling Clark Foundation, N. Y.: New York, 2010, p. 3.
⑤ Margaret C. Ayers, *Promoting Public and Private Reinvestment in Cultural Exchange - Based Diplomacy*, Robert Sterling Clark Foundation, N. Y.: New York, 2010, p. 3.

州大学公共外交研究中心的研究报告，公共外交的定义在当前已经得到了扩展，"研究已经从流行文化到时尚、到体育，再到因特网。这些方面即使不是有意的，也是不可避免的对外交政策和国家安全以及商业、旅游业和其他国家利益产生了影响"[1]。我国学者对公共外交也有一定的认识，即公共外交是国家整体外交的一部分。传统外交，也被称作政府外交，是国家领导人之间的公共交往和对外代表国家主权的外交部与外国政府相应部门的交往，交往的内容极其广泛，但都是在宪法和法律允许的职权范围内代表国家进行的对外交往活动，都涉及双边或多边利益。而公共外交则是国家政府部门直接或间接地与国外政府或公众进行的交往活动。参与公共外交的各方从各种角度向外国公众表达本国国情，说明本国国策，解释外国对本国的不解之处，同时在国际交流中了解对方的有关观点。开展公共外交的目的是提升本国的形象，改善外国公众对本国的态度，进而影响外国政府对本国的政策。公共外交的行为主体包括政府、民间组织、社会团体、社会精英和广大公众等多个层面。其中，政府是主导，民间组织、社会团体和社会精英是中坚，广大公众是基础[2]。

通常来讲，公共外交的目的是通过交流、信息活动、英语语言教育项目、学生交流项目、文化项目、媒体研究和民意调查、广播电视媒体，以及对非政府组织的支持来熟悉、理解并影响外国公众[3]。就美国公共外交而言，美国国务院使用以上形式来开展多种项目活动以促进美国公共外交，从而将美国的文化价值观传递给国外公众，同时理解其他国家的文化。此外，公共外交所担负的任务包括：消解外国公众对其国家制度和价值体系的认同，增强外国公众

---

[1] Maria Lewytzkyj, "Instead of a tambourine you play a daff? Cultural diplomacy at the table and away from the table", *San Francisco Examiner*, 2009.
[2] 赵启正：《公共外交与跨文化交流》，中国人民大学出版社，2011，第4~5页。
[3] Rosaleen Smyth, "Mapping US public diplomacy in the 21st century", *Australian Journal of International Affairs*, Vol. 55 (3), 2001, p. 422.

对本国制度和价值体系的认知与认同；消解外国公众对其政府实行与本国愿望相悖的政策的支持，增强外国公众对其政府实行与本国愿望相一致的政策的支持；消除外国公众对本国的误解或敌意，增进其对本国的理解和好感。

公共外交的最终目标是直接影响外国公民，从而反过来影响他们的政府[1]。公共外交并不是公共关系，它不是出卖政策、也不是让其他人接受你正在做的事情，相反，它是一种参与、是一条双向的道路，倾听和讲述一样的重要，它包含着相互理解和尊重。尊重这部分可能听起来比较"软"，但在外交和国际关系中是非常重要的一部分[2]，也是公共外交重要的、不可缺少的因素。

那么文化外交和公共外交之间有何区别和联系呢？"文化外交"这个概念最早由美国外交史学家拉尔夫·特纳（Ralph Turner）在20世纪40年代提出，后由美国外交史学家弗兰克·宁科维奇（Frank Ninkovich）进行系统阐述和发展[3]。而"公共外交"是1965年由埃德蒙德·古利恩（Edmund Gullion）最早使用[4]。

首先，公共外交与文化外交的区别在于二者的划分维度不同，即二者并非完全属于同一个类别。公共外交强调的是授体与被授体（或者叫施为者与接受者），也就是指一国政府对他国民众所采取的外交政策或措施，和它相对应的是传统外交，即一国政府和另一国政府之间的外交。而文化外交强调的是内容或领域，即外交过程中，以文化为载体，包括教育、科技、艺术等内容的交流，进行一国政府和另一国政府或社会大众之间的外交活动，和它相对应的是政治外交、军事外交和经济外交。从上可知，公共外交和文化外

---

[1] Eytan Gilboa, "Diplomacy in the media age: Three Models of Uses and Effects", *Diplomacy and Statecraft*, Vol. 12 (2), 2001, p. 4.

[2] Cynthia Schneider, *America Public Diplomacy after the Bush Presidency*, Center for International and Regional Studies, Brief No. 2, 2009, p. 3.

[3] 彭新良：《文化外交与中国的软实力——一种全球化的视角》，外语教学与研究出版社，2009，第8页。

[4] 李智：《文化外交——一种传播学的解读》，北京大学出版社，2005，第29页。

交分属于两个类别，二者既有区别又有联系。其次，因为公共外交的主要内容就包括对外宣传和文化交流，因而文化外交通常被认为是公共外交中一项非常重要的内容，是最有效的"软外交"形式①。美国前驻荷兰大使、现文化外交专家辛西娅·施奈德教授（Cynthia P. Schneider）曾经说过："公共外交包含一个国家向世界解释自己的所有内容，而文化外交通过创造性的表达、思想、信息和人员的交流来增强相互的理解，从而为公共外交提供了它要解释的内容。"②因此，二者之间是一种相互交叉（部分重叠）的关系，这个重叠的领域就是面向公众性的文化外交或者说文化上的公共外交。此外，它们又有彼此独立的领域，文化外交包含有公共外交所不具有的政府间的文化外交；公共外交还有经济、军事、科技等方面（而非文化方面）的内容③。

从性质上讲，作为文化外交的重要内容——国家之间的教育文化交流和社会领域的友好往来并不具有传统外交的内涵。但是，随着市民社会的壮大和全球化带来的社会交往规模的膨胀，其对外交的意义和价值却不容低估。特别是，社会领域中的相互交流往往传递着大量的社会信息，承载着不同的文化价值观念，长期的接触和交流必然对外交领域产生有力的辐射和渗透。因此，人们不能否认教育文化交流所蕴含的"文化外交"在国际关系中的重要意义，也不能否认它是公众外交的重要内容。在美国前国务卿奥尔布赖特的眼里，文化外交被看作是"外交政策的中心环节"④。

---

① William Rugh, *Engaging the Arab and Islamic World through public diplomacy*, USA: Public Diplomacy Council, George Washington University, 2004, pp. 111 – 113.
② Maria Lewytzkyj, "Instead of a tambourine you play a daff? Cultural diplomacy at the table and away from the table", *San Francisco Examiner*, 2009.
③ 刘明霞：《试论战后日本文化外交》，硕士学位论文，华东师范大学，2009，第13页。
④ 前国务卿奥尔布赖特于2000年11月28日在白宫"文化与外交研讨会"上的发言，http://usembassy.state.gov/islamabad/wwwh00112901.html。

二 美国文化外交的开始

（一）第二次世界大战前的准备阶段

美国政府着手实施文化外交首先是从拉丁美洲开始的。美国与拉丁美洲同处西半球，联系极为密切。从美国建国时起，拉丁美洲很长时期内都是美国的外交重点之一。到 1823 年，美国时任总统门罗在国情咨文中向世界宣布了美国对拉丁美洲的政策立场，即"门罗主义"，从而在理论上为美欧大陆之间画出了一条界线，而拉美国家对这位北方强邻却怀着极其复杂的心理。美国和拉美多数国家摆脱殖民统治的时间相差几十年，但是在发展上与拉美国家形成鲜明对比的美国势必成为拉美地区许多人羡慕、钦佩和效仿的对象。此外，拉美国家独立后长期面临的一个问题是如何维护国家免遭西半球之外国家的干涉。因此，它们很希望借助这个北方强邻的"保护"维护自己的独立，这些都是在历史上美国与拉美国家能够维持在一个地区组织内的原因。然而，美国和拉美国家在文化上很难相容。如在拉美独立战争期间，美国政府许多要人认为拉丁美洲不会得到自由，他们把天主教的迷信、西班牙专制制度的遗产和种族融合的人口说成是实现进步和自由的严重障碍。如杰斐逊曾直言不讳地宣称，西班牙美洲"处在极其黑暗的愚昧之中，深受偏执和迷信的影响"，因此，"就像孩子一样不能自治"，他只是希望用"军事独裁"取代现存的西班牙统治[1]。到了第二次世界大战前夕，当时的美国国务院把美国与其南部邻邦的关系看作是文化落后的问题。如副国务卿萨姆纳·韦尔斯在一次会议上谈道，拉美政治动荡的基本原因是这一事实，即"盎格鲁—撒克逊人在政府学和人的生活上具有六七百年的教育和训练"，而命运不幸的美洲共和国缺乏政治"见习

---

[1] Michael H. Hunt, *Ideology and U. S. Foreign Policy*, New Haven: Yale University Press, 1987, pp. 100 – 101.

期",这就使这些国家"不可能吸取构成自由政府之结构的基础的理论、原则和精神"。另一位官员查尔斯·汤姆森认为,美国对拉美地区的国家拥有"某种道义上的委托管理,也就是一种文化上的委托管理"①。显而易见,美国人无疑想要用自己的文化重塑处于"落后"状态下的拉丁美洲,这是美国最终采取官方行为来加强对拉美地区文化输出的根本原因②。

1889年10月,在美国华盛顿召开了有17个国家参加的第一次泛美洲会议。此次会议的形式非常特别,美国政府特意让各国代表以一边开会一边在美国观光的方式进行。目的就是让美洲各国代表能够亲自了解美国的经济、政治、文化、教育等方面。会议的一位代表这样描述他的体会:这种方式,促进了彼此之间更进一步的了解,这样有助于化解曾经的隔阂与矛盾③。

1890年4月14日,泛美洲同盟成立。该同盟的成立为美洲国家之间进行文化与教育交流起到了一定的作用。其中在第四次(1910年)、第五次(1923年)和第六次(1930年)的泛美洲会议中,与会代表对美国与拉美国家间的教育与文化交流等问题进行了探讨。此外,洛克菲勒基金会(Rockefeller Foundation)和卡内基基金会(Carnegie Foundation)都为美国在拉美国家的教育和文化交流提供了大量资金,促进了项目的发展。截止到1930年,美国已经与拉美国家缔结了20多个有关文化和教育等方面的协议或条约。

但另一方面,美国也在拉丁美洲的矿山、榨油业、工厂、公用事业、农场、银行等领域进行了经济投资④,从中获取大量利润。这

---

① Frank A. Ninkovich, *The Diplomacy of Ideas U. S. Foreign Policy and Cultural Relations 1938 - 1950*, New York: Cambridge University Press, 1981, p. 30.

② 王晓德:《拉丁美洲与美国文化外交的起源》,《拉丁美洲研究》2007年第3期。

③ J. Manuel Espinosa, *Inter - American Beginnings of U. S Cultural Diplomacy*, 1936 - 1948, Washington D. C., Department of State Publication, 1976, p. 12. 转引自郑欣然《二战时期美国对拉丁美洲的文化外交》,硕士学位论文,河北师范大学,2007,第13页。

④ 许海山:《美洲历史》,线装书局,2006,第206页。

种投资，加深了对拉美的掠夺，引起了拉美人民的仇视。1929年，在美国爆发了资本主义世界空前的经济危机。在美国资本主义经济危机最严重的时刻，其与拉丁美洲的贸易和投资额大幅下降，同时英、德、日、意等也在争夺拉美市场。这一时期，德、意、日三国利用拉美国家对美国的仇视情绪，在拉美为自己造势。其中德国充分利用各种机构开展有关"大德意志"思想的宣传活动，包括外交使团、出版机构、科研机构、无线电广播、学校以及旅行团等。同时，德国还建立了妇女、青年、文化、体育等各种团体来接触广大拉美民众，从而扩大影响。在拉美的德国企业，如西门子公司和各个银行等，被要求从其所获利益中抽出10%以内的款项①，作为以上活动的资金。1938年1月，柏林的一家报纸《攻击报》（Der Angriff）刊登文章说："拉丁美洲人民已经感觉到，要想摆脱美国的统治，必须得到意大利与德国的支持。"②

面对此种情况，美国迫切需要与拉美国家改进关系。富兰克林·罗斯福（Franklin Delano Roosevelt）总统作为一个现实主义政治家，已意识到传统的炮舰政策无济于事，必须缓和拉美人民的仇美情绪，于是积极推广睦邻政策（Good Neighbor Policy）。

1936年12月，在美国政府的积极号召下，泛美洲国家维护和平会议在阿根廷的布宜诺斯艾利斯（Buenos Aires）召开。会议的主要议题围绕美洲国家之间如何加强文化关系而展开，并最后通过了由美国政府代表团提议的《促进美洲国家文化关系公约》。这可以被认为是世界上第一个国际文化关系公约。美国是第一个在该公约上签字的国家。这同时也意味着美国政府开始着手进行文化外交策略的准备工作。美国国务院首席历史学家曼努埃尔·埃斯皮诺萨（J. Manuel Espinosa）指出："提出并最终签署这个条约表明发展与其他国家的文化关系这种方式第一次正式并入美国政府的政策中。

---

① 洪育沂：《拉美国际关系史纲》，外语教学与研究出版社，1996，第95页。
② 李春辉：《拉丁美洲史稿》（上册），商务印书馆，1983，第270页。

也表明，美国在与拉美国家关系中将文化交流作为一个重要的组成部分，以促进相互的文化理解。"① 同时，这也是美国政府首次尝试在经济上支持国际文化交流项目。

（二）文化关系司的建立

1938年，为响应罗斯福总统的睦邻政策和履行《促进美洲国家文化关系公约》，同时对抗纳粹德国、法西斯意大利和帝国主义日本的反动宣传，拉美文化研究者萨姆纳·威尔斯（Sumner Welles），也是时任国务卿科德尔·赫尔（Cordell Hull）的助理，说服国务院和罗斯福总统去增加一个全国性的文化关系机构，后来建议该机构所涉及的内容中，大写"culture"中的头两个字母"CU"，以表示广义的文化，而非意识形态方面"狭义"的文化。而且为使得大使和国会消除疑虑，他和国务卿赫尔强调机构只做5%的工作，剩下的交给私人和学术机构去做②。5月23日在美洲文化合作会议（The Meeting on Inter – American Cultural Cooperation）上，美国的第一个文化外交机构——文化关系司（Division of Cultural Relations）终于成立。在文化关系司的成立仪式上，当时国务院代表这样描述了其任务目标："向政府领导层提供建议以开始并执行有组织的、合作性的长期的努力，从而加强美国与其他国家的文化关系。"③ 这是美国第一个官方负责对外文化关系的机构，也是美国文化外交官方活动的开始。但是这种活动当时仅限于拉丁美洲，后来才逐渐扩大到中东和中国。可以说，美国文化外交的最开始是以文化关系司为官方领

---

① J. Manuel Espinosa, *Inter – American Beginnings of U.S Cultural Diplomacy*, 1936 – 1948, Washington D.C., Department of State Publication, 1976, p. 85. 转引自郑欣然《二战时期美国对拉丁美洲的文化外交》，硕士学位论文，河北师范大学，2007，第13页。
② Richard T. Arndt, "Rebuilding America's Cultural Diplomacy", *Foreign Service Journal*, 2006, p. 39.
③ *Culture Diplomacy and the United States Government: A Survey*, Woodrow Wilson School, Princton University, p. 2.

导机构、以拉美地区为基础的,然后逐渐开始向亚洲和欧洲国家进行渗透的,比如,文化关系司之后设立了专门的中国项目。

美国也是继法国、英国等国家之后,又一个文化外交的主要实施国。

(三) 美国开展文化外交的方式

在文化关系司成立之前,美国与其他国家之间的文化活动主要由私人和民间机构资助并组织进行。当时政府对文化活动采取自由放任的态度,因而美国自由主义信条中也包含文化自由这一条[①]。随着文化关系司的成立,美国政府正式参与到美国和其他国家的文化活动中。但这并不是说政府将会全权包揽文化活动,威尔斯和赫尔强调政府只做5%的工作,也就是采取必要的措施对私人组织和民间团体进行适当的引导,以服务于美国的国家利益。

具体的执行方式是:美国政府通过文化关系司向私人组织和民间团体提供意见或建议,为他们的文化交流活动指明方向和目标。文化关系司负责协调各个项目和各个活动,并做出统筹安排,以避免不必要的物质资源和人力资源的浪费。再者,由于文化关系司的经费很有限,因而美国政府主导的文化外交初期主要是由文化关系司提供联络、组织等服务,在资金方面主要还由私人团体和民间机构负责。

文化关系司的第一位司长本·彻林顿(Ben Cherrington)正是这样认为的:"文化关系司是美国私人机构和民间团体与拉美国家政府的交流和协调中心。"[②] 除了做统筹协调工作之外,文化关系司也会亲自参与一些交流的活动,比如,邀请拉丁美洲国家的领导人和学者到美国进行访问交流,并为他们提供在美国大学、政府等地接受培训学习的机会等。

[①] Frank Ninkovich, "The Currents of Cultural Diplomacy: Art and the State Department, 1938–1947", *Diplomacy History*, 1997, p. 216.

[②] Gellman Irwin, *Good Neighbor Diplomacy: United States Policies in Latin America, 1933–1945*, Baltimore and London: The Johns Hopkins University Press, 1979, p. 145.

第二节　美国文化外交的发展

　　美国与国外的文化关系远早于文化外交的开始。早在1810年的时候，美国教会就已在海外成立了宣讲团，开始向其他国家和地区进行传教活动，这其中包括中东伊斯兰国家以及中国。1830年，去中国进行传教活动的传教士裨治文（Elijah Bridgman）认为，对于接受儒家教育不相信宗教奇迹的中国人来说，科学比宗教更有魅力，而西方文明比中国文明优越的地方就在于它的科学。他发现，要在宗教上征服中国，教育所产生的效果比"迄今为止任何海陆军力量、或最兴旺的商业之刺激、或所有其他手段联合起来在特定时间里所产生的效果"还大得多[①]。从1889年10月在美国华盛顿召开的第一次泛美洲会议到1936年12月在阿根廷布宜诺斯艾利斯召开的泛美洲国家维护和平会议，说明美国政府开始在经济上开始支持国际文化交流的活动，同时表明美国政府已着手开始实施文化外交。此时，美国开始积极主导并参与各种国际组织、国家规则的形成和制订。在国内，美国促进了自身的经济繁荣；在国外，增强了自身的国家影响力。这一切有利于美国外交目标的实现，其世界霸权地位的远景也隐约可见。在文化交流领域，美国社会积极推动美国文化价值的推广，并资助消灭全世界的传染性疾病医治、科学研究以及学术文化交流，这类活动影响了之后几代人对美国的认识和情感。美国做出的这些努力还在客观上加速了殖民地人民的近代化进程，也使美国模式成了一个颇有吸引力的现代化模式。相关的国家和地区不仅将美国视为民主自由富裕平等的典范，还从语言、学术、生活习俗和思维方式上接受了美国人的

---

① Elijah Bridgman, Address at the First Meeting of the Morrison Education Society, Chinese Repository, 1836, p.378. 转引自肖欢《国家软实力研究：理论、历史与实践》，军事谊文出版社，2010，第132页。

价值观，成为美国软实力的追随者①。

总体而言，美国文化外交实践按照时期划分，可以分为四个阶段：二战时期、冷战时期、20世纪90年代至21世纪初和"9·11"事件以来时期。这四个时期有不同的政治历史背景，因此美国文化外交在四个不同时期有着不同的文化外交策略，包括文化外交内容、对象国、目标以及文化外交实施的程度等均有所不同。

一 第二次世界大战时期的美国文化外交

第二次世界大战时期是美国文化外交的起始时期，许多方面还在不断完善阶段。尤其在机构设置上，更迭还比较频繁。在1938年设立文化关系司的基础上，美国于1941年又首次设立了文化事务专员职务（Cultural Relation Officer）。到1943年年底的时候，美国已在22个所在国的使馆设立了该职位②。1944年，文化关系司被重组分成"文化合作司"和"国际信息司"两个部门，分别进行文化交流与文化宣传的活动。在对象国方面，美国文化外交的重点是拉美国家，文化关系司主要开展的是美国和拉丁美洲国家间的文化交流，以对抗纳粹德国在拉美地区所发起的"文化攻势"。

第二次世界大战时期，除了文化关系司，1940年8月，成立了由纳尔逊·洛克菲勒（Nelson Rockefeller）为领导的"美洲国家事务协调办公室"（the Office of Coordinator of Inter - American Affairs，简称OCIAA）。该协调办公室作为美国在拉丁美洲文化事务的代表，开展了大量以宣传为主的文化外交。协调办公室包括三个部门：新闻部、广播部和电影部。这三个部门开展了许多文化交流活动，包括：播放美国流行音乐、美国空中学校、舞台剧演出、影片展演、提供信息资料，以及巡回艺术展览等等。同年，洛克菲勒（Nelson Rocke-

---

① 肖欢：《国家软实力研究：理论、历史与实践》，军事谊文出版社，2010，第135页。
② 胡文涛：《美国文化外交及其在中国的运用》，世界知识出版社，2008，第81页。

feller）邀请了一组拉美记者到美国访问，从此交流项目成为美国文化外交的一部分，也使得70万被认为有前途的外国人来到美国，其中就有年轻的萨达特（Anwar Sadat）和撒切尔（Margaret Thatcher），直到1945年8月，"美洲国家事务协调办公室"所负责的文化宣传项目转交给国务院。

此外，1942年秋，负责为战后美国对外政策关系提出规划纲要的美国外交史学家、耶鲁大学教授拉尔夫·特纳（Larf Turner）向对外关系司提交了一份关于战后美国对外文化工作的政策纲要备忘录。备忘录指出："任何同外交事务有关的工作都是为国家利益服务的，因此，对外文化工作必须根据国家的需要，同政府的政治、经济、外交政策保持一致，配合进行。"[①] 经过文化关系司的总顾问委员会讨论，特纳的主张得到了美国政府的广泛赞同。特纳的备忘录从美国对外文化关系的历史经验中首次提出"文化外交"这一崭新的概念，奠定了美国文化战略的理论基础和战略方针。因此该备忘录在美国文化外交史上具有重要的意义。

二 冷战时期的美国文化外交

冷战时期是美国实施文化外交的繁盛时期。这一时期是美国与苏联和其他社会主义国家互相敌视和遏制的时期，也是美国文化外交实施的高峰期。在此期间，美国针对苏联的文化外交实施到达了顶级阶段，并最终取得了成功。1946年美国国会通过了著名的《79－584号公共法修正案》（《富布赖特法案》，the Fulbright Act），首次以立法形式为美国的国际文化交流活动提供了保障。1948年美国国会通过了《史密斯—蒙特法》（the Smith-Mundt Act），也被称作《美国信息和教育交流法案》（the U. S. Information and Educational

---

[①] 〔美〕弗兰克·宁柯维奇：《美国对外文化关系的历史轨迹（续）》，钱存学编译，《编译参考》1991年第8期。

Exchange Act of 1948）①。在语言上它表明了理解的重要性："该法案的目的是使美国政府修正其他国家对美国的误解,这种误解对和平以及促进美国人民和其他国家人民间的相互理解造成障碍,而这种相互理解是和平的必要基础之一。"② 因此该法案明确了美国文化外交的方式策略。此后于 1961 年 9 月通过的《富布莱特—海斯法案》（The Fulbright – Hays Act of 1961），主要合并了 1946 年的《富布莱特修正法案》和 1948 年的《史密斯—蒙特法案》，同时弥补了《史密斯—蒙特法案》的不足③，扩大了美国对外文化交流活动的范围,建立了新的教育和文化交流政策：通过教育和文化交流增加美国人民和其他国家人民间的相互理解。该法案使交流更加制度化。通过展示美国和其他国家教育和文化的发展成就以及对世界人民的和平与富有成果的生活做出的贡献,加强连接美国和其他国家的纽带；促进有利于教育和文化进步的国际合作；帮助发展美国和世界其他国家友好、和谐与和平的关系④。1953 年,美国政府成立了美国新闻署（The United States Information Agency，简称 USIA），这是一个独立于国务院的机构,其中包括教育文化事务局。教育文化事务局是全面主管同国外教育、文化交流事务的主管机构。文化外交的大部分文化活动归于该署,比如美国在使馆所在国设立的图书馆、文化中心、英语教学项目、图书翻译项目、举办展览等等。而文化外交的其他项目,如学术交流、举办艺术展览、访问者项目等,则由国务院负责⑤。此外,还有由新闻署负责、"美国艺术"（Arts Ameri-

---

① Nancy Snow, "U. S. Public Diplomacy: Its History, Problem, and Promise", *Jowett Reader*, 2005, pp. 227 – 228.
② Nancy Snow, "U. S. Public Diplomacy: Its History, Problem, and Promise", *Jowett Reader*, 2005, p. 227.
③ Nancy Snow, "U. S. Public Diplomacy: Its History, Problem, and Promise", *Jowett Reader*, 2005, pp. 227 – 228.
④ Philip H. Coombs, *The Fourth Dimension of Foreign Policy: Education and Cultural Affairs*, New York: Harper & Row, 1964.
⑤ 韩召颖：《输出美国：美国新闻署与美国公众外交》，天津人民出版社，2000，第 112、147 页。

ca）管理，二者共同合作运行的视觉和表演艺术交流等等。在开展的众多项目中，富布莱特教育交流项目（the Fulbright Educational Exchange Program）已在140多个国家运行，国际访问者项目（the International Visitors Program）每年已使3000多位外国领导人来到美国进行文化政治交流。

此外，根据艾森豪威尔总统1953年成立的行动协调委员会所做的相关报告，冷战时期"国务院的教育交流项目依然强调通过资助教育领袖和专家等有西方倾向的知识分子的重要性"[1]。在1956年的财政预算中，美国大大增加了对近东国家领导人和专家的资助，政界、军事、工会的领导，以及新闻编辑、知识分子和学生等都得到了特别关注。

这一时期，美国政府强调了文化外交的"交流"特性。尤其在卡特政府时代对文化外交的"交流"特性认识得更加清楚，卡特总统于1978年4月1日将新闻署改名为国际交流署就预示着美国政府正在从单向性的宣传与讲述向双向性的沟通与交流过渡。此外，从卡特总统在1978年3月13日给时任新闻署主任约翰·雷哈特（John Reinhart）的备忘录中也可以看出美国政府对文化外交新的指导思想。备忘录中说道："有效与其他国家相处的基础是最大可能地了解对方的观点。国际交流署的基本指导思想就是要鼓励美国民众与其他国家的民众进行思想和文化的交流。"[2] 这一指导思想为美国今后开展文化外交指明了方向。美国开展文化外交不仅仅是让对方国家理解美国，还要使美国民众去了解其他国家的文化、价值观和组织机构等。

冷战提供了一个文化外交产生影响的例子。那时美国文化受欢迎的程度导致了共产主义的失败。在柏林墙倒塌之后，政府对文化

---

[1] *Detailed development of actions relating to the Near East*, Operations Coordinating Board, Washington, D.C., 1955, p.4.

[2] Allen C. Hansen, *USIA: Public Diplomacy in the Computer Age*, Westport CT: Praeger Publisher, 1984, pp.21-22.

外交的强度也随之消失。文化外交的主要机构——美国新闻署也被解散。当时新闻署的负责人约瑟夫·达菲（Joseph Duffey）说道："随着冷战的结束，所有海外项目的资金也减少。"[1] 美国新闻署的主要任务是"向世界讲述美国的故事"，包括对苏联的宣传战、富布莱特奖学金项目、书籍翻译和美国之音的西班牙语广播的开通，还有面向古巴的马蒂电台。美国新闻署的关闭标志着美国官方文化外交政策的结束。

三 20世纪90年代至21世纪初的美国文化外交

从20世纪90年代至21世纪初这段时期是美国文化外交实施的低迷期。由于冷战的胜利，美国的部分决策者认为文化外交的使命已告终结，文化外交的主要执行机构——美国新闻署也于1999年解散，文化外交回归到国务院的教育与文化事务局。这一时期，公共外交的资金大为减少，留给文化外交的份额也就随之大幅缩水。由于资金短缺，交流项目也减少了许多。比如，国务院与埃及、沙特和也门的交流减少了21%[2]。伊斯兰国家的人口增加了16%，而在中东地区文化交流项目的投资平均每人的减少超过了33%[3]。此外，这一时期的时代背景也不同于冷战时期，当时的主要对象国苏联已经不复存在。因此，在这一时期，文化外交的对象国有所改变，相应的一些活动内容也随之改变。

尽管这一时期的文化外交在美国外交史上仅仅是一朵没有绽放的小花，没有发挥出文化外交应有的作用，但是，文化外交在公共外交的理念上得到了更清晰的认识。克林顿总统任命约瑟夫·达菲（Jo-

---

[1] Monika Revilla, *A new President, a new era for CD?*, http://www.culturaldiplomacy.org/culturaldiplomacynews/indexphp?aid=1182, 2012.
[2] Peter G. Peterson, "Public Diplomacy and the War on Terrorism", *Foreign Affairs*, 2002, p. 92.
[3] Injy Galal, "The History and Future of US Public Diplomacy", *Global Media Journal*, Vol. 4, Issue 7, 2005.

seph Duffey）为新闻署主任。达菲曾担任马萨诸塞大学和华盛顿美国大学校长的职务，拥有良好的教育背景。他指出：国际教育、全球课题及文化交流是公共外交的基本要素[1]。也就是说，在公共外交中，文化外交起着根本的作用，文化外交的相关项目构成了公共外交的基本元素。在这一理念的作用下，20世纪90年代中期，美国国务院用有限的资金大力支持中东的富布莱特项目，尤其倾向于巴勒斯坦的学生和研究人员。另外，在"国际访问者项目"等交流活动中，美国接纳了60位巴勒斯坦人员到美国进行访问项目的交流学习。

此外，美国政府机构对从事公共外交的法律义务进行了重新修订。1999年4月30日，克林顿总统颁布了总统决策指令（PDD-68）[2]。该指令扩大了公共外交和公共事务的范围，超越了美国新闻署和国务院，包括所有的政府机构，并下令设立国际公共信息体系（International Public Information，简称IPI）来同时运作海外计划的信息目标、主题和形象，减轻并清除危机的影响，影响海外公众以有利于美国政策目标[3]。总统决策指令PDD-68还下令要求来自"国防部、国务院、司法部、商务部和财政部以及中央情报局（CIA）和联邦调查局（FBI）的高级官员建立国际公共信息核心小组（IPI Core Group），由国务院主管公共外交和公共事务的副国务卿负责"[4]。国际公共信息核心小组整合国际和国内公共外交活动以达到

---

[1] Joseph Duffey, "Interview with The Journal of Arts Management", *Law & Society*, 1999。转引自仵胜奇《布什政府中东公共外交》，世界知识出版社，2010，第175页。

[2] Margaret C. Ayers, *Promoting Public and Private Reinvestment in Cultural Exchange-Based Diplomacy*, Robert Sterling Clark Foundation, N. Y.：New York, 2010.

[3] *The National Security Archive Electronic Briefing Book*, No. 177, 2006。华盛顿大学网站，http：//www.gwu.edu/~nsarchiv/NSAEBB/NSAEBB177/index.htm, accessed October 12, 2012。

[4] *The National Security Archive Electronic Briefing Book*, No. 177, 2006。华盛顿大学网站，http：//www.gwu.edu/~nsarchiv/NSAEBB/NSAEBB177/index.htm, accessed October 12, 2012。

"和政府战略信息活动同步的影响"①。核心小组的建立整合了公共外交的力量，也更加明确了文化外交的目标。

但总而言之，这一时期文化外交规模有所缩小、预算经费也大不如前、影响力日渐式微。

四 "9·11"事件以来的美国文化外交

"9·11"事件发生后，美国的部分决策者重新考虑文化外交的功能。经历了有关阿布格莱布监狱事件（Abu Ghraib prison tortures）、关塔那摩监狱事件（the Guantanamo Bay prison）和伊拉克战争之后，美国国务院非常担心在冷战后独享的意识形态霸权随着这些事件逐渐衰弱。国务院号召冷战时期活跃的文化外交的回归，以更加积极的姿态赢得第三世界，尤其是"伊斯兰"国家的知识分子和艺术家。文化外交再次得到了重视，表现在对文化外交的机构设置与资金投入上。2002年，布什总统建立了一个新的公共外交和战略通信政策协调委员会（the Policy Coordination Committee on Public Diplomacy and Strategic Communication），由国务院负责公共外交与公共事务的副国务卿负责。该委员会负责协调机构间合作，统一公共信息、确保所有公共外交资源支持这些信息，并保证每一个机构对公共外交给予最优先级别②，从而使得文化外交也得到了优先级别的考虑。2003年1月，布什总统正式建立了全球沟通办公室（the Office of Global Communications，简称OGC），以促进和协调白宫和其他各机构与国外公众的沟通③。全球对话办公室被委派了重要任务：通过诸如广告、网站、无线广

---

① *The National Security Archive Electronic Briefing Book*，No.177，2006。华盛顿大学网站，http://www.gwu.edu/~nsarchiv/NSAEBB/NSAEBB177/index.htm，accessed October 12, 2012。

② Lisa A. Curtis, "America's Image Abroad: Room for Improvement", *Heritage Lectures*, No.1027, 2007, p.2.

③ *U. S. Public Diplomacy: Interagency Coordination Efforts Hampered by the Lack of a National Communication Strategy*, GAO-05-323, 2005.

播以及新闻故事等平台和美国政府与全球公众接触的工作进行合作①。2003年7月，小布什政府根据美国联邦咨询委员会法案92-643，在国务院设立了文化外交咨询委员会（the Advisory Committee on Cultural Diplomacy）。这是美国第一个官方文化外交咨询机构，是美国政府对文化外交在后冷战时期战略意义的重新认识②。此外，21世纪初，美国公共外交工作进行了重组，国务院成为主要的执行机构：教育文化交流，通过教育与文化事务局（the Bureau of Educational and Cultural Affairs，简称ECA）执行；向外国公众传播关于美国政治、社会和价值观的信息，由国际信息局（the Bureau of International Information Programs，简称IIP）负责；帮助美国人理解对外事务的重要性，由公共事务局（the Bureau of Public Affairs，简称PA）管理。其中教育交流主要通过教育与文化事务局下属的专业交流部（Professional Exchanges Division）执行，包括富布莱特项目（Fulbright）、汉弗莱项目（Humphrey）、国际访问者项目（International Visitors Program）和英语语言项目（English Language Program）等；艺术与文化项目由文化项目部（the Cultural Programs Division）执行③。2005年，主管公共外交和公共事务的副国务卿凯伦·休斯（Karen Hughs）和教育与文化事务助理国务卿迪娜·哈比卜·鲍威尔（Dina Habib Powell）创建了民间部门外联办公室（the Office of Private Sector Outreach），与美国民间部门和个人在公共外交活动中合作，对象为其他国家的青年人、职业女性、企业家、教师、记者和重要决策制定者。民间部门（private-sector organizations）的全球性、创造性和有效性使他们成为宝贵的资源和重要盟友，来共同分享美国的故事和思想④。

---

① Mohan J. Dutta-Bergman, "U. S. Public Diplomacy in the Middle East: A Critical Cultural Approach", *Journal of Communication Inquiry*, 2006, p. 102.
② 胡文涛：《美国文化外交及其在中国的运用》，世界知识出版社，2008，第78页。
③ Margaret C. Ayers, *Promoting Public and Private Reinvestment in Cultural Exchange-Based Diplomacy*, Robert Sterling Clark Foundation, N. Y.: New York, 2010, p. 14.
④ *Rice Announces New Public Diplomacy Award for Private Sector-Benjamin Franklin Award will honor efforts to boost cultural understanding*, Government Press Releases (USA), 2007.

这一时期，青年人已经成为文化外交项目的主要关注点，资金自从"9·11"事件之后已经增长了25%①。这一时期关注的文化外交的主题是"宗教宽容、种族差异、媒体独立的价值、非政府组织管理、公民社会和治理、穆斯林世界的选举与教育管理"②。增加了许多新的文化外交项目，如：文化连接（CultureConnect），这个项目任命杰出的美国人为海外文化大使。同样，公民外交家项目（the Citizen Diplomats initiative）定期派遣美国人到海外进行交流与学习。此外，美国还强调记者的旅行和交流。新的文化教育交流项目也有所增加，如：青年交流和学习项目（the Youth Exchange and Study，简称YES），这是一个美国和中东、北非和印度尼西亚的高中生交流的项目。另一个项目是大学生学习伙伴项目（the Partnerships for Learning Undergraduate Study Program，简称PLUS），该项目资助伊斯兰世界来自公立学校的非精英阶层的学生在美国的大学学习。此外，美国在已有的项目中增加了新的内容。如在富布莱特项目中增加了有关阿拉伯语和伊斯兰文明的内容。

更重要的是，这一时期的文化外交更多地被看作是软实力的一种表现。德保尔大学（DePaul University）的副教授凯茜·菲茨帕特里克（Kathy R. Fitzpatrick）表述了软实力在国家力量方面表现出来的强大影响力。"作为一个国家，我们或许拥有最强大的军事力量和最高尖端的科技力量，但是如果我们没有用持久的自由和民主的故事成功地捕获世界各地人们的心灵和思想，这些力量最终都不能决定什么。"③她指出，在尝试改变他人思想之前，应该先让自己了解其他国家，而了解其他国家的最好方式就是通过文化外交——交流项目，来自不同国家的人们通过近距离接触去了解对方国家的文化

---

① Patricia S. Harrison, *Statement before the House of International Relations Committee*, US Department of State, 2004.
② Patricia S. Harrison, *Statement before the House of International Relations Committee*, US Department of State, 2004.
③ Kathy R. Fitzpatrick, "U. S. Public Diplomacy", *Vital Speeches of the Day* 70, No.13, 2004, p.416.

和价值观。因此，在这一时期，文化外交越来越作为一个国家的软实力而被重视起来。

第三节　美国文化外交是公共外交的重要组成部分

在美国，无论是学术界还是政界，普遍认为文化外交是公共外交的重要内容，并长期被置于公共外交的范畴，被视为公共外交的一个维度[①]。如文化外交咨询委员会于2005年发布的《文化外交：公共外交的关键》中明确指出文化外交与公共外交的关系，即文化外交在公共外交中占有重要地位。无论是在内容上还是在历史发展上，二者都有着紧密的联系。美国南加州大学公共外交学教授尼古拉斯·卡尔（Nicholas J. Cull）在他的所讲课程《文化外交》中明确指出文化外交是公共外交的一个亚学科（sub-area），他在学理上把文化外交作为公共外交的一个分支进行讲授。

第一，交融发展。从历史角度来看，公共外交的活动应该早于文化外交。美国政府第一次正式地、有组织地进行对外宣传的活动始于第一次世界大战期间美国参战后威尔逊总统于1917年设立的公共信息委员会（the Committee on Public Information）[②]。记者出身的乔治·克里尔（George Creel）出任主席，因此该委员会又被称作克里尔委员会。公共信息委员会的成立是美国早期公共外交的雏形，但由于各种原因，该委员会于1919年6月30日被美国国会正式取消。

于1938年成立的文化关系司标志着美国与国外文化关系中美国官方的正式介入，这也是美国文化外交的开始。1942年秋，在特纳

[①] Martha Bayles, "Goodwill Hunting", *The Wilson Quarterly*, 2005, p. 45。转引自李智《文化外交——一种传播学的解读》，北京大学出版社，2005，第39页。
[②] 韩召颖：《输出美国：美国新闻署与美国公众外交》，天津人民出版社，2000，第2页。

的备忘录中,"文化外交"的概念被首次提出,而"公共外交"概念由古利恩于1965年首次使用。此后,在美国公共外交史上,文化外交就作为公共外交的重要组成部分而存在。宁珂维奇在其著作《美国信息政策和文化外交》中甚至认为冷战期间的美国文化外交已被公共外交所同化。因而可以说,在美国,文化外交与公共外交的历史发展是你中有我、我中有你、互相交融的。

第二,实施方式。公共外交作为整体外交的一部分,通过与其他国家民众接触与交流来改善外国公众对本国政府的态度,从而达到相互理解的目的。公共外交实施的方式很多,包括经济援助、政策宣传、文化交流等等,而其中以文化交流为主要内容的文化外交是其重要的实施方式之一。文化外交通过教育交流、艺术交流、文化互动和大众传播等方式与其他国家公众进行直接对话,从而改善国家形象,进而达到两国相互理解的目的。因而,文化外交成为公共外交实施的独特方式,也是较有成效的方式之一。

第三,目标人群。公共外交的目标人群为国外公众,它通过诸如宣传、交流、倡议等途径来影响国外的公众,从而使他们理解本国的政策主张。而文化外交的实施目标包括国外政府和国外公众两部分。文化外交通常是用来告知并影响一个社会的,它首先要影响这个社会的公众,公众反过来影响他们的政府去支持实施国的政策和利益,因此文化外交的首要对象是公众。文化外交的公众不是一个单一的组织,而是一个广泛而又不同的群体。因而从目标人群来看,二者是基本重合的,文化外交对目标人群的实施就是在完成公共外交的实施。总体上讲,目标人群可以被分成两类——普通公众和精英阶层。这两组人群的构成在不同国家以及不同时期是不同的,但都是从他们影响政府能力上来区分的。普通公众的影响来自作为整体的影响,精英的影响是通过各种不同的、更高水平的渠道。美国国务院开展的项目是根据两组目标群的利益、教育水平和影响领域来实施的。其中精英阶层包括:宗教、社会、文化、商业和政界的领导者,以及媒体的成员,他们能够影响公众和政府对美国的看法。例如，冷战时期，美国在伊朗的精英目标群包括了伊朗国王、皇室和富有的地主，他们代表了主张维护伊朗统一的保守势力，如被加以利用可以组成反对共产主义的主要力量①。如今，伊朗已成为伊斯兰共和国，这一精英群体已经由议会议员等人员代替。

第四，预期目标。早在卡特政府时期，卡特总统就已经阐述了公共外交的五大任务：①要促使美国民众与国外民众进行相互交流；②促进国外民众了解美国的社会文化和政策制定；③使美国政府更好地了解其他国家文化以及民众的舆论倾向；④促进世界各国人民进行相互的思想交流；⑤促使美国政府与其他国家政府进行文化交流协商②。美国国务院负责公共外交和公共事务的副国务卿夏洛特·比尔斯（Charlotte Beers）阐述了美国开展公共外交的三个战略目标：一是重视美国的价值观和信仰，以创造一种共同价值观的交流格局；二是展示美国源于民主化、善治和开放市场所带来的良好机会，消除其他国家对美国的误解；三是支持青少年教育，在其他国家的青少年中树立良好的美国形象③。美国东西方研究所副所长方大为（David J. Firestein）根据难易程度把美国公共外交目标总结为以下四类：人们普遍认可公共外交是让人们去理解美国；让人们喜欢美国；最重要的是美国需要其他国家支持它的外交政策；也是许多美国领导人否认的：美国作为美国，希望世界看起来更有点像美国④。他认为：无论你是否喜欢美国，无论你是否赞同美国关于人权、世贸组织或者对苏丹的政策，以及别的相关政策，至少你能够理解美国来自什么地方，这是很重要的一步。对于喜欢美国而言，一个人可以说或许你理解美国但是并不喜欢美国，或者你喜欢美国但是不理解

---

① *Proposed information program for Iraq*, American Embassy in Iraq, 1952.
② Allen C. Hansen, *USIA: Public Diplomacy in the Computer Age*, Westport CT: Praeger Publisher, 1984, pp. 21 – 23.
③ Charlotte Beers, *Public Diplomacy Plans for the Future*, 2002。转引自赵可金《公共外交的理论与实践》，上海辞书出版社，2007，第283~284页。
④ David J. Firestein, *Culture's Purpose and the Work of Cultural Diplomacy*, School of International Service, American University, 2010.

美国。因而通过公共外交促使人们喜欢美国的时候,不管对海外还是对国内的美国人而言,糟糕的事情就会越来越少。所以让人们喜欢美国是公共外交的一个目标,也是公共外交作为一项政府事业的底线。至于政策上的支持,方大为认为美国希望其他人能够支持它在国际问题上的立场。这也正是美国公共外交的最终目标。美国将会看到世界上许多国家的治理方式是美国的方式,运行经济的模式是美国的模式,也像美国一样有着多元化的社会、充满活力的民众社会。如果世界上有越来越多的国家更像美国,那么美国就会感到越来越安全。

在美国,文化外交作为公共外交的一部分,是以公共外交的总体战略目标为基础的,文化外交的实现目标按照难易程度以及时间长短等又可分为短期、中期和长期。其中短期是增加互相理解;中期是改善国家形象;长期是双方达成某种共识、寻找共同价值观,从而促进国际合作,使世界和谐发展。其主要内容包括教育项目、艺术项目等,目的是营造一种共同的价值观,以使美国与他国之间互相理解。无论是短期、中期还是长期目标,其最终的实现是为公共外交目标的实现服务的。

第五,资金问题。在资金方面,美国文化外交的资金预算是包含在公共外交预算之中的。公共外交的预算包括对外宣传费用(Broadcasting)、各项交流费用(Exchanges)、国际信息局(the Bureau of International Information Programs,简称 IIP)预算,以及其他方面的费用,如东西方研究中心(the East – West center)、南北方研究中心(the North – South center)、亚洲基金会(the Asia Foundation)等。此外,美国向国外实施的一些援助也属于公共外交的范畴,因此这部分预算也应该作为公共外交的一部分。文化外交主要以各项交流为主,其费用自然属于公共外交的总预算之中。

第六,隶属关系。在人员安排方面,文化外交的工作人员主要包括两部分,国内部分主要由国务院下属的教育与文化事务局的工作人员负责,他们隶属于管辖公共外交与公共事务的副国务卿管理。在国外，从大使馆内部看，美国驻外使馆有公共事务官，负责公共外交事务，并由大使直接管辖。公共事务官主管四个办公室：文化事务官员办公室、新闻官员办公室、地区信息官员办公室和地区英语官员办公室。其中文化事务官下设两位文化事务助理，分别负责文化交流活动和文化项目。文化外交人员的归属也表明了文化外交实施的管理主要由实施公共外交的机构进行。因此美国文化外交无论从人员管理还是工作实施来看均隶属于美国公共外交的统筹安排。

从评估机制来看。文化外交的评估机制也被纳入了公共外交的评估机制。国务院于2004年成立的由主管公共外交和公共事务的副国务卿负责的公共外交和公共事务政策、规划、资源办公室专门负责对公共外交做出评估，并制定了相关的评估方式与策略。文化外交中的众多交流项目也由该办公室进行评估。通过评估，对交流项目做出调整和改善。

总而言之，美国文化外交的发展是与公共外交的发展互相交融进行的，文化外交是公共外交的主要实施方式，他们有着共同的目标人群和预期目标。此外，由于文化外交事务隶属于主管公共外交和公共事务的国务院副国务卿管辖，因而在资金预算上，文化外交预算被归纳在公共外交预算之中。最后，美国文化外交成效的评估机制也完全按照公共外交的评估机制进行。因而，尽管文化外交与公共外交在划分维度上并不完全相同，但是美国文化外交已经成为公共外交的重要组成部分，也是公共外交的关键内容。

第三章

文化外交与美国—中东伊斯兰国家关系

第一节 美国—中东伊斯兰国家关系概述

一 中东伊斯兰国家概念

"中东"这个概念,在学术界并没有一个完全确定的定义。

"中东"一词最早可能起源于英国印度事务部在19世纪50年代描述波斯及其附属中亚领土和波斯湾地区的称呼,当时"近东"被用来指代奥斯曼帝国,而"远东"则作为中国和日本的代名词,波斯湾地区正好界于近东和远东之间的地带①。1902年,美国海军战略理论家艾尔弗雷德·塞耶·马汉(Al-fred Thayer Mahan)在英国《国家评论》杂志上发表题为《波斯湾与国际关系》一文,首次公开使用"中东"一词,但他没有具体指出中东的范围②。美国学者凯蒂(Nikki R. Keddie)明确写道:"中东,作为一个地理名词,今

---

① C. R. Koppes, "Captain Mahan, General Gordon and the Origin of the Term 'Middle East'," *Middle Eastern Studies*, December 1976, pp. 95-98。转引自王联《中东政治与社会》,北京大学出版社,2009,第2页。

② Roderic H. Davison, "Where is the Middle East?" *Foreign Affairs*, Vol. 38 (4), 1960, p. 667。转引自王联《中东政治与社会》,北京大学出版社,2009,第2页。

天通常被用来指代从摩洛哥延伸到阿富汗的广大地区。"① 我国学者王联认为凯蒂对中东的理解也是后来人们普遍认识的大中东概念,八国集团发表的大中东倡议、美国国务院的官方文件、美国学术研究机构中东学会等也都使用这一概念②。中国社会科学院西亚非洲研究所王京烈研究员认为:"通常所说的西亚、北非广大地区,它包括从肥沃新月地带、阿拉伯半岛及延伸到马格里布的广大阿拉伯世界,以及以色列、伊朗、阿富汗、土耳其、塞浦路斯等20多个国家。"这一"中东"是"国内外普遍认可的'中东'概念"③。此外,我国国内西亚非洲研究领域的学术中心——中国社会科学院西亚非洲研究所的网站也将24个国家列入中东地区范畴,包括西亚12个国家和非洲12个国家。不过由彭树智先生主编的《中东史》中介绍的中东包括今天的西亚北非18国,即埃及、巴勒斯坦、以色列、黎巴嫩、叙利亚、伊拉克、也门、沙特阿拉伯、阿拉伯联合酋长国、卡塔尔、巴林、阿曼、科威特、约旦、土耳其、伊朗、阿富汗和塞浦路斯④。并没有将阿尔及利亚、利比亚、毛里塔尼亚、摩洛哥、苏丹和突尼斯计算在内。本书鉴于要论述的内容,采纳大中东概念,将有关24国列入中东范围。

中东社会是以穆斯林为主体的社会,这是毋庸置疑的。中东24国中,除了以色列和塞浦路斯外,其余22个国家都是穆斯林占人口多数的国家,伊斯兰教在这些国家的政治和社会生活中具有重大的影响⑤。其中沙特阿拉伯国内全部是穆斯林;阿尔及利亚、阿富汗、阿曼、巴林、科威特、毛里塔尼亚、摩洛哥、土耳其、也门等国家的穆斯林人口占到全国人口的99%;其余的国家除黎巴嫩(穆斯林人口

---

① Nikki R. Keddie, "Is There a Middle East?" *International journal of Middle East Studies*, Vol. 4, No. 3. 1973, pp. 255-271。转引自王联《中东政治与社会》,北京大学出版社,2009,第4页。
② 王联:《中东政治与社会》,北京大学出版社,2009,第4页。
③ 王京烈:《动荡中东多视角分析》,世界知识出版社,1996,第1页。
④ 彭树智主编《中东史》,人民出版社,2010,第11页。
⑤ 王联:《中东政治与社会》,北京大学出版社,2009,第23页。

占60%）和苏丹（穆斯林人口占73%）之外，穆斯林人口均占到全国人口的90%以上。所以可以把这22国称之为中东伊斯兰国家①。

二 第二次世界大战前美国与中东伊斯兰国家关系

在第二次世界大战之前，美国在中东伊斯兰国家涉足很浅。而英国、法国、德国、俄罗斯、西班牙和意大利等国却在瓜分自己的势力范围，如：19世纪70~80年代英国和俄罗斯争夺波斯和阿富汗；20世纪初期，法国、英国和德国在摩洛哥第二次危机中的较量；等等。与之相比，美国在这一时期却没有卷入与中东伊斯兰国家的冲突之中。相反，20世纪上半期，美国在与中东伊斯兰国家的对外关系上，主张这些国家民族自决，反对推行殖民主义。

（一）经济关系

作为后起之秀的美国，早在还是英国殖民地的时期，就已经与

---

① 在这22个伊斯兰国家中，根据宗教派别划分，可分为四种类型。第一是逊尼派占人口多数的国家，包括埃及、沙特阿拉伯、卡塔尔、阿拉伯联合酋长国、科威特、也门、叙利亚、约旦、巴勒斯坦、利比亚、苏丹、突尼斯、阿尔及利亚、摩洛哥、毛里塔尼亚、土耳其和阿富汗。第二是什叶派占人口多数的国家，包括伊朗、伊拉克和巴林。第三是伊巴德派占人口多数的国家，只有阿曼，该派为哈瓦利吉派的一个支派，哈瓦利吉派是伊斯兰教中独立于逊尼派和什叶派之外的一个教派，产生于公元7世纪中叶。第四是黎巴嫩，情况比较复杂，黎巴嫩人口中穆斯林和基督教徒分别占54%和46%。而穆斯林又分属什叶派、逊尼派、德鲁兹派、伊斯玛仪派等不同教派；基督教徒分属天主教马龙派、天主教麦勒卡派、罗马天主教、希腊正教和新教等不同教派。可以看出在黎巴嫩没有一个教派在总人口中占绝对优势，因而黎巴嫩政府根据各教派的人口比例分配国家权力，规定总统由天主教马龙派人士担任，总理和议长分别由伊斯兰教逊尼派和什叶派人士担任。另外根据民族划分，这22个伊斯兰国家又包括19个阿拉伯国家和3个非阿拉伯国家，即土耳其、伊朗和阿富汗。其中土耳其以土耳其人为主，占80%以上，另外有库尔德人、高加索人、亚美尼亚人、希腊人、犹太人，以及阿拉伯人。伊朗人主要以波斯人为主，约占总人口的66%，还有阿塞拜疆人、库尔德人、阿拉伯人、洛雷人、土库曼人等等。阿富汗占人口最多的民族是普什图族，占总人口的38%左右，第二大民族为塔吉克族、哈扎拉族和乌孜别克族、恰拉马克族、俾路支族等等。

中东地区当时横跨欧、亚、非三大陆的奥斯曼帝国开始了商业性的交往。美国与这些国家主要从事的是贸易额度并不大的农产品和工业品交易,包括美国的小麦、面粉、鱼干等,以及中东的烟草、椰枣、棉花、阿拉伯树胶、地毯、皮革等。1830年5月14日,美国与奥斯曼签署了《友好与贸易条约》。该条约对美国来说意义重大,因为它标志着美国在中东的地位发生了重要的变化,它不仅有利于美国对中东贸易的发展,而且还通过贸易扩大了美国在中东的外交活动及影响[1]。19世纪末期,美国的经济力量得到加强,与中东的经济交往也随之增多。进入20世纪后,美国的经济力量再次大幅增强,在中东的经济活动也迅速增加,美国于1911年在土耳其的君士坦丁堡建立了美国商会,加入商会的美国公司多达500家。这段时间,美国与中东伊斯兰国家,尤其是与奥斯曼的贸易总额均有所增加。

第一次世界大战后,中东地区的石油成为各个国家争夺的焦点。美国也不甘落后,以洛克菲勒财团为首的各大石油公司与英国石油公司在中东展开了激烈竞争,尤其是在伊拉克、巴勒斯坦和伊朗等地。20世纪20年代末,美国石油公司进入了伊拉克。30年代,美国石油公司获得了沙特阿拉伯93.2万平方公里土地的租让权。1943年6月,美国政府成立了石油储备公司,其主要目标便是夺取波斯湾的石油,而波斯湾石油的重点国家是沙特。随后通过1945年新的石油协议,美国获得了新的油田租让权,进一步扩大了美国在中东的石油经济利益。

此外,第二次世界大战期间,由于海上运输遭到德国潜艇袭击,中东的原料输出与日用品、零配件的供应也受到极大影响。而美国除了石油公司,许多其他部门也在中东进行积极的经济活动,包括服装、机器设备,以及汽车。这些商品通过成立于1941年的中东供应中心流向中东各国。

总体上来讲,第二次世界大战结束前,美国在中东的经济还处

---

[1] 张士智、赵慧杰:《美国中东关系史》,中国社会科学出版社,1993,第4页。

于渗透时期：由最初的商业性交往，到第一次世界大战结束后美国石油财团进入中东，再到第二次世界大战期间美国石油公司增加了在中东的竞争力量。

（二）文化关系

美国与中东伊斯兰国家的早期文化关系活动中较早的是美国传教士在中东的宗教活动与开拓。在19世纪初期，美国传教士已出现在了奥斯曼各属地和波斯王国。19世纪后半期，美国传教士开始在波斯湾诸酋长国活动。到了1954年，美国长老会的足迹已出现在埃及。尽管美国在中东地区开展了诸种活动，但是在穆斯林中的影响却非常有限。

此外，美国在中东地区的政治、经济和文化中心创办了许多学校。比如：于1830年在黎巴嫩的贝鲁特创办了美国女子学校；1863年在土耳其的君士坦丁堡建立了罗伯特学院；1865年在埃及创办了阿斯西特学院；1866年建立了叙利亚基督教新教徒学院，也就是后来的贝鲁特美国大学；等等。这些学校的建立一开始是为了把少数希腊和美国人转变为新教徒。但是，到了20世纪初期，这些学校开始招募穆斯林的孩子。其中罗伯特学院（Robert College）和之后成立的由美国资助的中东技术大学（Middle East University）一起成为公共高等教育的领军人物。这些学校为中东地区培养了大批知识分子，涉及社会中的多种行业，包括教师、医生、文学工作者、技术人员、管理人员、律师以及工程师等。这些人才为中东伊斯兰国家的发展起了一定的推动作用。

总之，美国教会与学校在中东的发展促进了美国文化在中东影响的扩大。

（三）政治关系

进入20世纪，中东的石油资源不断地被世人发现，欧洲诸列强加大了对中东的控制。民族主义思潮也在中东的知识分子、青年军官以及其他官吏中萌发。美国政府加强了与这些民族主义者的联系，从而扩大了美国的影响。和欧洲相比，美国是中东的一个迟来者，在该地区拥有更好的国家形象。除了北非战争（the Barbary Wars）之外，美国没有卷入任何地区冲突之中，也没有任何显著的殖民野心。美国的访问者——主要是教育者、旅行者和外交大使——总体上得到了很好的接待。在中东地区，美国形象的最佳时期是在第一次世界大战结束后，当时中东民众非常欢迎威尔逊总统（President Woodrow Wilson）自决的号召，并且看到了美国对法国和英国殖民野心潜在的制衡力量。1919年，叙利亚国会一名议员表示"美国远离殖民的思想，对我们的国家没有任何的政治野心"，并继续表示它需要美国的技术和经济援助①。

第二次世界大战期间，美国总统富兰克林·罗斯福（Franklin Roosevelt，1933-1945）出于战时需要，维持着与中东伊斯兰国家的友好关系。而埃及、伊拉克、沙特阿拉伯、土耳其和伊朗等国为削弱英国在本地区的控制，通过《战时租借法案》从美国获得了武器。美国在这些国家培植了亲美势力，并且树立了反殖民主义的形象。

总体上来讲，在第二次世界大战结束之前，美国在中东树立的是反殖民主义的形象，再加之培养亲美势力，在伊朗、沙特阿拉伯、土耳其、黎巴嫩和叙利亚等国的影响力得到加深。伦敦政治经济学院教授法瓦兹·革吉斯（Fawaz A. Gerges）对20世纪上半期的美国与中东国家的关系做出了如是评论："美国同阿拉伯人和穆斯林建立了充满活力的友好关系。"②

三 第二次世界大战后美国与中东伊斯兰国家关系

两次世界大战后，中东形成当前格局，此后美国与中东伊斯兰

---

① J. C. Hurewitz, *Diplomacy in the Near and Middle East* (Volume II), Princeton: D. Van Nostrand Company, Inc., 1956, p. 63. 转引自陈志敏、肖佳灵、赵可金《当代外交学》，北京大学出版社，2008，第11页。

② Fawaz A. Gerges, *America and Political Islam: Clash of Cultures or Clash of Interests?* Cambridge: Cambridge University Press, 1999, pp. 38-39.

国家一直保持着密切的关系。美国的经济和军事援助在诸如埃及和约旦这样重要国家的发展中扮演着重要角色。石油储藏丰富的海湾地区一直是美国重要的能源供应者，也是美国的工业盟友和美国商业与军事设施的主要购买者。这些纽带都帮助在美国和中东友好国家间创建团体关系的、官方关系的和私人关系的，以及双边经济、军事委任和联合商业的网络。而美国也在该地区收获了三大主要利益：获得了去谋求石油利益的准入证；阻止了苏联在中东地区称霸的企图；保卫了新成立国家以色列的安全。对这些利益的追求促使美国在中东事务中成为一个活跃分子，随着其承担了更广泛的世界责任，时而采取一些引起该地区憎恨的冲突政策，其在中东地区最低限度的参与宣告结束，尤其美国在1948年以色列成立中的角色引起了大多数阿拉伯和伊斯兰世界的公开谴责。

美国政治学家沃纳·费尔德（Werner J. Feld）将一国的对外政策定义为："对他国政府、政府间组织、非政府和国际环境中的各种关系，有意无意地给予影响的公共政策。"[①] 美国学者杰里尔·罗塞蒂（Jerel A. Rosaiti）将对外政策定义为："由政府政策制定者所选择的国外介入范围以及目标、战略和手段的综合。"[②] 我国学者俞正梁、陈志敏等认为："对外政策是一国的外交决策者依据对国家利益的认知所决定的一系列处理对外关系的政策和方针。"[③] 从中可以看出，一个国家或地区与另一个国家或地区间的利益关系决定着一个国家的对外政策。第二次世界大战结束后，杜鲁门政府就认为：中东地区因其重要的地缘政治地位及拥有的丰富石油资源是遏制苏联的关键战场。1954年的一份国家安全委员会文件就谈到了美国于20世纪50~60年代在中东地区的政策动机：近东有着巨大的战略意

---

① Werner J. Feld, *American Foreign Policy: Aspiration and Reality*, New York: John Wiley, 1984, pp. 2-3.
② 〔美〕杰里尔·罗塞蒂：《美国对外政策的政治学》，周启朋等译，世界知识出版社，1997，第2页。
③ 俞正梁、陈志敏等：《全球化时代的国际关系》，复旦大学出版社，2000，第69页。

义，在政治和经济上对于自由世界起着重要的作用；该地区储藏着世界上最丰富的石油；在对抗共产主义上有着重要的战略意义；苏伊士运河是天然的防御壁垒；它还是基督教、犹太教和伊斯兰世界的共同圣地，因此实施着宗教和文化的影响；如果近东落入苏联的影响和控制中，美国的安全利益将受到很大的威胁[①]。

冷战期间的中东，热战接连不断。为了扩张势力范围或维持势力均衡，美国和苏联都向中东投入了大量的军备和金钱，在20世纪70年代石油财富急剧膨胀的推动下，几个全副武装的地区强国和野心勃勃的地区强人逐渐坐大[②]。在此期间，中东已被纳入美国的大战略范畴。一方面与其他大国争夺中东的石油资源控制权；一方面使得中东成为与苏联抗衡的前沿哨所。美国先后出现了艾森豪威尔主义、肯尼迪的平衡政策、尼克松主义、基辛格的穿梭外交和里根政府中东和平计划等等[③]。其中艾森豪威尔主义的实质是要求国会赋予总统更大的权力以与苏联争夺中东。肯尼迪的平衡政策是对阿以采取不偏不倚的公正立场，以改善美国同埃及的关系。根据尼克松主义，美国拟在中东扶持能够维护并帮助实现美国利益的国家，其中列入计划的伊斯兰国家是伊朗。而基辛格的穿梭外交则是为调停阿以冲突在中东各国间穿梭访问并取得一定成效。1982年里根政府提出了中东和平计划，该计划主张通过以土地换和平的原则来谈判解决耶路撒冷的归属。总之，这一时期的美国中东政策是以遏制和抗衡苏联为根本出发点的，在维持中东现状的基础上扶持亲美势力[④]，以在中东地区最大限度实现美国的现实和战略利益。

冷战后，美国在中东的利益包括地缘战略利益、石油利益、友

[①] *United States objectives and policies with respect to the Near East.* Washington, D. C., Office of the President, 1954。转引自 Mohan J. Dutta - Bergman, "U. S. Public Diplomacy in the Middle East: A Critical Cultural Approach", *Journal of Communication Inquiry*, 2006, p. 102。
[②] 殷罡：《美国在中东：拔钉子、除隐患、促变革》，《世界知识》2005年第6期。
[③] 赵伟明：《中东问题与美国中东政策》，时事出版社，2006。
[④] 王林聪：《中东国家民主化问题研究》，中国社会科学出版社，2007，第332页。

邦的稳定与安全（以色列、土耳其、埃及和沙特阿拉伯），以及经贸利益等。这一时期美国的中东政策是"稳中求变"①。布什总统于1990年8月2日提出建立"世界新秩序"。此后提出建立"中东新秩序"，作为"世界新秩序"的"实验"和"样板"②。在克林顿政府时期，提出了"西促和谈、东遏两伊"的主张。这些都是美国维护在中东主导权的同时，力求跨越"倾斜的和平"与"强硬的遏制"间的矛盾。

"9·11"事件后，小布什总统先后提出了中东和平"路线图"计划与"大中东民主计划"，其用意均是要重塑中东地区的新秩序、促进民主和自由。奥巴马执政后，发表了开罗演讲，向伊斯兰国家表示友好。国务卿希拉里也频繁出访中东伊斯兰国家，如阿富汗、埃及、巴勒斯坦和土耳其等国。每到一个国家，希拉里不仅和所到国家的领导人会晤，还与这个国家的妇女、儿童，以及非政府组织成员进行交流。这种亲民的交流方式是希拉里独特的沟通手段，但也体现出美国在中东伊斯兰国家政策除了强硬之外软的一面。表明美国愿与这些国家开展经贸文化交流，从而改善美国在这些国家的形象，加强美国的影响力。

总而言之，美国在早期与中东伊斯兰国家的关系中，按照上文所提到的1919年叙利亚国会一名议员所表示的，是"远离殖民的思想，对我们的国家没有任何的政治野心"的。确实如此，在这一时期相比欧洲国家，美国在该地区拥有更好的形象。但是，随着石油资源的发现，以及美国出台的一系列中东政策等，中东伊斯兰国家的反美情绪经常容易被触怒。在穆斯林的眼中，美国重走了欧洲列强的殖民老路，对伊斯兰国家进行了政治上的压制与经济上的剥削。"阿拉伯人在线"称，美国一直在苦心经营中东，但收效甚微，甚至多少有些事与愿违，其中一个重要原因，就是美国并没有改变对阿拉伯人颐指气使、高高在上的霸权心理③。在许多经历过"阿拉伯

---

① 周丹：《美国中东政策的演变》，《国际关系学院学报》2007年第4期。
② 高祖贵：《冷战后美国的中东政策》，中共中央党校出版社，2001，第59~60页。
③ 陈一鸣等：《反美潮在伊斯兰世界蔓延》，《环球时报》2012年9月15日，第2版。

之春"的伊斯兰国家，普通民众依然视美国为威胁。普通人心目中，美国就是一个"魔鬼"，不是什么好东西，在他们的心里，这个情结无法通过传统外交消除。

第二节 新时期美国与中东伊斯兰国家开展文化外交的必然性

在当前社会，美国与中东伊斯兰国家的关系非常糟糕，表现包括美国的国家形象下降、反美情绪的激增等等。造成这样局面的原因有很多，美国中东政策的双重标准是其中之一。其二，气愤和不信任，尤其是很多人把美国看作是全球化幕后的催化剂[1]。许多阿拉伯人和穆斯林认为美国有阴谋论（the conspiracy theory），而美国背后的日程表就是阴谋论的支撑[2]。其三，非常负面的美国固有形象还来源于美国的电影和电视内容。其四，有些人认为反美情绪是不可避免的文明冲突，正如穆斯林花费了将近1000年的时间举行圣战以保证穆斯林周边的安全。有些人认为这源于根深蒂固的难以改变的文化和宗教，还有些人认为这种情绪并没有这么深，它只是来源于利益的冲突[3]。其五，冷战期间，和阿拉伯人的公共外交/文化外交被忽视了。公共外交/文化外交应该是一个持续的努力。任何时间放弃公共外交/文化外交都意味着回归到零起点[4]。文化外交不可能解决所有的冲突，但或许通过文化外交能弥补一些不足。

---

[1] Peter G. Peterson, *Finding America's voice: A strategy for reinvigorating US public diplomacy*, Report of an Independent Task Force Sponsored by the Council on Foreign Relations, 2003, p. 76.

[2] Asifat Al Saharaa Al Eelameya, "Media Dessert Storm", *Nisf El Dunnia magazine*, Issue 254, 25, 2002, p. 39.

[3] Aaron David Miller, "Winning hearts and minds", *Al-Hayat*. 27, 2005.

[4] Injy Galal, "The History and Future of US Public Diplomacy", *Global Media Journal*, Vol. 4, Issue 7, 2005.

一 武力无法解决一切

第二次世界大战刚刚结束，参议员富布赖特对战争进行了反思，希望以教育交流的方式促进世界各国人民之间的理解，减少战争给人类文明造成的灾难。这也是富布莱特项目开始的原因。该项目是以富布赖特本人的信念为基础，即教育交流是从不同视角、从与自己不同的视角观察事物、熟悉其他文化和创建相互理解的基础[1]。冷战后，美国发动伊拉克战争时宣扬的一大重要目标就是解放伊拉克人民，并协助其建立"民主制度"。但这种以武力为后盾的"民主化"改造不过是新保守主义势力"新帝国"构想的一部分，其最终目标是改造世界上所有与美式民主价值观念相悖的国家。在此过程中，美国可以超越其他国家的主权，动用包括武力在内的一切手段。新保守主义的上述思想和行动不仅令伊斯兰世界的人民感到厌恶，而且让一些原本对美国深怀好感的国家的民众也颇为不安[2]。进入21世纪，"9·11"事件使得文化外交重新成为美国政界和学界关注的焦点。无论政界还是学界的许多人士都已经认识到，光靠"大棒政策"的"硬实力"——战争是无法实现政治目标、获得国家利益的。战争是由冲突引起的，而冲突是人类相处的方式之一，这是自然界的生存之道。问题是，当争端发展成冲突或暴力的时候，态势就会向不好的方向或不自然的方向发展，直至发展成人类的灾难。因此如何解决最初的争端是非常关键的。美国主管公共外交和公共事务的副国务卿塔拉·索南沙因（Tara Sonenshine）认为：作为一种和平的方式，公共外交/文化外交可以做的就是创造一个健康的、基

---

[1] 霍伊特·佩维斯（Hoyt Purvis）：《J. 威廉·富布赖特：来自美国小镇的国际理解倡导者》，《交流》2004年冬季刊。转引自胡文涛《美国文化外交及其在中国的运用》，世界知识出版社，2008，第188页。
[2] 肖欢：《国家软实力研究：理论、历史与实践》，军事谊文出版社，2010，第151页。

础的、富有弹性的机制①。

确实如此,打胜仗容易,获得和平难。中东地区经历了无数次的战争,但冲突依然不断:阿以冲突、伊拉克不间断的暴力、美国—伊朗关系、巴勒斯坦难民和黎巴嫩政府间的关系、库尔德人和他们所在国政府间的关系、政府和伊斯兰运动间的关系、苏丹种族冲突、黎巴嫩和埃及的民族宗教紧张、西撒哈拉地位的长期争议、中东冲突和阿富汗及巴基斯坦事件的关系②。这些冲突有些就是因为战争而变得更加激烈,而靠战争根本是无济于事的。

此外,美国情报机构已经认识到"反恐战争"的过度军事(以及选择伊拉克战争)滋养了一种观念,这种观念又激发了伊斯兰极端主义组织的招募。在解决非政府政治暴力的当代问题中,对军事力量运用的过度自信给中东地区带来了不断增长的骚乱问题。因为求助于军事力量增加了对抗、不公正并使得群众抵抗成为正当行为,战争在抵抗中东极端主义方面将最终是自我挫败的机制③。

据《参考消息》对美国国防部档案的分析,美军仅在阿富汗的死亡人数就达到2000人。尤其是2010年奥巴马总统向阿富汗加派3.3万名士兵的"增兵"政策后,即仅仅27个月后,就有1000名士兵丧生④。这不仅无法解决实际的问题,还给家庭、社会,以及国家带来无尽的伤痛。

战争也遭到了广大民众的反对。皮尤全球态度调查显示阿富汗战争在大多数被调查国家依然不被支持。22个国家中有16个国家的大多数人认为美国和北约应该尽快从阿富汗撤军。对战争的支持在

---

① 王冲:《和美国副国务卿谈公共外交》,大公网,http://www.takungpao.com/mainland/content/2012-06/27/content_575794.htm,accessed November 20, 2012.
② Nathan C. Funk, *Peacemaking between America and the Muslim World: Beginning a New Chapter in US-Islamic Relations?*, CSID 2009 Conference.
③ Nathan C. Funk, *Peacemaking between America and the Muslim World: Beginning a New Chapter in US-Islamic Relations?*, CSID 2009 Conference.
④ 《美军在阿死亡人数达两千》,《参考消息》2012年8月23日,第6版。

主要伊斯兰国家依然很低，包括阿富汗的邻国巴基斯坦。同样北约盟国土耳其只有 11% 的人认为联军应该继续留在阿富汗，埃及有 15%、约旦有 13%、黎巴嫩有 21%[1]。

2008 年盖洛普在中东北非 10 个主要伊斯兰国家的民意测验表明：被调查者关注的两大政策是：从伊拉克撤军和关闭关塔那摩监狱（Guantanamo）。有关社会进步的行为包括经济发展、技术、贫穷和政府治理。其中埃及、叙利亚、约旦、沙特阿拉伯、巴勒斯坦地区、突尼斯、土耳其和阿尔及利亚认为从伊拉克撤军会改善他们对美国的印象。许多穆斯林担心会受到美国的控制，对伊拉克的侵占就是这种恐怖的示例，它是对伊斯兰国家领土的潜在威胁[2]。

奥巴马的第一个国家安全战略发布于 2010 年 5 月[3]，比过去的安全战略扩大了美国国内未来安全威胁范围，同时也扩大了被用来去投入其中的政策工具。核扩散（nuclear proliferation）、基地组织（al-Qaeda）、经济危机（the economic crisis）和气候变化（climate change）被认为是真正的威胁，所以提议未来的国家安全战略将由传统的军事防御转为以反对叛乱为基础的防御，同时强调外交的使用是国家未来防御的关键。本报告以此安全战略为指导来分析如何成功地参与到穆斯林社会中，从而有助于美国的国家安全，甚至国际安全目标。此外，该报告把美国在世界上的力量定义为"去实现目标的能力"，这是对力量单纯定义为军事方面的一个重要改变。过去的几十年表明了实现国家战略目标中军事力量的局限性。布什政府的战略目标——抓捕本·拉登，在中东传播民主，在阿富汗成立稳定、合法、亲西方的政府——并没有实现，尽管军事力量和部署

---

[1] *Obama More Popular Abroad Than At Home*, *Global Image of U. S. Continues to Benefit*, Pew Research Center, June 17, 2010, http://www.pewglobal.org/2010/06/17/obama-more-popular-abroad-than-at-home/, accessed April 23, 2012.

[2] Azeem Ibrahim, Mehmet Celebi, *How to Improve the United States' Image in the Muslim World*, report of Institute for Social Policy and Understanding, 2010.

[3] http://www.whitehouse.gov/sites/default/fles/rss_viewer/national_security_strategy.pdf, accessed December 12, 2012.

花费了巨大代价①。

二 交流与对话是理解的关键

在两种文化之间，追求"完全共识"是不可能的，但是通过双方的对话，达成"有限共识"却是可期望的。不同文化对话的基础是相通的哲学；对话的原则是坦率与诚实，"尊重差异、包容多样"；对话的目的是攒"人缘"、结"国缘"，达成共同愿景②。这也充分表明不能强求两种处于不同文化背景、不同意识形态、不同信仰中的人们互相接受彼此的观点。而只能通过交流与对话让对方了解自己的思想意图与真诚善意，以及明白对方的思维方式与文化背景，才能达成一定的"共识"。

在全球化趋势不断加强的新型国际环境下，"文明冲突论"和"文明对话论"不绝于耳。尽管无论在学界还是政界，"文明对话论"的探讨没有停止过，但是"文明冲突论"在美国于2003年4月对伊拉克的开战中，在同年5月布什宣布伊拉克主要战事结束后此起彼伏的伊拉克反美武装力量的抵抗中，似乎得到了验证。而"文明对话论"却一直仅仅停留在呼吁和倡导的层面，停留在泛泛的宏观研究之上，很少能见到各种文明间对话的具体方式和内容。这也充分表明"文明对话"是一项长期而艰巨的战略任务，不可能产生立竿见影的效果，同时也说明"文明对话"需要进一步丰富具体的方式和内容。针对"文明冲突论"，联合国支持"文明对话"的提出，并将2001年定为"文明对话年"。联合国认为，文明的对话能增强合作、遏制对国际和平与安全的威胁、维护与加强人权、保护文化特性权、维护社会与家庭价值权，以及保护文化遗产权。文化沟通是长期的任务，不可能在一两年内见效，现在的沟通仍然远远

---

① Azeem Ibrahim, Mehmet Celebi, *How to Improve the United States' Image in the Muslim World*, report of Institute for Social Policy and Understanding, 2010.
② 赵启正：《公共外交与跨文化交流》，中国人民大学出版社，2011，第79~80页。

不够。文化沟通与理解的最大困难在于，对于异质文化的理解必须通过本土文化的过滤和折射，误读和误解几乎不可避免，更不用说还有许多人为的歪曲。而且，由于国力强弱的不同，强势文化铺天盖地，占据主流，弱势文化声音微弱，难以沟通。这种状况不是短期内能改变的[1]。

有些学者提出"文化自觉"是文明对话的基础和前提。所谓文化自觉，概言之，是指生活在一定文化中的人对其文化（文明）有"自知之明"，了解其长处和优势，明白其短处和不足，并具有一种超越自身的边界，主动学习异质文明的长处，从而拓展自身、完善自身、发展自身的强烈愿望和非凡勇气，这种愿望和勇气从感性到理性、从表层到深层，逐渐形成一种文化自觉。"普遍的'文化自觉'，强烈的'文化自觉'，来自现代意识和传统意识的综合力，这种力量将促生人文精神。人文精神来自'文化自觉'，而人文精神是一种内生力，是文明交往的灵魂。"[2] 但是如何以文化自觉为基础和前提，加强文化沟通，促进文化理解？文化外交作为一种可取的方式和内容正在引起越来越多的关注。

文化外交具有双向性，它使得不同国家的人们有机会进行交流与对话，从而倾听对方、了解对方，进而理解对方。当前世界各种问题需要解决，作为超级大国的美国和拥有地缘政治影响的中东伊斯兰国家的关系在某种程度上决定着这些问题的解决。可是美国在中东伊斯兰国家的国家形象不尽如人意，伊斯兰在美国的形象也不容乐观。造成二者间存在问题的根源就是缺乏相互的理解、对彼此的文化价值观和思维无法完全接受。正如报告《改变思想，赢得和平：美国在阿拉伯与伊斯兰世界公共外交的新战略》中指出的：阿拉伯与伊斯兰世界缺乏对美国文化的理解是基本问题。通过交流

---

[1] 俞新天：《国际认同的危机——从文化的角度看伊拉克战后的国际关系》，《南京大学学报》（哲学、人文科学、社会科学）2003 年第 4 期。

[2] 翟学伟：《人情、面子与权利的再生产——情理社会中的社会交换方式》，《新华文摘》2004 年第 22 期。

与对话去倾听对方,才能了解对方、才能理解对方的思维和文化价值观。参与文化外交的各种项目本身就是交流与对话的过程,通过这样一个过程可以促进相互的理解。政府开展各项交流活动,其根本都是要为理解提供交流与对话的平台,与更多的公众接触,让更多的公众参与进来。

三 文化外交与人类共性

文化是民族的灵魂,是衡量一国综合国力的重要标志,更是国际竞争中备受关注的软权力。在对外交往中,文化也是世界各族人民增进了解、扩大合作的重要纽带。所谓文化,"从广义上说,是指人类社会历史实践中创造的物质财富和精神财富的总和;从狭义上说,则专指社会意识以及与之相适应的制度和组织机构,即政治、法律、道德、哲学、艺术、宗教等社会意识的各种形式。我们在国际政治中所研究和分析的文化,主要是指狭义上的文化。"[1]

人们把世界分为东方和西方,它们各自有着个性,又有着它们的共性。我们在慨叹东方文化的博大精深时,也会为西方文化的人文荟萃而惊讶。源远流长的西方文化与伟大的东方文明是双峰并峙,共同谱写了人类历史的辉煌篇章。首先是义利关系问题。一般来说,西方人重利轻义,东方人重义轻利或义利兼顾。东方人的意识就是义字当先,5000 年的文化渊源也是造成这种重礼的不可忽视的原因。相对而言,短短的西方文化更注重利益,这也正是现实主义的表现,从西方的文化生活中可以看出他们的自我意识,也可以称为不虚伪、实事求是的作风。其次是整体性和个体性问题。东方人强调整体性和综合性,而西方人则重视个体性。这表明了东方人所具有的是整体思维,而西方人具有个体思维。整体思维和个体思维之间的差异还表现在日常生活的交往中。这两种文化有着自身鲜明的个性,但

---

[1] 宋新宁、陈岳:《国际政治学概论》,中国人民大学出版社,1999,第 58 页。

作为同处于一个世界中的不同文化要想共融共存，就需要找到它们的共性。

"以价值观念，宗教信仰为核心的文化，不同于自然资源、军事力量、经济或科技实力等以实务为特征的有形力量，而是一种以思想、意识、精神为特征的无形的集体认同和感召力。"[1] 它往往通过语言、道德信仰、伦理价值、思维逻辑方式、人格魅力或国民性格，以及行为规范等方式表达出来，国际政治学者称之为"文化力"或"感召力"。文化力可使一国在国际舞台上控制他国外交政策，使他国采取其希望的行动和行为，实现预想目标，即"使他国心甘情愿地做你想让它做的事情"，"行为方式靠的是示范和劝服"[2]。越来越多的国际关系学者把文化这种新的权力资源概括为"软权力"。"这种无形的权力资源包括文化、意识形态和社会制度等方面。""这种权力往往来自诸如文化和意识形态吸引力，国际机制中的规则和制度等资源要素。"软权力作为一种吸引力，指的就是"通过文化和意识形态的魅力吸引对方的能力"，即"文化和意识形态的无形力量"[3]。由此可见，文化已成为一国综合国力的有机组成部分和实现国家利益的有效途径。

克林顿总统曾提出："文化外交能够渗入我们人类的共性当中。"[4] 文化项目在最根本的层次上促进了相互理解并帮助构成了国家间所有官方交流的背景。的确如此，当国与国在以人类共性为基础的国际环境中进行交流的时候，就有促进彼此间相互理解的条件。前美国第一夫人、国务卿希拉里说过："艺术与人类共性是根本，培养了文明社会和民主，并创造了国际语言，这样国家和民族之间就能互相更好地理解。""许多人已经知道如果我们想让历史和认同在

---

[1] 李智：《文化外交：一种传播学的解读》，北京大学出版社，2005，第47页。
[2] Akira Iriye, *Cultural Forces in World Politcs*, New Hampshire: Heinemann Educational Books Inc, 1990, p.46.
[3] Joseph Nye, "Hard Power, Soft Power", *The Boston Globe*, 1999 (6), pp.6-7.
[4] *White House 2000 Conference on Cultural Diplomacy: Final Report*, the Bureau of Educational and Cultural Affairs, Washington, D.C., 2000.

全球范围内得到保护,文化就会起到关键作用。"① 克林顿总统认为:"我们去明白并领会我们的差异并认识到我们应该找到办法去加强我们人类共性,这是非常重要的。……我们可以找到某种方式去提升我们人类共性,这也正是文化外交的意义所在。"②

在全世界的穆斯林社会中,和美国一样,人们并没有被宗教和政治限制住,而是有多重的身份。任何形式的创造性表达都可以超越政治和文化的差异,从而找到人类的共同点:对生活的追求、对爱和家庭的真实态度等等。电影《巴比伦之子》和《乐透美国梦》就证明了好的故事能够穿越界限。新媒体和社会网络会延伸这样的共同点以及其他的创意产品③。民意测验表明双方均对对方有比较负面的印象,文化因素在形成美国和伊斯兰世界的关系中扮演着重要的角色④。数据表明美国迫切需要得到更确切的关于穆斯林和伊斯兰的信息,而在伊斯兰世界要有对美国和美国人更加细微和准确的描画,这就要求更多的跨文化的交流,找到人类的共性。文化外交中所传递的艺术与文化正是学习其他的文化、打破固有格式的有效方法,并能强调出使不同民族和国家的人们相聚在一起的人类共性⑤。

第三节 新时期美国推动文化外交的全面实施

尽管冷战时期文化外交得到美国的重视,但是随着美国在冷战

---

① *White House* 2000 *Conference on Cultural Diplomacy*: *Final Report*, the Bureau of Educational and Cultural Affairs, Washington, D. C., 2000.
② *White House* 2000 *Conference on Cultural Diplomacy*: *Final Report*, the Bureau of Educational and Cultural Affairs, Washington, D. C., 2000.
③ Cynthia P. Schneider, *A New Forward*: *Encouraging Greater Cultural Engagement with Muslim Communities*, Project on U. S. Relations with the Islam World, 2009.
④ Jon Cohen and Jennifer Agiesta, "Most in Poll Back Outreach to Muslims," *Washington Post*, 2009, A10.
⑤ Cynthia P. Schneider, *A New Forward*: *Encouraging Greater Cultural Engagement with Muslim Communities*, Project on U. S. Relations with the Islam World, 2009, p. 2.

中取得胜利，美国政府对思想之战——文化外交的应用逐渐趋于平淡。主要表现在美国新闻署的撤并和对文化外交资金投入的剧减。当时国会取消了大多数的文化交流项目，并关闭了美国在世界各地的图书馆和文化中心①。时任新闻署的负责人约瑟夫·达菲（Joseph Duffey）说道："随着冷战的结束，所有海外项目的资金在减少。"②美国新闻署的主要任务是"向世界讲述美国的故事"，包括对苏联的宣传战、富布莱特奖学金项目、书籍翻译和美国之音的西班牙语广播的开通，还有面向古巴的马蒂电台等等。伴随着新闻署的撤并，这些活动有的转归其他部门管理，有的寿终正寝。达菲甚至认为美国新闻署的关闭标志着美国官方文化外交政策的结束③。

而对于"9·11"恐怖袭击事件，美国上下都在苦苦思索为什么这样的悲惨事件会在美国上演？人们很快便把主要问题归结为公共外交的不得力④。可以说，"9·11"事件给自负的美国人上了惨痛的一课，媒体、国会、思想库等机构自2001年9月11日以来，举办了大量的听证和调查活动，都在反思"为什么受伤害的是美国？""美国为什么成为恐怖分子报复的目标？"著名的盖洛普民意测验所对美国在世界上的国际形象进行了民意测验，结果发现有53%的调查者认为自己不喜欢美国，特别是在伊斯兰世界，对美国的敌对、反感甚至仇视正在升级⑤。也正是在这种深刻的反思中，美国学者为美国开出了"药方"：克服对自身权力和利益的近视，走向充满文化韵味的"聪明权力"（Smart Power）。具体来说，就是抛弃武力，战

---

① Alan Riding, "Rerun Our Cold War Cultural Diplomacy", *The New York Times*, 2005.
② Monika Revilla, *A New President, a New Era for CD?*, 文化外交学会网, http://www.culturaldiplomacy.org/culturaldiplomacynews/index.php? aid = 1182, accessed April 23, 2012。
③ Monika Revilla, *A New President, a New Era for CD?*, 文化外交学会网, http://www.culturaldiplomacy.org/culturaldiplomacynews/index.php? aid = 1182, accessed April 23, 2012。
④ United States Advisory Commission on Public Diplomacy, *Annual Report*, 2002, p. 1.
⑤ Thomas L. Friedman, "Listening to the Future?" *The New York Times*, 2002。转引自赵可金《公共外交的理论与实践》，上海辞书出版社，2007，第33页。

胜"憎恨媒体"。由此,美国政府掀起了新一轮的文化外交高潮,力图融化、化解世界对美国的仇恨①。

事实上,早在"9·11"事件发生前的克林顿政府时期,已逐渐认识到文化外交的作用,召开了首届文化与外交会议。"9·11"事件发生之后,特别是阿富汗战争和伊拉克战争久拖不决,军事硬实力暴露出了其局限性。于是,无论是政府还是民间团体和学术机构均意识到了文化外交在当今国际环境中的重要性,通过会议、报告、倡议,以及其他形式探讨并分析了文化外交在当今社会重新得到重视的必要,并希望美国决策者及相关部门能够重新评估文化外交的作用,从而能够正确地应用文化外交,以为美国谋取更大的国家利益。

一 有关文化外交会议及学术研讨活动

"9·11"事件发生之前,首届白宫文化与外交会议于2000年11月28日召开,由克林顿夫妇和国务卿奥尔布赖特(Madeleine Korbel Albright)共同主持。会议由国务院、第一夫人办公室(the Office of the First Lady)、白宫千禧年委员会(the White House Millennium Council)和国家安全委员会(the National Security Council)共同组办,200多位来自世界各地的文化艺术等领域的重要人员参会,包括主要宗教组织的领导人、诺贝尔文学奖获得者、前美国桂冠诗人(American Poets Laureate)、美国著名演员、艺术家和音乐家、国会议员、美国政府高级官员、世界各地文化官员、美国大使,以及私人基金会、非政府组织和跨国公司的领导人。会议的召开源于奥尔布赖特国务卿和伊夫林·利伯曼(Evelyn Lieberman)副国务卿的不懈努力,他们强调文化并非边缘性的,而是美国外交的中心。本次会议还源于如何加强美国和世界的文化联系和理解的诸多建议,包

---

① 李智:《文化外交——一种传播学的解读》,北京大学出版社,2005,第105页。

括 1997 年由总统艺术人文委员会所做的建议白宫举办论坛的报告。

会议的中心目的是关注文化在美国外交政策和产生结果中扮演的角色，这也同时说明了美国文化外交的未来发展。会议围绕着四个主题——保护并促进全球经济下的不同文化；文化在外交实践中的作用；跨国公司、非政府组织和多边集团在促进文化理解和交流中的作用；国外艺术和人文科学——提供了美国文化多样性的正确形象。对此各界人士发表了广泛意见：文化在外交中的重要角色；保护文化多样性、遗址和艺术品的重要性；在发展中世界对文化表达的支持；文化交流中信任和平等的需求；对外输出美国文化多样性正面临的挑战；提高美国和世界其他文化间理解的需要；文化交流中的语言，尤其是英语所扮演的重要角色；增强国际文化理解和交流而未被利用的互联网的潜力；跨国公司、非政府组织和多边组织在促进文化理解中的角色。

在本次会议上，克林顿总统乐观地表示文化的作用将是积极的，"因为它教会我们去明白我们彼此的差异以及肯定了我们共同的人类特性"。总统认为互联网并没有导致语言和社会的统一，人们依然在用威尔士语在线交流、用孟加拉语下载字库、用柴罗基语预订在线课程①。全球化在加深、互联网在普及，但对他人文化的了解并不会削弱世界的文化。相反，美国文化已经通过世界其他地区变得丰富起来，并且正在积极地影响着世界其他地区；美国艺术在许多方面也是世界其他地区的艺术。对于许多组织由于全球化所产生的焦虑，总统认为："全球化最终将会带来多样性，而不是统一性。"②

此次会议上，参会者还认为美国凭借自身的资源和媒体使得贫困的国家能够交流他们的文化信息并参与文化合作项目，同时强调有许多工作需要做，比如资助发展中世界的文化和教育机构，尤其是非洲和亚洲。讨论小组成员强调了通过信任与基于平等的人类互

---

① *White House* 2000 *Conference on Cultural Diplomacy*: *Final Report*, the Bureau of Educational and Cultural Affairs, Washington, D. C., 2000.
② *White House* 2000 *Conference on Cultural Diplomacy*: *Final Report*, the Bureau of Educational and Cultural Affairs, Washington, D. C., 2000.

动而克服文化偏颇的重要性,通过信任,共存能够发展到共同依赖。意大利文化遗产部长乔凡娜·梅兰德里(Giovanna Melandri)强调了保护文化多样性的紧迫性。"如果保护环境和生物多样性某种意义上是工业社会的最后战斗,那么保护文化多样性可能应该是信息社会的首要挑战。"她指出通过使用促使达成统一而不是同化的文化作为中介能够克服全球同一化[1]。

首次白宫文化与外交会议是一次"高峰论坛",并且是一次文化外交在美国外交政策中重要角色的及时急需的提醒。本次会议也是首次关于文化交流项目的高峰论坛。

此外,许多学界的研讨会也探讨了文化外交的相关问题。如2009年11月5日,美国大学国际学院的国际交流项目(the International Communication Program of American University's School of International Service)与公共外交协会(the Public Diplomacy Council)合作在美国大学召开了为期一天的会议,探讨"文化"在文化外交工作中的角色。本次会议对于文化外交未来的关键人物来说是一个创造交流的机会,包括政策圈子、文化外交从事者和本课题的学术研究者。在美国的政治转型、向软权力迈进及文化外交被重提的时期,本次会议寻求检验并评估文化如何起作用、民主观念的表达,以及文化外交如何作为美国公共外交的一部分去运作[2]。

二 公共外交/文化外交机构的相继成立

"9·11"事件之后,美国政府建立了许多机构以促进公共外交/文化外交的执行。其中包括:

①全球沟通办公室。2003年1月,布什总统正式建立了全球沟

---

[1] White House 2000 Conference on Cultural Diplomacy: Final Report, the Bureau of Educational and Cultural Affairs, Washington, D. C., 2000.

[2] Culture's Purpose and the Work of Cultural Diplomacy, website of American University, http://www.american.edu/sis/ic/International-Communications.cfm, accessed April 23, 2012.

通办公室（the Office of Global Communications，简称 OGC），以促进和协调白宫和其他各机构与国外公众沟通的战略方向①。由主管公共外交的副国务卿负责。随后任命卡伦·休斯担任副国务卿，并由年轻的出生在埃及的迪娜·鲍威尔（Dina Powell）担任她的助手。这是"9·11"事件之后，布什政府的一项主要措施，其目的是赢得伊斯兰世界公众的心灵和思想②。全球对话办公室被委派了重要任务：通过诸如广告、网站、无线广播，以及新闻故事等系列平台和美国政府进行合作，以促进与全球公众的接触③。

②阿拉伯与穆斯林公共外交咨询委员会。根据2003年6月补充拨款条案，美国国会拨款委员会提议国务院"使得私人部门有创造力的人才参与……发展新的公共外交方法和活动……建立阿拉伯与穆斯林公共外交咨询组织以推进新的办法、活动和项目模式以改善公共外交的影响"④。作为回应，时任国务卿鲍威尔（Colin Powell）于2003年7月建立了阿拉伯与穆斯林公共外交咨询机构——阿拉伯与穆斯林公共外交咨询委员会（the Advisory Group on Public Diplomacy for the Arab and Muslim World）。咨询机构由前驻叙利亚和以色列大使爱德华·杰雷吉安（Edward P. Djerejian）负责，由13位不同领域的核心成员构成，包括外交界、学术界、医学界、新闻媒体、公共事务、法律和商界等。2003年10月，机构对他们的研究做出了报告，关于公共外交向国务院提出了建议。

③文化外交咨询委员会。根据 P. L. 107 - 228 外交关系授权法

---

① U. S. Public Diplomacy: Interagency Coordination Efforts Hampered by the Lack of a National Communication Strategy, GAO - 05 - 323, 2005.
② Hady Amr, The need to communicate: How to improve U. S. public diplomacy with the Islamic world, Washington, D. C., Saban Center for Middle East Policy at the Brookings Institution, 2004.
③ Mohan J. Dutta - Bergman, "U. S. Public Diplomacy in the Middle East: A Critical Cultural Approach", Journal of Communication Inquiry, 2006, p.102.
④ A New Strategic Direction for U. S. Public Diplomacy in the Arab & Muslim World, Committee on Appropriations House of Advisory Group on Public Diplomacy for the Arab and Muslim World, House of Representatives, Congress, 2003.

案，由国会授权，小布什政府于 2003 年 7 月成立了文化外交咨询委员会（the Advisory Committee on Cultural Diplomacy，简称 ACCD）。该委员会负责"向国务卿建议有关项目和政策，以提高在美国外交政策中文化外交的使用，并特别关注增加公私合作以资助促进美国国家利益的文化交流项目"①。这是美国第一个官方文化外交咨询机构，是美国政府对文化外交在后冷战时期战略意义的重新认识②。

④民间部门外联办公室。2005 年，主管公共外交和公共事务的副国务卿卡伦·休斯（Karen Hughs）和教育与文化事务助理国务卿迪娜·鲍威尔（Dina Powell）创建了民间部门外联办公室（the Office of Private Sector Outreach）。对象为其他国家的青年人、职业女性、企业家、教师、记者和重要决策制定者。民间部门（private-sector organizations）的全球性、创造性和有效性使他们成为宝贵的资源和自然盟友，共同分享美国的故事和思想③。民间部门外联办公室和有关公共外交的商业、大学与基金会合作，创造机会并落实各项合作项目，以促进美国公共部门和民间部门在他们的海外使命中加强合作④。

⑤公共外交和战略沟通政策协调委员会。2006 年，布什总统建立了一个新的公共外交和战略沟通政策协调委员会（the Policy Coordination Committee on Public Diplomacy and Strategic Communication），由国务院负责公共外交与公共事务的副国务卿负责。该委员会负责协调机构间合作，统一公共信息、确保所有公共外交资源支持这些信息，并保证每一个机构对公共外交给予最优先级别⑤。2007 年 5

---

① Nalini Taneja, "US Cultural Diplomacy As Imperialist Foreign Policy", *People's Democracy*, Vol. XXX, No. 34, 2006.
② 胡文涛：《美国文化外交及其在中国的运用》，世界知识出版社，2008，第 78 页。
③ *Rice Announces New Public Diplomacy Award for Private Sector - Benjamin Franklin Award will honor efforts to boost cultural understanding*, Government Press Releases (USA), 2007.
④ Lisa A. Curtis, "America's Image Abroad: Room for Improvement", *Heritage Lectures*, No. 1027, 2007, p. 2.
⑤ Lisa A. Curtis, "America's Image Abroad: Room for Improvement", *Heritage Lectures*, No. 1027, 2007, p. 2.

月底,该委员会做出了《公共外交国家战略》报告,该报告同时也为文化外交的实施指明了方向。

三 文化外交机构发布的报告

首先是《文化外交:公共外交的关键》报告的发布。当阿富汗战争和伊拉克战争拖延下去的时候,军事这样的硬实力暴露出了局限性。布什政府最终决定重新采纳文化外交政策。文化外交咨询委员会(The Advisory Committtee on Cultural Diplomacy,简称ACCD)被任命,负责向国务院提供咨询,主要内容是如何增加并更好地利用文化外交。该咨询委员会于2005年发布了《文化外交:公共外交的关键》(Cultural Diplomacy, the Lynchpin of Public Diplomacy),以督促国务卿增加在该领域的投入,因为"历史可以记录在形成我们的国际领导权力中,包括反恐战争,美国丰富的文化所扮演的角色不比军事行动弱"[1]。咨询委员会关于文化外交的报告清晰地阐述了"美国丰富的文化在形成我们对包括恐怖战争在内的国际主导者中所扮演的角色不亚于军事行动"。文化外交的目的是在所有有影响的国家部门间建立"信任的基础",以此为基础,政策制定者能够"达到政治、经济和军事协定"。目标群体为"国外有影响的人员",以文化交流和在美国受教育的机会为名义被接触到,以此来影响他们各自政府的首脑。总而言之,它的建议是通过创造"文化外交框架和21世纪政策"来"赢得理智人群的心灵和思想",以及战胜伊斯兰恐怖主义这样的可视敌人[2]。该报告把美国文化的自满和在国外的资金削减归为冷战的结束。报告指出自从1993年文化活动的预算在

---

[1] Monika Revilla, *A New President, a New Era for CD?*,文化外交学会网站,http://www.culturaldiplomacy.org/culturaldiplomacynews/index.php? aid = 1182, accessed May 2, 2012.

[2] Nalini Taneja, "US Cultural Diplomacy As Imperialist Foreign Policy", *People's Democracy*, Vol. XXX, No. 34, 2006.

海外减少了30%，在国内减少了20%，大量的文化中心、图书馆和分支机构关闭。1995年至2001年期间，国务院教育与文化事务局交流项目的参与者数量从45000人降到29000人。更令人遗憾的是美国新闻署在1999年的取消标志着官方文化外交政策的结束，而美国新闻署的成就包括反对苏联的思想之战的胜利以及世界上部分领导对美国积极的回应，包括托尼·布莱尔（Tony Blair）、撒切尔夫人（Margaret Thatcher）、哈米德·卡尔扎伊（Harmid Karzai）、格哈德·施罗德（Gerhard Schroeder），以及安瓦尔·萨达特（Anwar Sadat）等，他们从国际访问者项目中受益。鲍威尔（Colin Powell）说道："我认为没有比与曾在美国受过教育的世界未来领导者间友谊更有价值的东西了。"[1] 成千上万的人返回自己的国家都为他们所受到的特别教育而心存感激，并经常出任国家的带有良好祝愿的大使。报告还强调了通过公私合作的基金以增加美国流行文化的影响，尤其是电影与音乐，包括艺术家和作家的交流项目，非政府组织的资金和其他国家的文化中心，增加有才能的学生来美国的比例。所有这些都是达到"软实力"所必需的，这被定义为"通过吸引并说服他人去采纳你想要的目标的能力"[2]。为了使"文化之战"能够在伊斯兰国家进行，报告建议通过技术援助、培训项目、美国教师等容易开展的项目进行。报告强调重新开启已经被关闭的在其他国家的美国中心，增加文化外交的资金和人员，为负责文化外交的官员提供高级培训。建议还包括以英国议会方式创建独立的结算中心以促进国家利益，以及来自大使馆的独立的机构发展公私资金合作以使他们更加的"非官方"和"不关心政治"，从而吸引更多的受众。报告还特别指出了文化外交的具体形式和内容。如创建"连接数字图书馆和在线图书的美国角"，这无疑将使美国的社会科学遍布其他国家，同时建立特别的电影项目以做

---

[1] Nalini Taneja, "US Cultural Diplomacy As Imperialist Foreign Policy", *People's Democracy*, Vol. XXX, No. 34, 2006.

[2] Nalini Taneja, "US Cultural Diplomacy As Imperialist Foreign Policy", *People's Democracy*, Vol. XXX, No. 34, 2006.

出反映美国国外形象的纪录片。还有为翻译基金拨款，修建美国知识图书馆，并使它的内容让更多的文化中心和图书馆获得。报告指出媒体在文化外交中的作用，自由电视台（Al Hurra）频道"保持着美国广播的最高传统"[1] 被给予了特别关注，报告强烈建议在阿拉伯世界的广播活动应该被给予更多的资源，还有来自伊斯兰世界的青年男女的自主实习医生项目（the programme for sponsoring internships）也得到了强调。该报告为接下来美国文化外交确立了指导原则。

其次是《改变思想，赢得和平：美国在阿拉伯与伊斯兰世界公共外交的新战略》的发布。2003 年 10 月，阿拉伯与穆斯林公共外交咨询委员会对他们的研究做出了报告——《改变思想，赢得和平：美国在阿拉伯与穆斯林世界公共外交的新战略》（Changing Minds Winning Peace, A New Strategic Direction for U. S. Public Diplomacy in the Arab and Muslim World），通常被称作《杰雷吉安报告》（Djerejian Report）。该报告就公共外交方面向国务院提出了建议。报告一开始指出当前急需公共外交，但是由于过时的技术和不充分的资源和战略方向使得公共外交能力受限。报告中谈到"如今美国缺乏公共外交能力以满足来自政治不稳定、经济衰退和极端主义中的国家安全需要，尤其是在阿拉伯与穆斯林世界"[2]。报告强调了国家与国家外交不能改变公民的态度，而公共外交是能够去赢得阿拉伯与伊斯兰世界心灵和思想的。显然，美国在阿富汗、伊拉克和阿以冲突中的政策和行为影响了美国如何被理解。报告认为阿拉伯与伊斯兰世界缺乏对美国文化的理解是基本问题。它认为阿拉伯与伊斯兰世界处在一个媒体遭到严重过滤的世界中，在那里，信息通常没有被翻译成他们的母语（如：有限的电视台、限制并被过滤的互联网接入）。

---

[1] Nalini Taneja, "US Cultural Diplomacy As Imperialist Foreign Policy", *People's Democracy*, Vol. XXX, No. 34, 2006.

[2] *A New Strategic Direction for U. S. Public Diplomacy in the Arab & Muslim World*, Committee on Appropriations House of Advisory Group on Public Diplomacy for the Arab and Muslim World, House of Representatives, Congress, 2003.

但是，像卫星电视这样的全球技术正在打破这些障碍。报告发现，埃及是美国对外援助的第二大接受国，但是埃及市民却更多地赞扬日本帮助建立了开罗的歌剧院，而不是为埃及城市基础设施发展提供资金的美国。报告还发现，即使广播媒体，尤其是电视，是最有效的传播思想的工具，但是美国的政策和地位却通常在阿拉伯与伊斯兰媒体节目中缺席。此外，报告中还设立了公共外交目标（Ends）：在阿拉伯与穆斯林民众中更好地理解美国民族价值观；方式（Ways）：建立并执行战略计划；途径（Means）：增加资金水平。以此使得公共外交在阿拉伯与伊斯兰世界中更加有效[1]。该报告也是美国在中东伊斯兰国家文化外交的新战略思想。

最后是《公共外交：提高美国在世界的参与性，一条21世纪的战略路线》的出台。2009年2月20日，美国主管公共外交的副国务卿麦克黑尔（Judith A. McHale）办公室为公共外交发布了长达33页的战略指示——《公共外交：提高美国在世界的参与性，一条21世纪的战略路线》（Public Diplomacy: Strengthening U. S. Engagement with the World, A Strategic Approach for the 21st Century）。尽管该战略指示因其肤浅、缺少创新而遭到了公共外交专家和前外交官的强烈批评，但是文化外交还被认为是其中的一部分。它建议通过扩大其接触面并利用其他公私文化机构和组织（如史密森学会或者地区艺术协会）、使用技术去增加连接纽带（如由美国专家所授的在线艺术管理课程或分享艺术成果的在线论坛），以及通过艺术合作去评估代表美国艺术、戏剧、音乐、舞蹈和文学的文化项目，以创造出政治空间去建立关系，并抵制美国文化的固有负面形式[2]。战略指示还强调了官方政府远离文化的观点："为新的美国中心（American Centers）设计样本作为我们渴望参与的象征，在这些地方积极寻找非政

---

[1] Michael J. Zwiebel, *More Effective Public Diplomacy in the Arab and Muslim World*, master thesis of the U. S. Army War College, 2005, pp. 4–6.

[2] John Brown, *America as a Shopping Mall? U. S. Cultural Diplomacy in the Age of Obama*, Vol. II Issue 6, 2010.

府合作者以体现美国文化和技术。例如驻雅加达美国大使馆正在计划把美国中心安排在一家大型购物中心。"[1]

除了以上报告之外,还有一些报告也从不同的角度探讨了文化外交。美国遗产基金会（The Heritage Foundation）于 2003 年 4 月发布报告《如何重振美国公共外交》（How to Reinvigorate U. S. Public Diplomacy）。报告建议政府和国会恢复 1999 年美国新闻署并入国务院后公共外交失去的独立报告和预算渠道,并且提出公共外交应该从当前分散在不同部门的局面回归到一个主管公共外交部门的层次结构[2]。2004 年 9 月,负责采办、技术和后勤的副国务卿办公室（the Office of the Under Secretary for Acquisition, Technology, and Logistics）发布了报告《有关战略沟通的国防科学委员会特别工作组报告》（the Report of the Defense Science Board Task Force on Strategic Communication）[3]。报告指出：美国需通过总统令"结构性连接战略"来提高机构间的协调沟通工作,从而改变其战略沟通方式。报告还提出要有更多的政府—民间部门合作以及建立一个战略沟通的独立的、非营利的、无党派中心[4]。2008 年美国领导人的两党小组,由寻求共同点（Search for Common Ground）和建立共识学会（the Consensus Building Institute）召集,作为美国—穆斯林参与项目,发布了报告,指出："在美国和全世界穆斯林间提高相互尊重和理解。"[5] 还有,2003 ~ 2005 年,发布的大量报告都是围绕如何去改善美国在中东伊

---

[1] John Brown, *America as a Shopping Mall? U. S. Cultural Diplomacy in the Age of Obama*, Vol. II Issue 6, 2010.
[2] Stephen Johnson & Helle Dale, "How to Reinvigorate U. S. Public Diplomacy", *Heritage Foundation Backgrounder*, No. 1645, 2003.
[3] Lisa A. Curtis, "America's Image Abroad: Room for Improvement", *Heritage Lectures*, No. 1027, 2007, p. 2.
[4] *Report of the Defense Science Board Task Force on Strategic Communication*, Office of the Under Secretary of Defense for Acquisition, Technology, and Logistics, Defense Science Board, 2004, pp. 1 - 3, 7, 8.
[5] Vishakha N. Desai, Karen Brooks Hopkins, & Mustapha Tlili, *Cultural Diploamcy——The Arts can Help America Learn More about Muslims*, PA: Pittsburgh Post - Gazette, 2009.

斯兰国家的公共外交/文化外交而进行的。由皮尤全球态度项目所做的年度报告表明美国的国际形象在不断下降。两党的官员，以及新闻记者和学界人士都呼吁布什政府开始新的外交计划。在 2005 年，美国国会研究机构（the Congressional Research Service）对 29 个这样的报告和建议进行了分析比较。其中 55% 的报告呼吁增加文化交流以及创建图书馆、51% 建议增加资金和人力资源、44% 建议增加公共外交投资和语言培训[①]。

四　文化外交的倡议和活动

美国政府通过参与一系列有关倡议和活动向文化外交提供支持。早在 2002 年，时任国务卿鲍威尔就提出了"美国中东伙伴计划"（The U.S.—Middle East Partnership Initiative，简称 MEPI）。该计划是"9·11"事件后美国政府制定的对中东地区的全面外交战略，包括政治、经济、教育和妇女四大支柱。其中"教育支柱"（the education pillar）可视为美国在该地区的文化外交战略，宗旨是在该地区的基层百姓中创立受教育机会，包括三个工作方向：教育的机会（Access）、教育的质量（Quality）和技能拓展（Skills Development）[②]。此外，小布什总统于 2004 年 6 月在八国集团高峰会上提出了"大中东计划"（Greater Middle East Initiative，简称 GMEI），旨在中东推行政治、文化、经济和社会改革。该计划所涵盖的文化战略为：推动和帮助"自由选举"，扶持新的独立媒体，培养"有文化的新一代"，改善妇女地位和参政环境，帮助中东培训一个由 10 万名女性教师组成的"文化兵团"[③]。该计划的文化战略也为美国的文化外交指出了具体实施的内容。

---

① Margaret C. Ayers, *Promoting Public and Private Reinvestment in Cultural Exchange-Based Diplomacy*, Robert Sterling Clark Foundation, N. Y.: New York, 2010, p. 13.
② 胡文涛：《美国文化外交及其在中国的运用》，世界知识出版社，2008，第 99 页。
③ 邵峰：《美国"大中东计划"的实质和发展前景》，《亚非纵横》2004 年第 4 期。

最重要的一次倡议活动是：2006年9月25日，时任第一夫人劳拉·布什（Laura Bush）宣布了"全球文化倡议"活动（Global Cultural Initiative）。根据文化外交咨询委员会的报告《文化外交：公共外交的关键》，美国政府希望开启一扇窗户，尽管很多人不喜欢美国的政策，但他们依然欣赏美国的电影、音乐和文学。正是有这样的思想，2006年，布什政府发起了"全球文化倡议"活动以促进美国文化外交。这是美国国务院加强并扩大文化外交活动的一项新的主要尝试。通过公共和民间文化机构的合作，国务院将在政府机构主要工作和更广泛的文化艺术团体基础上更加强调艺术作为国际参与和对话平台的重要性。它的思想主要来源于文化外交咨询委员会的报告，即："美国在以阿问题以及2003~2004对伊拉克的政策摧毁了美国信任度和说服的力量。……这是一个国际关系的公理，即一个国家所获得的权力越多，它使用这个权力时所引发的怀疑越多。但是一个国家如果一直聚集这样的力量，最终会导致没有一个朋友。而历史表明没有朋友的国家会走向毁灭。"[1] 布什说道："去加深和世界各国人民友谊的最佳途径之一是通过分享彼此的文学、音乐、电影和视觉艺术来理解彼此的文化。"[2]

主管教育与文化事务的助理国务卿迪娜·鲍威尔（Dina Powell）说道："文化外交不可能是政府单独的活动，我们正在扩大文化交流的意义。"[3] 国务院在特定的项目环境中与文化艺术团体进行合作有着悠久的历史。"全球文化倡议"代表了由公共与民间部门共同合作的首次长久的机构合作。合作的机构有：约翰·肯尼迪艺术表演中心（the John F. Kennedy Center for the Performing Arts）、美国电影学

---

[1] Monika Revilla, *A new President, a new era for CD?*, website of Institute of Cultural Diplomacy, http://www.culturaldiplomacy.org/culturaldiplomacynews/index.php?aid=1182, accessed May 20, 2012.

[2] Jacqueline Trescott, "Cultural Diplomacy Gets a New Worldview", *Los Angeles Times*, 2006.

[3] Jacqueline Trescott, "Cultural Diplomacy Gets a New Worldview", *Los Angeles Times*, 2006.

会（the American Film Institute，简称 AFI）、总统艺术与人文协会（the President's Committee on the Arts and Humanities，简称 PCAH）、国家艺术基金会（the National Endowment for the Arts，简称 NEA）、国家人文基金会（the National Endowment for the Humanities，简称 NEH），以及博物馆与图书馆服务学会（the Institute for Museum and Library Services，简称 IMLS）。这些机构与国务院共同合作，将利用各种资源进行全方位的计划：把美国艺术家和艺术形式与国外观众联系起来；分享美国艺术管理和表演的经验；教授美国和国外的青年人和成年人关于其他国家的艺术与文化。主管公共外交的副国务卿凯伦·休斯（Karen Hughes）说："艺术与文化在帮助实现我们战略性公共外交目标中扮演着重要角色。"休斯认为这些目标中包括在美国和其他国家的人们之间培养共同利益和价值观。她说："我们的最终目标是强调民族和信仰中的所有最文明的人们和我们在反恐战争中面临的暴力极端分子间的分歧。我们对艺术、文化和历史所体现的价值和欣赏与极端分子对伊拉克萨马拉（Samarra，Iraq）金色清真寺珍宝的掠夺和轰炸阿富汗佛与其他文化图标形成鲜明的对照。"①

全球文化倡议的主要合作主要包括以下四个方面。

首先，与约翰·肯尼迪艺术表演中心的合作。这项合作将主要利用国务院和肯尼迪中心各自的优势使得美国文化和经验传递到文化机构和全世界不同的公众当中。活动的主要内容是通过一系列项目提供有关艺术管理、表演艺术和儿童戏剧培训的讲座；举办国际艺术节；培养儿童和成年人了解他国文化的教育、把美国艺术家和艺术形式推荐到国外观众中；等等。此外，为突出美国的包容性价值观，通过与肯尼迪中心特别艺术小组（VSA arts）的合作与残疾人群接触——选定国家与残疾人艺术家共同执行项目。

---

① Ann Sanner，*U. S. to expand arts and cultural diplomacy efforts worldwide*，Associated Press Archive，2006.

其次，与美国电影学会的合作。合作项目为 AFI 项目：20/20。通过这个国际电影工作者与电影交流的项目，美国电影学会与国务院、总统艺术与人文基金会、博物馆与图书学会将共同合作培养跨文化理解、促进对共同价值观和不同观念的重视，以及在创造过程中强调自由表达。通过洛杉矶的国际电影节（AFI FEST）以及其他在美国或国外电影节的途径，美国和国外的电影工作者将在对方的观众中分享他们的电影，以鼓励跨文化对话和参与。

再次，与国家艺术基金会的合作。国务院和国家艺术基金会共同合作组织国际文学交流活动（International Literary Exchanges），以在美国和巴基斯坦、俄罗斯、澳大利亚，以及其他国家间建立文学翻译和出版物项目。该项目将使美国读者能够接触到国外的文学作品，同时使得国外读者能接触到美国杰出的作家和诗人以及他们的文学作品。

最后，与国家人文基金会的合作，继续布什 2002 年发起的"我们的人民活动"（We the People Initiative），为来自世界各地的 12 位从幼儿园到 12 年级的教师、教育领导者和文化教育机构的代表进行为期一周的暑期研讨班（Summer Institutes）。参加者将通过研讨与美国参与者一起合作探索美国的民主原则，这将促进对美国和美国的民主原则更深层次的理解。研讨中包括演讲、小组讨论、在历史遗址的体验学习，这样参与者将会通过与美国老师的合作探索形成对美国历史事件和地点的亲身体会，从而有机会分享他们在美国的经验和观念[①]。

第一夫人劳拉回忆了文化外交在冷战时期给美国和苏联带来的好处，当时苏联和美国人民共同分享了对爵士乐的喜爱，这证明了文化外交在两个国家减少冲突这方面是有价值的。她说："艺术如今有同样的力量通过分享彼此的文学、音乐、电影和视觉艺术去减少

---

① Office of the Spokesman, *Mrs. Laura Bush Launches "Global Cultural Initiative" to Enhance U. S. Cultural Diplomacy*, Government Press Releases (USA), 2006.

冲突而加强联系。"① 副国务卿休斯赞扬了文化交流，它象征合作和尊重的精神，这也是公共外交的精髓。"艺术——视觉和表演——表达了人类所拥有的共性，并提示我们尽管有着语言、种族、政治和政策的分歧，但是人类的经验是我们共同分享的。艺术能够使各地的人们在心灵和精神上产生共鸣。"②

此外，在总统选举战役中，现任总统奥巴马表明了他的立场：艺术与文化的获胜者。他谈到了三个方面：学校里的艺术教育、艺术家尴尬的经济状况，以及文化交流。这意味着，不是像过去一样，只有在战争时期考虑文化外交，而是在战后时代继续巩固它。奥巴马承诺：更多的在学校和艺术组织的艺术教育会通过扩大公私合作成为可能，并将成立艺术家协会（Artist Corps）（培养年轻的艺术家去在低收入的学校和社区工作）、增加全国艺术捐赠基金会（the National Endowment for the Arts，简称 NEA）资金。至于艺术家，奥巴马认为，由于他们和其他雇佣工人相比较而言，情况并不见得好，所以他将为艺术家提供医疗保险。奥巴马还承诺在艺术家们做出贡献的同时会促使更公平的减税，从而提高艺术家们的收入。这个计划将促使艺术家更加融入主流经济③。对于布什而言，他认为"艺术家可以再次被用来去帮助我们赢得打击伊斯兰极端主义的思想之战"④。布什政府开始了这样一个方向，但是忽略了外交关系的另一个方面，即谈话者（the interlocutor）。"9·11"事件后，进入美国的签证限制使得很多过去经常去美国的有才华的艺术家去往他国。

---

① *State Department Launches Global Cultural Initiative——Laura Bush，State's Hughes cite expansion of arts exchanges，cultural diplomacy*, Government Press Releases （USA），2006.

② *State Department Launches Global Cultural Initiative——Laura Bush，State's Hughes cite expansion of arts exchanges，cultural diplomacy*, Government Press Releases （USA），2006.

③ Monika Revilla，*A new President，a new era for CD*？，http：//www.culturaldiplomacy.org/culturaldiplomacynews/index.php？aid=1182，2012.

④ Monika Revilla，*A new President，a new era for CD*？，http：//www.culturaldiplomacy.org/culturaldiplomacynews/index.php？aid=1182，2012.

奥巴马采取措施打算规范签证过程以吸引更多的艺术家到美国进行交流活动。总之，美国政府在战争时代关注文化外交，在和平时期阻断了这些努力，但是奥巴马政府又重新激发起了文化外交的力量。或许文化外交的胜利很难去衡量，也很难使得它成为一个去依赖或投入的策略，但是，100年后肯定会有证据表明它的重要性①。

五　学者、著名人士以及团体等对文化外交的呼吁

国务院官员在国会上的誓词为由国务院承担的公共外交提供了支持。主管公共外交和公共事务的副国务卿玛格丽特·塔特怀勒（Margaret Tutwiler）于2004年2月在参议院国际关系委员会（the Senate Foreign Relations Committee）的誓词中提到了美国公共外交的努力"必须接触超越传统精英阶层和政府官员，从而做得更好"。她认为促进美国形象的努力是一个很困难的挑战，将会"花费很多年的努力和专注的工作"②。国务院教育与文化事务署助理国务卿帕特里夏·哈里森（Patricia Harrison）也于2004年8月在众议院国际关系委员会（the House International Relations Committee）的誓词中提到了关于专注阿拉伯和穆斯林的公共外交。关于公共外交的国务院战略目标，她说道："我们公共外交的战略基础是使得国外公众参与，并告知影响他们，以增加对美国价值观、政策和活动的理解。"她认为达到这些目标的方法是"通过传统项目和所有技术工具，包括公共和私人部门"以及"每日简讯和通过全世界的使团进行公众接触"③。

---

① Monika Revilla, *A new President, a new era for CD*?, http://www.culturaldiplomacy.org/culturaldiplomacynews/index.php?aid=1182, 2012.

② *Tutwiler Emphasizes Need to reach Beyond Foreign Elite*, Department of State, 2004, http://usinfo.state.gov/xarchivs/display.html?p=washfile-english&y=2004&m=February&x=20040226184958adynned0.4296076&t=xarchives/xarchitem.html, accessed March 5, 2005.

③ *Harrison Reviews Public Diplomacy Focused on Arab, Muslim Outreach*, Department of State, August19, 2004, http://usinfo.state.gov/mena/Archive/2004/Aug/19-981349.html, accessed March 5, 2005.

第三章　文化外交与美国—中东伊斯兰国家关系　093

穆斯林伊斯玛仪派领袖阿加汗殿下（His Highness the Aga Khan, leader of the Ismaili Muslims）在2000年华盛顿召开的文化外交会议上指出，要通过文化外交资助发展中世界的文化和教育机构，尤其是非洲和亚洲。根据2007年出版的《世界发展报告》，2005年，中东伊斯兰国家有许多处于中下等收入甚至低收入国家行列，比如阿尔及利亚、埃及、巴勒斯坦、摩洛哥、突尼斯、叙利亚、伊拉克、伊朗和约旦等属于中下等收入国家，而阿富汗、毛里塔尼亚、苏丹和也门等属于低收入国家[1]。这些国家约占中东伊斯兰国家数量的54%，他们的文化和教育机构相对匮乏，许多富有创造力的艺术家生活得并不富裕。阿加汗殿下认为"他们不能足以去资助他们对文化的责任"[2]。美国凭借自身的资源和媒体等优势，可以帮助这些国家，使得富有才华的人群获得交流的机会，了解更精彩的外面世界。阿加汗殿下还认为"人类共性并不是真正地传授给大学的高层次人才"[3]。通过文化项目交流可以使非大学的高层次人才，也就是普通的人群有机会获得更多的了解他国文化的机会。

在2004年的联合研究中，艺术文化中心和美国国外领导联盟（the Coalition of American Leadership Abroad）提供了建议：增加文化交流；促进国外艺术家和学者到美国的访问；资助美国艺术家到国外的访问演出；重新开放图书馆和文化中心；扩大英语语言项目和文化讲习班[4]。

美国许多艺术团体的游说者促进了文化外交的实施。2005年6月，美国国际艺术与文化交流组织（Americans for International Arts and Cultural Exchange）在给国务卿赖斯（Condoleezza Rice）的信中写道："我们的联盟相信美国还有许多文化能力和天才在国际舞台上没有充分利用，

---

[1] 王联：《中东政治与社会》，北京大学出版社，2009，第431页。
[2] *White House 2000 Conference on Cultural Diplomacy: Final Report*, the Bureau of Educational and Cultural Affairs, Washington, D. C., 2000.
[3] *White House 2000 Conference on Cultural Diplomacy: Final Report*, the Bureau of Educational and Cultural Affairs, Washington, D. C., 2000.
[4] Alan Riding, "Rerun Our Cold War Cultural Diplomacy", *The New York Times*, 2005.

而他们在接触世界并向世界讲述美国的故事中将是非常有效的。"[1]

美国布鲁金斯学会外交政策研究员海迪·阿姆（Hady Amr）和21世纪研究专家P. W. 辛格（P. W. Singer）博士共同撰文指出美国青年中心和图书馆在伊斯兰世界中的作用。他们认为：美国青年中心和图书馆如今需要在更广泛的伊斯兰世界中开辟：或许在每一个主要城市至少有一个公共美国中心。这些中心的职员应该部分由"美国声音使团"的成员担任，并且承担美国知识图书馆活动中的翻译作品的分发工作。中心应该提供最高水平的英语语言培训项目、峰会、讨论会和广泛的当前杂志、报纸和文献的收集工作。他们还应该提供互联网的连接和稳定的项目以通过现代信息技术促进和美国人的直接交流。中心不仅提供进入美国生活的窗口，而且还要就当地和国际关注的观点进行开放和严肃的对话——包括美国在中东政策的对话——从而展示自由谈话对民主的价值。此外，不断兴起的伊拉克裔美国人和摩洛哥裔美国人组织如果能共同参与，将会产生归属感，以减少安全的威胁[2]。

美国学者阿尔伯特·温伯格（Albert Weinberg）曾说："美国没有依靠军队的领土征服、控制他国政府、掠夺资源等纯武力方式，而是强调理念的征服力量。"[3] 之所以会这样，原因很简单——没有人心甘情愿做皮鞭下的奴隶，但如果是被外来文化所"征服"，则人们往往不会认为自己是俘虏，反而会觉得自己拥有了外来的文化，这就是文化不同于皮鞭的魅力。强势文化不仅有渗透力和影响力，也容易成为一种标准，使其他国家的人乐于接受这种文化。反之，一个失去了文化支撑的国家，要成为世界强国，是很难想象的[4]。

---

[1] Alan Riding, "Rerun Our Cold War Cultural Diplomacy", *The New York Times*, 2005.
[2] Hady Amr and P. W. Singer, "Engaging the Muslim World: A Communication Strategy to Win the War of Ideas", *Opportunity 08: a Project of the Brookings Institution*, the Brookings Instsitution, 2007, p. 10.
[3] Albert Weinberg, *Manifest Destiny: A Study of Nationalist Expansionism in American History*, Chicago, 1935, p. 240.
[4] 赵启正：《公共外交与跨文化交流》，中国人民大学出版社，2011，第121页。

第四章

美国在中东伊斯兰国家的文化外交

第一节 美国在中东伊斯兰国家文化外交概述

一 实施背景

美国文化外交的实施经历了四个不同的阶段，即第二次世界大战时期、冷战时期、20世纪90年代至21世纪初时期和"9·11"事件以后时期。不同时期有着不同的国内和国际政治背景，那么美国文化外交在公共外交总体战略目标指导下也会根据不同的国内国际背景进行相应的调整。

首先，文化外交的重点实施对象国会根据不同时期的不同战略目标而有所差异。比如，在美国文化外交的起始阶段和第二次世界大战时期的对象国主要是纳粹德国，美国与其争取拉美国家；冷战期间针对的国家主要是苏联；后冷战时期由于缺乏了针对国，美国文化外交的实施处在低峰期；"9·11"事件之后这一时期的社会背景是国际恐怖主义与伊斯兰激进主义成为主要威胁。美国针对伊斯兰国家，尤其是中东地区伊斯兰国家，在经过有关会议、报告和倡议等的促使下，文化外交被重新提到了日程上。里根时代的国家艺术基金负责人、现为华盛顿艺术文化中心（the Center for Artsand Culture）主席的法兰克·郝德寿（Frank Hodsoll）说道："新的世界局势是多极化。需要在更多的地方有更多的努力，因为在这些地方文化都是不同的。"① 中东伊斯兰国家具有穆斯林文化特色，同时也具有中东地区特有的文化特点，比如阿拉伯国家的阿拉伯文化、伊朗的波斯文化等等。这些都是不同于之前的拉美国家、德国和苏联等国家的。因此，美国在中东伊斯兰国家的文化外交也应该随之得到一定的倾向性改变。

其次，文化外交在资金、组织和项目上都做出了相应变化。主管公共外交与公共事务的副国务卿玛格丽特·塔特怀勒（Margaret Tutwiler）和国务院教育与文化事务局助理国务卿帕特里夏·哈里森（Patricia Harrison）在其任期内努力实施公共外交/文化外交，包括资金和组织变化，以及交流、教育、信息和广播的新项目。经历了"9·11"事件，公共外交资金已经重新关注中东和南亚地区的穆斯林，如今25%的交流项目资金关注这些地区，而在2002年比例是17%。组织上的变化包括公共外交政策、计划和资源办公室的建立。此外，与穆斯林接触的政策合作委员会（the Policy Coordinating Committee，简称PCC）专注于加强与国防部和其他部门的合作。在实施项目上增加了许多针对穆斯林的项目、添加了有关伊斯兰文化和阿拉伯语的内容；富布莱特奖学金项目在伊拉克和阿富汗正运作着（该项目在阿富汗和伊拉克都曾由于各种原因而缺失数年）；萨瓦电台（Sawa Radio）和自由电视台（The Alhurrah）正在中东地区22个国家传播着美国文化②。

在2007年的奥巴马竞选总统之战中，奥巴马—拜登团队就宣言，如果当选，他将"扩大在全世界的文化和艺术交流"。这使得主张扩大文化交流的人们充满了希望。随后，奥巴马在2009年的开罗大学演讲中强调了美国和伊斯兰世界要相互倾听、相互学习、相互尊重，并寻求共同点。这一切都为文化外交在中东伊斯兰国家的实施创造了条件。

---

① Alan Riding, "Rerun Our Cold War Cultural Diplomacy", *The New York Times*, 2005.
② *Harrison Reviews Public Diplomacy Focused on Arab, Muslim Outreach*, Department of State, 2004.

二 实施目标

美国在中东伊斯兰国家的实施目标包括两部分,一部分是美国在中东伊斯兰国家的目标公众,另一部分是文化外交的最终实现目标。

首先是目标公众。目标公众包括普通公众和精英阶层。就中东伊斯兰国家而言,青年人口在总人口中占据多数,因而普通公众主要是青年人,这也使得许多项目所设计的实施对象就是青年人,如学习伙伴计划、萨瓦电台和自由电视台的目标听众群等。青年人作为一个整体群体,是中东伊斯兰国家的未来,他们所受到的教育、所接受的思维模式和所理解的文化价值观都决定了国家的未来,也决定了他们国家与世界其他国家未来的关系。此外。还包括穆斯林妇女。妇女群体作为一个整体同样影响着国家、政府和社会。如作为一项艺术交流项目——"埃及妇女歌唱"活动主要针对的群体就是埃及普通妇女。在中东伊斯兰国家的精英阶层则包括伊斯兰教领袖、政界领导者,以及其他社会各领域的领袖人物。如许多艺术交流项目使得许多来自中东伊斯兰国家的顶级艺术家取得与美国同行交流的机会,还有教育交流项目让许多学者到美国进行交流。这些人群都以特殊的方式对国家、政府和社会产生影响。如何接触这些目标公众可以说是美国文化外交的首要目标。

其次是文化外交的实现目标。美国文化外交在公共外交总体战略目标的框架下分为短期、中期和长期。短期是增加互相理解;中期是改善美国形象,让人们喜欢美国;长期是双方达成某种共识。美国在中东伊斯兰国家不同时期,根据公共外交总体战略目标,短期、中期和长期目标所隐含的意义也有所不同。如冷战时期,所谓达成长期的某种共识就是使得对象国与美国一起抗衡苏联;而"9·11"事件后,美国要与中东伊斯兰国家达成的长期共识就是共同解决现代社会出现的新问题,如恐怖主义问题、环境问题等等,以促进世界和谐发展。当前情势下,美国在中东伊斯兰国家的形象大跌,中东伊斯兰国家对美国的态度总体上也不乐观,因而美国在中东伊斯兰国家文化外交的主要目标应该是实现短期和中期的目标,在此基础之上,朝长期目标发展。

三　实施机构

美国在中东伊斯兰国家的文化外交主要由国务院、国防部、国家艺术和人文科学基金会、美国国际开发合作署等机构共同实施,其中国务院是主导机构。

国务院下属的教育与文化事务局运作着国务院教育与文化交流项目。在美国新闻总署解散之后,原由新闻总署负责的交流项目交由国务院下属的教育与文化事务局监管。目前教育与文化事务局总计监管着83个交流项目。这些项目涵盖了文化、体育、学术和专业领域,资助了来自160多个国家的民众,有青年人、学生、教育工作者、艺术家、运动员和许多领域的未来领导人,其中许多来自中东伊斯兰国家。这些项目的目的是"根据《1961年共同教育和文化交流法案》(the Mutual Educationaland Cultural Exchange Act of 1961)的规定,促进美国人民和其他国家人民间的相互理解,使之发展成友好、和平的关系"[1]。目前教育与文化事务局交流项目的参与者已达100多万人,包括50位诺贝尔经济学奖得主和300多位现今或前国家政府领导人。此外,许多有关穆斯林的新项目开展起来。如2003年开始的由政府资助的与阿拉伯语伊斯兰世界高中交流项目;310万美元被投入去建立微型奖学金(micro – scholarship),用来资助3400名来自阿拉伯和伊斯兰世界的贫困青年人进行英语语言的学习[2];在许多已有的项目中增加了有关穆斯林的内容,比如富布莱特

---

[1] About the Bureau of Educational and Cultural Affairs, U. S. Department of State, http://exchanges.state.gov/about.html, accessed April 7, 2010.
[2] Patricia S. Harrison, Statement before the House of International Relations Committee. US Department of State, 2004.

项目中增加了阿拉伯语言和伊斯兰文明有关的内容。2002年起，已有超过4000万美元投入到和阿拉伯世界的教育合作项目中[①]。

同样，在新闻总署解散之后，信息部分被安排到了国务院下属的国际信息局（the Bureau of International Information Programs，简称IIP）。国际信息局通过各个大使馆和互联网等传播信息[②]。现在，国际信息局正在努力发展新的交流工具，如通过数字外展队（the Digital Outreach Team，简称DOT）的社交网络。数字外展队通过波斯语、乌尔都语和阿拉伯语的博客、聊天室和网站与访问者互动[③]。国际信息局还运作着网站America.gov、美国演讲者项目（the US Speaker Program）、美国角（American Corners）和信息资源中心（Information Resource Centers，简称IRCs）等等。此外，还维持一个出版办公室，制作书籍、宣传册、报告、海报和展览品。通过出版各种出版物、培训信息资源官员去"向国际公众进行调查、培训和跨文化项目"，从而传递有关美国"政策、社会和价值观"的信息[④]，《你好》杂志就是一个很好的例子。国际信息局还支持一个"阿拉伯书籍项目"（the Arabic Book Program）：通过其在开罗和阿曼的办公室把美国的文学作品翻译成阿拉伯语[⑤]。

广播理事会也是对公共外交/文化外交承担责任的部门，它在2009年的花费是7.17382亿美元，2010年的预算是7.4545亿美元[⑥]。作为美国新闻署最初的一部分，广播理事会监管着所有非军事

[①] William Rugh, *Engaging the Arab and Islamic World through public diplomacy*, Public Diplomacy Council, George Washington University, 2004, p.117.

[②] Rosaleen Smyth, "Mapping US Public Diplomacy in the 21st Century", *Australian Journal of International Affairs*, Vol.55, 2001, p.427.

[③] *Digital Outreach Team*, Bureau of International Information Programs, U.S. Department of State, 2009.

[④] *IIP Snapshot*, Bureau of International Information Programs, U.S. Department of State, 2009.

[⑤] William Rugh, *Engaging the Arab and Islamic World through public diplomacy*, Public Diplomacy Council, George Washington University, 2004, p.145.

[⑥] *BBG Summary of Resources*, Broadcasting Board of Governors, FY 2010 Budget Request, p.7.

的广播，包括美国之音（Voice of America）、自由欧洲电台（Radio Free Europe/Radio Liberty）、自由亚洲电台（Radio Free Asia）、马蒂广播电视（Radio and TV Marti），以及中东广播网络（the Middle East Broadcasting Networks）。广播理事会用 60 种语言，通过广播、电视、互联网，以及新型媒体形式进行信息的传递[1]。根据其2008~2013 年度计划，它的主要任务是促进自由和民主，并且通过有关正确、客观和均衡的新闻信息，以及关于美国和海外其他国家公众的其他节目进行多媒体交流，从而增加相互理解[2]。

此外，国防部也为公共外交/文化外交的一些活动承担了责任。根据 2008 年的《基督教科学箴言报》（Christian Science Monitor），国防部在 3 年间付给民间部门 3 亿美元为伊拉克公众"制作新闻和娱乐节目"，以达到"鼓舞"伊拉克人支持美国和伊拉克政府的目的[3]。文章还指出每年 1 亿美元的花费几乎是国务院每年在全世界公共外交预算的 1/8[4]。

第二节 美国在中东伊斯兰国家实施文化外交的内容

根据文化的内容以及构成文化关系的主要要素，文化外交的主要内容包括人员交流、教育交流、科学与技术、文学、艺术、语言教学、图书、信息服务、不同社会团体或机构之间的联系等等。人员交流是多数国家对外文化关系项目的一项主要活动，人员交流的种类有高级访问人员、学者、教师、留学生、青年交流项目等。科

---

[1] *Executive Summary*, Broadcasting Board of Governors, FY 2009 Budget Request, p. 1.
[2] *Performance Overview*, Broadcasting Board of Governors, FY 2009 Budget Request, p. 1.
[3] Margaret C. Ayers, *Promoting Public and Private Reinvestment in Cultural Exchange - Based Diplomacy*, Robert Sterling Clark Foundation, N. Y.: New York, 2010, p. 19.
[4] Margaret C. Ayers, *Promoting Public and Private Reinvestment in Cultural Exchange - Based Diplomacy*, Robert Sterling Clark Foundation, N. Y.: New York, 2010, p. 19.

学技术也是文化关系活动的重要领域，许多国家和机构为此而相互签订协议。作为文化最明显的一种表达方式，文学和艺术被许多人视为文化关系的核心内容。在文化外交中所指的信息是文化交流的输出国向他国提供有关本国各方面的知识信息，采用的方法有提供最新的报刊、图书、开设图书馆、赠送书籍、举办图书展览、资助书籍和翻译等。语言既是文化的基本表现形式，也是文化认同和民族认同的基本成分，作为文化交流的媒介，它在文化关系中占有十分重要的地位，多数国家非常重视本国或本民族语言在其他国家的传播。教育当然是文化关系的重要内容之一，美国参议员富布赖特认为，"教育实质上是国际关系的基本要素之一——究其对战争或和平的意义来说，它完全与外交和军事力量同样重要"[1]。根据以上论述，本书将美国在中东伊斯兰国家实施文化外交的内容概括为教育交流项目、艺术交流项目、倡议互动项目和大众传播项目等四类。

一　教育交流项目

教育交流项目是文化外交的主要形式，它使得一个国家的民众有机会去接触对方国家的教育，通过教育了解对方国家。法国出身的华裔美国大提琴家马友友（Yo‐Yo Ma）在参加首届白宫文化与外交会议上强调了教育对文化理解的重要性，他引用了一位塞内加尔学者的话："最终我们会保护的仅仅是我们所爱的东西。我们所爱的东西仅仅是我们所理解的东西。而我们所理解的东西仅仅是我们所被教的东西。"[2] 从中可以看出教育在人一生中所起的作用。教育交流项目的实施，不仅使美国公民理解他国的文化，还使他国公民

---

[1] Philip H. Coombs, *The Fourth Dimension of Foreign Policy: Educational and Cultural Affairs.* New York, Harper and Row, 1964, p. X. 转引自韩召颖《输出美国：美国新闻署与美国公众外交》，天津人民出版社，2000，第13页。

[2] *White House 2000 Conference on Cultural Diplomacy: Final Report*, the Bureau of Educational and Cultural Affairs, Washington, D. C., 2000.

理解美国的文化,这种理解在国家日常事务中有着重要的作用。此外,教育交流项目的参与者提供了"个人经验"并留下久远的影响,这使得教育交流项目的意义更加深远①。

教育交流项目一直是美国对外文化交往的重要内容。非政府组织在推动美国对外教育交流的过程中发挥了重要作用。例如,"卡内基国际和平基金会"首创了交换教授、留学生,交换出版物,鼓励翻译出版美国图书,教授英文,以及组织世界领袖人物互访等活动方式;洛克菲勒基金会最早设立了"奖学金"项目②。

(一) 英语教学项目

语言是一个广泛的、自然的、让参与者互惠互利的媒介。语言教学是在每天的互动中使用母语和非母语的教师、文本和课堂氛围,这种以教育为基础的外交享有很高的信誉、尊重,并能获得广泛受众的认可。在传递信息和形成态度方面,语言教学具有特殊地位。就英语而言,其潜在的影响范围是巨大的,包含了世界上几乎每一个正在上学的人和成千上万的老师。阿富汗高等教育部长在乔治城大学重建阿富汗的会议上说道:"如果你们真的想促进民主、打击恐怖主义,那么就给我们派来25000名英语老师。"③

美国的公共外交政策中包含了各种各样的英语教学形式。包括:双语国家中心(Bi - national Centers)、直接英语教学项目(Direct English Teaching Programs)、《英语教学论坛》杂志(*English Teaching Forum*)、针对英语语言官员的教学材料计划(English Teaching Materials to English Language Officers)、英语语言专家和学者的交流项目(English Language Specialist and Fellows Exchange Programs)、富布

---

① Mckinney Russell, *A call for action on public diplomacy*, A Report of the Public Diplomacy Council, 2005, p. 6.
② 简涛洁:《霸权文化与文化威胁——美国文化外交及其对中国和世界的影响》,《太平洋学报》2011 年第 6 期。
③ Cynthia P. Schneider, *Diplomacy That Works*:"*Best Practice*" *in Cultural Diplomacy*, Center for Arts and Culture, 2003, p. 13.

莱特项目（the Fulbright Program）、国际访问学者（International Visitors），以及美国之音特别英语节目（VOA Special English）。美国在海外的图书馆也是以语言为基础的文化外交的重要一部分。其中，英语语言专家项目（the English Language Specialist Program）每年派遣将近 90 名美国教授出国进行为期 2~6 周的学术访问。英语语言学者项目（the English Language Fellows Program）每年安排将近 100 名美国老师到东道国有关机构进行 10 个月的教学、培训教师、设计相关课程。此外，还分发《英语教学论坛》杂志（*English Teaching Forum*），每期印刷 65000 本①。

对于中东而言，早在 1967 年，在美国驻埃及新闻处公共外交官乔治·汤姆普森（George Thompson）的提议下，"（沙特）教育部英语培训中心"在沙特首都利雅得（Riyadh）成立，来自美国的教育专家比尔·罗耶（Bill Royer）担任培训教师，公共外交官威廉·鲁格（William Ruger）负责管理工作。该中心为美国在沙特开展教育交流活动起到了重要的作用，使沙特的学生和民众通过英语的学习更多地了解了美国的文化。如今，美国通过多种项目形式与中东伊斯兰国家进行英语语言教学的活动，包括在东道国直接设置的美国角等，在那里会经常有英语讲座，还有东道国参与者到美国亲自进行语言学习，如富布莱特英语助教子项目。

（二）学习伙伴计划

2002 年，国务院教育与文化事务局开展了针对穆斯林社区青年人的交流项目——学习伙伴计划（Partnerships for Learning）。该计划提供了主题思想以帮助指导国务院的交流投资。它的目的是能够接触到伊斯兰世界"更年轻、更广泛、更深入"的公众。国务院的一

---

① Edward P. Djerejian, *Changing Minds Winning Peace: A New Strategic Direction for US Public Diplomacy in the Arab and Muslim World*. Report of the Advisory Group on Public Diplomacy for the Arab and Muslim World, submitted to the Committee on Appropriations, US House of Representatives, 2003, pp. 50 - 51.

位资深官员认为，学习伙伴计划是"与阿拉伯和穆斯林世界广泛的心灵参与"[①]。2005年年末，随着主管公共外交和公共事务的新副国务卿上任，学习伙伴计划作为一项交流活动的主题宣告结束。但是，国务院官员指出其交流项目将会继续关注年轻的公众。此外，学习伙伴计划的概念继续融入国民文化交流项目中。

国务院估计2002~2005年，学习伙伴计划的交流花费近1.5亿美元。这个数字包括了利用该主题开展的所有目标为伊斯兰世界年轻、多样化、非精英公众的交流项目。根据学习伙伴计划的思想所开展的项目有青年交流与学习项目和大学生学习伙伴项目等等。

1. 青年交流与学习项目

青年交流与学习项目（the Youth Exchange and Study Program，简称YES）是一个教育交流项目，由国务院教育与文化事务局于2002年10月建立。该项目为来自主要伊斯兰国家的15~17岁的中学生提供奖学金并在美国的城镇里学习一学年，学生们和美国的志愿家庭住在一起。通过读美国的高中，参与各种活动以了解美国的社会和价值观，获得领袖能力，并帮助美国人了解他们的国家、文化和风俗。2003年以来，来自20多个国家的3480多名学生参与了该项目[②]。其中2003年到2005年，青年交流与学习项目为600多位来自伊斯兰世界的高中生提供奖学金在美国学习[③]。

2005年6月13日，布什总统接见了来自中东伊斯兰国家参与交流学习的近200名学生。布什总统对这些学生在促进美国和伊斯兰国家之间的相互理解所发挥的作用给予了高度赞扬。

[①] U. S. Public Diplomacy: State Department Efforts to Engage Muslim Audiences Lack Certain Communication Elements and Face Significant Challenges, GAO -06 -535, Washington, D. C., 2006, pp. 13 -14.

[②] Evaluation of the Youth Exchange and Study Program, InterMedia, 2009.

[③] U. S. Public Diplomacy: State Department Efforts to Engage Muslim Audiences Lack Certain Communication Elements and Face Significant Challenges, GAO -06 -535, Washington, D. C., 2006, pp. 13 -14.

2. 大学生学习伙伴项目

大学生学习伙伴项目（the Partnerships forLearning Undergraduate Studies Program，简称 PLUS）于 2004 年开始。该项目已使得 170 多位来自中东、北非和南亚的学生来到美国的大学或学院进行为期两年的学术学习。该项目由教育与文化事务局设立，教育发展研究院（The Academy of Educational Development）和美国—中东教育培训服务中心管理。参加该项目的学生到美国后进行 6 个月的英语语言培训，培训完后进入美国大学学习，从中体验美国人的日常生活、感受美国的文化价值观。

（三）富布莱特项目

1944 年，美国国会通过了《富布莱特法案》，这也是美国政府首次颁布对外文化关系的相关政策。以此法案为依据，国务卿获得授权与其他国家政府缔结有关协议，教育、文化与科学领域人员通过互相交流以促进相互理解。肯尼迪总统曾于 1961 年赞誉富布莱特项目是"铸剑为犁的现代经典范例"[①]。富布莱特项目（the Fulbright Program）是美国乃至世界上规模最大、涉及人数最多的文化外交项目，由国务院教育与文化事务局主导、非政府机构运作，并由双方国家（美国和东道国）共同管理。

早在 20 世纪 50 年代，美国就已经在中东实施了富布莱特项目。当时来自阿富汗、沙特和伊拉克等国的学者和学生先后参加了该项目。但是由于各种原因，美国在中东许多国家的富布莱特项目中断数年，比如在阿富汗从 1979 年至 2001 年期间、伊拉克从 1989 年至 2003 年期间等。如今，富布莱特项目正在运作着，尤其在"9·11"事件后，美国在中东伊斯兰国家的富布莱特项目内容都比过去有所扩大。不仅许多来自穆斯林社会的学者专家前往美国进行交流学习，

[①] *Remarks of the President at the Ceremonies in the Rose Garden in Connection with the 15 th Anniversary of the Fulbright Act*, Office of the White House Press Secretary, 1961, p. 1。转引自檀有志《美国对华公共外交战略》，时事出版社，2011，第 174 页。

而且许多美国学生也到伊斯兰国家体验伊斯兰文化、了解伊斯兰社会。其中来自阿富汗的富布莱特参与者主要研究领域包括中小学教学、英语语言教学、美国研究、公共管理和公共政策、新闻及媒体研究[①]。通过在美国的学习,他们了解了美国的民主,也传播了美国的价值观。

随着美国在中东伊斯兰国家文化外交投入的增加,富布莱特项目也在中东伊斯兰国家发展了许多子项目,如富布莱特外语助教子项目、富布莱特伊拉克访问学者项目和爱兹哈尔大学伊斯兰研究项目。

首先,富布莱特外语助教子项目(the Fulbright Foreign Language Teaching Assistant,简称FLTA)向非母语的英语教师提供机会提高他们的教学能力并拓宽他们对美国文化和习俗的知识面,同时在美国的大学加强外语的实践能力。该项目于2001年在中东阿拉伯伊斯兰国家执行,当年有5人参与了此项目,时间为一学年。参加富布莱特外语助教子项目的阿拉伯青年学者到美国后,给美国的大学生讲授阿拉伯语,同时他们在美国的大学进修英语教学法、美国文学、文化、政治及经济等相关课程。如今该项目已发展到30多个伊斯兰国家。该项目的参与者不仅仅是语言教师,更是两种文化的传递者,充当了文化的大使,促进了国家之间的文化交流。

其次,富布莱特伊拉克访问学者项目(the Fulbright Visiting Scholar Program for Iraq)是邀请来自伊拉克的学者在有选择的领域到美国的相关学术机构进行为期3个月的学术交流活动,包括学院发展、调研,以及其他指导性的活动,以使他们获得相关的知识去发展伊拉克的大学,提高伊拉克下一代的教育质量,并且通过该项目,使得伊拉克的学者和美国的大学及研究机构保持长远的关系,为今后的合作打下良好基础。该项目由国务院教育与文化事务局主管,

---

① *Announcement of Re-establishment of the Fulbright Program with Afghanistan in the State Department Treaty Room*, U. S. Department of State, 2003。转引自作胜奇《布什政府中东公共外交》,世界知识出版社,2010,第287页。

并由国际教育研究所（the Institute of International Education，简称 IIE）下属的国际交流学者委员会（the Council for International Exchange of Scholars，简称 CIES）负责具体管理工作。2013 年 6 月 29 日至 9 月 7 日，该项目有 35 位来自伊拉克的年轻学者到美国进行访问学习。研究领域包括五个方面：美国文学、工程学、政治科学、科学与技术，以及二语习得/语言学。

最后，爱兹哈尔大学伊斯兰研究项目（the Islamic Studies Program with Al – Azhar University，简称 ISP）是美埃富布莱特委员会和爱兹哈尔大学进行合作而产生的项目。该项目是富布莱特新开创的项目，也是响应奥巴马总统在 2009 年开罗演讲中所号召的在美国和伊斯兰世界中进行更多的参与，该项目为宗教间的相互理解构架了桥梁。爱兹哈尔大学是世界上资深的伊斯兰高等研究机构，该项目为爱兹哈尔大学专注于研究伊斯兰学的学生提供了到美国学习和研究的机会，并亲身体验美国的文化、宗教活动和教育。项目学生可以在比较宗教学、美国伊斯兰研究，以及伊斯兰法学等领域申请美国硕士和博士学位。该项目的首次参与学生包括 3 名，他们于 2009 年秋季学期开始了在美国的学习。

二 艺术交流项目

艺术在对外政策中扮演重要的角色，它们超越了政治边界，其共同的目标是感受人类共性并分享共同利益。历史中，艺术和音乐一直作为志同道合者的纽带。国家之间的文化外交包括对一种文化的思想、艺术、生活方式、文学、价值观、传统、信念、思维、体育和各种各样文化实践的理解和赞赏。国务卿希拉里·克林顿在 2009 年 5 月 11 日写给大使馆艺术与保护基金会（the Foundation for Art and Preservation in Embassies，简称 FAPE）的信中说道："随着我国和世界面临的多种挑战，有效的沟通是必要的。超越了书面和口头语言，艺术可以表达出人类的精神和创造力，把所有的民众连接到一个更深的层面。在我国驻外使馆的美国艺术的展现加强并丰富了我们国家参与其他国家文化的外交努力。大使馆艺术与保护基金会是一个重要的伙伴,使得这种强有力的交流方式在我们国家的驻外机构中容易获得,这有益于美国和全世界。为了使不同国家人们所存在的不同观点达成共识,文化外交与有效的公共外交一起广泛使用来应对国家间因政治分歧而造成的敌意。它或许无法解决国家间的政治意见分歧,但是它可以改善关系。"[1] 的确如此,艺术在不同文化背景的人们之间帮助构建关系和友谊。尽管分歧存在,但是不同形式的表达能帮助每种文化展示出分歧,并帮助告知观众和听众他们自己的文化偏好。艺术支持者认为有益的结果来自使用艺术作为一种文化外交的活动。

学术界一直在促进艺术作为文化交流的形式来改善国家间的关系,总部设在德国的文化外交学会(Institute of Cultural Diplomacy,简称 ICD)就在其中起到了很重要的作用。艺术交流项目的形式有很多,包括举办艺术节、双年展、专题讨论会、舞台表演、讲习所等等。举办者既是组织者,又是参与者,他们与外国公众通过互相参与,加深了对彼此文化成就的理解。

(一)音乐舞蹈项目

音乐是以人类创造性地组织的声波及其流止、变化而进行艺术表现的;舞蹈是以人体为物质材料,以动作姿态为语言,在时间的流程中以占有空间的艺术形式来表达思想和情感,体现生命的符号[2]。就二者本身而言都是纯粹的艺术,但若将其置于社会中来考察,它们又不可避免地附加上了社会属性,蕴含着社会关系。音乐与舞蹈是人类最基本的表达方式,即使在最原始的部落中,一个人可以不会写字、不会画画,却很少不会歌唱、不会舞蹈。从保留在

---

[1] Maria Lewytzkyj, *Instead of a tambourine you play a daff? Cultural diplomacy at the table and away from the table*, CA: San Francisco Examiner, 2009.
[2] 郑锦扬:《艺术概论》(第二版),高等教育出版社,2007,第192页。

世的许多原始时代的岩画可以看出原始部落人们的优美"舞姿"。因此,从人类历史一开始,音乐与舞蹈就在某种程度上脱离了纯粹的艺术属性,而成为重要的社会工具。就音乐的表演形式而言,在长久的历史过程中,各个民族、国家的乐器和音乐风格往往都已相互渗透、融合,难分彼此。例如,西方正统的声乐演唱法是以意大利、西班牙、法国、俄罗斯为主的各国歌唱家共同创造的结果。音乐在形式上的这种"国际性"使之具备了广泛的可接受性,从而在国际关系中可以成为脱离国家控制的独立力量发挥作用。音乐可以被用来构建民族、国家等国际关系实体的认同。民族和国家一般来说都有着某些"硬"边界来划定自己的范围,如领土、国籍等,但同时,他们必须有一些"软"因素——如共同祖先的传说——来支撑,以确定自己的属性、构建成员的认同并使之保持忠诚,而音乐也是其中一个不可忽视的手段[①]。舞蹈也是如此,它与音乐紧密地结合在一起,共同展现人类情感及文化。

1. 美国声音

"美国声音"(American Voices)由美国爵士乐钢琴家约翰·弗格森(John Ferguson)于1993年建立,并亲自担任艺术总监。"美国声音"把许多相关教学和高质量的美国文化项目带到了中亚和中东国家。如今,该组织依靠兼职教师已把工作拓展到了五大洲的110个国家,用课堂和表演接触了成千上万的人,包括古典音乐、嘻哈乐、百老汇和爵士乐等。

弗格森说道:"在这些国家中有许多没有音乐课程,没有训练有素的老师。我们正在努力培养学生,给予他们音乐教育并帮助重建音乐课程。"[②] 通过"美国声音",一些有前途的学生能够有机会到美国学习。"美国声音"的项目以及在特定地方停留时间的长短取决

[①] 陈玉聃:《音乐的国际关系学:国际关系研究的一个文化视角》,《外交评论》2011年第3期。

[②] Sarah Bryan Miller, *American Voices spreads its brand of cultural diplomacy*, Post-Dispatch Classical Music Critic (Fourth Edition), 2012.

于当地大使馆的文化参赞。项目的主要内容为教学和表演，美国和当地艺术家都可以参与。而资金主要来源于国防部，以及企业赞助、基金会、个人捐赠。

2011年，小提琴家、前圣路易斯交响乐团教育项目总裁马克·塞耶（Marc Thayer）作为教育主管全职为"美国声音"工作。2007年，他开始兼职在伊拉克北部的一个交响乐团进行为期两周的学术讲座。他说道："我们去那里不是为了促进美国文化，我们是在分享我们的文化并学习他们的文化。我们拥有更多的相似之处而不是分歧。音乐和艺术是实现我们一起努力合作的很好途径。"①

2. 韵律之路：美国音乐世界行

"韵律之路：美国音乐世界行"（Rhythm Road：American Music Abroad）创建于2005年，那时阿布格莱布监狱丑闻刚刚出现、塔利班复活，主管公共外交的副国务卿凯伦·休斯（Karen Hughes）提议了这项叫作"韵律之路"（Rhythm Road）的活动。后由国务院教育与文化事务局文化项目部与林肯中心爵士乐团（Jazz at Lincoln Center）合作发起，并由美国声音协会（the Association of American Voices）代表美国国务院教育与文化事务局进行管理。该项目是以冷战时期的爵士外交活动为模板的。通过韵律之路，一些小的音乐团队在100个国家表演了真正的美国音乐，包括蓝调、爵士乐、福音、嘻哈乐、乡村乐和西方音乐等。"韵律之路"的音乐人士代表了新一代的美国音乐大师，和世界各地其他国家的音乐家和民众进行了近距离的接触。

2007年夏天，国务院为一支来自美国洛杉矶的乐队奥祖马特里（Ozomatli）提供资金。这支乐队的目的地是中东地区和南亚次大陆。奥祖马特里之旅标志着国务院方法上的改变，因为乐队的成员是完

---

① Sarah Bryan Miller, *American Voices spreads its brand of cultural diplomacy*, *Post–Dispatch Classical Music Critic*（Fourth Edition），2012.

全的伊拉克战争反对者并参加了多次反战集会。那么他们为什么愿意为国务院进行韵律之旅？萨克斯手乌利塞斯·贝拉（Ulises Bella）说："我们的世界正在变得恶劣，我完全愿意展现美国一个不同于过去五年时间的形象。"通过奥祖马特里，国务院尝试展现给国外观众一种文化多样性的感觉、美国的想法，以及美国对穆斯林和穆斯林艺术家的尊重，这正是自由言论的真正意义所在。美国驻开罗大使弗朗西斯·里恰尔多内（Francis Ricciardone）说道："这些花费并不多，而人们却了解了我们、知道了我们所代表的立场。人们认为这是软力量，而事实上它是真正的力量。"[1]

2010年4月，奥巴马政府发布声明，为一名埃及裔美国乡村和流行乐歌手提供资金进行中东音乐之旅，以此作为尝试改善美国和伊斯兰世界关系并促进"相互尊重文化差异、信念和传统"的一部分。这次文化外交努力，也是奥巴马埃及演讲后的一次实践履行，目标是通过向中东伊斯兰国家公众展示一位具有音乐天赋的美国歌手并传达美国信念与文化多样性来为两种文化架构桥梁。32岁的歌手、词作者卡里姆·萨拉马（Kareem Salama）于4月26日奔赴埃及进行他的首场音乐巡回演出，陪同演出的还有音乐人旦·沃克曼（Dan Workman）、杰杰·沃森（J. J. Worthen）和迈克尔·怀特布雷德（Michael Whitebread）。乐队计划演出一个月，还要拜访另外几个国家和地区：摩洛哥、科威特、巴林、叙利亚、耶路撒冷和约旦。《国家》（The National）杂志的编辑杰姆斯·雷奈尔（James Reinel）写道："派遣'美国首位穆斯林乡村歌手'到中东被认为是国务院'软实力'的活动，以此改善'华盛顿在中东地区的日益削弱的声誉'。"[2] 萨拉马说道："我想从我们相遇的人身上学习东西，分享我

---

[1] Cynthia P. Schneider, "Cultural Diplomacy: the Humanizing Factor", International Cultural Policies and Power, edited by J. P. Singh, New York: Palgrave Macmillan, 2010, pp. 107–108.

[2] Obama sends Muslim country singer to Middle East, http://hiphopdiplomacy.org/tag/cultural-diplomacy/, accessed April 25, 2012.

的音乐和经历，从而打破对美国穆斯林的老套和预先形成的固有思想。"①

2012年和2013年，美国国务院教育与文化事务局与美国声音（American Voices）合作，将派遣从300多个申请者当中挑选出来的10个不同类型的美国草根乐队（包括嘻哈乐、福音、爵士和蓝调等）到40多个国家进行巡回演出、举办音乐会、与当地音乐家交流、为不同层次的观众进行讲座、举办讲习所，以及即兴表演。2012年10月10日，国务院教育与文化事务署"韵律之路"新闻发言人宣布具有兰草风格的乐队"波士顿男孩"（The Boston Boys）将在2012～2013年度被派往中东地区，访问国除以色列和塞浦路斯之外，其余三个国家均为伊斯兰国家，包括摩洛哥、埃及和沙特阿拉伯。访问活动有公开音乐会、讲座、展演、讲习班、媒体采访，以及与当地音乐家联袂演出。韵律之路的活动更加关注那些在自己国家很少有机会和美国表演者进行交流的年轻观众。通过韵律之路，这些观众可以零距离地体验美国的音乐之旅，从而通过音乐进行跨文化的交流和理解。

3. 爵士乐大使

从20世纪50年代周游世界的爵士乐音乐家到2003年丹尼斯·格拉芙（Denise Graves）的委内瑞拉和东欧之旅，美国的音乐文化大使体现出了多样性。20世纪50～70年代，迪兹·吉莱斯皮（Dizzy Gillespie）、路易斯·阿姆斯特朗（Louis Armstrong）、戴夫·贝鲁贝壳（Dave Brubeck）、艾灵顿公爵（Duke Ellington）、本尼·古德曼（Benny Goodman），以及其他美国著名的爵士乐音乐家都曾作为"爵士乐大使"在世界其他国家工作过。他们走访了35个国家和地区，包括苏联、东欧、中东和非洲，在那里他们展示了他们的音乐，宣传了美国在冷战时期的正面形象。20世纪70年代中后期，由于美

---

① *Obama sends Muslim country singer to Middle East*, http://hiphopdiplomacy.org/tag/cultural-diplomacy/, accessed April 25, 2012.

国国内因素,爵士乐大使项目退出了历史舞台,但经过许多年,爵士乐的魅力重新燃起,爵士乐大使活动在20世纪90年代末期再次启动,因为它曾经被用来促进美国与世界许多国家的友好关系,为其他国家公众提供了很好的机会来欣赏美国艺术家的表演并分享了共同的利益,促进了相互理解,实现了文化外交的有关目标。

1997年至2003年的6年中,"爵士乐大使项目"已经派遣了7~10个爵士乐团,每次4~6周的时间到世界的6个目标地区进行巡回演出,其中包括中东伊斯兰国家。项目通过表演、班级授课和其他形式讲述爵士乐的历史和文化。项目向参与者和公众提供机会与美国音乐艺术家以社区为基础进行有关的活动,包括:音乐会、官方招待会、研讨班、学校展示、即兴表演等(见表4-1)。其中正式公开活动占了总体活动的47%,教育活动占了25%,临时活动占12%,媒体活动占16%[①]。

表4-1 爵士乐大使项目活动

正式公开活动	● 向公众开放的音乐会 ● 官方招待会 ● 在官方官邸的私人活动 ● 为当地社区和当地社区团体组织的活动 ● 为种族和其他少数团体组织的活动
教育活动	● 硕士课程班/咨询团体/实践教育研讨班 ● 演讲/学校展示
临时活动	● 和当地音乐人的即兴表演
媒体活动	● 记者招待会/媒体活动

"爵士乐大使项目"以重点目标人群为基础,接触了不同类型的公众。几乎70%的对公众开放的音乐会可以达到现场200多人;大多数的官方招待会有100多位参与者;在针对不同民族和其他少数团体的活动中,参与者可达200人甚至更多;当地社区组织的活动

---

① *Executive Report*: *An Evaluation of the Jazz Ambassadors Program*, AMS Planning & Research Corp., 2006.

也能吸引很多参与者，其中41%活动能达到101～200人；许多以教育为目的的活动，比如硕士课程/咨询讨论会以及临时活动，像即兴表演（jam session）等，参与者较少，通常不超过50人，但是活动达到的效果更加显著；在演讲和学校展示方面的参与者则非常多样，且参与者数量更多[1]。

总之，爵士乐大使项目以其特有的形式接触了精英阶层，同时又广泛接触了普通阶层，带来的影响是非常显著的。

4. 嘻哈乐特使

嘻哈乐是一种个人表达的多面性方式，它可以来表达自己独特的世界观，同时也是一种信念：这样的表达可以鼓舞他人，从而促成改变。嘻哈乐还是一种和平的方式，这也正是许多人支持文化外交中与嘻哈乐有关项目的原因，它在寻求如何"参与到穆斯林年轻人的心灵深处"。什么媒介可以如此有意义地让中东伊斯兰国家的年轻人与世界其他地方的年轻人互相联系？作为"韵律之路"活动的一部分，美国政府正在通过派遣"嘻哈乐特使"来促进这种联系。

2010年4月，美国政府派遣了名叫"陈洛及解放之家"（Chen Lo and The Liberation Family）的说唱乐队到叙利亚大马士革表演（Damascus，Syria）。乐队的表演之后，美国国务卿希拉里·克林顿（Hillary Clinton）接受美国哥伦比亚广播公司（CBS）新闻采访，在询问关于美国文化外交活动中的嘻哈乐部分时，她说："嘻哈乐就是美国。"并认为说唱和其他音乐形式能够帮助"重建美国的形象"。"你知道它的希望可能只有一丁点，因为我不能说由于'陈洛及解放之家'的出现就能改变叙利亚的政策，但是我认为在处置问题的时候必须采用美国通常使用的一种可能的方式。"[2] 在摩洛哥之旅中，乐队鼓手莫西（Mohsim Mohi-ud-Din）希望他们的工作能够挑战

---

[1] *Executive Report*：*An Evaluation of the Jazz Ambassadors Program*，AMS Planning & Research Corp.，2006.

[2] *Leveraging Hip Hop in US foreign policy*，http：//hiphopdiplomacy.org/tag/cultural-diplomacy/，accessed April 25，2012.

通常的误解,即美国所有伊斯兰遭受着"恐伊压迫"(Islamophobic oppression)①。

"嘻哈乐特使"促使一场新的阿拉伯嘻哈乐运动出现。包含来自中东、欧洲和美国的说唱乐歌手,他们凝聚成力量向世界公众传播信息和音乐。这场运动背后的艺术家包括沙迪亚·曼苏尔(Shadia Mansour)、DAM组合(the group DAM)、贾巴尔·丹尼斯(Kareem Dennis or Lowkey)和纳尔西(the Narcicyst)。《外交政策》(*Foreign Policy*)的一位作者约书亚·奥森(Joshua Asen)描述了这场遭到哈马斯镇压的运动,认为"是一个有力量且自然的联盟"。奥森还说道:"国务院出于安全考虑,使这次音乐之旅排除了巴勒斯坦和加萨地区,但是它的代价却是失去了能真正产生影响的机会。"② 以纽约为基地的亚洲协会(the New York-based Asia Society)主席丁文嘉(Vishakha Desai)女士认为艺术有能力去对他人"人性化并创造一种更为细微的理解",并能够被用来缓解紧张、促进沟通③。

5. 音乐序曲

"音乐序曲"(Musical Overtures)由国务院教育与文化事务局的文化项目部于2009年创建,目的是促进美国和已卷入或正从冲突中恢复的国家间相互理解并加强二者之间的关系。这是一个特别的音乐培训项目,使得美国乐队能够到达正在卷入或刚从冲突中走出来的国家并举办音乐会。音乐会经常是美国乐队和东道国的音乐家共同表演,这就产生了新的混合表演形式。"音乐序曲"的音乐家们理解在这些国家或地区的旅途、场地和安全问题的局限性,所以在活动中非常有弹性。他们在音乐教育和专业表演中有着丰富的经验,并且都是由国务院从参加"韵律之路"的项目中筛选出来的。

---

① *Obama sends Muslim country singer to Middle East*, http://hiphopdiplomacy.org/tag/cultural-diplomacy/, accessed April 25, 2012.
② *Obama sends Muslim country singer to Middle East*, http://hiphopdiplomacy.org/tag/cultural-diplomacy/, accessed April 25, 2012.
③ *Obama sends Muslim country singer to Middle East*, http://hiphopdiplomacy.org/tag/cultural-diplomacy/, accessed April 25, 2012.

艾尔文·阿特金森（Alvin Atkinson）和乐队海湾商人（the Sound Merchants）由国务院项目组从众多的申请者中筛选出来，一起到阿富汗、伊拉克、黎巴嫩等地表演，并举办讲习所、硕士课程班，以及其他的项目。在伊拉克南部大神塔乌尔的基地，他们把爵士乐带给了当地人，并和伊拉克的一位流行歌手联袂举行了一场音乐会。伊拉克的公众非常喜欢这些音乐家，也非常喜欢爵士乐和蓝调音乐[1]。阿特金森还引起了伊拉克当地媒体的关注。此外，他们还在巴格达的拉希德饭店（Al-Rasheed Hotel）为750位伊拉克的音乐爱好者们现场表演了爵士乐和蓝调音乐，引起了观众的共鸣。在阿富汗，阿特金森和他的乐队穿着当地传统的服装为阿富汗民众表演。来自喀布尔音乐职业学校（the Kabul Vocational School of Music）的学生在阿特金森举办的音乐讲习所里学习爵士乐的技巧。

6. 舞动美国

"舞动美国"（Dance Motion America）由美国国务院教育与文化事务局下属的文化项目部（the Cultural Programs Division）和布鲁克林音乐学会（the Brooklyn Academy of Music）合作创建于2009年。该项目主要是美国舞蹈公司进行巡回演出，并和国际公众共同分享美国舞蹈，其宗旨是向国际观众证明、分享并探索美国的舞蹈经历。舞蹈公司由布鲁克林音乐学会选出，包括都市丛林女子舞团（Urban Bush Women）、唯舞俱乐部（Only Dance Club，简称ODC/Dance）和迹象舞蹈公司（Evidence, A Dance Company）。每一个公司在一个地区的三个国家进行巡回演出，包括非洲、拉美和亚洲。除了公共表演之外，还有硕士学位班、舞蹈讲习所和演讲等其他的艺术教育活动[2]。

---

[1] *Alvin Atkinson & The Sound Merchants in Iraq and Afghanistan*, Musical Overtures, http://exchanges.state.gov/multimedia/musicalovertures/atkinson2.html, accessed November 6, 2012.

[2] Margaret C. Ayers, *Promoting Public and Private Reinvestment in Cultural Exchange-Based Diplomacy*, Robert Sterling Clark Foundation, N.Y.: New York, 2010, p.16.

2013年是它的第三季活动。在这一季,舞动美国派出四家美国现代舞蹈公司到12个国家和地区,其中包括中东伊斯兰国家摩洛哥和突尼斯。所选择的四个舞蹈公司是道格·瓦荣舞团(Doug Varone and Dancers)、芝加哥哈伯德街舞蹈团(Hubbard Street Dance Chicago)、和平制造舞蹈团(Illstyle and Peace Productions)和光谱舞团(Spectrum Dance Theater)。其中芝加哥哈伯德街舞蹈团将到摩洛哥和突尼斯进行交流活动,哈伯德街舞蹈团有着35年的历史,是美国重要的现代舞团之一,在美国舞蹈界占有独特的位置,在摩洛哥和突尼斯,哈伯德街舞蹈团与当地的舞者进行舞蹈的交流,传递生命的意义。从美国当代舞所演变的不同风格中,可以看到每个人都是独一无二的,就像一种语言总是和另一种语言有着差异。然而又像某些语言有着共同的拉丁语根基一样,不同风格的现代舞又有着共同的DNA,无论是踢踏舞、爵士舞还是嘻哈街舞,他们都有着音乐的共性。通过舞者之间、舞者与公众之间的交流,可以看到舞蹈中所展示的美国大熔炉精神,这是活泼的、富有创造力的舞蹈。通过舞蹈故事的讲述,也使得中东伊斯兰国家的人们更多地了解了美国的文化精神。

7. "埃及妇女歌唱"活动

"埃及妇女歌唱"(Sing Egyptian Women)活动由美国驻开罗大使馆和分享音乐公司(Share the Mic)合作开展,以此作为一种方式赋予埃及妇女权利。美国驻开罗大使馆文化参赞迈克尔·汉克(Michael Hankey)和他的团队指出这是美国大使馆正在合作资助一个美国偶像(American-Idol)方式的比赛以给予埃及妇女权利。在这么一个不确定和充满变化的时代,他们创造了一种富有新意的节目,以传递给年轻的埃及妇女们她们所想要的:一个衡量她们自己声音的平台。积极地参与革命之后,妇女的声音在当前埃及政治和社会的发展中所扮演的角色依然微乎其微,妇女仅仅占据了下议院508个席位的2%,但是埃及的妇女并没有打算保持沉默。通过这次活动,获胜选手将获得纽约之旅,并且和美国顶尖音乐人合作录制歌曲。每一位参赛选手都因为站在人山人海的大厅前表演而改变了自身,她们中的许多人都是第一次在公众场合歌唱。对于一个信奉伊斯兰教的穆斯林社会而言,这的确是一种挑战。对于自身的这种改变,参赛选手们非常感谢大使馆以及大赛组委会的每一位工作人员。大赛也促使大使馆的脸谱点击率显著增长。大赛开始之后,跟帖者超过了40000人。在投票的一周时间里,有60000多人次的访问、8000多人次的投票以及5000多条评论[1]。

而且,埃及当前比较普遍的反美主义并没有影响"埃及妇女歌唱"活动。事实上,在这样一个时期,不断升温的"歌唱"成功地超越了文化外交传统的做法——展示美国的表演者和思考者。这是一次非常新颖的尝试。这样一个美国偶像风格的比赛非常有意义还在于另一点:它是一个不靠背景而凭借自身能力成功的范例。在一个国家中,关系横行在工作、学校和社会中。而一个以自身条件为基础的比赛,是由投票者选举产生的,这也为革命所寻找的社会正义提供了小小的尝试,也体现出了美国自由民主的文化价值观精神。华盛顿也因埃及的这场革命而感到吃惊,因为各个政策专家过多地关注穆巴拉克(Mubarak)和他的政府,很少有人关注"人民的声音"(voice of the people)。但是至少在埃及,大使馆的工作人员不仅聆听"人民的声音",而且在分享音乐公司的帮助下正在创建一个赋予埃及声音的平台。这也是政府与私人公司合作而成功进行的一个文化外交项目。

(二)视觉艺术项目

视觉艺术是用一定的物质材料,塑造可为人观看的直观艺术形象的造型艺术,包括影视、绘画、雕塑、建筑艺术、实用装饰艺术和工艺品等。造型手法多种多样,所表现出来的艺术形象既包括二维的平面绘画作品和三维的雕塑等艺术形式,也包括动态的影视视

---

[1] Cynthia P. Schneider, "Empowering Egyptian Women Through Music", *The Huffington Post*, 2012.

觉艺术等视觉艺术形式,其方式可以包括视觉艺术展演以及教学活动等等。

1. 纽约伊斯兰文化节——穆斯林之声:艺术和思想

纽约的许多机构,包括布鲁克林音乐学会(the Brooklyn Academy of Music)、亚洲协会(the Asia Society)和纽约大学对话中心(the Center for Dialogues at New York University)于 2007 年聚在一起开始制订计划并发起 2009 年 6 月的纽约伊斯兰文化节(Islamic Festival in New York City)。主要的支持者还包括多丽丝·杜克伊斯兰艺术基金会(the Doris Duke Foundation for Islamic Art)、梅隆基金会(the Mellon Foundation)、洛克菲勒兄弟基金会(the Rockefeller Brothers Fund)、洛克菲勒基金会创新基金(the Rockefeller Foundation Innovation Fund)和罗伯特·斯特林·克拉克基金会(the Robert Sterling Clark Foundation)[1]。文化节包含新的合作成果,并阐释了东西方以及伊斯兰世界不同艺术形式间的交集[2]。本次文化节也是为响应奥巴马总统在开罗大学的演讲而举办的。奥巴马总统在演讲中说道:"伊斯兰文明给我们带来了建筑学的拱顶和尖塔、永恒的诗歌和难忘的音乐、优雅的书法艺术和静谧的沉思场所。"[3]

文化节的主题是"穆斯林之声:艺术和思想(Muslim Voices: Arts and Ideas)",其目的是通过文化交流的独特力量在西方和穆斯林社会之间创建更广泛的理解,并以各种形式在纽约的文化机构展示伊斯兰文化和艺术,包括实物陈列展览、学术会议和研讨会,以及电影和歌舞等等。最终,该计划证明是美国最大的一次多场所、成功的伊斯兰文化展示,在 10 天的时间里有超过 23000 名的观众到达现场。

---

[1] Margaret C. Ayers, *Promoting Public and Private Reinvestment in Cultural Exchange - Based Diplomacy*, Robert Sterling Clark Foundation, N. Y.: New York, 2010, p. 7.
[2] Cynthia P. Schneider, *A New Forward: Encouraging Greater Cultural Engagement with Muslim Communities*, Project on U. S. Relations with the Islam World, 2009, p. 4.
[3] 《纽约文化节上穆斯林展文明》,"伊斯兰之光"网站,http://www.norislam.com/?viewnews-7455, accessed November 6, 2012。

2009年6月7日开始的这一周，纽约人通过这场题为"穆斯林之声：艺术和思想"的活动体验了丰富多彩的穆斯林文化。300多位来自25个国家的艺术家、作家、表演者和学者齐聚在这个史无前例的盛宴中。展示包括来自伊斯兰世界的各种令人眼花缭乱的艺术形式，从传统（书法、苏菲派的祷告）到现代（视频设备、前卫的印度尼西亚剧院和阿拉伯的嘻哈乐）。有关文化政策的会议吸引了来自世界各地的学者和艺术家来探讨文化实践和公共政策间的关系，并为文化外交提出了新的方向。该活动的关键目的是帮助打破固有模式，去更加细微地理解穆斯林社会。

其中为期三天的学术会议由对话中心举行，来自美国、欧洲和伊斯兰世界的40多位学者、艺术家、政府官员和文化实践者聚在一起讨论文化交流如何为东西方间建立尊重和相互理解的关系做出贡献。都市艺术博物馆（the Metropolitan Museum of Art）和布鲁克林博物馆（the Brooklyn Museum）从他们的伊斯兰收藏品中选择进行了伊斯兰艺术陈列展。主要活动是《伊斯兰苏菲之光》，充分展示了苏菲主义的神秘艺术。陈列展中有各种经典手稿、玻璃造型艺术、瓷器、铜器、油画、书法、照片等。布鲁克林音乐学会（BAM）和亚洲协会（the Asia Society）展示了表演和视觉艺术家的作品。纽约公共图书馆（the New York Public Library）也通过举办关于现代穆斯林文学的展览和讨论来支持艺术节。"穆斯林之声"也得到了全球媒体的关注，包括埃及、巴基斯坦、中国台湾和沙特阿拉伯，以及欧洲和美国的45个团体。在"穆斯林之声"结束后的9个月的时间里，参与者继续着艺术节时开始的对话。完整的节目被上传到亚洲协会的网站上，全球观众都可以看到。学术会议的会议记录也刊登在对话中心的网站上（www.islamuswest.org）。此外，布鲁克林音乐学会还发起了继2009年"穆斯林之声"的下篇——"穆斯林之声：女性的视角"。通过这个项目，布鲁克林音乐学会计划展演有关女性主义、战争、全球化、革命、贫穷和闺蜜的6部系列电影，影片全部是以穆斯林妇女的视角展开的。除了这项活动之外，纽约大学的对话中心在

2010年春天召集了后续的小组讨论,探讨学术会议期间产生的一些重要问题。该中心还为参加艺术节的来自伊斯兰世界的艺术家计划了两场额外的有关的艺术计划。这些计划都源自艺术节期间建立的关系[1]。

一次表演、一场电影或者一次艺术展览或许不能找到所有有关美国和穆斯林社会分歧的解决办法。因为许多分歧源于政治观点,这些远远超越了艺术和文化所能解决的范畴。但是,诸如"穆斯林之声"这样的文化外交和倡议能够开启伊斯兰现实世界的大门,从而为世界一流的艺术作品提供创作空间[2]。这样,反过来,容易产生兴趣并最终以尊重和平等的态度解决更加艰难的政治问题。

美国政府和穆斯林社会都希望借此文化节改善美国和穆斯林社会的关系,消除美国大众对伊斯兰社会的误解和成见,同时也让穆斯林社会更多地了解美国。正如在文化节的宣传词中说道:"我们对于伊斯兰,最需要的是什么,就是这次'穆斯林之声'所能提供的内容。这次活动以生动活泼的形式向公众介绍了伊斯兰文明的真相。事实上,在所有穆斯林国家的政府和负责任的学者们,与山区洞穴里咬牙切齿要消灭美国的极端分子毫无共同之处。"[3]

2. 艺术力量

"艺术力量"(smART power)是国务院教育与文化事务局发起的一个项目,由布朗克斯艺术博物馆(the Bronx museum of the arts)进行管理,并得到罗伯特·克拉克基金会(the Robert Sterling Clark Foundation)和洛里·切姆拉&艾尔托基金会(Lori Schiff Chemla and ALTOUR)等的资助[4]。该项目的设立源于前美国国务卿希拉里

---

[1] Margaret C. Ayers, *Promoting Public and Private Reinvestment in Cultural Exchange – Based Diplomacy*, Robert Sterling Clark Foundation, N. Y.: New York, 2010, pp. 7 – 8.

[2] Vishakha N. Desai, Karen Brooks Hopkins, and Mustapha Tlili, *Cultural Diploamcy – The Arts can Help America Learn More about Muslims*, PA: Pittsburgh Post – Gazette, 2009.

[3] 《纽约文化节上穆斯林展文明》,"伊斯兰之光"网站,http://www.norislam.com/?viewnews-7455, accessed November 6, 2012。

[4] 艺术力量网,http://artists.smartpower.bronxmuseum.org/, accessed December 16, 2012。

的"巧实力"外交，即运用外交领域的所有可以使用的工具使得不同种族和国家的人们相聚在一起并促进彼此相互的理解，视觉艺术就是其中一个工具。"艺术力量"是由美国从事各种形式的视觉艺术家们与世界范围的各个社区合作，并进行以社区为基础的活动。艺术家们与东道国艺术家及年轻人一起开展活动，其中中东伊斯兰国家包括埃及、黎巴嫩和土耳其等。该项目的重点是关注直接的社区参与、鼓励实验性的和创造性的对话，从而来探讨地区和全球性的社会问题，包括环境保护、教育、健康、女孩和妇女问题，以及自由表达等。

其中阿图罗·林赛（Arturo Lindsay）于2012年1月3日至8日，以及8月22日至10月1日两次前往埃及开罗。林赛在有关展览研究和教学方面做出了杰出成绩，并获得诸多荣誉，包括在白宫得到卡特总统的接见。他认为艺术家和教育家就是架构相互理解桥梁的文化大使。他创建了现代艺术理论，并举办讲习所向参与者提供基于"见证"（bearing witness）概念而建立协作和互动装饰与表演艺术的技巧。他说道："这是我的理想。这个计划将打开埃及和美国艺术家间的沟通，并建立永久的友谊和长期的艺术合作。"[①] 林赛通过收集普通人的故事来见证非凡的时刻并通过新技术将这些故事转变成现代艺术作品来引起开罗年轻人的兴趣。此外，他还教儿童去使用手机以"见证"为主题进行拍照，并将这些照片汇集成书。

3. 大使馆艺术项目

"大使馆艺术项目"（the Art-in-Embassies Program，简称AIEP）建立于1963年，由美国国务院负责。该项目通过对艺术作品的临时展览和永久性收藏在美国文化外交中扮演了重要的角色，具体方式是把艺术展品送往海外各地的美国大使馆所在地进行展览或收藏。大使馆使用数据库，从700个艺术家、画廊、博物馆、艺术家基金会，以及协会和个人的收藏品中选择艺术品，并通过不同渠

---

① 艺术力量网，http://artists.smartpower.bronxmuseum.org/artists/project/5，accessed December 16, 2012。

道的贷款将这些艺术品借贷而来。通过这种方式，大使馆艺术项目为美国艺术家的原创作品举办临时展览的同时，也向大使馆所在国的民众提供了了解美国艺术的机会。同样重要的是，项目还致力于为新建的美国大使馆、领事馆等进行永久收藏，其着眼点是美国和东道国的现代艺术和艺术家。这些临时性的展览和永久性的收藏为国际观众提供了条件去了解并欣赏关于美国和东道国的艺术和文化，认识并了解了这些艺术品的质量和多样性，从而开拓了眼界。这项活动在国务院负责下，由多个机构合作完成：艺术品由国务院借贷而来，运输由区域机构负责，保险由"大使馆艺术项目"具体承办机构负责。

2012年，在巴格达参与展览的艺术作品包括油画、水彩画家安·布罗克曼（Ann Brockman）的水彩画《井架》（*Derricks*）、画家罗素·考尔斯（Russell Cowles）的水彩画《康涅狄格河谷的秋天》（*Autumn in Connecticut Valley*）和五彩画家伍尔夫·卡恩（Wolf Kahn）的《秋天的傍晚》（*Late Afternoon in Fall*）等等。伊拉克战争之后，巴格达的局势并不太平。大使馆艺术项目促使人们在安静的艺术面前思考大自然的魅力和人类的共性，反思战争给人类带来的创伤。此外，2012年"大使馆艺术项目"在中东地区突尼斯和卡塔尔等国也举办了展览。2012~2013年度，美国进行一系列活动来纪念"大使馆艺术项目"成立50周年，并回顾项目通过视觉艺术在美国文化外交中所扮演的重要角色。

4. 阿拉伯风：阿拉伯世界的艺术

肯尼迪中心和国务院于2009年2月23日至3月15日合作举办了一项富有活力的文化外交项目——阿拉伯风：阿拉伯世界的艺术（Arabesque：Arts of the Arab World），目标为阿拉伯世界。该项目包括在华盛顿、开罗和巴勒斯坦举办的艺术管理研讨会，以及为期三周的文化展示[①]。这次活动也得到了阿拉伯国家联盟（the League of

---

① Cynthia P. Schneider, *A New Forward: Encouraging Greater Cultural Engagement with Muslim Communities*, Project on U. S. Relations with the Islam World, 2009, p. 3.

Arab States）的大力支持。

"阿拉伯风：阿拉伯世界的艺术"通过展示代表阿拉伯世界的22个阿拉伯国家各种不同的文化而打开了阿拉伯世界的艺术宝藏[①]。从波斯湾到地中海东部诸岛，这是人类文明的发源地之一。这里地形、景观多样，也产生了多样的文化、传统、宗教和美学。为期三周的活动汇集了阿拉伯世界各个国家的艺术家，其中许多是首次在美国进行作品展示的。除了传统的音乐舞蹈展示之外，本次活动最大的亮点就是展示了阿拉伯的装饰艺术和时装等视觉艺术。其中时装展示的是来自阿拉伯国家的结婚礼服。这些礼服中蕴藏着精美的纺织艺术、体现出了宝石镶嵌工艺，反映出阿拉伯国家亲密的家庭传统。还有来自约旦国家美术馆的艺术作品充分展示了来自伊斯兰世界女性艺术家的成果。这些作品跨越了民族、传统媒介和艺术规范，充分代表了伊斯兰妇女的心声。此次活动揭示了来自人类文明摇篮的艺术形式的发展过程，使人们体验了跨越时空和地域的阿拉伯文化和伊斯兰文明。通过艺术的形式，人们对阿拉伯世界、伊斯兰文明有了更深刻的理解，对他们的文化价值观有了进一步的认识和体会。

（三）影视欣赏项目

2010年12月3日，白宫参加了"电影向前冲：提供文化对话"（Film Forward：Advancing Cultural Dialogue）发起活动，这是一个由总统艺术和人文委员会（the President's Committee on the Arts and the Humanities）和纽约圣丹斯学院（Sundance College）共同发起的，官方与非官方共同合作的文化交流活动。活动内容是五位现代独立的美国电影导演和五位国际导演带着他们的电影作品周游美国和世界其他地区，以此作为在国家之间建立桥梁的一部分。这项活动将与

[①] 肯尼迪中心网站，http://www.kennedy-center.org/programs/festivals/08-09/arabesque, accessed December 16, 2012。

联邦主要文化机构、国家艺术基金会（the National Endowment for the Arts）、国家人文基金会（the National Endowment for the Humanities），以及博物馆与图书馆学会（the Institute of Museum and Library Services）合作。国务院官员也参与其中。

在"电影向前冲：提供文化对话"里由当代独立的电影和艺术家所表现的有力的故事非常完美地构架了不同的文化，不仅包括艺术表现方式、文化传统和电影所含射的政治观点的差异，还要满足在电影中一个接一个对话所传递出的观点能够被世界各地的观众接纳。通过鼓励进行共同观点的对话，这些电影挑战了固有格式并且向其他文化、思想和地方敞开了大门。总统艺术与人文委员会执行主任雷切尔·格斯林思（Rachel Goslins）说道："对于这个项目和这些电影我们感到无比的兴奋。""每一部都有力地表达了共同的主题（universal themes）和故事。这将培养一种跨文化的理解与对话。这也正是总统艺术与人文委员会的合作伙伴——国家艺术基金会、国家人文基金会和博物馆与图书馆学会所认为的在当今互相关联的世界中非常重要的一部分。"①

作为项目的一项内容，5部美国电影——《小小的善举》（A Small Act）、《乐透美国梦》（Amreeka）、《自由搭客》（Freedom Riders）、《使命》（La Mission），以及《冬天的骨头》（Winter's Bone）和5部国际电影——《阿富汗明星》（Afghan Star）、《男孩》（Boy）、《归途列车》（Last Train Home）、《巴比伦之子》（Son of Babylon），以及《飞行》（Udaan）在12个地方进行展演，除了美国本土的一些城市，还包括中东地区的土耳其和突尼斯等地，这些电影都探索了共同的主题和全球社会中电影的发展本质。其中三部反映了中东伊斯兰国家的人物与生活。《乐透美国梦》描述了一位来自巴勒斯坦的单身母亲和她的儿子一起前往美国开始新的生活旅程的故事，表现出了这位母亲

---

① 白宫官方网站，http://www.whitehouse.gov/blog/2010/12/06/white-house-participates-cultural-diplomacy-launch, accessed April 20, 2012。

乐观的生活态度。《阿富汗明星》记录了阿富汗民众在历经塔利班政权后对流行文化的渴望与追求，这档节目探求了年轻人追梦的故事和全球流行文化在传统的穆斯林社会所遇到的碰撞，这不仅是阿富汗史无前例的电视娱乐节目，而且还象征着和平与自由。《巴比伦之子》讲述了一位库德族的老妇人带着年幼的孙子寻找失联儿子的故事，关注了在一个被战争毁掉的社会中家庭之爱的持久本质。这些影片的上映，可以使美国民众了解中东伊斯兰国家人们的生活，体会他们对爱、家庭、生活的真实态度，从而感受到共同的人类特性所在。

三 倡议互动项目

（一）国务院直接发起的活动

1. 文化保护大使基金

文化保护大使基金（the Ambassador's Fund for Cultural Preservation）由奥尔布赖特任国务卿时期的副国务卿邦妮·科恩（Bonnie Cohen）在任期内于2001年发起，其主要目的是对文化和历史遗产进行保护，由国务院教育与文化事务局和财务总监办公室（the Office of the Chief Financial Officer）共同合作执行。教育与文化事务局制定规则和标准，并建立监督审查和选择过程。财务总监办公室拨付资金，分发给世界范围内的所选国家。根据每年的联合国人类发展指数（the United Nations Human Development Index）确定符合条件的国家。尽管一年只有不到100万美元的资金，但是其产生的影响与其规模是不成比例的。如何能更好地展示美国对其他国家传统的尊重而不仅仅是帮助他们保护他们的遗产是该基金所考虑的一个关键问题。通过与东道国的同事合作，大使们发展了既满足当地需求又得到优先考虑的历史遗产保护项目，包括为恢复历史建筑提供技术支持、传统工艺记录，以及档案和手稿的保存。这些项目在实施过程中，通过经常和当地的文化部或非营利机构合作，分享了文化保护实践，认识到文化保护的重要性，从而意识到全球文化多样性的价值。

2001年共有119个国家被确定有资格进行该活动。其中阿富汗获得15000美元的资助进行阿富汗音乐的保护。具体内容是记录在巴基斯坦难民营里令人尊敬的音乐家的音乐。由6张光盘组成的专辑记录了反映阿富汗生活中重要事件的音乐，其中有一张包含了10首民歌，包括婚礼等喜庆现场的音乐。这些记录将被存档在美国国会图书馆。该项目由美国驻巴基斯坦白沙瓦（Peshawar）的领事馆负责管理①。在小布什总统任期的最后一年，文化保护大使基金为120个国家的500个项目提供了支持，总价值超过1340万美元②。

2011年，美国大使文化保护基金批准约56万美元的资金用于47个国家的文化遗产保护。10月18日，美国国务卿希拉里承诺用18万美元支持一项利比亚的美国大使文化保护基金项目，由俄亥俄州的奥柏林学院（Oberlin University）、纽约都市艺术博物馆（the Metropolitan Museum of Art in New York）和利比亚文物部（the Libyan Department of Antiquities）共同合作保护利比亚东部昔兰尼加地区（the Cyrenaica region）的濒危考古遗址。该遗址由地中海最具文化意义的考古点构成，包括昔兰尼加世界遗产纪念碑（the Monuments of the World Heritage Site of Cyrene）。该项工作始于2011年1月初，一直持续到2013年③。

此外，战后的伊拉克急需帮助以恢复其被掠夺和破坏的历史文物。而美国在这些工作中的领导是否能够弥补战争带来的损失④？美

---

① *The Ambassador's Fund for Cultural Preservation* 2001 *Report*, Bureau of Educational and Cultural Affairs.
② Margaret C. Ayers, *Promoting Public and Private Reinvestment in Cultural Exchange–Based Diplomacy*, Robert Sterling Clark Foundation, N. Y.: New York, 2010, p. 17.
③ 美国国务院官方网站，http://exchanges.state.gov/heritage/whatsnew.html, accessed March 26, 2012。
④ Cynthia P. Schneider, *Diplomacy That Works*: "*Best Practice*" *in Cultural Diplomacy*, Center for Arts and Culture, 2003, p. 6.

国前驻荷兰大使、文化外交专家辛西娅·施耐德（Cynthia P. Schneider）教授认为："如果我们想重建阿富汗和伊拉克，我们必须在他们的文化遗迹上投入资金，帮助他们重建建筑物、重建剧院、重建影院，并恢复遭到破坏的图书馆和艺术品。"① 伊拉克战争后，美国政府印刷了著名的扑克牌，上面是52位他们要寻找的伊拉克通缉犯。现在又有了新的扑克牌，即52个建筑物或考古遗址，他们分布在美国驻伊拉克的军事基地。当前，"文化保护大使基金"在伊拉克的项目有：伊拉克博物馆的基础设施重建项目、巴比伦的建筑保护和遗址管理，以及培训遗址、物品与纪念碑的伊拉克专业管理人员等。

2. 分享价值观倡议

2002年11月至12月，国务院为强调由穆斯林和美国人分享的共同价值观和信念发起了分享价值观倡议（Shared Values Initiative），这表明美国立场是打算和伊斯兰不再处于战争状态，并且更加激励了美国和伊斯兰世界的对话。该项目花费了1500万美元，专注于付费电视战役。它是由一家广告公司具体承办的，内容为描述美籍穆斯林的日常生活。这项多媒体的战役还包括关于美国穆斯林生活的小册子、巡回演讲、电视广告、微型纪录片、促进美国穆斯林和国外穆斯林对话的互动网站，以及其他的信息项目。它的特征是：一位戴着面纱的阿拉伯裔美国穆斯林妇女说她非常欣赏美国的宗教自由，她和她的家庭在"9·11"事件之后没有受到任何的伤害②。分享价值观倡议的最初阶段通过6种语言在巴基斯坦、印度尼西亚、马来西亚和科威特，以及泛阿拉伯媒体上进行播放。美国国务院估计有2.88亿名观众看到了这些信息，但是埃

---

① Cynthia Schneider, *America Public Diplomacy after the Bush Presidency*, Center for International and Regional Studies, Brief No. 2, 2009, pp. 11–12.
② Jihad Fakhreddine, "U.S public diplomacy in broken Arabic: Evaluating the Shared Values", *Global Media Journal*, Vol. 3 (5), 2003.

及和黎巴嫩等国的电视台拒绝播放为政治和其他原因而服务的节目①。2003 年,阿拉伯与伊斯兰世界公共外交咨询小组所做的报告(通常被称作《杰雷吉安报告》Djerejian report)指出,此次倡议有着深入的调查基础,但是比相同的民间广告之战花费的时间更长②。报告还指出一些大使馆在促进广告的过程中行事犹豫。分析报告得出结论:许多国家的媒体认为此次活动更像是一场宣传战,如果美国的对外政策没有改变的话,它不可能取得成功。尽管一些关于美国穆斯林生活的活动继续进行着,但是分享价值观倡议的核心电视广播却只在 2002~2003 年冬天的圣月——斋月里播出,随后就被取消。此外,互动网站——打开对话(Open Dialogue),也不再运行了。

3. 伟大阅读:埃及/美国

2008 年,美国国务院教育与文化事务局下属的文化项目部和博物馆与图书馆服务协会(the Institute of Museum and Library Services)、国家艺术基金会(the National Endowment for the Arts)、中西部艺术(Arts Midwest)、美国驻埃及大使馆(the U. S. Embassy in Cairo)、埃及教育资源协会(the Egyptian Association for Educational Resources,简称 E-ERA)和亚历山大图书馆(the Bibliotheca Alexandrina)合作发起了"伟大阅读:埃及/美国"(Big Read:Egypt/U. S.)活动,通过鼓励埃及和美国民众阅读并讨论双方伟大文学作品的翻译本来促进双方的相互理解③。

伟大阅读的思想追溯于 2004 年美国国家艺术基金会发布的报告

---

① *U. S. Public Diplomacy:State Department Efforts to Engage Muslim Audiences Lack Certain Communication Elements and Face Significant Challenges*,GAO-06-535,Washington D. C.,2006,pp. 13-14.
② Edward P. Djerejian,*Changing Minds Winning Peace:A New Strategic Direction for US Public Diplomacy in the Arab and Muslim World.* Report of the Advisory Group on Public Diplomacy for the Arab and Muslim World,submitted to the Committee on Appropriations,US House of Representatives,2003.
③ Margaret C. Ayers,*Promoting Public and Private Reinvestment in Cultural Exchange-Based Diplomacy*,Robert Sterling Clark Foundation,N. Y.:New York,2010,p. 16.

《阅读困境：文学阅读在美国的调查》(Reading at Risk: A Survey of Literary Reading in America)。报告指出，美国成年人对阅读的兴趣下降得惊人，国家艺术基金会因此联合其他团体组织提出了"伟大阅读"的倡议。该项活动是向当地机构提供美国伟大作家的作品，并鼓励当地机构选择其中的一本书并围绕这本书进行有关的公众活动。其中的书籍有20世纪美国最有影响力的作家之一约翰·斯坦贝克（John Steinbeck）的《愤怒的葡萄》(The Grapes of Wrath)、获得普利策奖及其他众多文学奖项的哈珀·李（Harper Lee）的《杀死一只知更鸟》(To Kill a Mockingbird)，以及科幻大师雷·道格拉斯·布莱伯利（Ray Douglas Bradbury）的《华氏451度》(Fahrenheit 451)等等。这些作品均被翻译成了阿拉伯语。活动包括讲座、研讨会、观影、戏剧表演、写作大赛，以及在线活动。此外，当地机构还分发了大量免费书籍。在活动开展过程中，另外两位非美国国籍的作家也加入了美国的伟大阅读备选书目中，其中一位就是埃及的小说家、首位获得诺贝尔文学奖的阿拉伯语作家纳吉布·马哈富兹[①]（Naguib Mahfouz）的《小偷与狗》(The Thief and Dog)。该项活动在美国人和讲阿拉伯语的人们之间开展了读后感及思想的交流，这也正是"伟大阅读：埃及/美国"的目的所在：把美国的文学推荐给埃及的读者，把埃及的文学推荐给美国的读者[②]。

4. 美国纪录片展示

"美国纪录片展示"创建于2009年，是一个关于现代纪录片的项目，全世界各个美国大使馆都可以看到。该项活动由国务院教育与文化事务局下属的文化项目部（the Cultural Programs Division）、大

[①] 纳吉布·马哈富兹（1911年12月11日至2006年8月29日）被看作是最重要的埃及作家和阿拉伯世界最重要的知识分子之一。纳吉布四岁时就被送到私塾学习《古兰经》，接受宗教启蒙教育。1988年他被授予诺贝尔文学奖，他是第一位获诺贝尔文学奖的阿拉伯语作家。获奖理由："他通过大量刻画入微的作品——洞察一切的现实主义，唤起人们树立雄心——形成了全人类所欣赏的阿拉伯语言艺术。"

[②] 亚历山大图书馆网站，http://www.bibalex.org/libraries/BigRead/sec/about_en.aspx, 2012。

学影视协会（the University Film and Video Association），以及国际纪录片协会（the International Documentary Association）共同合作。其中国务院负责资金支持，而策划和管理工作则由大学影视协会负责。该活动的主要内容是展示美国屡获殊荣的当代纪录片，包括获得奥斯卡提名奖、国家评论协会奖①和阿姆斯特丹国际纪录片电影节评审团特别奖②的纪录片。这些纪录片探讨不同的主题，包括公民权利、退伍军人待遇、环保和新闻自由等，通过纪录片中体现的价值观，来促进美国和其他国家间的了解与合作、对话和辩论。

2009年，"展示"活动在60个国家展演了30部获奖影片③，其中中东伊斯兰国家包括约旦和土耳其。在约旦是从2009年5月10日至21日放映马歇尔·库瑞（Marshall Curry）2005年拍摄的纪录片《街头战斗》（Street Fight）。该片反映了2002年新泽西州纽瓦克市长竞选中，科里·布克（Cory Booker）试图推翻前任夏普·詹姆斯（Sharpe James）的过程。在土耳其，从2009年的5月15日至6月21日期间，放映的是吉塔·帕特尔（Geeta Patel）的《克什米尔计划》（Project Kashmir）。该片表现了世界上最美丽而又充满冲突的地方——克什米尔，以及交织着动人的克什米尔人和两位美国妇女的故事。

2010年，"展示"活动选择的国家中有中东伊斯兰国家埃及、土耳其和摩洛哥。在埃及选择的纪录片是尼娜·佩利（Nina Paley）

---

① 美国国家评论协会奖（National Board of Review Freedom of Expression Award）：创办于1966年，该组织的成员都是"非纽约影评人协会"的一群影评人，是美国奥斯卡的风向标之一。

② 阿姆斯特丹国际纪录片电影节（the International Documentary Film Festival in Amsterdam）：由荷兰电影协会、荷兰博物馆共同创办，还受到阿姆斯特丹市政府的支持。电影节每年年末在阿姆斯特丹市阿尔发艺术电影院公映参展影片。大赛宗旨在于鼓励世界各国优秀的纪录片，为普及和提高纪录片的艺术水平起推动作用。世界各国任何时期摄制的纪录片均可参加评奖或会外映出。评委会由国际著名的纪录片艺术家组成。活动内容：举行纪录片评奖；不参加评奖的纪录片作为会外映出；举办荷兰优秀纪录片回顾展；举办外国纪录片回顾展；召开纪录片制作、发行、放映讨论会；展销优秀的纪录片；等。

③ Margaret C. Ayers, *Promoting Public and Private Reinvestment in Cultural Exchange - Based Diplomacy*, Robert Sterling Clark Foundation, N.Y.：New York, 2010, p.15.

的《动画包》(Animation Package),播映时间是 2010 年 9 月 26 日至 10 月 2 日。在这部纪录片中,佩利描述了都市博物馆寻找视觉语言演变的过程,她把视角专注于希腊/罗马、亚洲(南部、东南部和中部)、中世纪的欧洲、埃及,以及北美和拉美的画廊,共拍摄了 914 幅照片。在土耳其播映的纪录片是塔尔·史古鲁特(Tal Skloot)的《高速公路四重奏》(Freeway Philharmonic),时间是 2010 年 11 月 1 日至 13 日。这部纪录片描述了旧金山 7 位古典音乐家与当地的交响乐团在加利福尼亚北部合作表演,并努力去获得一个永久位置的故事。摩洛哥于 2010 年 11 月 4 日至 14 日播映的是马歇尔·库瑞(Marshall Curry)的《追逐梦想》(Racing Dreams)。该片展示了三个孩子追逐赛车梦想的凄美迷人的故事。故事中有些是令人沮丧的,有些是好笑的,但最终在与家庭和经济抗争时,他们找到了他们是谁。

2011 年,活动所在的中东伊斯兰国家有约旦和阿拉伯联合酋长国。纪录片《诗歌的力量》(Louder Than A Bomb)在 2011 年 9 月 25 日至 10 月 6 日播映。该纪录片描述了芝加哥的四个高中诗歌队准备参加世界最大的青年诗歌大赛的故事。影片捕捉到了这些孩子们充满希望而又澎湃起伏的生活。通过诗歌,这些孩子们找到了共性:寻找自己声音的定义。

(二)国务院主要资助的活动

1. 叙利亚组织"达·依玛"

美国国务院(the United States Department of State)、广播理事会(the Broadcast Board of Governors)和美国国际开发署(the United States Agency for International Development)通过赞助一些小型的非政府组织来实施其公共外交政策以促进美国的国家利益[1]。比如,叙利亚的非政府组织"达·依玛"(Dar Emar),除了努力寻求个人资助

---

[1] Michael J. Zwiebel, *More Effective Public Diplomacy in the Arab and Muslim World*, master thesis of the U. S. Army War College, 2005, p. 9.

外，还得到了美国国务院资金的资助，该组织旨在在穆斯林和美国之间建立更好的关系。《基督教科学箴言报》驻伊斯坦布尔记者伊戈尔·施莱弗尔（Yigal Schleifer）在他的文章《耶路撒冷报告》（*The Jerusalem Report*）中，描述了叙利亚人阿马尔·阿布都哈米特（Ammar Abdulhamid）如何使用他的非政府组织——"达·依玛"去促进美国文化和民主在叙利亚被更好地理解。文章中，施莱弗尔描述了阿布都哈米特的未来计划："通过他的非政府组织'达·依玛'，阿布都哈米特将在来年夏天出版约翰·洛克（John Locke）的翻译作品，这是一位17世纪自由民主的哲学之父。"① 阿布都哈米特认为："当你拥有一个非常强烈的翻译计划时，就会有对话和疑问，这样复兴就很可能会到来……如果你希望在叙利亚发生积极的变化，除了积极参与之外没有别的方法。"②

阿布都哈米特通过达·依玛网站（www.daremar.org）提供了项目的进展情况。其中的一个项目——伊塔那计划（Project Etana）为使叙利亚公民了解美国文化和民主的哲学思想，尝试在西方和阿拉伯世界间构架知识的桥梁，并为西方文化提供视野。他们在努力把许多经典和现代的西方作品，尤其是历史、科学和人文方面的作品，翻译成阿拉伯语。现在，达·依玛正在翻译筛选出来的英语文献③，包括施莱弗尔所提的洛克的作品。谈到他的努力，阿布都哈米特坦承说道："这很不容易。……我的第一想法是我们不理解美国，所以应该忘记作为居住在社会党政府领导下的叙利亚人。"④ 他认为只有排除成见，才能真真正正地理解一个国家、一种文化。

2. 国际写作项目

"国际写作项目"又称"爱德华大学国际写作项目"（the Uni-

---

① Yigal Schleifer, "The Young Syrian", *The Jerusalem Report*, 2004, p. 24.
② Yigal Schleifer, "The Young Syrian", *The Jerusalem Report*, 2004, p. 24.
③ Dar Emar, *Project Etana*, http://www.daremar.org/Publishing/etana.htm, accessed 5 March 2005.
④ Dar Emar, *Project Etana*, http://www.daremar.org/Publishing/etana.htm, accessed 5 March 2005.

versity of Iowa's International Writing Program，简称 IWP），成立于 1967 年，是世界上首次尝试为作家提供交流机会的项目，在世界文学中有独特的地位。美国国务院是该项目的主要资助者。

"国际写作计划"长期以来一直是"把世界带到爱德华"（We bring the world to Iowa），即把有才能的国外作家引荐到美国生活中，使他们能够参与美国的大学生活，并向他们提供时间和适宜的交际范围，以使他们进行文学作品的创作。从 1967 年到现在，1400 多位来自 140 多个国家的作家参加了国际写作计划[1]，包括诺贝尔文学奖获得者、享誉国际的土耳其文坛巨擘奥尔罕·帕慕克（Orhan Pamuk）。这些作家大部分得到了美国国务院和美国大使馆的支持，另外有部分人获得了基金会、政府理事会和双边协定的资助。比如，参加 2010 年国际写作计划的来自 32 个国家的 38 位作家包括：科幻小说家、诗人、翻译家、散文家、剧作家、编剧、编辑、记者和批评家，他们基本都得到了美国国务院及美国驻各国大使馆的资金援助。最近几年，该项目特意为中东伊斯兰国家讲阿拉伯语的青年作家举办写作研讨会[2]，这为他们深入了解美国文化提供了可贵的机会，同时，也让来自西方国家的作家通过这些讲阿拉伯语的青年作家更进一步地了解了伊斯兰社会及其文化。

最近几年，该项目正在更多地尝试双向道路，即在把各国作家带到美国的同时把美国作家带到世界。这也是文化外交的概念：分享思想和印象、交换信息、建立更加稳固的关系。项目负责人克里斯托弗·美林（Christopher Merrill）认为，和政府外交相比，文化外交可以在不同的层次进行。他说道："我们希望最终在不同国家的人们之间建立友好关系。"[3]

3. 演讲者项目

演讲者项目（Speaker Programs）通过来自学术界、政界、媒体

---

[1] 国际写作项目网，http://iwp.uiowa.edu/programs，2012。
[2] "International Writing Program Recognized as a Model for Cultural Diplomacy"，*US Fed News*（USA），2010。
[3] Diane Heldt，"UI writing program chief seeks cultural diplomacy"，*The Gazette*，2010，Edition F.

和商业的演讲者周游他国,并和他国公众运用演讲进行互动。美国的演讲者项目是美国文化外交的最直接表现形式之一,通过国际信息局(Bureau of International Information Programs,简称 IIP)的项目进行运作。国际信息局 2004 年的预算是 900 万美元,包括演讲人员的差旅花费、适度酬金,以及驻华盛顿的人员和行政花费[①]。该项目比较灵活,它经常用在直接需要它的地方,比如阿拉伯和伊斯兰世界。演讲的主题涉及国际安全、商贸政策、民主、公民社会、教育、自由和公平选举、环境、法制和言论自由等方面。每年"演讲者项目"都会让 1000 多位美国演讲者通过美国大使馆与国外公众对以上主题进行探讨,大部分演讲者是到东道国和观众进行面对面演讲,演讲者在演讲完之后,会留有观众的提问时间,还有部分演讲者通过电视、电话会议进行,这是一个互动的过程,这种形式直接体现了交流的双向性。

(三)其他部门的活动

1. 构建文化行动

在全球迅速变化的时代,21 世纪民主的活力在于去理解已形成的并继续形成我们这个世界的历史与文化动力。为此,美国国家人文科学捐赠基金会(the National Endowment for the Humanities,简称 NEH)发起了特别行动:构建文化(Bridging Cultures)。该活动利用人文科学的力量去促进对美国和世界拥有不同历史、文化观点的人们之间相互理解和尊重。构建文化行动包含广泛的人文研究和学术领域所熟知的主题和项目。基金会主席杰姆斯·里奇(James Leach)说道:"对语言、哲学、文学和艺术的分享——民族的历史——是不同社会和跨文化间最有意义的桥梁。"[②]

---

① Edward P. Djerejian, *Changing Minds Winning Peace: A New Strategic Direction for U. S. Public Diplomacy in the Arab and Muslim World*, Report of the Advisory Group on Public Diplomacy for the Arab and Muslim World, 2003, pp. 52 – 53.

② Drew Gilpin Faust, "NEH Jefferson Lecturer, From an interview with James Leach", *Humanities*, 2011, http://www.neh.gov/divisions/bridging-cultures/featured-project/about-the-bridging-cultures-initiative, accessed April 24, 2012.

构建文化行动的内容包括：

（1）纪录片《分享文化空间：艺术与科学领域的伊斯兰和西方》。

美国圣保罗市双城公共电视台（Twin Cities Public Television）播放了以美国人文科学基金会（NEH）资助的会议为基础的纪录片：《分享文化空间：艺术与科学领域的伊斯兰和西方》(Shared Cultural Spaces: Islam and the West in the Arts and Sciences)。西方与伊斯兰国家几个世纪的文化科学交流已经促进了文学、哲学、建筑学、数学、物理学和可视艺术的不断进步。来自全世界各地的学者聚在一起共同参加由人文科学基金会资助的会议来探讨这些交流。

（2）穆斯林诗歌之音符。

"穆斯林世界的诗歌之音符"（Poetic Voices of the Muslim World）是由城市传说（City Lore）[①]、纽约诗人之家（the Poets House in New York City）以及美国图书馆联合会（the American Library Association，简称 ALA）合作举办的活动，主要内容是一个为期两年的项目：利用学术翻译、口头表演和穆斯林的文学诗歌传统去增加对穆斯林文化的理解。该项目将在全美的 6 个公共图书馆系统开展。

（3）试点项目。

为了进行更加丰富的对话，人文科学基金会（NEH）在全国文化与教育机构选择了 8 个试点项目（pilot projects），以使学者和公众探讨两个全国紧迫性的问题——文明在民主中的角色和对伊斯兰世界更深入了解的需要。这些活动通过公众论坛在 2011 年上半年举行。其中四个试点项目是关于穆斯林社会和人文科学的：①"分享文化空间"（Shared Cultural Spaces）。这是一个探讨伊斯兰文化和知识传统对西方人文和科学发展影响的学术讨论会。②"延巴克图遗产：书写文字的奇迹"（The Legacy of Timbuktu: Wonders of the Written Word）。这是一个追寻西非穆斯林、密西西比和美国文化与历史的展览和联合会议。③"超越黄金时代和衰落：全球现代化中的穆

[①] 城市传说官网，http://citylore.org/。

斯林社会遗产，1300~1900"（Beyond Golden Age and Decline: The Legacy of Muslim Societies in Global Modernity, 1300 – 1900）。该项目旨在重塑关于穆斯林社会1300~1900年在政治、文化、艺术、经济和社会成就方面对现代世界形成的影响。④"照亮的韵律：伊斯兰世界的诗歌"（Illuminated Verses: Poetries of the Islamic World）。该活动探讨了来自伊斯兰世界的丰富多彩的诗歌传统[①]。每一个活动中，专家被召集在一起制订出特别计划：使用展览、图书馆、讨论组和其他的活动方式引进新的思维。

2. 民间部门或私人单独参与的项目或活动

有的活动是由个人为代表的民间部门独自或以合作的形式参与文化互动的。这些活动或者是其他活动的一部分，或者是单独的。

马克·塞耶（Marc Thayer）和来自玻利维亚、伊拉克、法国和德国的交响乐团合作，负责圣路易斯交响乐团的合作项目。他们和波斯尼亚、拉美、中东以及其他团体进行过合作。除了在当地教学之外，塞耶还在伊拉克表演艺术联合协会教学和演出。每年夏天，他要回到伊拉克两周。并且每年他都会为两个通过奖学金来美国圣路易斯大学学习音乐并和交响乐青年乐团合作的伊拉克学生提供住宿。塞耶认为家里充满了不同文化、烹调和享受音乐的气氛，从而非常有朝气[②]。塞耶和他的同伴们一直在尽力联系艺术教育者、音乐老师，以及艺术组织的市场人员和教育人员，目的是和其他文化接触，也一直努力去和美国外交人员以及海外艺术项目取得联系。

艺术是一种神奇的方式，让来自不同地方的人们相互认识，人们不必在意宗教和政治差异。音乐是共同的语言，艺术和舞蹈也是共同的语言。人们可以一起工作、一起表演并互相交流。即使不说

[①] Drew Gilpin Faust, "NEH Jefferson Lecturer, From an interview with James Leach", *Humanities*, 2011, http://www.neh.gov/divisions/bridging-cultures/featured-project/about-the-bridging-cultures-initiative, accessed April 24, 2012.

[②] Marc Thayer, *Marc Thayer Talks about Cultural Diplomacy*, Cultural Diplomacy in Your Neighborhood and Abroad, St. Louis Arts Roundtable, 2011.

同一种语言，但有 90% 是相同的。

四　大众传播项目

　　大众传播项目是文化外交的又一个重要方式，它包括传统的广播电视、出版物、信息中心，还有最新的技术——互联网。大众传播项目的最大特点就是能够接触到普通民众，范围更广、影响更大。美国借助大众媒体和国际广播能够广泛影响对象国的民众，引领了世界舆论的基本导向：一方面，美国拥有世界通讯社巨鳄——美联社，能在全球新闻传播中起主导作用，国际化的印刷媒体，如《时代》、《新闻周刊》、《国际先驱论坛报》、《华尔街日报》等报刊、杂志影响着全世界各类读者群，还有国际化的电视传播系统，像 CNN（美国有线新闻网）、APTN（美联社电视新闻部）等每天 24 小时向全球提供电视新闻，更有覆盖全球的庞大互联网传播着美国出产的新闻；另一方面，"美国之音"、"亚洲自由之声"等国际广播电台，因受政府资助而毫无例外地体现并服务于白宫的全球战略意图①。

　　由美国政府幕后操纵、借助大众传播的力量，向中东伊斯兰国家民众释放信息、影响舆论、塑造行为，从而建立互信、获得支持，进而间接影响世界舆论以及对象国民众，进而对对象国的政府行为产生影响，这便形成了美国在中东伊斯兰国家实施文化外交的大众传播项目运作模式。

（一）广播电视

　　最早在中东地区播出广播节目的是美国之音阿拉伯语节目，始于 1942 年。但美国之音最初的目的仅仅是宣传美国的政策，以对抗希特勒在中东国家的法西斯宣传。在阿富汗地区，美国之音原来只

---

① 余泳：《美国对阿拉伯—伊斯兰世界的传媒外交》，《阿拉伯世界研究》2006 年第 6 期。

有2%的听众率，随后它增加了用当地的达里语和普什图语播出的新闻。一架巨大的美国空军 EC-130 特种兵专用飞机被改成了一个价值7000万美元的飞机广播电视台，在阿富汗上空盘旋时进行广播宣传。机身里塞满了广播电视制作设备，包括发射机、干扰发射台，它们的功能极其强大，工作人员甚至可以阻断别的广播电视的传播，而在同一个波段播放自己的节目。成千上万的宣传单被投下，每张传单上面有一个穿阿富汗衣服的男人在与一个西方的战士握手，下面这样写道："合作伙伴来这里提供帮助。"① 美国对阿富汗的广播和投放图片成为最有效的传播消息的途径。冷战期间，美国之音阿语节目随着国际事件的发生延长或缩短播出时间。冷战后，阿语节目时间大为缩短，并终因得不到美国广播管理董事会的支持于2002年4月19日停播。虽然后于2003年1月复播，但还是于2004年4月关闭。进而萨瓦电台和自由电视台成为美国在中东伊斯兰国家传播美国社会文化的广播电视工具。

1. 萨瓦电台

萨瓦电台于2002年3月23日开播，总部设在华盛顿特区，其广播中心坐落于阿联酋的迪拜。根据美国广播管理理事会（the Broadcast Board of Governors，简称 BBG）的介绍，萨瓦电台是一个7天24小时运转的电台，通过调频对约旦、摩洛哥、科威特、卡塔尔、巴林、阿拉伯联合酋长国、埃及等国家用阿拉伯语进行广播，播放新闻、信息，以及西方和阿拉伯音乐等，拥有大量的固定青年听众②。萨瓦电台表明了文化外交中流行文化的积极方向。通过调频用阿拉伯语和当地语言在整个中东地区进行广播，包括伊拉克。电台经常在现代阿拉伯和西方音乐间转换，其间插播新闻。现代流行音乐吸引了中东地区60%的人口，也就是30岁以下的人群。由于给

---

① 〔英〕休·迈尔斯：《意见与异见：半岛电视台的崛起》，黎瑞刚等译，学林出版社，2006，第99~100页。
② 9/11 *Commission Report Cites Successes of U. S. international Broadcasting*; *Calls for increased Funding*, Broadcasting Board of Governors, 2004.

予了阿拉伯音乐同样的时间段，萨瓦电台表明了对当地文化的尊重。新闻从客观的角度出发，报道对于美国可能是积极的，也有可能是消极的。在这家由政府资助的电台里有对美国自身的批评，这也表明了言论自由，这在中东国家是不可能的。

2004年2月，总部位于美国纽约市的国际市场调研公司AC尼尔森公司（ACNielsen）采取面对面访谈的形式用阿拉伯语在摩洛哥、科威特、阿拉伯联合酋长国等国家（卡塔尔的调查时间是在2003年7月到8月期间，样本是5737位15岁以上的成年人，有2.9%的误差）进行调查发现"每周收听萨瓦电台的成年人比例（15岁以上）在摩洛哥是73%、科威特是42%、阿拉伯联合酋长国是35%、约旦是27%、埃及是11%、卡塔尔是41%"[1]。此外，80%的萨瓦电台听众认为它是一个可靠的信息来源。最后，根据AC尼尔森公司2003年10月调查，萨瓦电台的听众比非萨瓦电台听众更视美国为友好的国家[2]。不过《杰雷吉安报告》（*Djerejian Report*）批评萨瓦电台仅仅满足了年轻阿拉伯音乐人的口味，并没有影响更广大的公众。

电台接触到的人群可能是在车里，也可能是在家里，范围较广，却不可能弥补美国对中东伊斯兰国家外交政策的缺憾。不过至少它能让它的听众知道他们喜欢美国什么以及他们和美国有多少相似之处[3]。

2. 自由电视台（Al - Hurra）

自由电视台成立于2004年2月14日，并于2005年更名为中东广播网络，由美国广播管理董事会主管。自由电视台的节目囊括了方方面面，包括电影、新闻、科技、访谈和体育等。其中电影以播放美国电影为主，配有阿拉伯语字幕，有时还有一些演员的采访；

---

[1] U. S. - Funded Radio and Television Make Significant Gains in Middle East Despite Anti - American Sentiments, Broadcasting Board of Governors, 2004.

[2] Michael J. Zwiebel, *More Effective Public Diplomacy in the Arab and Muslim World*, master thesis of the U. S. Army War College, 2005, p. 7.

[3] Cynthia P. Schneider, *Diplomacy That Works*: "Best Practice" in Cultural Diplomacy, Center for Arts and Culture, 2003, p. 15.

新闻节目播报有关中东地区和世界各地发生的重大事件；科技节目介绍一些最新的科学动态；访谈节目邀请一些专家学者探讨所发生的新闻等。后来增添了自由电台伊拉克特别节目（Al-Huraa Iraq）。自由电视台的特点是：节目的重点被放在一些娱乐节目上，如音乐、电影、娱乐资讯等[1]。因而可以说，萨瓦电台的重点在音乐，而自由电视台的重点在娱乐节目，各有侧重。自由电视台每年的花费相当于美国在伊斯兰世界各种交流费用的四倍之多[2]。庞大的开销也使众人，包括政府、国人和民调机构对自由电视台的文化外交效果做了大量民调，但是结果却并不一致。但无论如何，自由电视台的出发点主观上是为美国总体利益服务的，客观上还是让广大穆斯林至少了解了美国的电影，通过电影了解了美国的社会和文化。

3. "荧屏上的穆斯林"

"荧屏上的穆斯林"（Muslims on Screen and Television，简称MOST）的名字是由项目负责人史蒂夫·格兰德（Steve Grand）想出来的。这是一个位于洛杉矶的资源中心。该中心所提供的是有真正现场专家支持的在线资源中心。它的关键是与在洛杉矶和纽约的创意团体合作，使美国流行文化对有关伊斯兰的主题和穆斯林形象有更广泛和细致的刻画，这意味着不要总是对令人愤怒的恐怖分子进行报道[3]。这项活动是对 CNN 效应的一个回应，通过这项活动让更多的民众，尤其是美国民众从电视荧屏的报道中了解到另一面的伊斯兰和穆斯林。该项目的最直接目标公众虽然不是来自中东伊斯兰国家，但是项目的宗旨却是希望其他国家的穆斯林知道他们在美国人的心目中不是糟糕的。因而，从这个层面来讲，该项目也为美国

---

[1] 仵胜奇：《布什政府中东公共外交》，世界知识出版社，2010，第271页。

[2] Edward P. Djerejian, *Changing Minds Winning Peace: A New Strategic Direction for US Public Diplomacy in the Arab and Muslim World.* Report of the Advisory Group on Public Diplomacy for the Arab and Muslim World, submitted to the Committee on Appropriations, US House of Representatives, 2003, p. 31.

[3] Cynthia Schneider, *America Public Diplomacy after the Bush Presidency*, Center for International and Regional Studies, Brief No. 2, 2009, p. 10.

改善在穆斯林中的形象起了一定作用。

（二）出版物

显著证据表明阿拉伯和伊斯兰国家非常需要多领域、高质量的出版物（Publications），尤其是在精英阶层中，包括教师和学生。这种需求表明了去传播美国知识和科技成就的一个重要机会，这个机会可以带来很多益处①。首先，这些出版物可以展现一个正确的美国生活和机构的场景。例如，在叙利亚，我们可以看到许多精英是从冷战时期苏联出版的书籍中了解美国的。其次，出版各行各业的尖端书籍和杂志，能体现出让伊斯兰世界非常崇尚的美国的进步，包括从心理学到天文学的。最后，美国的一个目标是改善该地区的教育体系，让受教育者有技能适应全球化市场的竞争。

1.《你好》杂志

美国国务院在2003年7月创办了阿拉伯语杂志《你好》(Hi)，年预算为450万美元。《你好》的目标读者群为中东和北非的阿拉伯青年人，通过有关美国文化、价值观和生活方式的内容使阿拉伯青年人对美国有更加积极的态度。该杂志由民间杂志社承办，国务院预计它在阿拉伯世界的发行量将达到5万。但是埃及的一个官员说道，大使馆分发到埃及报摊的2500份杂志，经常有2000份卖不出去②。华盛顿官员指出这些杂志又被重新分发到埃及的公共机构，如学校和图书馆。大使馆官员认为杂志卖不出去的原因是定价有些贵③。2005年12月，国务院暂停了杂志的印刷，以等待有关杂志定

---

① Edward P. Djerejian, *Changing Minds Winning Peace: A New Strategic Direction for U. S. Public Diplomacy in the Arab and Muslim World*, Report of the Advisory Group on Public Diplomacy for the Arab and Muslim World, 2003, p. 39.

② *U. S. Public Diplomacy: State Department Efforts to Engage Muslim Audiences Lack Certain Communication Elements and Face Significant Challenges*, GAO－06－535, Washington, D. C., 2006, pp. 13－14.

③ *U. S. Public Diplomacy: State Department Efforts to Engage Muslim Audiences Lack Certain Communication Elements and Face Significant Challenges*, GAO－06－535, Washington, D. C., 2006, pp. 13－14.

价、发行和影响的内部评价结果。最初的评价认为大多数读者是通过杂志的网站阅读，所以网站继续保存。

2.《美国电子期刊》

《美国电子期刊》（eJournal USA）由国务院国际信息局（Bureau of International Information Programs）负责。其内容包括方方面面，有美国纵览、民主与公民生活、经济发展、地区安全、能源、环境，以及科学技术等等，以英文、阿拉伯文、中文、法文、俄罗斯文和西班牙文广泛发行，各国公众可以通过美国驻各国大使馆网站进行浏览。伊斯兰公众可以查看《美国电子期刊》阿拉伯文版，了解美国对外政策、社会与价值观有关的各类信息，从而更好地理解美国、促进思想和文化交流。可以说《美国电子期刊》是了解美国的一扇窗户，打开它可以看到一个全面而比较真实的美国。

除此之外，美国还在中东发行过英语、法语版的《专题》（*Topic*）、阿拉伯语版的《麦吉尔》（*Al Majal*）、阿拉伯语季刊《对话》（*Dialogue*）、《经济影响》（*Economic Impact*），以及《英语教学论坛》（*English Teaching Forum*）等。这其中有些杂志由于各种原因而停刊。

（三）海外信息中心

海外信息中心是美国在国外建立的接触广大民众、使国外民众了解美国文化价值观的重要场所，如图书馆、美国中心、美国角和美国之家等。这些信息中心一般设在海外大学、研究所、美国驻外大使馆区域等地方，以方便普通民众进入这些信息中心，获取有关美国的相关信息，包括美国图书、音像资料、报纸杂志等。他们通过这些信息了解美国的文化价值观、理解美国人的思维。美国海外信息中心作为美国文化外交的一个重要方面，随着政治局势的变化也经历了时断时续的命运，并且随着美国驻外机构成为国际恐怖分子的袭击目标，尤其是在中东伊斯兰国家，美国的海外信息中心也采取了各种防护措施以确保中心的安全。但无论如何，海外信息中心作为文化外交的重要执行方式,发挥了不可忽视的作用。

1. 图书馆

美国驻德黑兰大使馆于 1951 年 1 月 12 日送往国务院的文件中可以看到图书馆的重要作用。文件陈述道,大使馆当前的重要任务之一是修建新的图书馆以传播美国的顶尖杂志,如《时代周刊》(Time)、《生活》(Life)、《新闻周刊》(Newsweek) 和《读者文摘》(Reader's Digest)。美国努力通过教育材料培养亲美的价值观,这种努力延续到新的千年中[1]。

美国图书馆一直以来在文化外交中扮演着重要角色。其特色是拥有各种各样的书籍、电影和来自各行各业的专家讲座[2],还包括文化展演、书籍翻译、新闻服务、英语语言项目和出版物[3],此外还有会议和学术杂志[4]。图书馆通过各种形式和当地的公众进行文化的互动,图书馆里可以找到美国的经典著作,包括文学、哲学和政治学等,在这里可以更好地了解美国的文化和思维方式。

2. 美国中心

1998 年,美国驻坦桑尼亚和肯尼亚大使馆爆炸案发生之前,美国国务院运作着美国中心这样的设施,在那里当地公众能够通过报纸和其他印刷品、演讲、课程、电影及各种展示了解美国的文化、历史、时事和美国政府。这些美国中心坐落在大城市,由国务院的员工负责。爆炸案发生之后,许多美国中心关闭,转移到大使馆内,并以信息资源中心(Information Resource Centers,简称 IRCs)的名义重新开放。信息资源中心仍提供关于美国的信息,包括"对外和

---

[1] Mohan J. Dutta - Bergman, "U. S. Public Diplomacy in the Middle East: A Critical Cultural Approach", *Journal of Communication Inquiry*, 2006, pp. 115 - 116.

[2] Arthur A. Bardos, "Public diplomacy: An old art, A New Profession", *Virginia Quarterly Review*, Vol. 77 (3), Summer, 2001, p. 430.

[3] William Rugh, *Engaging the Arab and Islamic World through public diplomacy*, USA: Public Diplomacy Council, George Washington University, 2004, p. 111.

[4] Rosaleen Smyth, "Mapping US Public Diplomacy in the 21st Century", *Australian Journal of International Affairs*, Vol. 55 (3), 2001, pp. 437, 439.

对内政策、政治和司法发展、国防与安全事务，以及社会问题"。不过，中心目前关注更多的是互联网和信息库资源，而不是演讲和课程讲座①。大多数信息资源中心位于大使馆内，其中有一半需要预约才可以进入，普通公众接触这样的资源经常受到限制，而且有些中心只针对学生和其他特定群体开放。在一些国家，由于替代资源——网络的广泛使用，信息资源中心不受时间限制。但是，在中东伊斯兰国家，由于安全原因，限制是很普遍的。位于中东地区的信息资源中心总数为16个，占到美国海外信息资源中心总数的9%。其中有12个位于大使馆区域内，在这12个当中，有一半的中心需要预约才能进入（见表4-2）。2011年国务院"财政、行政预算概要"中指出国务院将在美国大使馆和领事馆之外开辟美国中心，以显示美国政府在其他国家的存在，并为民众与民众间的交流提供高科技场所②。这些中心不仅提供一扇有关美国生活的窗口，同时也能针对当地和国际关注的问题进行公开和关键的对话，如美国在中东的政策，这样就能表明自由对话的价值观对民主的重要性。目前，国务院下属的国际信息局（Bureau of International Information Programs）管理着全世界170多家这样的中心。

3. 美国角

2000年年末，一个叫作"美国角"（American Corners）的新概念出现了，并且首次应用在俄罗斯。这一活动的发起恢复了前大使馆图书馆、文化中心和美国之家（America Houses）的资源和价值。这是20世纪90年代的一场灾难——为配合美国新闻署并入国务院，全世界的美国大使馆图书馆、文化中心和美国之家几乎都被关闭。在图书馆、美国之家和美国中心，人们可以自己学到美国文学，了解美国杂志和报纸以及网上信息。乔治城大学阿拉伯研究助理专员萨马·谢哈特（Samer Shehata）说道："埃及亚历山大的美国文化中

---

① Embassy of the United States, London, UK, Public Affairs Section, http://www.usembassy.org.uk/ukpa_irc.html, accessed June 27, 2010.

② *Executive Budget Summary*, U.S. Department of State, 2010, p.17.

心是我了解杰斐逊和林肯的地方。"① 这表明这些信息库所产生的深远影响。

表 4 – 2 信息资源中心——位置与准入

地区	信息资源中心总数	位于大使馆区域内的信息资源中心数量	公众只有通过预约才能进入信息资源中心的数量	不对公众开放的信息资源中心数量
非洲	37	21（57%）	9（24%）	0
东亚	28	18（64%）	15（54%）	3
欧洲	55	43（78%）	30（55%）	11
中东	16	12（75%）	6（50%）	2
南/中亚	16	8（50%）	8（50%）	2
拉美	25	20（80%）	19（76%）	1
总　数	177	122（69%）	87（49%）	19

资料来源：U. S. Public Diplomacy – Time to Get Back in the Game, Federation of American Scientists: 2010 Congressional Reports, Senate Committee on Foreign Relations, Feb. 13, 2009, p. 6。

如今，美国角正在弥补图书馆和美国中心消失的缺憾，其目标是在整个伊斯兰世界。"美国角"是美国图书馆的缩小版，和美国中心相似，他们向当地民众提供关于美国文化和政策的信息。但是美国角和美国中心有非常大的不同之处：美国角要比美国中心规模小，且项目也少很多。它们被放置在大学、当地图书馆、购物中心或者其他东道国方便的设施里，这样它们就能够接触到更多的公众。例如，在土耳其，美国角分布在三个城市里的商务会客厅里——布尔萨（Bursa）、开塞利（Kayseri）和加济安泰普（Gaziantep）；在阿富汗首都喀布尔，两个美国角分别位于阿富汗外交部公共外交学院和喀布尔大学；在南加尔哈省贾拉拉巴德市，位于信息和文化部内。美国角提供了多功能的项目平台，包括书籍、杂志、音乐、电影、CD 房间、互联网，并由当地的工作人员提供服务，其目的是提供曾

---

① Cynthia P. Schneider, *Diplomacy That Works*: "Best Practice" in Cultural Diplomacy, Center for Arts and Culture, 2003, p. 13.

经的图书馆服务的一些互动活动以及直接回答有关美国的问题①。美国角也可作为有关社交活动的场所，规模不大，但是技术更加先进，更加具有成本效益②。此外，美国角可以被称作"美国知识图书馆之家"（"homes to American Knowledge Library"），其目标群主要针对年轻人，通过了解美国的故事来了解美国的文化和价值观。根据美国国务院2006年的数据，当前全世界有大约300家美国角，其中90多家位于伊斯兰国家，另外75家在计划中（其中40多家将建于伊斯兰国家）③。美国角主要由当地机构主办、当地人为主要雇员。而设施以合作的形式运作：美国提供设备和材料，而东道国提供免费使用的空间和管理美国角的员工④，员工不由美国国务院管理和付工资。由于依赖于外国侨民和当地的基础设施，美国角所提供服务的质和量有很大差异。当前美国角存在的问题是，一些美国角局限于狭小的房间里，资源有限，得到捐赠的图书数量也有限。

（四）互联网

互联网的使用是当今社会的一大特色，文化外交的实施与互联网的关系密不可分。美国布鲁金斯学会多哈中心主任哈代·阿玛（Hady Amr）在其《交流的需要：如何提高美国和伊斯兰世界的公共外交》（*The Need to Communicate*：*How to Improve U. S. Public Diplomacy with the*

---

① Hady Amr, *The Need to Communicate*：*How to Improve U. S. Public Diplomacy with the Islamic World*, Washington, D. C., Saban Center for Middle East Policy at the Brookings Institution, 2004, p. 31。转引自 Mohan J. Dutta - Bergman, "U. S. Public Diplomacy in the Middle East：A Critical Cultural Approach", *Journal of Communication Inquiry*, 2006, pp. 115 - 116。

② Edward P. Djerejian, *Changing Minds Winning Peace*：*A New Strategic Direction for U. S. Public Diplomacy in the Arab and Muslim World*, Report of the Advisory Group on Public Diplomacy for the Arab and Muslim World, 2003, pp. 36 - 37.

③ *U. S. Public Diplomacy*：*State Department Efforts to Engage Muslim Audiences Lack Certain Communication Elements and Face Significant Challenges*, GAO - 06 - 535, Washington, D. C., 2006, p. 35.

④ Embassy of the United States, Budapest, Hungary, Cultural Affairs Office, http：//hungary. usembassy. gov/american_corners2. html, accessed Oct. 15, 2009.

Islamic World）中提出了互联网的重要性："一个重要的发现是能够接触到网络的伊斯兰世界的青年人对于创造性思维是开放的,并且能够接触各种不同的全球意见和信息。这样,他们倾向于和美国分享更多的共性。确实如此,民意测验表明互联网能够增加美国价值观的公开性。"① 而早在 2000 年的首届白宫文化外交会议上,与会人员就提出了诸如互联网等的新技术应该被广泛利用以增加跨文化交流和保护全世界的文化多样性,去记录、保护和分享文化历史和多样文化的表达。

国际文化交流在公共外交中是至关重要的,它确保年轻人能学习到在一个日益相互依存的世界里所需要的技能,但是这样的机会只有少数人可以获得。许多项目,如富布莱特项目（The Fulbright Program）、伊拉斯谟项目（The Erasmus Programme）②、AFS 国际文化交流组织（AFS Intercultural Programs）③、国际学术交流协会（Youth for Understanding,简称 YFU）④ 和扶轮国际（Rotary International）⑤ 都帮助过成千上万的青年人参加国际学习,并帮助他们获

---

① Hady Amr, *The Need to Communicate: How to Improve U. S. Public Diplomacy with the Islamic World*, Washington, D. C., Saban Center for Middle East Policy at the Brookings Institution, 2004, p. 31. 转引自 Mohan J. Dutta – Bergman, "U. S. Public Diplomacy in the Middle East: A Critical Cultural Approach", *Journal of Communication Inquiry*, 2006, p. 114。
② The Erasmus Programme is an intra – European effort established in the late 1980s. More than 4,000 higher education institutions in thirty – three countries and more than 2.2 million students participate today. Erasmus Mundus, its international counterpart, was created in 2003. See http://ec. europa. eu/education/erasmus/doc1709_en. htm and http://eacea. ec. europa. eu/erasmus_mundus/programme/documents/2010/guide_emapr10_el. pdf.
③ AFS 国际文化交流组织（AFS Intercultural Programs）是一个从事国际教育交流的非营利性民间国际组织。该组织成立于 1947 年,前身是美国战地服务团（American Field Service）,成立于 1914 年,其成员都来自英法联军中的战地救护人员,创始人是皮埃特·安德鲁（Piatt Andrew）。
④ 国际学生交流协会（Youth for Understanding,简称 YFU）成立于 1951 年,是一个包含全世界 60 多个国家的国际性非营利教育文化交流机构。它起始于第二次世界大战之后,最早由美国政府提供资助,由政府指定的民间交流机构承担具体工作。其主要目的是通过美国和德国之间的青少年互换交流化解战争仇恨,增进民间交流和理解。
⑤ "扶轮国际"于 1905 年成立于美国,是一个由从事工商和自由职业的人员组成的群众性服务社团,其官方网站为 www. rotary. org。

得了跨文化交流和参与的技能。无论最终的职业如何,交流会成为一个年轻人一生中印象最深刻的也是最令人鼓舞的一次经历。而已完成交流计划的人们对于动员支持更多的跨文化理解和对话是一笔巨大的资源①。这种传统的交流项目在扩大接受跨文化教育的机会上是非常有效的,但是参与依然是很受限制的,很有必要使用可以使用的工具来增加获得国际文化交流的机会,比如新媒体工具和已建立好的能够深入跨文化参与的平台。网络教育2.0作为新型的交流方式正在弥补这一限制,这项以互联网嵌入课程当中及以跨文化教育为目的的网络教育将会增加国际交流的多样性及参与者的数量并丰富其经历。还有其他的网络项目都增加了参与面、扩大了影响力。

1. 网络教育2.0

网络教育2.0（Exchange 2.0）充分利用了互联网的优势,这场教育革命是由毕业于麻省理工学院的孟加拉裔美国人萨尔曼·可汗（Salman Khan）发起的。他成立了"可汗学院"（Khan Academy），开设了3500多门课,免费为网民提供高品质的教育。此外,包括斯坦福大学等名校在内的12所知名大学在2名斯坦福大学教师的倡导下也发起了新型的网络教育。还有,麻省理工学院和哈佛大学也分别投资3000万美元进行这种新型的网络教育。网络教育2.0是一个全新互动式的新型教育模式,这也正符合了美国公共外交的一种趋势——从讲述美国故事到世界范围内的直接对话。这种趋势也使得美国公共外交的重要内容——文化外交所体现的国际交流成为重新振兴的需要。

网络教育2.0与传统的交流项目相比,有以下几点好处。

首先,扩大了申请人的范围。网络教育2.0能够为受到经济、年龄、安全,以及其他限制的学生提供国际交流的机会。例如,花费和安全都是跨文化交流的最大障碍。古铁雷斯（Gutierrez）和他

---

① Sheldon Himelfarb & Shamil Idriss, *Special Report* 272, the United States Institute of Peace, 2011, pp. 1-2.

的同事在《扩大美国学生在阿拉伯世界的学习》报告中指出这些障碍，尤其在阿拉伯世界是一个非常突出的问题。此外，性别隔离对于伊斯兰妇女来说也是参与国际交流的巨大障碍。网络促使的交流是这种情况下的一个有效替代[1]。

其次，引发了跨文化交流新的兴趣。基于网络的交流能够增加兴趣，减少对国际交流的试探性心理。根据2010年英国议会对于欧洲穆斯林青年人交流的报告，对于伊斯兰恐怖的担心限制了参与交流的穆斯林学生。同样，欧洲人或美国人也在避免去阿拉伯这样的国家，因为担心反欧主义或反美主义。基于网络的交流能减少这种担心，从而为未来的身体力行创造了条件。东卡罗莱纳大学（East Carolina University）的一项报告《通过视频会议技术进行它的全球理解课程》指出参与这种视频课程的学生更有可能将来亲自参与现实交流[2]。美国国务院教育与文化事务局开辟了网站"交流连接"（ExchangeConnect），参与网络教育2.0学习的会员在那里可以和"未来、当前以及从前的参与者联系，并分享非正式的信息"[3]。

再次，为参与交流的学生准备好挑战。对于出国学习的人来说，如果是文化敏感和易受误导的，那么他的学习旅程就可能是受到阻碍而不是进步。比如，古铁雷斯（Gutierrez）就在报告中指出阿拉伯大学里的教授和管理者认为，很多国家学生在他们来到阿拉伯国家之前对阿拉伯文化了解不够[4]。在出国之前，参加基于网络的跨文

---

[1] Robert Gutierrez, Amy Hawthorne, Mary Kirk, and Christopher Powers, *Expanding U. S. Study Abroad in the Arab World: Challenges and Opportunities*, New York: Institute of International Education, 2009.

[2] Rosina C. Chia, Elmer Poe, and Karl L. Wuensch, "Attitude Change after Taking a Virtual Global Understanding Course," *International Journal of Human and Social Sciences* 4, No. 2, 2009, pp. 75 – 79.

[3] Getting Started, ExchangesConnect, U. S. Department of State, Bureau of Educational and Cultural Affairs, http://connect.state.gov/page/getting – started.

[4] Robert Gutierrez, Amy Hawthorne, Mary Kirk, and Christopher Powers, *Expanding U. S. Study Abroad in the Arab World: Challenges and Opportunities*, New York: Institute of International Education, 2009.

化意识培训能够让学生获得一定文化知识积累,从而增加面对面交流的质量。富布莱特在线教师交流课程就是一个非常恰当的例子[①]。

最后,接触与交流的延续。网络教育2.0可以使参加者保持参与并继续增强他们的语言能力和加深文化理解,同时和更广泛的公众分享他们的经历。例如,美国国务院经营的"国家校友富布莱特社区"(Fulbright Community on State Alumni),在那里通过空间为当前的和曾经的富布莱特学者"分享并探讨他们的经历"[②]。网络教育2.0也可以通过这样的方式,加强参与者间的联系。

2. 学校联通计划

"学校联通计划"(School Connectivity Programs,简称SCP)由教育与文化事务局发起,包括三个项目:国家项目(Country Programs),针对的国家是亚美尼亚、阿塞拜疆、塔吉克斯坦和乌兹别克斯坦;区域项目(Regional Program),针对的区域是东南欧;多区域项目(Multi-Regional Program),针对的区域是东南亚、近东和北非(包括埃及、约旦、黎巴嫩、摩洛哥、叙利亚、突尼斯等),目的是通过互联网和全球教育构建尊重(Building Respect through Internet Dialogue and Global Education,简称BRIDGE)。

这些项目为选出来的学校和新的网络学习中心(Internet Learning Centers,简称ILCs)提供电脑配备和互联网连接,为基于项目的协作学习提供论坛和舞台,并为美国与全球各个学校间建立在线合作关系。它们在多个领域提供大量的技术和教育培训。作为学校改革的机制,促进跨文化的学习和相互理解、增强教育能力和专业发展,并支持国民教育、解决冲突、进行英语语言教学。此外,"学习联通计划"通过有限的亲身体验交流把美国学校和参与国家的学校连接在一起。这种亲身体验的交流促进了思想的交流,并为未来的

[①] Sheldon Himelfarb, Shamil Idriss, *Special Report* 272, the United States Institute of Peace, 2011, pp. 3-4.

[②] *State Alumni: Online Community*, U.S. Department of State, http://fulbright.state.gov/alumni/state-alumni, accessed December 1, 2012.

在线交流和合作计划扮演了催化剂的角色。

3. 华盛顿文档

自从"9·11"事件后,大量的阿拉伯语网页制作了"华盛顿文档"(Washington file),并上传到美国国务院国际信息局的网站上(http://usinfo.state.gov)。该网站容量也增加了四倍。此外,国际信息局网站链接着470个其他阿拉伯语网站。重要的是,阿拉伯语的翻译人员也增加了30%。如今,全世界有大约3100人查看了"华盛顿文档",大约1200名讲阿拉伯语的人订阅了每日更新[1]。公众通过这种方式了解了美国社会、文化,以及外交政策。

4. 非营利、非政府网络

非营利、非政府网络得到了美国政府的支持,在美国的文化外交中扮演着重要角色。

(1) "心智圈"网站。

"心智圈"(The noosphere)在当今美国公共外交中扮演着非常重要的角色,它能接触到最大量的公众,尤其是青年人[2]。"心智圈"的英语"noosphere"的词源"noos-"源自希腊语,意思为思想。随着互联网的发展,不同国家、不同种族、不同文化的人们可以通过互联网在世界范围内互相交流,和《你好》、萨瓦电台和自由电视台一样,它们都有活跃的网站,读者被鼓励去提出他们的意见和问题。而且,这些网站无论是从语言上还是从讨论话题上,都是为中东公众定做的[3]。通过"心智圈",人们由集体的思想和精神合力驱动,从而进入一个更高、更新的进化阶段。中东伊斯兰国家的青年人居多是一个典型的人口特征,广大的青年人通过"心智圈"交流自己的意识和精神活动,这促进了青年人内心深处的

---

[1] Patricia S. Harrison, *Statement before the House of International Relations Committee*, US Department of State, 2004.
[2] Rosaleen Smyth, "Mapping US Public Diplomacy in the 21st Century", *Australian Journal of International Affairs*, Vol. 55, 2001, p. 427.
[3] Injy Galal, "The History and Future of US Public Diplomacy", *Global Media Journal*, Volume 4, Issue 7 Fall, 2005.

思想。"心智圈"能够让思想自由地穿越边界，这样可以帮助传播文化①。

（2）索里亚连线项目。

从2003年开始，索里亚（Soliya's Connect Program，www. soliya. net）——一个全球非营利性网络——已经开始使用新的媒体技术在大学层面上去培养跨文化理解。该项目的参与者使用定制的视频会议技术和来自世界各地的同龄人进行直接的对话，并进行坦诚的跨文化问题的探讨。8~10人的小组参与10周的项目，并由受过培训的主持人进行指导。工作的重点很明确，就是把来自西方的学生和来自阿拉伯与伊斯兰世界的学生连接在一起，并最大限度地对四个学习指标产生影响：移情、跨文化交流技能、批判性思考和激励②。

（3）国际教育与资源网。

国际教育与资源网（International Education and Resource Network，简称iEARN）是一家非营利组织，于1988年发起成立，在130个国家拥有4000多位会员式的教育工作者和青年组织。国际教育与资源网日均参与者达200万（5~19岁）。教师和学生进行在线交流，并使用50多种语言和各种多媒体工具参与合作教育交流计划。这些计划包括来自各个不同社会的青年人，合作的课程包括科学、数学、历史、音乐、经济、企业和家庭生活。作为一个与当地国家中心合作的虚拟社区，国际教育与资源网在一个安全的网络环境中提供专业发展和教育部的支持。该网已经开始和美国国务院的全球连接和交流项目（the Global Connections & Exchange Program）进行合作，该项目和来自伊斯兰国家的2500多所学校的将近10万名学生进行联系。国际教育资源网还创建了混合模式，为国务院的

---

① Ibrahim Saleh, *Using Multimedia to Initiate Cross-cultural Communication*, Digimedia Conference, 2005.
② Sheldon Himelfarb, Shamil Idriss, *Special Report* 272, the United States Institute of Peace, 2011, p. 4.

青年交流与学习项目参与者提供网上平台①。

（4）国际游牧组织。

国际游牧组织（the Global Nomads Group，www.gng.org）创建于1998年，是一个国际非政府组织，为全世界青年人提供互动项目，主题是探索"我们是谁"的相似性和不同性。国际游牧组织通过合作的全球项目提供机会去构建桥梁并促进有意义的对话。国际游牧组织已经在7大洲45个国家开展了项目，接触到了100多万名年轻人，这其中中东伊斯兰国家的年轻人是一个重点人群。它的战略是让年轻人通过现场互动视频会议、串流影像（streaming video）、社交网络、游戏、纪录片和电影制作等进行互动参与。通过这些工具，国际游牧组织为当地、区域和全球合作和交流创造机会②。

（5）东卡罗莱纳大学的全球理解项目。

东卡罗莱纳大学的全球理解项目（the East Carolina University's Global Understanding Program，www.ecu.edu/cs－acad/globalinitiatives/course.cfm）以东卡罗莱纳大学先进的全球教室（state－of－the－art Global Classroom）为基地，通过现场视频会议和聊天技术为学术交流活动提供模板，学习其他国家的文化。学术讨论的主题包括大学生活、家庭、生命的意义，以及陈规与偏见。课堂形式包括小组讨论和一对一对话。由此，学生看到了他们之间的相似性、看到了其他人的闪光点，并弱化了负面的差异。这种意识对于改变负面的陈规与偏见，理解他人的文化是非常重要的。通过学习其他文化，学生们开始理解他们自身的文化，并获得了广阔的生活视角③。

---

① Sheldon Himelfarb，Shamil Idriss，*Special Report* 272，the United States Institute of Peace，2011，pp. 4 - 5.
② Sheldon Himelfarb，Shamil Idriss，*Special Report* 272，the United States Institute of Peace，2011，p. 5.
③ Sheldon Himelfarb，Shamil Idriss，*Special Report* 272，the United States Institute of Peace，2011，p. 5.

第三节　美国在中东伊斯兰国家开展文化外交的特点

一　文化外交实施主体的多样性

美国文化外交作为公共外交的一个组成部分,其实施者的主体不仅有政府部门,而且有民间组织和私人机构。在中东伊斯兰国家,美国文化外交的实施者以政府部门、私人机构、民间组织共同合作为主要特点,体现在两个方面。

一方面是私人机构和民间组织作用不可忽视。私人机构和民间组织参与文化外交是美国文化外交的一个重要特点,这与美国的文化传统有一定关系:美国人民担心政府操纵国际文化交流活动,从而变成美国政府的宣传工具。这也正是文化关系司成立之初,时任国务卿科德尔·赫尔(Cordell Hull)和他的助理、拉美文化研究者萨姆纳·威尔斯(Sumner Welles)向国会强调文化关系司只做5%的工作,其余的由私人和学术机构去做的原因所在。因此,长期以来,在美国文化外交的实施过程中,政府部门和民间部门合作是一个重要特点。这可以体现在资金、项目管理和个人参与等方面。

①资金上。美国公共外交的年预算相比庞大的国防预算要逊色许多,而公共外交中用于文化外交项目交流的预算就更少得可怜了。这就需要私人机构和民间组织的大力协助。如国际写作计划,在国务院和美国各大使馆的支持下,获得了部分私人基金会的资助,从而使该项目正常顺利地运作。私人资金的补充很大程度上填补了文化外交资金的短缺,也使得许多固有的项目能够顺利展开,同时促使了一些新项目的不断开发,如艺术交流项目中的音乐演出、视觉艺术展览等等。这些活动丰富了文化外交的内容。

②项目上。美国在中东伊斯兰国家文化外交的诸多项目中,很多是由政府发起的,如著名的富布莱特项目;而有一些项目是由私人机构和民间组织发起,然后寻求政府部门的支持,如叙利亚组织达·依玛;还有很多项目是由政府机构发起,然后由私人机构和民间组织具体实施管理的,如全球文化倡议活动,二者的结合既是文化外交项目的共同实施者,同时也是彼此的监督者,从而更好地促使文化外交达到其应有的目的。

③私人机构和民间组织中的个人单独参与。这种以个人为代表的民间部门不断参与到文化外交中来的现象正在变成美国文化外交的一个特色,如马克·塞耶的交响乐团与音乐教学。虽然是以个体为主要实施者,但是该项目的活动内容、活动目标等体现了文化外交的意义所在,因而也成为美国在中东伊斯兰国家文化外交实施的一个重要特点。

另一方面是政府设立奖项鼓励私人机构和民间参与。国务卿赖斯(Condoleezza Rice)于2007年1月10日授予了一项新的年度奖项——本杰明·富兰克林总统奖(Benjamin Franklin President Award),以鼓励促进美国海外形象的民间组织(private - sector organizations)。该奖项是为了增加与民间组织的合作并促进其在公共外交中起到更大作用的[1]。本杰明·富兰克林(Benjamin Franklin,1706 - 1790)是美国的第一位外交使节,早在18世纪他就综合运用文化和商业等比较新颖的外交方式来获得国外民众的注意。使用他的名字来颁发该奖项本身就是非常有意义的,奖项的设置在很大程度上激发了民间团体和私人机构参与的积极性,同时也是对这些团体和机构对实施文化外交所做贡献的一种肯定。

---

[1] *Rice Announces New Public Diplomacy Award for Private Sector - Benjamin Franklin Award will honor efforts to boost cultural understanding*, Government Press Releases (USA), 2007.

二 文化外交参与群体的广泛性

多重参与是指在一个项目中有不同的方法或内容供参与者参与[①]。许多公共和民间部门的实践者认为多重参与可以创造机会促进相互理解、发展更加持久的关系。多重参与的例子包括："美国声音"和富布莱特项目等。"美国声音"在中东、东非和拉美的30多个国家举办了100多次艺术节、音乐会、硕士课程班、合作表演和讲习班，其主要任务是促进艺术家和观众之间更深的理解、使和美国缺少机会进行文化交流和对话的国家加深对美国音乐和文化的欣赏。音乐形式从百老汇、合唱、歌剧、爵士乐、蓝调到年轻人钟爱的嘻哈乐和霹雳舞，应有尽有。富布莱特项目也是根据不同的国家、不同的时代建立新的项目以使得交流的效果更加显著。

这种多重参与首先增加了参与群体。一个项目中方法和内容的多样性，使得更多的人参与进来，增加了参与面，从而使更多的人通过文化外交项目了解了实施国的文化，而实施国也通过更多地参与群体了解了对象国的文化。其次，满足了不同层次的需求。比如"美国声音"的艺术节、音乐会、硕士课程班、合作表演和讲习班等是"美国声音"项目的不同内容，参与者根据自身的实际情况进行选择并参与，从而更有成效地理解实施国的文化。这也使得实施国的文化外交项目能够达到事半功倍的效果。最后是在资金有限的情况下尽可能地发挥项目的效率。文化外交的每一个项目从构思到策划、实施，再到最后的评估是一个烦琐而又长期的工作，在美国国务院的公共外交预算资金有限的情况下，如何使一个项目最大限度地发挥其有效功能在某种意义上决定着该项目能否持续。此外，对于一些效果良好、声誉在外的项目，可以通过多重参与在资金有限

---

① Margaret C. Ayers, *Promoting Public and Private Reinvestment in Cultural Exchange - Based Diplomacy*, Robert Sterling Clark Foundation, N.Y.: New York, 2010, p.38.

的情况下更加充分利用该项目的人气资源，使得该项目发挥更大的作用。比如富布莱特项目不断开发出新的形式，如今已包括了不同年级学生、专家学者和政府官员等不同层次的参与者，囊括了人文、社科、管理和法律等众多学科。越来越多的人通过富布莱特项目了解了美国文化。

三　文化外交运作机制以文化与教育事务局为主、其他部门为辅

美国文化外交的官方实施主要由国务院下属的教育和文化事务局负责，受主管公共外交和公共事务的副国务卿管辖。在中东伊斯兰国家所开展的文化外交以教育交流项目、艺术交流项目、倡议互动项目和大众传播项目为主，这其中的大部分项目是由教育和文化事务局组织管理的，比如英语语言学者项目、富布莱特项目、舞动美国等等。同时，其他部门也参与了一些项目，如"埃及妇女歌唱"活动就是由美国驻埃及大使馆组织进行的。此外，国务院下属的国际信息局以及美国国防部等部门都参与了不少项目的组织和管理。总而言之，美国文化外交的总体管理是由教育和文化事务局牵头组织进行的，其他部门也参与其他各类项目。但是教育和文化事务局与其他部门在文化外交的管理上并不存在上下级的关系，他们都是各自为政，但其目标基本是与美国的总体战略目标保持一致的。

这种以教育和文化事务局为主导、其他部门为辅的管理方式带来了两个方面的影响。一方面，强调了以教育和艺术文化为主要内容的文化外交。而相比较而言，教育和艺术文化容易得到中东伊斯兰国家民众的接受和认可。比如上文提到的富布莱特项目，在原来项目的基础上，在中东伊斯兰国家不断增加新的项目，满足新的需求。还有艺术文化也是全世界人类的通用语言，是人们容易从内心深处去接纳的东西。另一方面，这种管理方式为文化外交的长远发展带来了影响。文化外交是一项长期的外交行为，它的作用与影响

需要时间的检验。这就要求文化外交的管理与实施有长期的规划和打算,缺少统一的、更高层次的部门进行统筹规划就会降低文化外交的长效性,无法发挥其应有的作用。美国与中东伊斯兰国家的关系紧张是错综复杂的原因造成的,需要靠长期的沟通与交流才可能缓解二者之间存在的问题。

四 文化外交实施范围的广阔性

美国在中东伊斯兰国家实施文化外交的地点并不局限于国外——中东伊斯兰国家境内,相反一些活动是在美国国内进行的。如纽约伊斯兰文化节——穆斯林之声:艺术和思想。它是在美国本土举行的活动,但是来自包括伊斯兰世界在内的40多位专家学者参与其中,几万美国观众和当地游客观看了文化节的展览作品。首先,通过这种形式更加体现了文化交流的相互性、平等性,也让美国公众更加深刻地了解了伊斯兰文化。中东、西非和东南亚的大量媒体进行了报道,并认为阿拉伯和穆斯林艺术与文化的庆祝节日不仅给美国人民带来了新的认识,而且表明了一种实质性的尊重[1]。其次,这种在国内实施的文化外交,虽然无法与中东伊斯兰国家的绝大多数民众进行直接的交流,却使得实施的大多数民众对对象国的文化有了更多的了解。而且最重要的是,在实施国展示对象国的文化,通过现代媒介的传递,会在某种程度上增加对象国民众对实施国的好感度。正如纽约伊斯兰文化节,虽然是在美国举行,但是该文化活动却得到了诸如埃及、沙特阿拉伯等中东伊斯兰国家的媒体的关注,这样使得中东伊斯兰国家许多国内民众得以了解该文化活动。第三,在国内举行针对对象国的文化外交活动可以最大限度地节约成本。长期以来,资金问题一直是困扰文化外交持续发展的屏障。

---

[1] Cynthia P. Schneider, *A New Forward: Encouraging Greater Cultural Engagement with Muslim Communities*, Project on U. S. Relations with the Islam World, 2009, p. 4.

在国内举行文化外交无疑是解决这一问题的一个值得考虑的方式。第四，国内和国外同时进行文化外交，起到了相互弥补的作用。中东和伊斯兰国家间的关系不仅表现在美国在中东伊斯兰国家的影响力，还表现在中东伊斯兰国家在美国的影响力，国内国外同时开展文化外交有利于解决这样的问题。最后，文化外交在国内、国外同时进行可以很好地利用国内资源。美国国内有大量的穆斯林美国人，他们既是美国人，又与中东伊斯兰国家的民众有着同样的宗教信仰，因此他们是把美国文化传递给中东伊斯兰国家民众、把中东伊斯兰国家文化传递给美国民众的桥梁。实施地点设在国内的文化外交就可以充分利用这个桥梁为改善二者之间的关系牵线搭桥。

五 文化外交实施内容侧重交流项目、凸显美国价值观念

文化外交以不同的形式展开，不同国家对文化外交的侧重有所不同。美国在中东伊斯兰国家的文化外交也是形式多样，涵盖了教育交流项目、艺术交流项目、倡议互动项目和大众传播项目等。但是比较突出的是交流项目，包括教育交流项目和艺术交流项目。首先，正如上文提到的，交流项目中的大部分活动由国务院教育与文化事务局直接组织管理，并提供部分资金支持。主管机构的性质决定了文化外交的主要实施内容。其次，交流项目中的许多活动历时较长，在组织管理方面已经比较成熟，且参与人数比较多。比如富布莱特项目从1946年创建至今，已走过了将近70年的历程，可以说在世界范围内作为一项交流项目被更多的人认识，也通过该项目使其他国家的民众了解了美国、也使美国了解了其他国家。尤其在中东伊斯兰国家，富布莱特项目在经过中断后，再次启动，越来越多的中东伊斯兰国家民众和美国民众进行交流，学习并了解美国的文化，并把美国的文化价值观传递回自己的国家。最后，相比较大众传播项目，交流项目能够使参与者身临其境，真真切切地感受美

国的世界、接触美国普通民众、体会美国的文化价值观。无论是富布莱特项目、还是其他艺术交流项目，都使得两国之间的民众有机会进行面对面的交流，而面对面的交流经常可以化误解为理解。文化外交实施的目标人群可以说都是各个国家的未来领导人人选，他们通过参加交流项目，亲身感受他国文化，对于理解他国的文化价值观并反思自己国家的政策主张起着很大的作用。

美国在中东伊斯兰国家的文化外交总体上可以分为四大类：教育交流项目、艺术交流项目、倡议互动项目和大众传播项目。这四大类项目中包含了形式多样、领域众多的文化活动，包括文学、音乐、展览、艺术、电影、教育、杂志、广播、电视、图书、网络等等。所有这些项目所开展的活动中无一不体现着美国文化价值观：个人自由、对所有人的正义和机会、多样性、容忍性、民主等等。通过参与这些活动，参与者真正体会到这些价值观，也真正了解了美国的文化、美国的思想和美国的审美，这也是文化外交的本质所在。尽管在1938年美国文化关系司成立之初为防止美国的文化活动政治化，文化关系司只承担5%的工作，但是随着国务院文化与教育事务局的成立、公共外交被列入美国对外战略的一部分，文化外交已经成为美国传递其价值观的一个重要手段。美国是文化外交的输出国，而中东伊斯兰国家是对象国，在文化外交的四大类项目中，在文学、音乐、展览、艺术等领域，作为输出国的美国，传递的主要是美国的文化内容。例如，富布莱特项目主要是中东伊斯兰国家的参与者接受美国的教育、体验美国的生活，以及学习美国的文化；美国的海外信息中心主要提供的是介绍美国历史、政治和经济等方面的书籍、报纸和杂志，以及其他视听材料。这些文化外交内容当中，都是以美国价值观为核心理念的，从内容上传递的是美国的文化，而本质上传递的是美国的价值观。美国实施公共外交的根本指导思想也是要从思想上获取真正的胜利、战胜假想的敌人。因而就某种程度上而言，美国的文化外交又是一种价值观外交，为美国的整体战略目标起到了一定的辅助作用。

六 文化外交目标旨在维护美国全球利益

美国资产阶级奉行的哲学是实用主义,"对我有用的就是真理"。谋取利益,是他们处世的最高准则;利益驱使,是他们办事的内在动力。美国主流意识形态的核心是民主、自由,但如果某个国家根本没有民主、自由,而美国的国家利益却要求与其友好、合作时,美国媒体会忽略意识形态,正面报道这个国家[①]。因此,在奉行实用主义的哲学理念下,国家利益是美国现实主义外交的指针。国家利益是一国对其在国际体系中生存和发展所需的基本条件的认知。国家利益既有客观性,也有主观性。文化建构了国家身份,国家身份决定了国家利益,所以文化决定了国家对其利益的具体内容的认知和实现这些利益的方式[②]。1942年秋,耶鲁大学的历史学家拉尔夫·特纳(Larf Turner)受托向美国国务院对外文化关系司提交了一份关于战后美国对外文化工作的政策纲要备忘录。该备忘录指出:"任何同外交事务有关的工作都是为国家利益服务的,因此,对外文化工作必须根据国家的需要,同政府的政策、经济、外交政策保持一致,配合进行。"[③]

由于特定的资源条件和战略地理位置,中东伊斯兰国家所处地区在美国的全球战略中拥有其他地区不可替代的地位。概括起来,美国在中东伊斯兰国家的利益包括以下几个方面:

第一,能源利益,主要指石油资源。中东地区蕴藏着世界已探明石油储量的66.42%,美国消耗的石油近70%依靠进口,其中26.9%来自中东[④]。石油是当今世界经济的命脉,对美国也不例外。

---

① 刘继南、周积华、段鹏:《国际传播与国家形象——国际关系的新视角》,北京广播学院出版社,2002,第379页。
② 邢悦:《文化如何影响对外政策》,北京大学出版社,2011,第113页。
③ 富兰克·宁柯维奇:《美国对外文化关系的历史轨迹》,《编译参考》1991年第8期。
④ 闫文虎:《美国对中东"民主化"改造战略》,《西亚非洲》2005年第1期。

因此,"波斯湾石油对美国的重要性必须从全球的角度来理解"①。

第二,国家安全战略利益。冷战后,美国的全球战略目标是维护并巩固自己的世界霸主地位,为此,美国制定了"两洋战略"②。中东伊斯兰国家所在地区地处欧亚非大陆的交汇处,扼东西交通的咽喉,是美国"两洋战略"的连接点,如果失去这一连接点,美国的全球战略地图将被分割为彼此孤立的东西两块,无法做到遥相呼应。因此,从地缘政治的角度来看,中东伊斯兰国家所处地区所具有的独特地理位置使其在美国的全球战略中具有至关重要的作用。"9·11"事件又给该地区的重要性添加了新的内容。美国政府认为恐怖主义是其安全的最大隐患,而中东伊斯兰国家是恐怖主义的温床,因此,如何遏制激进民族主义国家的挑战、防止大规模杀伤性武器的扩散和打击恐怖主义成了美国在中东伊斯兰国家的战略重点。同时,美国对中东地区石油的掌控也能更好地服务于全球安全战略,因为美国可利用石油约束盟国的行为,使其唯美国马首是瞻。据统计,日本64.6%和西欧52%的原油均来自中东,如果美国使它们失去中东的石油,那将意味着日本、西欧的经济和社会生活将陷入瘫痪。正因为此,老布什曾经表示,中东石油是"全球合作的关键"③。另一方面,中东石油也是美国遏制诸如中国这样潜在对手的手段。由于美国对中东地区石油的把持,对于中国这样急需石油进行经济建设的发展中国家来说,只能在夹缝中求得生存。因此中东地区的石油成了美国防止盟国离心的杠杆,也是遏制潜在对手崛起的武器。

第三,经贸利益。中东地区具有消费从尖端武器到普通商品的巨大能力,每年的进口额大约为2000亿美元。长期以来,中东地区一直动荡不定,尤其是在许多伊斯兰国家,动荡的局势必然孕育着

---

① 王京烈:《整体考察美国的中东政策》,《阿拉伯世界研究》2007年第6期。
② 指欧洲大西洋地区和亚洲太平洋地区,这是美国冷战后全球战略地图的"中心岛"。
③ 王京烈:《美国中东政策的演变与发展》,《西亚非洲》1993年第4期。

庞大的军火市场（如沙特、伊拉克、伊朗等）。冷战期间美苏两国就竞相向各自的盟国提供武器。冷战后，世界各国军火商在此进行更为激烈的角逐。美国面临这样激烈的市场争夺，自然要通过各种手段维护自身的国家利益。当看到战争在解决一些棘手问题遇到阻碍时，政界和学界的众多人士看到了文化外交维护美国国家利益的前景。

美国文化外交的实施目标按照难易程度以及时间长短可以分为短期、中期和长期三个时期目标。美国鉴于当前与中东伊斯兰国家的关系，在该地区所实施的文化外交主要是以增加互相理解的短期目标以及改善国家形象的中期目标为主。而无论是短期目标还是中期目标，文化外交作为公共外交的一部分，都是为美国公共外交的整体战略目标服务的，即通过文化外交的各项活动传播美国的文化和价值观，使得国外公众理解美国的各项政治、社会制度，以及对外政策，从而获取国外公众和政府对美国的支持，树立美国良好的国家形象，最终来维护美国的国家利益、巩固美国的世界地位。

美国与中东伊斯兰国家的关系早期为相对平等的经济、文化和政治关系。第二次世界大战后，美国对中东伊斯兰国家主要以经济和军事援助为主，而贸易和文化参与程度较低，并且在中东伊斯兰国家执行不合理的对外政策，这些都引起了美国国家形象在中东伊斯兰国家的下滑。因此，美国通过教育交流项目、艺术交流项目、倡议互动项目和大众传播项目等方式和内容所实施的文化外交，就是为了改善第二次世界大战后，尤其是"9·11"事件后二者间的关系，增加中东伊斯兰国家公众对美国文化和文化价值观的理解，改善美国在中东伊斯兰国家的形象，从而最大限度地实现美国在中东伊斯兰国家的国家利益。

第五章

中东伊斯兰国家对美国文化外交的因应

第一节　中东伊斯兰国家文化特性对美国实施文化外交的影响

一　伊斯兰教与中东伊斯兰国家文化

伊斯兰教实际上是一种信仰安拉独一的社会体系。它由两大部分构成：伊斯兰意识形态（内在因素）和伊斯兰教社会实体（外在因素）。前者是无形的，属于伊斯兰教的"软件"部分；而后者是有形的，是其"硬件"部分①。作为核心的伊斯兰意识形态以社会实体为存在方式，二者内外结合、共同发展。给穆斯林社会的文化发展带来了重要影响。

众所周知，伊斯兰教在伊斯兰国家的政治生活中起着非常重要的作用。美国有关中东研究的著名学者詹姆斯·比尔（James A. Bill）和卡尔·立顿（Carl Leiden）在其著作《中东：政治和权力》（The Middle East: Politics and Power）中指出了中东伊斯兰国家中伊斯兰教和政治的重要关系："不首先考虑这个地区的宗教特点，

---

① 东方晓：《伊斯兰与冷战后的世界》，社会科学文献出版社，1999，第43~44页。

就不可能理解这里复杂的政治结构。"[1] 首先，在大多数伊斯兰国家，无论是政教合一的还是政教分离的，伊斯兰教都被定为国教或者官方宗教。因此，伊斯兰教体现了伊斯兰国家的官方意识形态和政治价值，对政治和政策制定有着非常大的影响力。其次，伊斯兰教法在法律制度方面占有重要地位，尤其是在民法和私法领域。在埃及、叙利亚和伊拉克等政教分离的国家，教法的一些规定依然在世俗法律中得以保留。伊斯兰教法，是指安拉为穆斯林指明的必须遵循的法规和生活方式，也是神圣的法令。伊斯兰教主要通过伊斯兰教法（沙里亚[2]）整合社会秩序，从个体和群体对民众的社会生活产生影响。在沙特阿拉伯等政教合一的国家，伊斯兰教法仍旧是法律制度的基础。对于个体而言，信教看起来很简单，但事实上并非如此，它有一整套完备的教义和宗教制度，每个人必须忠实地践行。对于群体，即穆斯林社会而言，伊斯兰教以真主的名义提出了权威与服从两大诫命，要求顺从真主的意志。个体和群体是统一并有机结合的，对其制约的基本准则也是一样的，均由伊斯兰教法完成。广义的伊斯兰教法是真主诫命的总和，可以称为"真主的法度"，即法律性制约。伊斯兰教法的社会整合作用中最根本的就是其平等思想。在理论上，沙里亚法的平等思想是教法之本，它对全体穆斯林一律平等，无贵贱高低之分，不论是君王或是平民，约束力是同样的。一个穆斯林一旦触犯了教法，即触犯了国法，其严重性等同于对真主的犯罪，因此，大多数信众都能自觉地遵守伊斯兰教法。最后，在逊尼派伊斯兰国家，以乌里玛（包括穆夫提、伊玛目、管理人员等）为代表的宗教职业者阶层属于国家机构的范畴，可以参与部分国家事务的管理和决策。在什叶派伊斯兰国家，宗教职业者作为具有特殊利益的政治集团对国家重大政治事件的发动、组织

---

[1] James A. Bill & Carl Leiden, *The Middle East: Politics and Power*, Boston: Allyn and Bacon, 1974, p.25。转引自刘靖华、东方晓《现代政治与伊斯兰教》，社会科学文献出版社，2000，第1页。

[2] 沙里亚，是阿拉伯语的音译，意为法律。

和领导起到举足轻重的作用。

与此同时,伊斯兰教对世俗生活有着重要的影响。伊斯兰教认为,穆斯林的世俗生活是真主的恩赐,是真主为世俗生活提供了一切物质所需。对于穆斯林经济活动而言,伊斯兰教中缴纳天课、宗教财产制、遗产继承、契约、债务等方面直接影响穆斯林的经济行为。此外,伊斯兰教主张以公正、正义和平等的原则进行经济活动,并强调对精神价值和扬善止恶道德原则的追求[①]。我国伊斯兰文化研究专家马明良教授根据这些原则把伊斯兰教的经济思想总体上归纳为四点:努力生产、公平交易、合理分配和适度消费[②]。这四点不仅是穆斯林日常经济生活的规范,同时也是整个伊斯兰社会经济活动的准则。在社会文化生活方面,《古兰经》和伊斯兰教法所确立的道德原则和伦理学说为穆斯林的社会文化生活做出了准则规定,穆罕默德被视为理想道德人格的完美体现,公认的美德包括公正、宽恕、虔诚、坚忍、克己、顺从、廉洁和自持等[③]。这为伊斯兰各民族和国家的穆斯林提供了一个在思想认识上的共同基础。不仅使得穆斯林在国家或民族内部,而且在国家或民族间有了共同的社会文化生活规范,能保持一种伊斯兰文化意识,并将这种文化传统延续和发展。更重要的是,作为宗教,伊斯兰教彰显着对其他文化的宽容性。伊斯兰教对世界文明中的文化差异并不否认。《古兰经》说:"假如你的主意欲,他必使众人成为一个民族,但他们会不断有分歧和差异……他为此而创造了他们。"(11:118~119)[④] 从《古兰经》中可以看出真主赋予了世间常道,即世间存在不同之处。真主创造了人类,让人们在不同之处去互相认识。由此可见,伊斯兰教是一个

[①] 中国社会科学院世界宗教研究所伊斯兰教研究室:《伊斯兰教文化面面观》,齐鲁出版社,1991,第255页。
[②] 马明良:《伊斯兰文明的历史轨迹与现实走向》,中国社会科学出版社,2012,第138~145页。
[③] 中国社会科学院世界宗教研究所伊斯兰教研究室:《伊斯兰教文化面面观》,齐鲁出版社,1991,第255页。
[④] 《古兰经》,马坚译,社会科学文献出版社,1981,第175页。

宽容的宗教，能够包容不同的宗教、国籍、肤色、语言的成分，与之和睦相处，没有因为这些成分的差异而把任何人逐出人类文明之外①。

此外，伊斯兰教的创始人穆罕默德是一位传播和平思想的先知，和平理论是伊斯兰教思想的根本。《古兰经》中这类经文很多，而且穆斯林每天都在理解、省悟"和平"的理念，平日见面时的寒暄语也离不开"和平"的问候。穆罕默德是构建伊斯兰神学理论的奠基者、和平的倡导者、和平外交的忠实执行者和实践者。他创建的宗教以和平命名，并在阐述什么人是最好的穆斯林时明确指出：那就是人们能从其言行中得到安宁的人。这表达了"和平"是伊斯兰教的基本宗旨和最高理想。历史上，伊斯兰教在向世界传播的过程中不乏发生战争，尤其是圣战。圣战的真正目的是通过战争消灭战争，从而实现和平。穆罕默德是一个明确厌恶战争的先知。他说："战争已成为你们的定制，而战争是你们所厌恶的。"② 伊斯兰教价值取向的根本是强调和平，理论上伊斯兰教完全是和平的宗教。伊斯兰教思想的核心是和平，和平渊源在于神性的支撑，这一点自始至终都没有变。在中东伊斯兰国家，经历了一个复杂的文化交融、整合、积淀的过程，在伊斯兰教的主要影响下，形成了独特的中东伊斯兰国家文化，这其中有源于沙漠游牧民族的阿拉伯人的文化，也有比较发达的拜占庭帝国，还有古老的波斯帝国，甚至中国和印度的文化。这种独特的中东伊斯兰国家文化本质上是崇尚和平的文化。

二 西方文明与中东伊斯兰国家文化

早在14世纪初的时候，教皇霍诺留斯（Honorius）就在巴黎大

---

① 张维真：《从伊斯兰文明的主要特征看回儒对话的前景》，载丁士仁主编《伊斯兰文化》（第二辑），甘肃人民出版社，2009，第149页。
② 《古兰经》［卷二，第二章：(216)］，马坚译，中国社会科学出版社，1981，第24页。

学建立了东方语言学校。天主教耶稣会还开办了学校教授希伯来文和阿拉伯文。之后，欧洲许多学者集中在西班牙最南部的安达卢西亚（Andalusia）自治区研究阿拉伯语和与其相关的思想成果，包括哲学、天文学、医学等。而且在这一时期，许多阿拉伯语经典著作被翻译成西方文字，这为伊斯兰文化的传播创造了条件，使得西方普通人有机会了解阿拉伯国家和伊斯兰文化。这也直接促成了东方学的兴起。从广义上讲，东方学是西方学者对东方民族和国家的历史、政治、文化、社会，以及语言进行研究的一门学科。从狭义上讲，东方学特指对中东国家和民族进行研究的学问。1795 年，法国政府建立了东方语言学校，教授中东伊斯兰国家的语言，包括阿拉伯语、波斯语和土耳其语。法国东方学家西尔维斯特·德·萨西（Silvestre de Sacy，1750 – 1838）精通阿拉伯语和波斯语，著有《蒙昧时期的阿拉伯史》和《求学益友》，并且把埃及著名诗人蒲绥里（al – Budsiri，1213 – 1296）的《先知的斗篷》和被称为埃及史学家之王的麦格里奇（al – Maqrizi，1364 – 1442）的《古代伊斯兰教钱币》翻译成了法文，《先知的斗篷》里充满了对伊斯兰教创始人穆罕默德的颂扬，这本书译本的出现也让诸多欧洲读者了解了耶稣之外的另一位先知的故事和经历。德国学者费立唐（1788 – 1861）翻译出版了雅古特（1179 – 1229）的《地名辞典》，用德文撰写了《蒙昧与伊斯兰教时期的阿拉伯语言》，编著了《阿拉伯语—拉丁语词典》。还有乌丝坦菲尔特（？– 1899），他的德文著作约 200 册，包括《沙斐仪教长》、《阿拉伯医学家传记》、《苏菲派》、《阿拉伯史学家及其著作》等等。此外，还有荷兰、丹麦等国家的东方学家也相继发行了关于中东地理、阿拉伯历史、奥斯曼帝国等内容的著作。到 19 世纪末 20 世纪初的时候，有关中东伊斯兰国家的著作多为到阿拉伯各国的游记和随感，如古比塔（1816 – 1882）的《亚洲的故事》、吉迪·莫巴桑（1850 – 1893）的《北非游记》等等。这些书中都把阿拉伯描述为神奇而又令人向往的地方。埃及史学家贾巴尔提（1754 – 1822 或 1830）在《1798 ~ 1801 年法国运动大实践》一书中描述说:"每天都有学生来到图书馆,坐在宽敞的阅览室浏览群书。如果有穆斯林来参观,会被让到最后的座位上,并且备有各种图书资料供你查阅。古代各民族史、先知故事与传记、医学、药学、植物、动物、工厂等各类科学书籍应有尽有。众多伊斯兰教的书籍被译成法文,有些外国人还会背诵《古兰经》章节,在语言和逻辑学方面颇有建树。"① 东方学的发展长达几百年,如今已成为一门体系完整、方法独特的学科。它在欧洲的兴起直接促进了欧洲学者对伊斯兰文化的探究。东方学从另一个角度来讲,也促进了西方文明融入伊斯兰文化,而伊斯兰文化也得以在西方传播和发展。

此外,中东伊斯兰文化也吸纳了西方文明。欧学之风吹拂了中东伊斯兰国家的思想文化界,冲击了1000多年的伊斯兰教的文化积淀。黎巴嫩现代史学家及学者艾尼斯·努斯里(Aenis Nusri,1902-1957)在其《19世纪阿拉伯复兴的因素》一书中,谈到了西方文明渗入阿拉伯世界的途径及影响。一方面,一些外国的文化机构、教会、学者等致力于向中东传播西方的价值观和各种科学、技术;另一方面,越来越多的中东伊斯兰国家的知识分子开始放眼看世界,并引进、介绍和研究西学。他们开设世俗学校、创办报纸、翻译西书、建立医院等,使西方的现代科技知识、思想观念、伦理道德等在大城市的知识阶层和工商阶层广为传播。另外,这表明东方文明与西方文明的碰撞和不可阻止的交融②。其最主要途径是教育,受过现代教育的一代青年对20世纪初期伊斯兰思想的发展具有重要作用和影响,这是现代伊斯兰教史的关键时期。穆斯林知识分子与政界人士开始部分接受西方文化模式。在政治上,大多数伊斯兰国家开始探讨政治体制改革问题,如建立立宪制、民族精英参与政务、政党及阻止合法化、个人信仰与自由、社会公正、全民受教育的权利等③。

---

① 秦惠彬:《伊斯兰的历程》,上海文艺出版社,2008,第85页。
② 秦惠彬:《伊斯兰文明》,中国社会科学出版社,1999,第100页。
③ 秦惠彬:《伊斯兰的历程》,上海文艺出版社,2008,第109页。

首先是走出去学习。埃及统治者穆罕默德·阿里（1769—1849）进行了大胆改革。为加强国力，他向法国及其他欧洲国家派遣了青年学生去学习法国的数学、工程、地理、历史、机械、绘画等各类有关自然科学与社会科学的课程。当这些青年学生学成回国后，便成为埃及各个行业的专家和管理人员，尤其是有些人成为国家行政部门的管理人员。他们在工作中，将西方文明的精华引入伊斯兰文化中，促使两者进行交融。

其次是引进来。西方传教使团在19世纪中期的时候已开始在中东伊斯兰国家活动。1866年，美国传教士达尼亚勒·贝勒斯在贝鲁特创办了一所科学学校，到1873年的时候已发展成一所培养研究生层次学生的高等学府。学生来自不同的国家，包括叙利亚、埃及、土耳其、波斯等，他们拥有不同的信仰，包括伊斯兰教、基督教和印度教。阿拉伯学者评价说，教会学校是西方传教使团在东方所取得的最大成果，它促进了阿拉伯国家思想与文化上的复兴[1]。尤其是当时的叙利亚，有许多学生在教会学校里接受教育，使他们能够讲英语和法语，并且从内心深处接受欧美文明。

再次是自创学校。黎巴嫩文学家波特莱斯·布斯塔尼（1819—1883）在美国教会学习了英语、希伯来语和希腊语。他的最大贡献是把《圣经·旧约》翻译成了阿拉伯文，并且创办现代学校。他的学校里不仅讲授阿拉伯文课程，还讲授英文、法文等课程。在埃及，拿破仑创办埃及研究院、建立阿拉伯印刷所、编写《埃及志》。1821年，穆罕默德·阿里建立布拉格印刷厂，1828年创办埃及乃至整个阿拉伯世界的第一份报纸——《埃及记事》。1825年，建立第一所军事学校和参谋学校，1834年，建立一所行政管理学校，以后又陆续建立23所专科学校。在埃及的第一所大学——开罗大学，学生们已经开始接触西方的伏尔泰、卢梭、雨果、歌德、雪莱等人的作品，

---

[1] 秦惠彬：《伊斯兰的历程》，上海文艺出版社，2008，第104页。

受到了西方思潮的影响①。阿拉伯世界最负盛名的伊斯兰学者之一、巨著《阿拉伯—伊斯兰文化史》的作者艾哈迈德·爱敏就是其中的学生之一。他在开罗大学学习了英文,阅读了大量的西方哲学和历史著作。1831 年 7 月,在伊斯坦布尔建立第一所土耳其文印刷所,1827 年,建立医学院,创办了第一个土耳其语言的报纸《大事概览》(*The Takvimi Vekayior Calendar of Events*),1831~1834 年,建立帝国音乐学院和军事科学院,1858 年,建立第一所女子中学,1869 年,建立女子职业学校。

最后是学习西方的先进知识。教育就是为了学习西方、了解西方,同时引进西方先进的理念和技术。比如,在史学书籍编撰的体例方面,阿拉伯历史学家改变了过去常用的编年体框架,而开始采纳西方史学家们惯用的分类法,如埃及史学家贾巴尔提(1754 - 1830)、黎巴嫩史学家海德拉·沙海比(1761 - 1835)和法勒·艾芬迪(1812 - 1887)等等。1855 年,电报技术传到伊斯坦布尔。在伊朗,1851 年 2 月德黑兰出版了由英国人掌管的新闻日报——《事件报道》,1860 年更名为《伊朗国家日报》。1873 年,纳赛尔丁国王第一次出访欧洲时购买了一整套印刷设备回伊朗,在德黑兰、大不里士等大城市建立了各类印刷厂,报刊出版事业开始发展。米尔扎·穆罕默德·塔基汗在德黑兰建立了德黑兰技术学校——该校成为现代伊朗高等教育的基础,发行了伊朗的第一份报纸②。

阿拉伯学者评价说,教会学校是西方传教使团在东方所取得的最大成果,它促进了阿拉伯国家思想与文化的复兴。但是,利用教会学校普及外国语言,也是欧洲努力扩张的一个手段。在这当中,叙利亚成为与西方联系的交点,其大多数青年不仅能讲纯正的英语和法语,并且更多地接受了欧美文明,并把这种文明带至其他阿拉

---

① 〔埃及〕艾哈迈德·爱敏:《阿拉伯—伊斯兰文化史》(第一册),纳忠译,商务印书馆,1982,第 2 页。
② 赵伟明:《近代伊朗》,上海外语教育出版社,2000,第 163 页。

伯国家①。在经济、政治现代化过程中,思想文化方面的变革对其他方面的变革起着至关重要的作用。1000多年来伊斯兰教形成了一套完整的根深蒂固的价值观念、行为规范和道德理念,这些对维护稳定的封建统治起了决定性的作用。但是伴随着外力入侵而至的现代科技知识和思想文化对中东传统思想文化的改变起了潜移默化的推动作用。思想文化方面的变革在西方国家是经历了好几个世纪后逐渐形成的,但印刷术的发展,交通运输工具和通信工具的进步,使后来者可以避免这一漫长的发展演变过程,使思想文化传播成为较为容易的事情②。

总而言之,西方文化和思想观念融入中东伊斯兰文化主要表现在以下两个方面。一方面,教育从传统的权威教育向大众世俗教育化的方向发展。在权威教育体系中,典型的教学方式是教师向围坐在其周围的学生朗读和讲解权威性经典,学生记忆和背诵。该教育制度的核心是宗教教育,目的是加强人们的宗教信仰,培养一批能够传播宗教知识的人才。这样的教育既不能启迪思想,也不能培养社会发展所需要的真正人才。多年来建立西学成为中东伊斯兰国家追求的现代化目标之一,新式学校的建立不仅是西化的标志,也是西化的主要传播媒介。外国大使馆的设立以及相关部门的成立造就了大量新形成的精英,他们对这些国家起着难以估计的作用。同时世俗化趋势也在加强,其表现是宗教组织人员数量下降。随着新式教育的发展,形成了一代新型的具有民族、民主思想意识且掌握了现代新知识和新技术的城市知识分子阶层。另一方面,价值观念等意识形态的转变:世界观以及个人主义的发展。随着民族危机和社会危机的不断加深,具有现代特征的各种新思潮,如民族主义思潮、科技救国思潮、现代法治思潮、革命思潮等在大城市兴起,新的社会观念逐渐形成,如开放观念、竞争观念、改革观

---

① 秦惠彬:《伊斯兰的历程》,上海文艺出版社,2008,第88~89页。
② 车效梅:《中东中世纪城市的产生、发展与嬗变》,中国社会科学出版社,2004,第206页。

念、效益观念等各种具有现代特征的社会观念越来越多地被中东城市人接受，改变了中东城市人，特别是知识分子、青年学生、开明官吏和军官的思维模式、价值观念和行为模式，现代化成为这些人追求的目标①。

三 中东伊斯兰国家文化与美国文化外交

受到伊斯兰教和西方文明影响的中东伊斯兰国家文化具有其独特性，那就是在长期发展过程中，中东伊斯兰国家文化是一种包容的文化，尤其是在历史发展过程中，受到了西方文明的影响，从中汲取了营养。长期以来，伊斯兰世界，尤其是中东伊斯兰地区处于地缘政治敏感地区，冲突与战争不断，伊斯兰文化也被部分西方媒体恶毒地宣传。皮尤全球态度调查中表明西方国家普遍认为伊斯兰教是更加暴力的②。而事实上，"伊斯兰"本身的含义就是"和平"，刚好是"战争"的反义词。《古兰经》中一共有155处提到了"色俩目"，意思就是和平③。此外，早在1400多年前，伊斯兰教的先知穆罕默德所受启示《古兰经》中就提出："人类啊！我从一男一女创造了你们，并使你们成为许多民族和群体，以便你们互相认识。"（49：13）④ 这说明伊斯兰教在很早以前就提出了"互相交流"的观念。不同国家和民族的人们通过互相交流达到相识相知，从而避免战争。而且伊斯兰文化在漫漫历史长河的发展中，给世界闻名带来了影响，同时自身也在不断吸纳、接受和发展，因此伊斯兰文化本

---

① 车效梅：《中东中世纪城市的产生、发展与嬗变》，中国社会科学出版社，2004，第145~146页。
② *Common Concerns About Islamic Extremism*, Pew Research Center, 2011, http://www.pewglobal.org/2011/07/21/muslim - western - tensions - persist/, accessed April 23, 2012.
③ 马明良：《伊斯兰文明的历史轨迹与现实走向》，中国社会科学出版社，2012，第170页。
④ 《古兰经》，马坚译，社会科学文献出版社，1981，第400页。

质上是开放的文化、包容的文化。而美国文化外交中传递的文化内容包括语言、价值观理念，如平等和民主等，在某些方面和伊斯兰文化是一致的，而在某些方面会有差异。文化外交的功能是求同存异，通过文化外交的方式让彼此互相交流、互相倾听，从而理解差异。因而就文化外交本质而言，美国文化外交的实施应该是为了更好地理解伊斯兰文化，同时在伊斯兰文化的承载国里使得美国文化被更好地理解。

就美国文化外交所含文化内容而言，具有美国文化特有的烙印，尤其是基督教的特质。基督教是一种指导人们行为的精神和观念，也就是一种所谓的"天职感"和"使命感"。基督教自认为是唯一能体现神的意旨的宗教，其他宗教以及无神论都属于"异端"；因此基督教从诞生之日起就为自己规定了要感化天下非基督徒，使之转化为基督徒的任务，而且形成了传统[1]。"由于土地肥沃，资源丰富，气候宜人，北美似乎就像上帝隐藏起来的希望之乡，现在即将由上帝的选民所占据。在神的指导和保护下，他们将致力于光明和拯救带给世界其他地区。"[2] 早期定居者领袖约翰·温斯罗普在1630年的布道中讲："我们必须意识到，我们应该是'山巅之城'，全世界人民的眼睛都将看着我们，众人仰慕我们。"[3] 基督教作为一种传统文化精神渗透到西方的每寸土地；作为一种道德行为的习惯准则，使每个人从出生起就认同于它，受它的规范，同时又加以传播，把自己所谓的"善"传教给别人，"己所欲者，必施于人"，在西方文化中已成为本然的东西。基督教文化直到今天仍属于西方的"文化认同"（cultural identity）。西方人只要一提基督教，就像对于希腊哲

---

[1] 陈乐民、周荣耀：《西方外交思想史》，中国社会科学出版社，1995，第10页。
[2] Edward M. Burns, *The American Idea of Mission*, *Concepts of National Purpose and Destiny*, Washington: Rutgers University Press, 1957, p.30。转引自肖欢《国家软实力研究：理论、历史与实践》，军事谊文出版社，2010，第120页。
[3] Loren Baritz, *City On a Hill: A History of Ideas and Myths in American*, New York: John Wiley and Sons, 1964, p.17。转引自肖欢《国家软实力研究：理论、历史与实践》，军事谊文出版社，2010，第120页。

学、罗马法学一样，立即产生一种"认同感"，其价值已不仅停留在宗教信仰层面上，而且已成为区别自己（西方）和他人的标记。这种基督教精神（进取的、进攻的性格）对西方外交的目的性和宗旨有着相当深的潜移默化的影响。当把这种精神同宣扬自己的价值观结合起来，以之为"天职"和"使命"的时候，就同意识形态联系在一起了。此时的外交绝不只是为了解决国与国悬而未决的争端而运用的具体谈判技巧，而是文化价值传播的航道[1]。在大多数美国人看来，美国从根本上有别于其他国家，比其他任何国家在道义上都"更高尚"，是世界上独一无二的道义之邦，是众多国家效仿的榜样。从立国开始，美国就一直自诩为"照耀所有国家的正义灯塔"、"世界闻名的灯塔"、"自由的灯塔"，是一个"令人尊敬的国家"[2]。这就不可避免地会反映在美国文化外交的实施中，无论是其指导思想还是具体内容。尽管文化外交的本质是求同存异，找到两种不同文化的共性，更好地相互理解，但是其必定带着民族文化的特性。就美国文化外交而言，基督教的"天职感"和"使命感"对其实施内容的影响是不能忽视的，这也必然使美国在中东伊斯兰国家实施文化外交的过程中遭遇障碍。

伊斯兰文化的和谐理念具有强烈的整体观，涵盖天、地、人等各个层面，敬主与爱人相辅相成、精神与物质并行不悖，强调人与人、人与自然、人与社会的和谐相处。伊斯兰文化以构建和谐社会与和谐世界为目标，倡导跨文化之间相互尊重、和谐共存、和平对话，反对种族主义、宗教极端主义，以及文明冲突论等所有危害社会与世界和谐的负面因素。伊斯兰教崇尚和平。这是伊斯兰文化价值观与人生观的核心。《古兰经》说："真主或许在你们和你们所仇视的人之间造化友谊。"（60：7）伊斯兰文化提倡敬主与爱人兼顾，

---

[1] 陈乐民、周荣耀：《西方外交思想史》，中国社会科学出版社，1995，第10页。
[2] Walter Lafeber, ed., *John Quency Adams and American Continental Empire: Letters, Speeches and Papers*, Chicago: Times Book, 1965, p. 45。转引自肖欢《国家软实力研究：理论、历史与实践》，军事谊文出版社，2010，第120页。

天道与人道并行。《古兰经》云:"你们当崇拜真主,不要以任何物配他,当孝敬父母,当优待亲戚,当怜恤孤儿,当救济贫民,当亲爱近邻、远邻和伴侣,当款待旅客,当款待奴仆。"(4:36)先知穆罕默德说:"爱人如爱己,方为真信士。"这一理念被称为伊斯兰教的黄金律,也是具有普世意义的世界宗教的黄金律①。尽管中东伊斯兰国家文化是包容的文化,但这仅仅是伊斯兰文化的本质,现实生活中还有极端主义等影响着美国文化外交。尤其是伊斯兰极端主义是打着伊斯兰教旗号的宗教极端主义,意图使伊斯兰国家的社会生活完全伊斯兰化,排斥一切非伊斯兰的东西。这无疑不利于美国文化外交在中东伊斯兰国家开展。例如,很多参与项目的学生很高兴地来到美国学习,认为这是一次非常难得的机会。在学习期间可以了解美国,促进两国民众之间的交流。但是,国家内部的暴力冲突、极端分子的仇恨心理使得这些项目参与者并不敢公开参与项目的事实,因为这样会殃及自身甚至家人的安危。《冲突》杂志(*In The Fray Magazine*) 2006年11月5日刊登文章称"获得富布莱特奖学金就意味着必须隐姓埋名"②。可见,中东伊斯兰国家内的伊斯兰极端主义对于美国文化外交的实施造成了很大的影响,打击了更广泛的穆斯林公众参与各种交流项目。黎巴嫩现代史学家及学者艾尼斯·努斯里(1902-1957)著有《19世纪阿拉伯复兴的因素》一书,其中谈到西方文明渗入阿拉伯世界的途径及影响,它表明东方与西方文明的碰撞和不可阻止的交融③。近年来,伊斯兰教原教旨主义宣传声势不断高涨,促使许多女性又重新戴上了面纱,这表明一种传统文化与价值观念的持久性影响。教法学家认为,西方殖民文化的侵略瓦解了伊斯兰文化的基础,让妇女揭掉面纱、炫耀美色,宣传男女性自由和非法同居,导致了家庭破裂和社会混乱。

---

① 陈广元:《伊斯兰文化与社会和谐》,《中国宗教》2011年第3期。
② Tran Le Thuy, "When Winning a Fulbright Means Having to Hide Your Face", *In The Fray Magazine*, 2006.
③ 秦惠彬:《伊斯兰的历程》,上海文艺出版社,2008,第84页。

他们认为，让更多的妇女重新戴上面纱，是消除西方文化影响、维护伊斯兰教信仰与伊斯兰文化的有力武器[1]。

在西方文明与伊斯兰文明的互动中，众所周知的《撒旦诗篇》、"丹麦漫画"和美军士兵涉嫌亵渎《古兰经》等案例，都是典型的文化冲突性事件。这些事件之所以从文化曲解演化为文化敌意，进而导致发生冲突，从认知角度而言，都是源于对同一象征性符号的解释不同，且不愿换位思考，而仅仅凭借本文明的符号象征意义去解读并评价异文明。如果基督徒与穆斯林都承认各自身份相异，符号象征不同，而不以"私有知识"去解读对方，并且对自己的行为后果有各种准备，对自己行动可能引起对方的反应有所预期的话，那么发生冲突升级的可能性就要小得多，除非其动机就是要故意冒犯甚至贬低对方。1988 年，《撒旦诗篇》的出版引起了全球穆斯林的公愤，并迅速演变为一个全球性事件。1989 年 2 月 16 日，伊朗精神领袖霍梅尼悬赏 150 万美元，号召全世界穆斯林对拉什迪以及出版《撒旦诗篇》的书商、该书的译者进行追杀。欧共体 12 国为此召回了驻伊朗外交使节。面对伊斯兰世界的极度愤怒，英国政府却授予拉什迪 1988 年度"怀特布莱德"文学大奖，同时又宣布与伊朗断交，并派特警终日保护拉什迪。美国克林顿总统甚至于 1993 年 11 月在白宫接见了拉什迪。西方国家此举进一步伤害了伊斯兰世界和全球穆斯林[2]。

宗教文化迄今在精神气质、思想观念、价值取向、认知方式和心态情感上仍对人们起着潜移默化的作用，它关系着人们的精神世界和日常生活价值选择，蕴藏着巨大的精神力量。这种精神力量具有两面性。一方面，它可以转化为强大的物质力量，推动民族和睦相处与社会经济的发展进步；另一方面，宗教文化因其自身局限与消极作用，或使用者操作失当，也会成为国际交往的一种羁绊。也

---

[1] 秦惠彬：《伊斯兰的历程》，上海文艺出版社，2008，第 136 页。
[2] 陈敏华：《文化误读与文化碰撞——再析西方文明与伊斯兰文明的社会互动》，《国际观察》2009 年第 4 期。

就是，宗教文化外交作为一种媒介，有其两面性。一方面，在国际交往中，宗教文化可成为不同民族之间沟通情感、增进友谊的桥梁和黏合剂，善用之，对国家的国际形象也能加分，反之，作为一种精神力量的宗教文化，也会成为世界和谐发展的一种阻碍和破坏力量①。总而言之，从历史的发展看，伊斯兰文化的本质是包容性的，是接纳其他文化的。但是也因为美国文化外交自身的问题，如其基督教文化的"天职感"和"使命感"、单向性的实施方式等，会与伊斯兰国家的主流文化产生摩擦。而更重要的是，由于各种现实政治斗争和冲突，一些极端主义者打着伊斯兰教的旗号排斥以美国为首的西方文明。因此，中东伊斯兰国家文化与美国文化外交间的关系在很大程度上表现为打着伊斯兰旗号的伊斯兰极端主义与美国文化外交之间的冲突。

第二节 中东伊斯兰国家政府层面的因应措施

一 中东伊斯兰国家政治现状

（一）不同的政治制度

1. 君主制国家

目前，在中东伊斯兰国家中，共有约旦、沙特阿拉伯、阿曼、科威特、巴林、卡塔尔、阿拉伯联合酋长国和摩洛哥等8个国家为君主制国家。其中只有沙特阿拉伯实行君主专制制度，其余7个为君主立宪制国家。沙特阿拉伯更是以《古兰经》和《圣训》为治国的依据。随着越来越高的政治变革呼声，法赫德国王于1992年2月29日召开内阁特别会议，通过了《政府基本法》、《协商会议法》和

---

① 刘小燕：《国家对外传播载体的另一视角：宗教文化外交》，《现代传播》2010年第1期。

《省组织法》等三项重要法案。这三大法案的颁布，反映了沙特阿拉伯政府在民主化发展道路上迈出了重要一步①。这7个君主立宪制国家都先后制定了宪法，根据宪法，这些国家的国王、埃米尔②或素丹③既是国家的象征，又是拥有国家绝对权力的君主，掌握着国际行政大权，在这些国家，议会只是处于从属地位，受到国王、埃米尔或素丹的制约。

此外，这8个君主制国家均实行部落家族统治。首先，这与贝都因人的部落忠诚有关。贝都因人在阿拉伯半岛以放牧骆驼和羊为生，实行部落家族制，家族和部落是贝都因人的唯一依靠，因此贝都因人以对部落忠诚为荣。尽管如今贝都因人的数量大大减少，但是在君主制国家对部落家族忠诚的传统沿袭至今。其次，伊斯兰教是开放、容忍的宗教，但同时又规范着广大穆斯林的言行。君主制国家的统治者们利用伊斯兰教在穆斯林中的广泛影响来竭力维护以部落家族统治为特征的君主制国家制度。最后，以美国为首的西方国家也在维护着这8个国家的君主制政体。因为君主制政体较之共和制政体更为传统和保守，对西方，尤其是美国的政策比较温和，这符合美国和其他西方国家的利益。

2. 共和制国家

在22个伊斯兰国家中，除了8个君主制国家，剩下的14个国家均实行共和制，对于这些国家中的大部分来说，共和制建立的时间都不长，最长的不到50年。并且这22个国家的共和制的政治体制又是多种多样的，包括总统制、议会制和领袖制等，其中领袖制又包括世俗领袖制和宗教领袖制。中东伊斯兰国家之所以存在不同的共和制度，这与各个国家特定的政治环境、历史背景、经济状况、文化传统、领导人出身等有一定关系。而且并非同一因素对同类型

---

① 陈建民：《当代中东》，北京大学出版社，2002，第30页。
② 埃米尔是阿拉伯国家的贵族头衔，意为酋长、头人等。——编者注
③ 素丹是部分伊斯兰教国家君主的称谓。——编者注

国家都起同等作用，往往是各国的特色因素起着至关重要的作用①。但是就领导人素质而言，共和制国家的许多领导人都接受过西方民主教育，受到西方思潮的影响，有的甚至还受到了马克思列宁主义、社会主义理论与实践的影响，因之皆倾向共和制②。

（二）中东伊斯兰国家的动荡局势

尽管中东的经济和社会都取得了较快发展，但是，由于种族、宗教等原因，中东又成为世界上最为动荡的地区。翻开战后中东的历史，战争、冲突和暴力事件接连不断，特别是几次阿以战争、两伊战争，以及两次伊拉克战争，导致阿拉伯国家经济状况严重倒退和社会管理效率低下。

1. 阿以冲突

阿以冲突在中东地区的矛盾中是历史最久、积怨最深，也是影响最大的。1948年以色列的建国成为了历史的转折点，使得双方的矛盾更加深化，而以色列的诞生正是得到了美国的大力支持，阿拉伯国家对以色列拒不承认。经历了五次中东战争，阿以两国开始了艰难的和平之旅的探索，但直到今日巴勒斯坦问题依然是二者难以逾越的鸿沟。阿以冲突涉及两个民族宗教、文化、领土等多方面根深蒂固的矛盾，为此，国际社会有关方面多次尝试为实现和平做出努力。1973年第四次中东战争以后，埃及、以色列和美国三国首脑于1978年9月在美国戴维营举行会谈，签署了《关于实现中东和平的纲要》和《关于签订一项埃及同以色列之间的和平条约的纲要》两份文件，即"戴维营协议"。该协议为埃、以双方在次年正式签订和平条约、结束战争状态打开了通道，加速了巴勒斯坦和叙利亚同以色列进行谈判的进程，推动了中东和平进程的发展。然而，"戴维营协议"虽然为解决埃以矛盾奠定了基础，但对约旦河西岸和加沙

---

① 从日云：《当代世界的民主化浪潮》，天津人民出版社，1999，第71页。
② 王彤：《当代中东政治制度》，中国社会科学出版社，2005，第7页。

地带只提出了所谓的自治问题,对耶路撒冷归属和戈兰高地等问题根本没有涉及。这也为日后二者的矛盾被不断激化留下了隐患。

2. 海湾危机

海湾位于中东地区的东侧,以盛产石油著称于世,中东主要产油国如沙特阿拉伯、伊朗、伊拉克、科威特、阿拉伯联合酋长国等都集中在这里,是美国、西欧、日本等工业发达国家石油供应的重要来源,成为世界一大战略要地,在世界地缘政治中占有重要地位。

在该地区,由于历史、宗教,以及殖民统治等诸多因素的影响,存在大量的领土与边界争端,其中包括伊拉克与伊朗、科威特之间的领土主权之争。这也直接造成了从1980年9月22日到1988年8月20日历时长达8年之久的两伊战争。尽管在战争中,美国采取了"中立"的立场,但为了加强自己在海湾的地位,实际上却支持伊拉克,这给该地区的发展埋下了隐患。自1988年8月两伊战争结束以来,海湾局势虽曾一度缓和,但是风云突变,伊拉克和科威特之间的领土和石油争端又突然冒了出来,成为引爆这场海湾危机的导火线。伊拉克于1990年发动了对科威特的军事占领。这次美国没有再支持伊拉克,而是对其实施了代号为"沙漠盾牌"的军事行动,并于1991年1月17日演变成了代号为"沙漠风暴"的海湾战争。这场战争对中东的格局造成了深刻影响,改变了中东地区的力量对比,使得中东局势发生了改变。

海湾危机是伊科争端激化的结果,其主要原因包括三点。其一,关于石油政策。伊拉克指控科威特伙同阿联酋超产石油,导致油价下跌,使伊拉克蒙受140亿美元的损失。其二,领土纠纷。伊科之间120公里长的陆地边界有一段盛产石油的沙漠地区尚未划界,伊拉克指控科威特在属于伊拉克的鲁迈拉油田南部盗采价值24亿美元的石油,科威特认为该油田南部延伸到科境内,属科领土。其三,债务问题。两伊战争期间,伊拉克欠科威特、阿联酋及其他海湾国家300亿美元债务。伊拉克提出与伊朗作战保卫了阿拉伯民族,要求正式免除欠科威特的约150亿美元的债务。科、阿等国难以接受。

海湾危机是造成中东地区局势动荡的又一大原因。

3. 民族矛盾

中东地处欧、亚、非三大洲结合部,是东西方文明的交汇点,中东伊斯兰国家虽共同信仰伊斯兰教,但是民族众多,主要有:阿拉伯、土耳其、波斯、库尔德、犹太等 10 多个民族。复杂的民族构成,加之历史上形成的恩怨等多种因素,使得中东地区民族问题十分尖锐,不可避免地会产生民族间的矛盾。

首先,少数民族问题。库尔德问题是困扰中东地区的一个民族问题,是中东地区的主要跨界民族问题。库尔德人与阿拉伯人、土耳其人和波斯人并称为中东四大民族。库尔德人最初居住在伊朗西北部,后逐渐向西、北迁移。历史上西方列强在中东地区的争夺,造成了当今库尔德民族四分五裂的现状,其主要分布在土耳其、伊朗、伊拉克和叙利亚等国。自 20 世纪 20 年代以来,西亚地区的库尔德人纷纷要求实现民族自决或独立,但均遭到本国政府的镇压和打击。第一次世界大战结束时,最初签订的《色佛尔条约》曾规定库尔德人独立,在库尔德斯坦成立独立的库尔德人国家。但随着事态的发展和土耳其凯末尔革命的爆发,拟成立的库尔德人国家化为乌有。此后,库尔德人在其各自的国家为实现民族自治和独立进行了长期斗争,其中尤以伊拉克库尔德人(近 500 万)和土耳其库尔德人(1000 多万)为甚[①]。库尔德人也信仰伊斯兰教,并且有自己的语言和文字——库尔德语和库尔德文。库尔德问题源于大国和地区国家之间互相进行的利益争夺。至今,库尔德人依然在努力争取着民族独立和自治。

其次,主体民族间的矛盾与冲突。阿拉伯人与犹太人的矛盾是中东民族问题的核心,是最为重要的民族矛盾,是中东地区长久以来战乱频发、动荡不安的根源。此外,阿拉伯人与波斯人在历史上曾多次兵戎相见,积怨甚深。二者间的矛盾主要表现在领土纷争(主要包括阿拉伯河主权、霍尔木兹海峡、大小通布岛及阿布穆萨岛

---

① 李绍先:《伊拉克战争遗患无穷》,《现代国际关系》2007 年第 5 期。

等问题）和宗教纷争（什叶派与逊尼派的纷争）两个层面上。此外塞浦路斯也存在民族矛盾——占人口75%的希腊族人和占18%的土耳其人之间的矛盾。两族矛盾至今依然没有得到完全解决。希土两族矛盾可以追溯到奥斯曼帝国以及凯末尔革命，当代的矛盾主要集中在塞浦路斯问题上。1960年塞独立后，两族矛盾逐渐加剧。1974年7月，土出兵塞岛占领北部37%的土地，并成立"土族邦"；1983年11月，塞土族宣布成立"北塞浦路斯共和国"，但迄今只有土承认其为独立国家。

最后，部族部落问题。一般来讲，部族部落问题属于一个国家内部的问题。在中东伊斯兰国家，一些拥有强大势力的部落、家族，如沙特（沙特阿拉伯）、布发拉赫（阿联酋）、撒巴赫（科威特）家族等既掌握了国家权力，又较好地处理了同其他部族、家族的关系，协调现代政治与家族统治，社会经济发展与部落、家族利益等关系。在这些国家，部落、家族矛盾相对缓和。而在也门也存在众多的部落，部落争斗成为1994年也门内战爆发的重要原因之一；苏丹长期被种族、部落问题所困扰，至今部族纠纷仍然不断。

4. 宗教冲突

宗教的本质是为了人内心的平静和世界的和平，为了使生命从此岸到达彼岸，一切宗教的出发点都是善良的，但由于人类认识上的局限和差异，形成无数难以自圆其说的教义，诞生了无数的宗教派别和派系，而宗教派别和派系的林立，不仅不利于世界的和平，更成为世界动荡不安的一个主要因素。

教派冲突一直是权力斗争的产物，伊斯兰教政治派别的出现就与哈里发国家内各种政治势力的斗争密切相关。而教派产生后在教义上的不同论争，又使各派政治势力之间的斗争更加激烈和复杂，贯穿于伊斯兰教整个历史发展过程中[1]。历史上，两派争夺哈里发的

---

[1] 参见中国伊斯兰百科全书编委会《中国伊斯兰百科全书》，四川辞书出版社，1994，第21页。

流血斗争不断,曾发生数次大规模战争。公元 680 年,阿里的次子侯赛因在前往库法途中遭遇逊尼派武装伏击,最终在卡尔巴拉遇难。卡尔巴拉事件在什叶派内心留下了难以抚平的创伤,成为什叶和逊尼两派分裂的标志,为殉教者侯赛因报仇成为什叶派最具煽动性和凝聚力的政治口号。

中东伊斯兰国家中,黎巴嫩内战的根本原因就是众多的教派之间的权力之争。黎巴嫩的民族结构比较单一,阿拉伯人占到总人口的 95%,但是有众多的宗教派系。仅基督教就有马龙派、希腊东正教、新教、罗马天主教和亚美尼亚教派等等;而伊斯兰教有逊尼派、什叶派等等。在黎巴嫩实行根据人口统计结果"教派分权的政治体制",这就为宗教冲突造成了隐患。再加上外来势力的影响,尤其是美国长期以来和黎巴嫩基督教保持着友好关系,加剧了黎巴嫩的内战。这场内战持续了 15 年,给国家和民众带来了巨大灾难。

5. 伊斯兰回潮

伊斯兰世界特别是阿拉伯国家经历了大动荡、大变革、大调整的时代巨变。政治上,埃及、突尼斯、利比亚、也门等伊斯兰国家正进行着曲折漫长的调整过渡,"旧"已破但"新"难立,变革与无序并存,游行示威、暴力冲突、政治暗杀一再表明局势的不稳定、未来的不确定。

在中东地区的"阿拉伯之春"后,又出现了"伊斯兰回潮"。首先在埃及,穆斯林兄弟会的候选人穆罕默德·穆尔西(Mohamed Morsy)于 2012 年 6 月 24 日以 51.7% 的得票率在决胜轮以微弱优势战胜埃及前总理、军人出身的艾哈迈德·沙菲克(Ahmed Mohamed Shafik),当选为埃及的第五任总统。他也是埃及首位民选的非军人总统,同时也表明埃及伊斯兰极端主义者取得了胜利。在埃及之外的阿拉伯世界,人们用热情与失望交织的复杂情绪迎接穆尔西当选[①]。

这为中东地区的伊斯兰极端主义带来了空间。埃及的这种情况

[①] 刘睿等:《西方对穆尔西将信将疑》,《环球时报》2012 年 6 月 26 日,第 1 版。

正在突尼斯、利比亚等国重现：独裁政权被自由主义者推翻或颠覆，但很快又遭到伊斯兰极端主义和萨拉菲主义者的排挤。埃及之外，利比亚也比较突出。西方，尤其是美国，在利比亚投入不少的财力与物力，而"阿拉伯之春"后，利比亚却成为最为反对西方的中东伊斯兰国家。甚至美国驻利比亚大使都在暴乱中丧生。原因无不与伊斯兰极端主义有关，极端主义的军队掌控着国家，重要的部族也开始分裂。叙利亚、约旦、阿尔及利亚等国也都面临着伊斯兰极端主义的问题。

二 中东伊斯兰国家政府对美国文化外交的回应

（一）中东伊斯兰国家政治现状对美国文化外交实施的影响

首先，在不同政治制度的国家对美国文化外交的回应有相似之处也有差异。就相似性而言，中东伊斯兰国家，无论是君主制国家还是共和制国家，普遍对美国文化外交实施过程中所传递出的文化信息存有芥蒂，因此都采取了一些回应的方式来应对美国的文化外交。但是，在君主制国家，统治家族掌握着国家最高权力，他们会竭尽全力维护现有的制度和特权。因此，就程度而言，这些国家对新的思想和文化会采取更为保守的态度，以防威胁到他们的政治地位和特权。在共和制国家，由于许多领导人受西方思潮的影响，对美国的思想和文化采取相对开放的态度。如在埃及本土进行的"埃及妇女歌唱"活动就得到了埃及政府的认可。

其次，对现代化变革的接受程度也影响着对外来文化的接纳程度。在沙特阿拉伯这样的君主制国家，保守的宗教规范依然是广大穆斯林遵从的原则。一般认为，宗教信仰越保守，其政治倾向就越不宽容[1]。根据传统，政府规定电影院、剧场和其他娱乐场所均属于

---

[1] 王林聪：《中东国家民主化问题研究》，中国社会科学出版社，2007，第132页。

被禁止的地方。因此，民众的文化生活是非常单一的，这对美国文化外交的艺术交流项目而言是非常大的障碍。

最后，中东伊斯兰国家动荡的局势对文化外交的实施造成不利的影响。首先使得许多项目中断，如富布莱特项目。在"9·11"事件之前很长的一段时间里，美国与中东许多伊斯兰国家间的教育与文化交流非常有限。例如，美国与阿富汗的教育文化交流活动在20世纪50年代初就已经开始，但是在1979年至2001年期间，由于阿富汗国内的局势问题，美国同阿富汗之间的各种交流活动都陷入停滞。"9·11"事件之后，交流活动才重新开始。在伊拉克，美国的富布莱特项目早在1952年就开始了，而在1989年中断，直到2003年才予以恢复。这无不与萨达姆的统治有直接关系。其次，中东伊斯兰国家的动荡局势使得各个国家决策层更多关注的是军事、经济层面。面对国内的冲突，许多国家无暇关注民众的文化教育，而是把更多的精力投入到稳定政治局面中去。

（二）中东伊斯兰国家对美国文化外交回应的具体内容

中东伊斯兰国家对不同的文化外交项目采纳了不同的方式。总体来讲，对于教育交流项目和艺术交流项目持比较支持的态度，而对于倡议互动项目和大众传播项目中的一些活动持抵制态度。

1. 对于教育交流、艺术交流项目

一方面，关于教育交流项目。正如前文所述，教育交流项目在一定时期内也有过中断。但是就当前而言，也就是在"9·11"事件以后的时期，教育交流项目不仅重新展开，而且增加了许多有针对性的项目。比如富布莱特增加了伊拉克访问学者项目、爱兹哈尔大学伊斯兰研究项目等等，并且在交流项目上增加了有关伊斯兰和阿拉伯语的相关内容。此外，参加教育交流项目的人数也在不断增加。因而就教育交流项目而言，中东伊斯兰国家政府持比较认可的态度。一方面政府认识到教育在现代发展中的重要性；另一方面中东各个国家也渴望能获取美国先进的教育理念和科技人文知识，阿富汗高等教育部长渴望派遣英语教师进行英语语言教学项目就是很好的例子。

另一方面，对于艺术交流项目。对艺术的美好追求也是人类的共性之一。尽管一些伊斯兰国家受保守势力的影响，禁止许多娱乐活动，比如沙特阿拉伯，但是艺术交流项目在大部分中东伊斯兰国家还是得到了政府的认可，比较顺利地得到开展。比如上文提到的"埃及妇女歌唱"活动由美国驻开罗大使馆发起并进行，也得到了埃及相关部门的支持。同时，许多美国艺术家通过艺术交流项目顺利得到签证，到达各个中东伊斯兰国家开展相关活动。

2. 对于倡议互动、大众传播项目

对于倡议互动和大众传播项目而言，中东伊斯兰国家对于不同的活动采取了不同的方式。比如一些国家政府对 2002 年由国务院发起的"分享价值观倡议"活动的抵制。"分享价值观倡议"活动动用了美国政府大量的精力、人力和财力，花费高达 1500 万美元，制作了印刷品、电视广告和微型纪录片等等。尽管有大约 2.88 亿的人观看了影片[1]，但是该片依然被认为是一个单纯的宣传片，好几个阿拉伯伊斯兰国家禁止播放这样的宣传片，如埃及、摩洛哥、黎巴嫩和约旦等。这些国家政府认为这些纪录片很大程度上是美国政府在进行政治宣传，并且使得这些国家成为美国进行政治宣传的工具。因此，尽管这些影片反映的同样是穆斯林的生活，只不过是他们在美国的生活，但这些国家不愿意让这些纪录片在自己的国家播放。这样的结果使得"分享价值观倡议"活动的影响力也大大削弱，并没有达到预期的效果。这种状态下，也使得该活动在第二年的 7 月份过早地宣告结束。此外，《你好》杂志遭到诸如沙特阿拉伯、叙利亚和阿尔及利亚等一些阿拉伯国家的抵制，原因无外是对其宣传特性感到难以接受。甚至在一些国家，如埃及，美国的公共外交官活

---

[1] Stephen C. Johnson, *Improving US Public Diplomacy towards the Middle East*. The Heritage Foundation, 2004.

动受到秘密警察的监控。而早在卡特政府时代的叙利亚政府和阿尔及利亚政府就实行过严格控制，美国公共外交官不能够进行政治活动，但在教育和文化交流方面限制较少。

反过来讲，有些项目得到许多国家的积极响应。比如文化保护大使基金作为一项文化互动项目，由于经费有限，每年只能在许多国家进行资格认定从而确定合作对象。该项目对于许多中东伊斯兰国家而言，不仅保护了民族文化遗产的传承，而且在活动过程中，也能学习到先进的技术知识，可谓一举两得，因此该活动受到许多中东伊斯兰国家的支持，再如美国在各个国家设立的海外信息中心也得到各个国家政府的支持，这些信息中心由美国管理，但是其基础设施均由各个国家政府提供。

总而言之，就中东伊斯兰国家政府层面而言，对待美国文化外交的共同之处在于对于某些说教式、宣传式、单向式、有"宣传嫌疑"的活动比较反感，持抵制态度，而对于真正有利于自己国家文化教育活动的项目是持认可态度的，并进行了配合。其差异之处就在于，对待美国文化外交视本国国内政治稳定情况和其他政治因素的影响而决定，如富布莱特项目在伊拉克和阿富汗的中断，之后又重新开始。还有美国对伊朗核问题的态度使得伊朗采取的抵制美国文化外交的措施比其他国家更加典型。

（三）中东伊斯兰国家针对美国的文化外交措施——以伊朗为例

中东伊斯兰国家本土传媒的反弹也在一定程度上抵制了美国对中东伊斯兰国家以传媒方式进行文化外交的有效推进。正是由于其军事手段难以奏效、硬权力受到削弱，美国才大力倡导对伊斯兰世界的文化外交，并加强在中东伊斯兰国家的传媒运作，即试图动用其软权力来实现其战略意图和国家利益。由于各种主客观的原因，外部世界对中东伊斯兰国家的报道常失于客观，这些国家媒体的声音又无法畅通传递，甚至其内部也没有形成一个拥有广泛公信力的传媒。作为伊斯兰国家和发展中国家的民众，人们更愿意看到本国和本民族的媒体能够早日"发出自己的声音"，这已成为中东伊斯兰国家和发展中国家的普遍心理。正是在这样的背景下，在伊战前后出现了当今阿拉伯电视媒体中影响力最大、最受欢迎的"四大金刚"：卡塔尔的"半岛"电视台、阿联酋的阿布扎比电视台、沙特的阿拉伯人电视台和黎巴嫩广播电视公司。这些电视台信号覆盖整个中东地区，甚至欧美一些国家的阿拉伯移民也喜欢收看这些电视台的节目。阿拉伯媒体评论家纳赛尔称这些阿拉伯电视台"是阿拉伯世界反美和反以潮流的领头羊"，正在或将要对以美国为首的西方霸权文化构成强有力的威胁和抵拒[1]。除了阿拉伯电视传媒的四大金刚之外，伊朗政府也大力发展自己的声音，以此来回应美国的文化外交。

作为伊朗伊斯兰革命意识形态原则之一的传播革命一直是革命后伊朗外交政策的主要目标之一。事实上，伊朗领导者相信他们的国家承担着向全世界传递信息的职责。为实现这个任务伊朗有两大目标：引导别国理解他们的神意和宗教；尝试建立统一的伊斯兰社会，以使伊斯兰在社会建设中扮演重要角色。伊朗外交在以下领域是活跃的：告知世界伟大文明之一的伊朗文明和文化；输出基于伊斯兰价值观的伊斯兰思想的纯洁形象；创建一个伊斯兰文化和思想融合的形象，并通过什叶派教义得到证明；促进伊朗传统、历史、历史遗迹、亚文化和民族文化和其他国家人们间的交流[2]。而美国在实施文化外交的过程中也在传播着美国的文化价值观：民主、个人主义、自由表达、文化多样性等等，这不免在一定程度上与伊朗的"神意"和"宗教"有一定的碰撞。伊朗政府并没有完全成为美国文化外交的接受国，相反，伊朗政府也在积极努力地实施着文化外交，以此来传递伊朗的伊斯兰文化价值观。伊朗文化外交的主要方

---

[1] 余泳：《美国对阿拉伯—伊斯兰世界的传媒外交》，《阿拉伯世界研究》2006年第6期。
[2] Abbas Maleki, "New Concepts in Cultural Diplomacy", *Iranian Diplomacy*, 2008.

式是大众传播项目中的广播电视。

第一,伊朗西语拉美电视台。

说西班牙语的拉美人是美国四大人群之一,在美国人口构成中占有一定比例,其影响力也是非常大的。西语拉美电视台(Hispanic TV)是伊朗伊斯兰共和国广播电台(Islamic Republic of Iran Broadcasting,简称 IRIB)最新的网络卫星节目尝试,目标群体就是美洲说西班牙语的拉丁美洲人。最初通过互联网提供讯息,并最后得到分析论证,2012 年年初计划通过卫星广播扩展业务[1]。西语拉美电视台的主要目的是向讲西班牙语的拉美人群提供一个完整的多媒体服务平台,通过电视和网络向文化交流提供机会。进一步的目标包括:制作有关伊朗、中东和说西班牙语拉美人的有关文化视听和电影资料;反映出讲西班牙语国家的现状,包括其社会结构和背景;通过电视和网络翻译每日社会新闻;发展、提供并支持有关广播的视听设备,并进行有效反馈;播放具有信息性的节目,包括艺术、文化、经济、教育、娱乐、饮食、健康、政治、科学、社会问题、体育、技术和其他领域;使得西语拉美电视台成为伊朗、中东和拉美人民间友谊和理解的桥梁,以共同分享博爱和兄弟之情、团结和正义之感[2]。

第二,伊朗新闻电视。

伊朗新闻电视(Press TV)是一个目标为欧洲和北美的 24 小时英语卫星节目网络。总部在德黑兰,提供纪录片、新闻分析和体育简报。伊朗新闻电视的任务是"留意世界人民的声音和观点;修建文化理解的桥梁;鼓励不同民族、种族和宗派的人们之间文化认同;讲出直接经历政治和文化分歧人士的故事"[3]。但是伊朗新闻电视被指责是伊

---

[1] *Spanish language TV channel in Iran*, the website of the prisma, www.theprisma.co.uk, accessed July 3, 2011.

[2] QU ES HISPANTV, www.hispantv.com, http://www.hispantv.com/About.aspx, accessed Octber 31, 2011.

[3] Press TV, Presstv.ir.2010 - 09 - 27, http://www.presstv.ir/About.html, accessed Octber 31, 2011.

朗政府的代言人①。因此伊朗新闻电视也具有美国电视广播的一些弊端，即带有说教宣传的特点，而缺少了互动交流的文化外交本质。

总而言之，西语拉美电视台和伊朗新闻电视是伊朗尝试文化外交的一个措施，而且目标人群都在一定程度上定为美国的公众。它传播的是伊朗的伊斯兰文化、向目标公众展示的是伊朗的伊斯兰文化价值观，这对美国的公众而言也是一次认识伊斯兰文化、了解伊斯兰价值观的过程。

第三节　中东伊斯兰国家民众层面的反响

一　中东伊斯兰国家民众现状

（一）中东伊斯兰国家人口特点

中东伊斯兰国家人口状况的一个突出特点是青年人口占总人口的比例较大，此外，美国文化外交实施的主要对象也为青年人，因此，青年人问题是中东伊斯兰国家民众现状的一个典型特点。

1. 青年膨胀

科技进步带来的出生率提高、婴儿死亡率下降使得中东国家，尤其是伊斯兰国家，正在经历青年人口快速膨胀期，青年人在当地人口总数中所占比例非常高，人口低龄化现象非常严重，30岁以下的人占总人口的60%，是发达国家的两倍。美国皮尤研究中心公布的《世界穆斯林人口的未来》报告把这种人口现象称之为"青年膨胀"（youth bulge）。所谓"青年膨胀"，就是青年人在人口总数中所占的比例已达高峰②。这是中东伊斯兰国家当前社会的普遍现象。人

---

① BBC Newsnight, http://www.youtube.com/watch?v=ToCUt4lljpM&feature=player_embedded, accessed Octber 31, 2011.
② 张永汀：《中东北非动荡凸显青年问题》，《中国教育报》2011年9月12日，第4版。

口结构中如果青年群体居多，就会与经济、社会发展不相协调，人口结构安全风险很可能转化为国家社会政治安全问题。青年人口的居多向教育、就业、社会福利、生活满意度等也提出了严峻的挑战。

2. 暴力在青年人中的影响

激进化是一个过程，一个人是在这样一个过程中逐渐拥有了允许或常常主张暴力的激进观点。这不仅对中东伊斯兰国家，对世界其他国家都是一个挑战，因为激进化经常出现在年轻人思想中，它远远超出了一个国家传统外交所能触及的范围。但是，对这个过程所开展的调查提供了一些思路，即外交政策和政府如何开始影响它，甚至穿越国界和文化障碍。马克·萨格曼（Marc Sageman）是美国前中央情报局（CIA）官员，开展了大量关于激进恐怖分子的调查以搞清楚激进化的原因。他分析了500个案例，认为激进化通常发生在四个时期：当个人对穆斯林在国外遭遇道义迫害有所反应的时候容易激发；对所遭遇的伊斯兰和西方间摩擦的误解容易引发；个人在西方国家的负面经历会点燃憎恨；个人加入了恐怖主义网络，这里会成为他的第二个家，煽起最初的激进世界观，让他时刻准备好，直至殉葬[①]。如今，全世界有15亿多穆斯林，到2025年将有18亿，15~24岁的穆斯林男性将会超过现今9%的比例[②]。而这其中有相当一部分穆斯林居住在中东伊斯兰国家。此外，恐怖主义最主要的雇佣人口就是这些穆斯林男性。首先，人口分布中如果有更多的年轻人，就会常常伴随着政治暴力。其次，大量人口的出现会使得国家监控和治安管治更加困难，这就会阻碍反恐的实行。除非他们的动机会减少，否则这些工作会很艰巨。最后，将会有更多的年轻穆斯林生活在窘迫、失败的状态里，这是叛乱的又一个重要温床。本·拉登选择苏丹和阿富汗作为基地不是巧合，窘迫的状态无法提

---

① Azeem Ibrahim, *Mehmet Celebi*: *How to Improve the United States'Image in the Muslim World*, report of Institute for Social Policy and Understanding, 2010.

② Azeem Ibrahim, *Mehmet Celebi*: *How to Improve the United States'Image in the Muslim World*, report of Institute for Social Policy and Understanding, 2010.

供安全、稳定和机会，这容易使年轻人走向激进，这种倾向非常容易造成动乱、暴动，给社会带来不安定。

3. "三无青年"

由于国内、国外的各种原因，中东伊斯兰国家的青年群体面临着许多问题。德国的《明镜》周刊曾以"阿拉伯危机：没有工作，没有钱，没有老婆"为题称，阿拉伯青年看到的是一个黯淡的未来①。这也是中东"三无青年"叫法的由来。"三无青年"的增多引发了中东伊斯兰国家的许多社会问题，包括教育问题、就业/失业问题、参与社会生活和决策问题，以及网络问题等等。

(二) 中东伊斯兰国家社会问题

首先是教育问题。随着科技的发展、全球化的深入；更重要的是，中东国家利用巨额石油美元发展多样化经济，使得这些国家普遍认识到经济发展、社会进步与教育发展息息相关。中东地区民族国家独立后，特别是最近一二十年中，国家对教育的投资有所增加，学生的入学率有所提高，文化教育方面取得了很大的发展，但与拉丁美洲或东南亚地区相比，中东地区对基础教育的投入落后于其他地区至少一代②。中东地区文化教育程度的相对落后是中东市民社会发展缓慢的重要原因之一，它直接影响到中东社会的全面发展，特别是中东市民社会的发展。一个直接后果就是影响现代民主政治思想的传递，以及一个自觉的、充满活力的社会变革阶层的形成。无论如何，通过良好的教育，人们获得更多的知识，对社会就会有更深刻的认识。青年一代的教育培养和就业关系着国家的稳定大局。中东伊斯兰国家正在经历青年人口快速膨胀期，他们接受过高等教育，受到西方价值观的影响，追求自由和民主。但是，经济形势的不景气、政治体制的僵化，使得他们的理想与现实之间落差巨大。

---

① 黄培昭等：《中东为低龄化伤脑筋》，《环球时报》2011年3月7日，第7版。
② 参见〔美〕布拉德福德·德隆《转变中东经济的战争才刚刚开始》，袁奇译，《商务周刊》2003年第16期。

当一群年轻且受过一定良好教育的人口拥挤在无法提供安身立命条件、畸形发展的国家里的时候，教育的消极一面也就彰显出来了。尤其是一群比父辈受过更多良好教育的青年处在地缘政治比较特殊的中东伊斯兰国家里，他们思想的进化程度远远高于所在国家所能接受的程度。

其次是就业/失业问题。国际劳工组织（ILO）2010年8月的报告显示，中东地区26岁或以下失业青年逾23%，远高于拉美（16%）、东亚（8%）和东南亚（15%）[1]。比如，叙利亚全国失业率高达20%，许多年轻人在国内找不到工作[2]。2010年，埃及人口年龄的中位数是24岁，突尼斯的中位数是29.7岁。人口中位数意味着一国人口50%低于这个数字，50%高于这个数字。换言之，这是两个国家有超过50%的人不满30岁。而在这样一个具有高度年轻人口结构的国家中，年轻人的失业率还相当高。评级机构穆迪公司的数据显示埃及年轻人的失业率常年保持在20%以上，甚至接近或超过30%[3]。摩洛哥受过中等以上教育者的失业率为45.3%，阿尔及利亚为54.2%[4]。在这样一些高失业率的国家，社会动荡的隐患不容忽视。

再次是参与社会生活和决策问题。中东伊斯兰国家的青年群体受到大环境的影响，被给予了各种各样的称呼，如上文提到的"三无青年"，还有"叛逆的一代"、"危机人群"等等。作为"没有工作、没有钱、没有老婆"的群体，他们甚至连自身最基本的生存需求都无法满足，他们如何去参与社会生活和决策？换句话说，他们所在的国家政府连这些青年群体的基本需求都无法满足，更何谈去保证他们的参与呢？

---

[1] 联合早报网，http://www.zaobao.com/wencui/2011/03/hongkong110318m.shtml，2011年11月28日。
[2] 陈双庆：《叙利亚动荡政局及其走势》，《国际资料信息》2011年第6期。
[3] 沈逸：《对突尼斯和埃及局势的深度解读》，《学习月刊》2011年第3期。
[4] 东方晓：《北非中东政治变局原因初探》，《现代国际关系》2011年第3期。

最后是网络问题。青年人是掌握先进技术的先行者,他们精通网络,深谙各种新技术手段,构成了所谓的"脸谱一代"。他们通过"推特"(Twitter)、"脸谱"(Facebook)等快速发展的网络新媒体互相交换信息,联络活动、组织策动示威活动。加之,中东伊斯兰国家普遍存在"威权统治",民众发表言论的途径极其有限,所以只能通过网络发表自己对时政的看法。比如在突尼斯,总人口将近50%的25岁以下年轻人成为网民主力①。美国《福布斯》杂志称:"(在阿拉伯之春中)突尼斯成为阿拉伯世界首个通过公民暴动推翻其领导人的国家,或者更确切地说是网民。"②这些社会问题的愈积愈深引发了国内危机,这也是伊斯兰国家政治不稳定的重要诱因。

(三)中东伊斯兰国家民众现状引起他国重视

中东青年问题不仅在中东伊斯兰国家产生了一定的影响,西方社会也早已对其有所关注,尤其美国政府也对该问题非常重视。2008年4月6日,超过10万名埃及网民通过"脸谱"社交网站支持工人罢工,这场运动随后发展为全国性罢工。这也成为"4月6日"青年运动成立的推动力。"4月6日"运动得到了华盛顿的关注,其中的一些人还受邀前往纽约与来自全球的青年领袖见面,一批高级专家也被招来"寻找利用数字技术推动自由和公平,反对暴力、极端主义和压迫的最佳手段"。"脸谱"、谷歌、YouTube、MTV等美国公司还帮助他们成立青年运动联盟。美国在中东伊斯兰国家的文化外交,无论是教育交流、艺术交流、倡议互动,还是大众传播项目无不体现了对青年群体的重视。首先,教育交流方面,美国在中东伊斯兰国家实施的英语教学项目、青年交流与学习项目、大学生学习伙伴计划项目,以及富布莱特项目等等,都对伊斯兰国家

---

① 张永汀:《中东北非动荡凸显青年问题》,《中国教育报》2011年9月12日,第4版。

② 张永汀:《中东北非动荡凸显青年问题》,《中国教育报》2011年9月12日,第4版。

的教育发展带来了一定的积极影响,但同时也给这些国家的青年群体带来了思想上的冲击。其次,艺术交流方面,美国开展的多项活动主要把目光放在了青年群体身上。如嘻哈乐特使项目,通过嘻哈乐寻求"参与到穆斯林年轻人的心灵深处"。再次,倡议互动方面。许多项目也为年轻人提供机会去增加对他国文化的了解。比如国际写作计划,在近几年为中东伊斯兰国家的讲阿拉伯语的青年作家专门举办写作研讨会,使得这些青年作家和西方作家,尤其是美国作家有了相互了解的机会。最后,大众传播方面。它的目标群体更是重点针对青年人。如《你好》杂志的目标读者群就是中东和北非的阿拉伯青年人,希望他们通过《你好》杂志更好地了解美国文化及其价值观。还有网络教育2.0的使用者大部分都是能够熟练掌握网络技术的青年群体。

二 中东伊斯兰国家民众对美国文化外交的看法

(一)对文化交流的渴望

中东伊斯兰国家持续不断的动荡局势、政治不稳定,不仅使当地的经济遭受重创,还给民众的生活造成了严重影响,如商场关门、学生不敢去上课等等。此时此刻,那些身处动荡中心、没有其他选择的人们,已经厌烦了持续不断的示威游行和暴力冲突,他们渴望能够尽快恢复正常的生活。比如最新民调显示,突尼斯90%以上的民众渴望尽快恢复正常生活,对于少数继续闹事的人,广大民众已经十分反感甚至厌恶[①]。

然而,普通民众缺乏了解美国的途径。在中东伊斯兰国家中,由于一些政府对媒体和信息渠道的监控,加之塔利班政权时期的反美宣传,广大伊斯兰世界缺乏了解美国的可靠信息来源,他们对美

---

① 《中东北非百姓深受动荡之苦》,《环球时报》2011年3月3日,第4版。

国所知道的信息并不是特别完整的,他们所了解的美国除了国内的报道之外,更多的是从美国在中东的对外政策中了解到美国的政治目的,但对美国的文化理念、价值观念、社会制度和决策制定过程并不是十分了解。

因此,当有关美国的文化,如流行音乐、英语语言教学、留学美国等活动到来的时候,广大伊斯兰民众是特别渴望的,因为这给他们的生活带来了崭新的一面。美国国务院负责教育、文化事务的代理助理国务卿海伦娜·凯恩·芬恩(Helena Kane Finn)女士曾描述过美国在土耳其文化外交对土耳其民众的影响:美国在伊斯坦布尔(Istanbul)、安卡拉(Ankara)、伊士麦(Izmir)和亚德那(Adana)的美国中心吸引了大批的拜访者[1],教职员工和学生都来图书馆借阅书籍。更重要的是,美国驻土耳其大使馆在这些中心举办演讲者项目(speaker programs)和其他文化活动,使土耳其人能够和美国人就一系列话题进行直接对话。当这些中心因20世纪90年代的错误举措而被关闭的时候,曾遭到大规模抗议。土耳其人因不能获得美国图书而感到沮丧,因不能聆听美国演讲者讲座而沮丧[2]。

(二)关于美国文化外交中的文化内容

1. 对美国流行文化的看法

不同国家有不同的看法,即使在同一国家,不同宗教团体对美国流行文化也有着不同的观点,这些差异反映出对美国观点的广泛意义上的差异。例如,在黎巴嫩,基督徒和逊尼派穆斯林非常热爱美国的音乐、电影和电视,而什叶派却非常反对这些文化产品。另外,在几个伊斯兰国家的大多数人,包括土耳其、约旦和埃及,则

---

[1] Helena Kane Finn, *U. S. Cultural Diplomacy in Turkey*, Council on Foreign Relations, 2002.
[2] Helena Kane Finn, *U. S. Cultural Diplomacy in Turkey*, Council on Foreign Relations, 2002.

不喜欢美国的音乐、电影和电视①。

西方作家联合会（the Writers Guild West）在"9·11"事件后举办了专题讨论会，会议主题是"美国娱乐在世界的影响"，讨论有关好莱坞与美国形象下滑之间的关系。与会的讨论者诺曼·帕提兹（Norman Pattiz），也是负责管理"美国之音"和"自由欧洲"电台等政府资助传媒的美国广播理事会（the Broadcasting Board of Governors）成员，援引了 2002 年全球民意调查的结论：人们不赞成美国的政策但是认可美国的流行文化②。也正是受到这样的鼓舞，帕提兹创建了萨瓦电台，用阿拉伯语广播，目标群为阿拉伯青年人。该电台的最大特点是把西方和阿拉伯流行音乐与美国风格的新闻简报结合在一起。这种形式受到了欢迎，尤其是受到喜欢美国流行文化的青年人的青睐。同时也替代了节目内容和形式更加严肃一些的美国之音的阿拉伯语节目（Voice of America Arabic service）。正如威尔逊总统（President Woodrow Wilson）曾经说道："流行文化是全球性的语言；非常关键的是，它把自身投放到了美国计划和目的的展现当中。"③ 萨瓦电台通过播放阿拉伯青年人喜欢的有关美国文化的流行节目，吸引了这部分青年人，使他们通过喜爱的流行文化节目来了解美国、理解美国。

还有一个典型的例子就是阿富汗史无前例的电视娱乐节目《阿富汗之星》（*Afghan Star*）。这档娱乐节目完全模拟流行于美国的《美国偶像》（*American Idol*）④，其目的是发掘新一代的美国歌手，获得当季冠军的选手就成为当年的美国偶像，并同时获得一纸价值百万美元的唱片合约。《阿富汗之星》与《美国偶像》的节目流程基本相似：首先成百上千的候选者参加海选，然后只有 12 个人能有幸进入总决赛，最后由观众投票选择一名选手成为当季的总冠军。

---

① Martha Bayles，"The Return of Cultural Diplomacy"，*Newsweek*，2008.
② Martha Bayles，"The Return of Cultural Diplomacy"，*Newsweek*，2008.
③ Martha Bayles，"The Return of Cultural Diplomacy"，*Newsweek*，2008.
④ 《美国偶像》的原型是英国电视节目《流行偶像》（*Pop Idol*）。

阿富汗在塔利班的统治中，禁止电影电视、严控娱乐活动、妇女不能接受教育等等，尤其是流行音乐与跳舞属于被控之列。这档节目对于经历了极端宗教统治的阿富汗来说，意义非凡。首先，用电话、手机等进行投票对于受到极端宗教控制的阿富汗民众来说简直就是新鲜事物，这也是他们首次参与并体验民主的程序。其次，一位女性参赛者在比赛时撤去了头巾，这对于在塔利班政权时妇女必须从头到脚裹挟在只有一块网沙供观察和呼吸的布衫（burga）中来说，那应该是违背了"三纲五常"。而这档节目体现了自由的表达，这正是美国价值观的含义所在。

另外，作为"韵律之路：美国音乐世界行"项目的代表，"波士顿男孩"（the Boston Boys）在其中东之旅中，也正在完成着美国文化外交的目标。他们的音乐是充满了美国音乐元素（移民、多样性）以及美国音乐镶嵌（American musical mosaic）的兰草/美洲（Bluegrass/Americana）。他们与当地的音乐家合作，如摩洛哥著名音乐家阿卜杜拉·埃尔米锐（Abdellah El-Miry），共同开展的活动非常顺利。"波士顿男孩"的发言人保罗·洛（Paul Rockower）说道："当地观众的反应非常积极，人与人之间的交流通过音乐的交流变得非常容易让人接受。"[1] 活动还受到当地报刊、广播和电视媒体的追踪报道。总之，美国流行音乐在当地受到的欢迎使得广大穆斯林加深了对美国音乐的理解。

然而，也有部分公众认为美国的文化伤风败俗、过于裸露，这对于宗规教律比较森严的穆斯林来说无法接受。不过这并不是完全由文化外交带来的影响，而是美国强大的商业文化在追求高额的经济利润时带来的结果，比如美国电影。像警匪剧《法律与秩序》（Law & Order）和《犯罪现场》（CSI：Crime Scene Invesigation）表现出了处在由民主保障的拥有权利和安全下的权威政体下的生活，以及对现实生活真实反映的电影《黑暗中的骑士》（The Dark Knight）

---

[1] 来源于作者对保罗·洛的邮件访问。

和《绝望主妇》(Desperate Housewives)。但是当那些没有其他途径获得有关美国信息的人们看到这些电影中所谓流行文化体现的粗俗、暴力、尖刻时，此时的影响就是负面的，甚至长久的。美国国务院追踪"国际访问者项目"的研究人员杰罗德·凯尔森（Jerrold Keilson）写道："看美国电视、好莱坞电影或者听流行音乐的人们会情不自禁地认为在我们的国家：我们可以和陌生人随便发生两性关系，我们可以带着枪漫步在街头并随时可能在激怒的情况下射杀邻居，或者我们过着一种充满铜臭味、吸着可卡因、骄奢淫逸的生活。"[①]

总之，美国在中东伊斯兰国家文化外交中所展示的流行文化受到了中东伊斯兰国家许多民众的欢迎。而美国流行文化的负面影响，尤其是受商业利益的驱动则遭到诟病，自然也无法得到一些中东国家民众的认可，许多人对此持否认或排拒态度。当然，也并非所有民众都能接受美国文化，有部分人是持否认态度的。但无论如何，美国文化已在中东伊斯兰国家产生了一定影响。

2. 对广播电视的看法

萨瓦电台和自由电视台是由美国政府资助的，它们用阿拉伯语播出，用以补充、取代当地固有媒体。尽管花费了大量公共外交的费用，并且也取得了一定成效，但是两家广播机构都没有完全站稳脚跟，也没有一项可信研究表明它们在当地民众的心目中有重要的影响力，尽管有很多听众、观众喜欢里面的美国流行音乐、娱乐节目。它们的问题并不是缺乏资金，而是与美国政府的关系，这一关系使得这些媒体在阿拉伯民众的眼中缺乏合理性。由于美国政府没有能力挑战阿政府对媒体的控制，所以它只好运行自己政府资助的媒体，因此萨瓦电台和自由电视台事实上破坏了更加广泛的改革努力。美国政府需要在该地区有自己的声音，但是如果当地人们知道这一声音来自美国政府，那么就对这一声音的可信性持怀疑态度。

---

① Martha Bayles, "The Return of Cultural Diplomacy", *Newsweek*, 2008.

只有非政府、不带偏见的节目，才会被倾听，也会被信任[1]。民间机构和政府相比是一个更加令人信服的信息传递者。

中东伊斯兰国家的民众们希望看到、听到的是更多美国先进、流行的文化，了解美国人民的生活，并从中立的新闻中认识世界，而不是看到、听到由美国政府掌控的政治信息的传递。这种信息缺乏真实性和信任感，因为它们更多的是宣传美国的政策和主张，让阿拉伯人和穆斯林信服美国、支持美国的政策。这种做法不容易引起人们的共鸣，其结果是适得其反的。

例如，成立于2004年2月的"自由之声"，是由美国政府出资兴办的，最初是覆盖中东地区的一家阿拉伯语电视台。由于美国实行偏袒以色列的中东政策，使得阿拉伯人的反美情绪强烈。"自由之声"的节目内容大多是宣扬美国的自由民主，这更加剧了阿拉伯人情绪上的对立，对"自由之声"也就更加排斥。黎巴嫩《使者报》总编萨泰赫·努尔丁（Satech Noureddine）说："我们不需要让一个新的电视台来教我们熟悉美国政策，或者向我们介绍美国的新形象。"[2] 并且电视台自身存在一些问题，其中最重要的就是，电视台工作人员中懂阿语的人少得可怜，能了解伊斯兰教和伊斯兰文化的人就更少了。更加令穆斯林无法接受的是，"自由之声"用基督教的问候语来问候电视机前的穆斯林听众，这样就难以赢得穆斯林的心灵。

"自由之声"仅仅是把美国公众所关心的内容重新包装，它思考问题的角度是还站在美国国内的立场上，所使用的语言也是美国国内公众所熟悉的，而却是大洋彼岸的穆斯林所陌生的。它仅仅是把信息翻译给阿拉伯，想象他们可以接受[3]。

可见，广播电视本来是一个能更广泛范围地接触普通民众的方

---

[1] Stephen Cook, "Hearts, Minds and Hearings", *New York Times*, 2004.
[2] 刘元培：《阿拉伯国家爆发卫视大战》，国际在线网，http://gb.cri.cn/27824/2009/03/25/3245s2467174.htm，最后访问时间：2012年11月27日。
[3] Azeem Ibrahim & Mehmet Celebi, *How to Improve the United States' Image in the Muslim World*, report of Institute for Social Policy and Understanding, 2010.

式，但一味地进行单向说教式的宣传，不仅起不到文化外交的作用，相反会招致憎恨。阿拉伯电视台执行主任阿卜杜勒·拉赫曼·拉希德（Abd al Rahman al Rashed）认为，自由电视台并没有带来什么新意，它的出现也没有使阿拉伯人改变对美国的态度。科威特一位评论家认为自由电视台成为美国政府进行政治宣传的工具，因而无法改变穆斯林民众对美国的态度[1]。阿拉伯国家中创办最早的报纸，也是埃及发行量最大的阿拉伯语报纸《金字塔报》（Al-Ahram）的一位撰稿人艾曼·艾尔-阿米尔（Ayman el-Amir）认为，理解是相互的，而萨瓦电台的最大问题就在于它的单向沟通。他认为：只有美国人了解了我们的人民、理想和价值观念，才有可能让我们去了解他们和他们的价值观念[2]。

3. 对美国传统价值观的看法

美国的传统价值观包括平等、自由、民主和个人主义等。美国在文化外交的活动中无不体现出传统价值观的含义。同时美国的文化外交活动也达到一定的成效：中东阿拉伯和穆斯林社会正在逐渐明白，美国的本质并不仅仅表现在它的政府和军事，还有它的市民社会、市民机构和商业团体。他们认为不仅仅需要天才来解决他们的历史遗留问题，更需要通过体验美国的精髓这样一种方式去解决问题[3]。比如在摩洛哥，也有和美国相似的慈善基金会，帮助穷人并为不满足于传统教育资源的有潜力的青少年提供教育机会，这些年轻人想学习英语并且获得通往美国大学的途径。这些基金会代表了一种新的自我形象——一些比较殷实的家庭使用他们的

---

[1] Narman J. Pattiz, "Radio Sawa and Alhurra TV: Opening Channels of Mass Communication in the Middle East", in William Rugh (ed.), *Engaging the Arab and Islamic Worlds through Public Diplomacy*, the Public Diplomacy Council, 2004, p. 106.

[2] George Gedda, "Radio Sawa: Music as a Tool", *Foreign Service Journal*, 2002, p. 56.

[3] Edward P. Djerejian, *Changing Minds Winning Peace: A New Strategic Direction for U. S. Public Diplomacy in the Arab and Muslim World*, Report of the Advisory Group on Public Diplomacy for the Arab and Muslim World, submitted to the Committee on Appropriations, US House of Representatives, 2003, pp. 53-54.

财富为更广泛的社会利益做出一定的贡献。这本身也是美国传统价值观的一种体现。

2009 年参与爱兹哈尔大学伊斯兰研究项目、来自埃及的穆罕默德·阿布来孜（Muhammed Abulezz）说道："富布莱特项目给我带来的一个重要影响就是有机会去了解美国人民。"① 阿布来孜于 2009 年秋季学期到达美国攻读宗教研究的硕士学位。在美国的学习中，他了解了美国有许多他所欣赏的价值观，这些价值观在他的宗教中也存在着。这表明许多穆斯林把美国的价值观和其行为区别开来，分享了其价值观。

对美国传统文化价值观的看法也影响了穆斯林公众对美国生活的看法。文化外交让人们看到并体验了美国的生活，很多人认为在美国可以创建更加美好的生活。尽管在过去的几年间，美国形象一直在下降，但是全世界许多人还是认为，如果能移民到美国会比原来所在国有更美好的生活，皮尤一项调查发现，46 个国家中 34 个国家的大多数人有这样的观点，没有一个国家的大多数会认为移民到美国会有更糟糕的生活，即使在美国受欢迎度比较低的国家，还是有很多人认为在美国会有更好的机会。在摩洛哥，当前只有 15% 的人对美国持友好态度，却有 52% 的人认为移民到美国会有更好的生活（见图 5-1）。

尽管像阿布来孜这样的留学生分享了美国的一些价值观，许多人认为在美国会有更加美好的生活，但是也必须认识到依然有很多民众，或者大多数民众并不完全认同美国的价值观，甚至对其有一定的警觉性。他们担心美国借文化外交来推销其价值观，在不知不觉中灌输了美国的文化与思想。此外，许多人认为移民美国会有更加美好的生活，并不完全因为他们接纳美国的价值观理念，而是受

---

① *New Fulbright Program Creating Bridges to Islamic Scholars*, the web of America-Mideast Education and Training Services, http://www.amideast.org/news-resources/feature-stories/new-fulbright-program-creating-bridges-islamic-scholars, accessed December 11, 2012.

> 尽管美国不受欢迎，许多人依然认为
> 在美国会拥有更美好的生活
>
> 移民到美国的生活是……
>
> | | 更好 | 更糟 | 都不是 | 不知道* |
> |---|---|---|---|---|
> | | % | % | % | % |
> | 摩洛哥 | 52 | 7 | 17 | 24 |
> | 中国 | 45 | 14 | 9 | 32 |
> | 阿根廷 | 43 | 12 | 24 | 20 |
> | 约旦 | 37 | 22 | 29 | 12 |
>
> *指不认识移民到美国的人

图 5-1　在美国拥有更好的生活

资料来源：*Rising Environmental Concern in 47-Nation Survey*, Pew Research Center, June 27, 2007。

到中东伊斯兰国家的动荡局势影响，他们渴望一种稳定、安宁和富裕的生活。

第六章

关于美国在中东伊斯兰国家文化外交的评价

第一节 美国在中东伊斯兰国家文化外交评估及案例

一 关于美国文化外交的评估

文化外交的评估包括微观评估与宏观评估。所谓微观评估是指对文化外交所实施具体内容的评估；而宏观评估是指对文化外交的整体评估，主要是针对文化外交所带来的影响，其中包括熟悉度、参与交流人员带来的影响，以及文化外交在整体外交中的作用评估等。对文化外交做出微观评估可以改善具体文化外交项目，以更好地实现项目目标；而宏观评估可以体现出文化外交实施的意义所在，也能加大政府对文化外交的投入和实施力度。无论是微观评估还是宏观评估，都是一个庞大而复杂的工程，涉及方方面面，包括资金、设施、人员等。因而，对文化外交做出准确的评估，首先要了解文化外交项目实施程序的逻辑模型（见图 6-1），包括五个步骤。第一步是投入，包括主题和信息、资金、人员，以及设施等方面。这一步是实施文化外交的基础。第二步是活动，也就是具体开展的项目。就公共外交而言，包括众多的文化外交项目和其他方面的项目；就文化外交而言，包括众多的教育交流、艺术交流、倡议活动和大众传播等项目。当然活动中还包括目标公众、活动的参与者等等。第三步是产出,也就是活动所达到的范围,包括参与者数量、公众规模、媒体投放等。第四步是结果,包括目标公众的意识、知识的增长等。这一步也是文化外交的短期目标所在,同时也是评估的意义所在。第五步,即最后一步是影响。这也是文化外交的最终结果,也是文化外交的中、长期目标,比如是否发展了两个国家之间的关系、是否得到了国际支持、合作是否得到改善等等。可以说前三步是计划的工作,而后两步是想要的结果。了解了这五个步骤,才能对文化外交的微观评估和宏观评估有的放矢。

计划的工作			想要的结果	
投入	活动	产出	结果	影响
·主题和信息 ·资金 ·人员 ·设施	·目标公众 ·网站 ·推广 ·媒体投放 ·交流 ·参与者 ·演讲者	·网络读者数量 ·文章数量 ·公众规模 ·媒体投放 ·参与者数量	·目标公众更加有意识 ·目标公众增长了知识 ·媒体报道比较中立的新闻 ·当地机构发展了美国学习项目	·更好的关系 ·国际支持 ·改善的合作

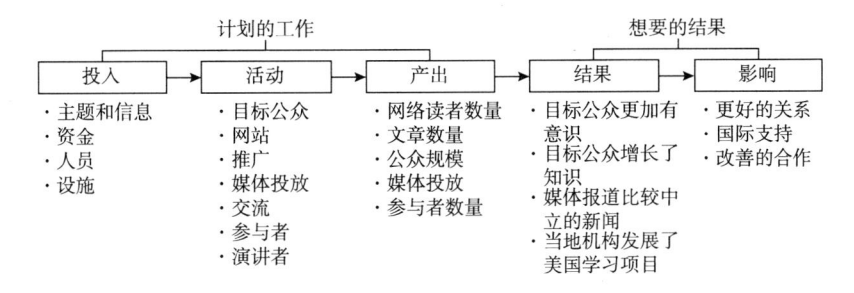

图 6-1 国家公共外交/文化外交项目实施程序的逻辑模型

资料来源: U. S. Public Diplomacy: *State Department Efforts to Engage Muslim Audiences Lack Certain Communication Elements and Face Significant Challenges*, GAO - 06 - 535, Washington D. C., 2006, p. 29。

(一) 评估机构

美国文化外交的评估机构包括美国政府部门和非政府部门。为回应阿拉伯和穆斯林公共外交咨询委员会报告《改变观念、赢得和平》的建议,美国国务院于 2004 年 8 月成立了公共外交和公共事务政策、规划、资源办公室,该办公室的一项重要任务就是对公共外交做出评估,以决定需要调整和改变的计划和项目。为使评估更加专业和有效,该办公室专门成立了"公共外交评估委员会"。因而对文化外交做出评估的政府部门主要就由公共外交和公共事务政策、规划、资源办公室进行。

除政府部门之外，还有许多非政府部门的调查机构也通过各种方式对文化外交进行了评估。主要包括一些学术机构和民意测验机构，比如皮尤全球调查中心、盖洛普民意测验机构等等。和政府所属的评估机构相比，非政府评估机构所涉及的评估内容更加广泛，而政府所属评估机构专注于公共外交/文化外交项目的评估。

（二）评估内容

1. 微观评估

一般来讲，文化外交项目实施程序的逻辑模型前四步属于微观评估。

（1）对投入的评估。

投入主要包括主题和信息、资金、人员，以及设施等。而当前各项评估主要针对的是人员，也有部分是针对资金。在美国，文化外交的官方工作人员主要由公共外交的工作人员承担。公共外交咨询委员会于2008年6月发布了关于美国公共外交人力资源评估的报告：《摆正人们的位置：关于美国公共外交人力资源的报告》(*Getting the People Part Right: A Report on the Human Resources Dimension of U. S. Public Diplomacy*)。公共外交的人力资源探索是当前一个相当重要的有待深入研究的课题，该报告分析了如何招聘、测试、培训和评估公共外交的专业人士。文章最后得出结论认为：人力资源问题虽然不是美国公共外交的"银弹"[1]，但如果把公共外交的人力资源运用恰当，那么美国就可以和世界有效地接触[2]。文化外交的主要执行者是工作人员，对工作人员进行恰当的评估，可以更大程度地调动他们的积极性，使文化外交的执行更加有效率、有效果。

---

[1] 银色子弹（镀银），在欧洲传说中被认为是狼人和吸血鬼的克星，是杀死狼人的唯一方法（只是一种说法），专门对付妖怪，并具有驱魔的效力，现代经常被用作致命武器的代言词。

[2] *Getting the People Part Right: A Report on the Human Resources Dimension of U. S. Public Diplomacy*, The United States Advisory Commission on Public Diplomacy, 2008.

（2）对活动的评估。

活动的内容包括目标公众、网站、推广、媒体投放、交流、参与者、演讲者和文化项目等。就评估而言，主要涉及参与者，即文化项目的目标公众。文化外交的一个重要任务是要确定目标公众是哪些人群。从上文得知文化外交的公众不是一个单一的组织，而是被分成两类人群——普通公众和精英阶层。不同的项目会对不同的目标公众有所侧重，比如学习伙伴计划中有中学生，也有大学生；富布莱特项目中有专家学者，也有普通访问者；萨瓦电台的主要听众为青年人等。因此去评估一个项目，首先就要把目标公众考虑进来。

（3）对产出的评估。

产出的内容主要包括网络读者数量、文章数量、公众规模、媒体投放和参与者数量等。通过评估可以知晓文化外交的活动达到什么样的规模，从而可以预测文化外交的结果和影响力。就文化交流项目而言，主要涉及公众规模和参与者数量。比如一个交流项目有多少人申请，有多少人获得批准，又多少人成为项目校友。目前，许多项目都根据这样的评估去改善项目方式或增加项目投资。

（4）对结果的评估。

结果的内容包括目标公众更加有意识、目标公众增长了知识、媒体报道比较中立的新闻和当地机构发展了美国学习项目等。文化外交评估所涉及的内容基本囊括了以上各方面。美国得克萨斯大学公共事务高级讲师肯尼斯·麦特维恰克（Kenneth Matwiczak）是专门研究公共外交项目评估的专家，并组织了评估团队。他们认为公共外交分为三个目标：首先，增加对美国的理解。理解美国意味着外国公众能明白美国政府的外交政策和它的文化，以及二者之间是如何互相影响的。评估组认为理解是一个分三步的过程：信息的传递、信息的接收，以及信息的理解。其次，增加对美国的好感。好感是对美国政策和文化的认可。它存在于多个范围，由外国公众的行动、行为和意见表现出来。最后，增加美国在世界的影响。美国影响指的是美国直接或间接改变外国公众行动、行为和意见的能力或力量①。文化外交是公共外交的一部分，自然也要为公共外交的总体目标服务，但就文化外交自身而言，它应该分为三个不同阶段的目标，即上文提到的短期、中期和长期。短期应该是增加互相理解；中期是改善国家形象；而长期就是双方寻找共同价值观、达成某种共识、促进国际合作，从而使世界和谐发展。就目前而言，美国文化外交的目标应该是短期和中期。这也是美国政府所期望达到的目标。同时这也是逻辑模型中的第四步——结果。

目前的各个项目评估主要集中在这一步。原因之一是，这一步是文化外交的最直接结果，是政策的执行者和参与者都期望看到的，这个结果能反映出具体项目的成效如何。原因之二是这一步的评估相对而言比较容易开展。

2. 宏观评估

宏观评估主要是对逻辑模型的最后一步"影响"的评估。影响的具体内容包括更好的关系、国际支持和改善的合作等。当前的评估主要从"熟悉度会增加好感度"这个方面来对"影响"的主要内容做出评估，当然也不能忽视对参与交流人员带来的影响和文化外交在整体外交中的作用。

（1）熟悉度会增加好感度。

皮尤全球态度调查 2007 年对 47 个国家的调查报告显示：到过美国的人比没有到过的会对美国有更好的印象。大多数的受访者未曾到过美国，而在一些国家有一定数量的受访者到过美国，包括 50% 的英国人、38% 的以色列人、36% 的瑞典人、32% 的日本人和 23% 的德国人，以及还有许多受访者来自邻国加拿大（90%）和墨西哥（25%）。一样地，曾到过美国的人比没有到过的对美国持更友好的观点。例如，未曾去过美国的瑞典人会倾向于持不友好态度

---

① Kenneth Matwiczak, *Assessing U. S. Public Diplomacy: A Notional Model*, The United States Advisory Commission on Public Diplomacy, 2010, p. 27.

(39%友好,54%不友好),而去过美国的则更加友好(57%友好,40%不友好)[①]。在美国有亲戚朋友的人群中,对美国的印象也会更加友好,他们会经常打电话、写信或者拜访这些亲戚朋友。在32个由足够案例去分析的国家中,在美国有亲戚朋友的人群比没有私人关系的人群对美国更持友好态度。例如:玻利维亚,有亲戚朋友在美国的人群中,50%持友好态度,41%不友好;没有私人关系的人群中,38%友好,而55%不友好[②]。

因而通过熟悉度增加好感度,从而改善关系、得到支持并改善合作,这是文化外交的目标。通过评估文化外交项目是否通过熟悉度而增加好感度,能够改善项目的实施、争取更好的效果。

(2) 参与交流人员带来的影响。

参与交流项目的人员所带来的影响价值是巨大的。首先他们提供了"个人经验",并留下久远的影响[③]。这种个人经验是一个人的切身体会、是身临其境的心灵触碰,它不是靠说教得来的,更不是被强加的。这种个人经验对一个人的影响是一生的,它还会产生"乘数效应"使得周边的人们也深信不疑。此外,更重要的是,有相当比例的交流项目参与者有可能成为"交流的代言人"——国家的首领、政府的首领、部长、媒体名人或者文化界领袖[④]。他们会位居在社会中有影响的位置上。他们经历了在美国的生活、明白了美国的思想和价值观。他们能够为他们的同胞诠释美国。此外,他们常常和美国大使馆官员关系紧密,从而能够使美国人更好地了解自己的国家[⑤]。

因而,对于参与交流人员带来的影响进行评估无疑会使民众增

[①] *Rising Environmental Concern in 47-Nation Survey*, Pew Research Center, 2007.
[②] *Rising Environmental Concern in 47-Nation Survey*, Pew Research Center, 2007.
[③] Mckinney Russell, *A Call for Action on Public Diplomacy*, A Report of the Public Diplomacy Council, 2005, p. 6.
[④] Christopher Ross, "Public diplomacy comes of age", *The Washington Quarterly*, Vol. 25, 2002, p. 76.
[⑤] Helena Kane Finn, *U. S. Cultural Diplomacy in Turkey*, Council on Foreign Relations, 2002.

加对交流项目的信服度，使得政策制定者增加对文化外交的投入。

（3）文化外交在整体外交中的作用。

文化外交是作为整体外交的一部分而提出的，它与政治外交、军事外交、经济外交等共同构成国家当代整体外交。通过文化外交使国家之间互相理解、改善国家形象，这有助于整体外交的开展。因此在评估文化外交的作用时，不能忽视文化外交在整体外交中所起到的作用。此外，文化外交在整体外交中的体制和机制完善到怎样一个程度，如何做出改善，都可以通过评估制订出好的解决方案。

（三）评估方式

2003年，美国审计总署（the General Accountability Office，简称GAO）开始了对国务院尝试改善美国形象而实施的公共外交/文化外交的综合评估。审计总署发布了3个主要报告，都声明当前的工作还需要极大的改进。2009年发布的报告中说道："美国当前的国家交流策略缺少总审计署所认可的理想特征，例如：对问题清晰的定义、所期盼的结果以及一个机构的作用和责任划分。"[1] 2006年的报告认为，国务院的公共外交活动在接触伊斯兰世界中效果是不明显的[2]。

作为公共外交/文化外交的主要实施机构——美国国务院也一直在努力评估公共外交赢得心灵和思想的成功性或有效性。2007年，在行政管理和预算局（the Office of Management and Budget，简称OMB）、审计总署和美国督察长办公室（the Office of Inspector General，简称OIG）的要求下，国务院创建了任务活动跟踪体系（the Mission Activity Tracker，简称MAT）来收集可量化的数据，并使用性能测量系统（the performance measurement system）来评估美国公

---

[1] *US Public Diplomacy: Key Issues for Congressional Oversight*, GAO-09-679SP, Washington, D.C., 2009.

[2] *State Department Efforts to Engage Muslim Audiences Lack Certain Communication Elements and Face Significant Challenges*, GAO-06-535, Washington, D.C., 2006.

共外交的有效性。主管公共外交和公共事务的副国务卿的政策、规划和资源办公室（the Office of Policy, Planning and Resources，简称 R/PPR）的主要工作是评估国务院的公共外交并向国务院提出关于如何更好地分配资源以达到目标的建议。该办公室创建了公共外交影响计划（the Public Diplomacy Impact Project，简称 PDI），目的是做出实验性能测量的输出数据。此外，其他非政府机构，如皮尤调查中心，所做的全球民意调查也是对文化外交的一种评估。

这些评估所采用的基本方法是民意测验，但在具体的方式、侧重点与所达目的方面有所差异。民意测验使用过程中需尽可能做到民意的广泛。只有广泛收集民意，才能做到数据的准确性，才能为文化外交提供有效的依据。

1. 任务活动追踪

任务活动追踪（the Mission Activity Tracker，简称 MAT）是于2007年发起的。它主要提供方法来追踪项目的花费和投入，并评估国务院和大使馆是否根据他们的战略目标来分配资源。他们追踪每一个财政年国际信息局和海外使团完成的活动和计划数量。"任务活动追踪"根据项目活动做出报告，但是项目与公共外交办公室和公共事务办公室的战略任务并没有很好地联系起来。它没有给出相关信息（比如产出和结果的增加与减少），因为凭借此信息管理者可以决定一个项目是否达到了它的预期目标[①]。因而可以说，"任务活动追踪"主要是对项目的第一步"投入"做出评估。

2. 性能测量系统

性能测量系统（the Performance Measurement System）的目的是提供和目标有关的反馈信息，以促进其更有效地达到目标。性能测量系统通过数据分析告知项目的执行情况、在哪里有问题，从而可以改善项目的组织程序、人员配置、资金分配等。目前该系统已经

---

① Kenneth Matwiczak, *Assessing U. S. Public Diplomacy: A Notional Model*, The United States Advisory Commission on Public Diplomacy, 2010, pp. 24 – 25.

被广泛用在对公共外交/文化外交项目的评估上。

3. 公共外交影响计划

公共外交影响计划（the Public Diplomacy Impact Project，简称PDI）是由政策、规划和资源办公室于2009年发起的，它主要针对公共外交的外交影响进行评估。这项计划关注5个主要结果：当地社区积极变化的开始；与美国所赞助资源的融合；对公共外交项目的满意度；对美国理解的改善或提高；美国的受欢迎度[1]等。该计划首次调查了8个国家或地区的两组当地人（公共外交/文化外交项目的参与者和非参与者）：厄瓜多尔、德国、印度、印度尼西亚、摩洛哥、巴勒斯坦地区、土耳其和南非。这8个国家或地区中包括3个中东伊斯兰国家或地区，即摩洛哥、巴勒斯坦地区和土耳其。调查通过比较参与者和非参与者在四个方面的回答，试图鉴别出公共外交项目对参与者的影响：对美国的理解、喜欢程度；在世界上扮演的角色和施加的影响；对公共外交项目的满意度；参与者和非参与者对加强美国与美国目标国关系的看法；对未来公共外交参与的机会和接受度。

但是该评估也存在一定的问题：没有考虑参与者在参加公共外交/文化外交项目之前的观念，这样就有可能会是其他事件影响了他们的想法；询问参与者是否认为他们对美国增加了理解和好感度，这是一个质性的评估，而不是一个量性的评估[2]。

不过总体而言，该计划主要是对项目的"结果"和"影响"的评估，即结合了微观评估和宏观评估。

4. PD-MAP和多标准决策模型

PD-MAP是最新的评估方法，它最初的目的是补充当前评估方式的不足，比如公共外交影响计划（PDI）和任务活动追踪（MAT）

---

[1] Kenneth Matwiczak, *Assessing U. S. Public Diplomacy: A Notional Model*, The United States Advisory Commission on Public Diplomacy, 2010, p. 11.

[2] Kenneth Matwiczak, *Assessing U. S. Public Diplomacy: A Notional Model*, The United States Advisory Commission on Public Diplomacy, 2010, pp. 24-25.

等等。它向公共外交/文化外交官员提供工具来评估目标公众在参与项目前后的观念（perception）、喜好（favorability）和理解（understanding）的变化，以此来鉴别公共外交项目的直接影响。每一个大使馆的具体目标都有所不同，所以 PD-MAP 提供有弹性的、可以修改的框架来适应大使馆的战略任务。为达到这样一个目标，PD-MAP 使用了多标准决策模型（the multi-criteria decision making model，简称 MCDM）。多标准决策模型允许使用者在决定哪种可能性的行为之前综合考虑各种因素。例如，当公共外交/文化外交官员为了增加普通大众对美国文化的深入了解，决定是否分配更多的资源给大使馆的文化项目或交流项目的时候，他会把普通大众作为目标人群、深入理解和美国文化三个因素来优先考虑。这三个因素——人口、理解程度和主题——是公共外交/文化外交官员在策略性目标中评估的重点。

5. 皮尤全球态度项目（the Pew Global Attitudes Project）

从 2001 年到 2008 年，皮尤全球态度项目在 54 个国家根据 175000 名受访者的调查记录做出了 21 份报告[①]。这些报告表明美国的国家形象无论是在美国的朋友那里还是敌人那里都有惊人的下降。这个下降也反映出世界对美国急于与伊拉克开战、对长期盟友立场的忽视以及对采取单边行动的钟情的反对。就是这种尽管遭到全球的批评依然采取单边行动的行为使得美国成为国际愤怒的对象。

皮尤全球态度项目虽然并没有直接地评估美国文化外交，尤其是在中东伊斯兰国家的文化外交，但是从它连续多年的在 54 个国家（其中包括中东伊斯兰国家黎巴嫩、约旦和土耳其等）的民意测验中可以看出美国文化外交的实施效果，尤其是美国在中东伊斯兰国家的文化外交。美国在中东伊斯兰国家实施文化外交的短期目标就是

---

① Margaret C. Ayers, *Promoting Public and Private Reinvestment in Cultural Exchange-Based Diplomacy*, Robert Sterling Clark Foundation, N. Y. : New York, 2010, p. 1.

希望目标国增加对美国的理解以及对美国的好感,而中期目标是增加美国在世界的影响力。"9·11"事件之后,无论是从会议的举办、相关机构的增加、报告的提出还是倡议和活动,都可以反映出美国在中东伊斯兰国家加大实施了文化外交,包括资金和人员的增加、政府机构和非政府机构不断加强合作,以及社会各界人士的参与等。那么,皮尤全球态度项目连续多年的民意调查数据——美国的受欢迎度、美国是否依然是军事威胁、对美国人民的欢迎度等等——可以从某种程度反映出美国文化外交是否达到了其短期目标,甚至中期目标。

二 美国在中东伊斯兰国家文化外交(官方)评估的若干案例分析

一些评估机构在国务院的委派或指导下,或单独,或与国务院合作对部分文化外交项目进行了评估,如青年交流与学习项目、学习联通计划和爵士乐大使项目。

(一)青年交流与学习项目

"青年交流与学习项目"旨在促进美国和参与国人们之间的相互了解和尊重,其具体目标包括:①为所选国家的年轻人提供机会更多地了解美国社会、民众、机构、价值观和文化;②增强美国人对外国学生所在国家和文化的了解;③为所选国家年轻人提供机会去了解公民权利和价值观,并从未来的角度思考他们的国家;④当他们返回自己的国家时,能发挥在美国学习到的领袖能力;⑤支持项目参与者把在美国学习到的知识和技能运用到他们的国家;⑥培养个人关系和机构纽带。调查机构"跨媒体"(InterMedia)在国务院的委派下对该项目的这 6 个目标通过调查数据分别进行了评估,评估办法是将包括来自中东伊斯兰国家的 26 个国家的项目学生分为三个时期。首先,调查一是在项目开始、参与者到达美国之前;其次,调查二是在美国学习一年即将结束返回自己国家之前；最后，调查三是在返回自己国家一年后①。该项目的评估结合了"任务活动追踪体系"和"性能测量系统"等方式，对项目的结果进行评估。

对于目标一的评估发现：通过参与该项目，几乎所有的项目学生都认为他们在美国的停留增加了他们对美国政治、政府和经济的了解，许多人对美国民主的运作、自由和平等的水平印象深刻，同时，他们懂得了如何评判国家所面临的困难。关于完成项目及返回自己国家一年后，绝大多数参与者都因他们参与"青年交流与学习项目"而对美国产生了"更加友好"的态度。他们对美国印象最深的是美国人非常友好、善良、乐于助人、思想开放和宽容。居住在美国使得许多参与者改变了他们参与项目之前对美国刻板的印象。例如，许多参与者对美国人的多样性感到惊奇、对美国人的努力工作印象深刻，同时也对美国人关于世界了解的缺乏感到震惊。

关于目标二，从学生的反馈中可以看出他们通过与寄宿家庭频繁接触、沟通，以及其他形式来交流关于他们自己的国家和文化，这给美国家庭留下了深刻印象。此外，他们与寄宿家庭和朋友的持续频繁接触加深了美国人对交流学生所在国家和社会的了解。

关于目标三，大多数参与项目者都对个人权利持有高度的信念，在美国停留的时间更加坚定了这种信念。而且在三个调查阶段，信念一次比一次更加增强，许多参与者在见证了美国社会如何把这些信念投入到实践当中后受到鼓舞。尤其是，有一定数量的参与者认为宗教和少数民族人群以及残疾人士享有同等权利，这种信念从调查一到调查三得到明显加强。参与者在外留学一年，这也可以反馈到他们自己的社会中。他们对自己社会的正面和负面有了更加清晰且强烈的看法，并对自己的国家和文化有了更加强烈的自豪感，同

---

① *Evaluation of the Youth Exchange and Study Program*, InterMedia, 2009.

时也对社会问题有了更加深刻的认识，如发展缓慢和缺少社区服务。最重要的是，他们下定决心要改变这种现状。

关于目标四，通过在美国的留学，参与者获得了新的知识和技能，并可以在他们自己的国家得到运用。参与者增加了自信，并且在三个阶段中是逐渐增强的。尤其在阶段三中，大多数参与者强烈地认为他们能够影响他人并能影响改变他们的社区。

关于目标五，许多参与者在回到自己国家后渴望把他们获得的知识和技能投入到工作中以改善他们的社区和社会。大多数人（近80%）通过参加社区服务进行应用。一些人通过做志愿者为残疾人士服务，其他人使用领导能力和金融管理技能来帮助组织活动和筹集资金。尽管许多学生在参加项目前就在俱乐部和各种活动中扮演领导者的角色，但是在参加项目之后，他们对帮助计划、领导活动以及培训他人的意愿进一步增强。此外，参与者已使用他们已提高的交流技能告诉朋友、家庭和社区成员关于美国和它的人民，以此来打破固有的负面形象。在调查三中，大多数认为这些努力是成功的，因为他们周围的人现在已经对美国和美国人民有了更加积极的观点。

最后关于目标六，调查三中，参与者认为青年交流与学习项目组织的校友联谊会是他们加强联系很好的途径，并且促使他们团结合作去履行在项目中认识到的共同价值观。他们不仅共同参与社会集会、讨论会和演讲，而且在社区服务计划中共同合作。调查三中，在结束项目学习一年后，大多数参与者依然和他们的寄宿家庭以及美国朋友、老师保持联系。而且，几乎1/3的被调查者邀请他们的美国寄宿家庭、朋友，及其他在美国认识的人拜访他们。

总之，评估清楚地表明该项目在实行既定目标时是成功的：①增加了对美国的了解和理解；②加强了领袖技能；③促进了对社区和组织活动的参与；④在学生和他们的美国朋友之间培养了长久的记忆并加固了纽带。评估的纵向研究表明并记录了项目参与者作为个体的发展与成长，以及他们对美国的观点和理解是如何得到改变的。项目参与者也加强了对美国社会和文化的理解,并认为美国人对其他民族和文化很宽容。此外,还培养了参与者领袖和交流技能,增加了他们的责任感,认为他们能够改变社会。

(二)学校联通计划

2004年11月,国务院教育与文化事务局与政策和评估办公室(the Office of Policy and Evaluation)授权JBS国际公司阿吉雷分部(Aguirre Division of JBS International, Inc)对学校联通计划(School Connectivity Programs,简称SCP)进行评估。由于"学校联通计划"分散在不同国家,受各种条件影响,该评估主要采取多标准决策模型对其"产出"和"结果"做出评估。评估过程分为三步。

首先,确定评估的目标,包括五点:①决定项目是否增加了美国和其他国家或区域公民间的相互理解;②确定教师、学生、培训者和项目人员是否培养了相关技能和知识,以及在非参与者中,这种影响是否有利于知识的传播和技能的获得;③项目对于教育改革的促进和帮助到达了何种程度,包括新教学方法的吸取、新的基于计划的学习(Project–Based Learning,简称PBL)、协作性学习、教室里新技术的采纳,以及和新技术相结合的新课程的发展;④决定项目是否为持续性发展奠定基础,包括资源、活动与联系;⑤项目在中东和北非(主要包括埃及、阿尔及利亚、约旦、黎巴嫩、摩洛哥、叙利亚和突尼斯等)对于英语教学和培养技能方面的有效性。

其次,采用多标准决策模型评估方法进行评估。具体步骤是:就项目在每个国家的基于网络的调查,与美国和项目所在国的参与者进行开放式访谈;与学校校长和网络学习中心工作人员的开放式访谈;来自小组成员的笔记以及与项目参与者(学生、教师、指导教师和社区成员)非正式会谈的记录;与社区成员的在线调查;与来自非项目学校的学生进行面对面交流以获得量性数据。

最后,得出评价结果。学校联通计划在一个多样性的经济、政治和地理环境中以及教育体系下正在实现规定的目标。该项目的多种元素和活动——凭借虚拟交流、新信息和交流技术、新教学法、创新课程和访问互联网——已经作为催化剂去加强相互理解、传授了所需求的关键技能和知识,并且已经启动了教育改革、在教室里呈现出了"新文化"的景象。此外,项目成功地提高了参与者的英语技能,在项目国家发展或加强了英语语言教学的能力。更重要的是,项目在女童教育方面产生了深刻影响,促进了民族间的对话。具体表现在以下几个方面。

第一,建立相互理解。

首先,许多教师和学生强调如何与不同国家的同行和同龄人通过项目的虚拟交流、在线活动和论坛进行互动,这为深入了解其他国家和地区的不同文化和日常生活提供了新的机会。其次,项目拓宽了世界观。学生们现在明白了他们居住、学习并行事在一个很少受到限制的公共空间里,这个空间的规模不受国界的局限,是全球化的。大多数的参与学生表示参与项目改变了他们的观念并增加了他们对其他文化的了解;80%以上的项目教师认为和兄弟学校的合作计划帮助他们更好地理解了对方的文化[1];许多参与学生认为项目使得他们的世界观改变了,并且对他人的理解也增强了。最后,改变了对美国和美国人的看法。尽管参与者过去的受教育程度有所不同,但是通过该项目的参与极大地改变并加强了他们对美国社会、文化和日常生活的了解。大多数项目学生对美国人民持友好的观点;大约一半的项目教师认为项目使他们对美国的价值观、文化和日常生活适度得到改变;超过90%的参与教师对美国人民持友好态度;大约60%的参与教师认为他们对美国价值观、文化和日常生活的理解程度得到改变[2]。

---

[1] *Evaluation of the School Connectivity Program (SCP) and the Building Respect through Internet Dialogue and Global Education Program (BRIDGE)*, Washington, D. C., Aguirre Division of JBS International, Inc. 2007, p. 5.

[2] *Evaluation of the School Connectivity Program (SCP) and the Building Respect through Internet Dialogue and Global Education Program (BRIDGE)*, Washington, D. C., Aguirre Division of JBS International, Inc. 2007, p. 5.

第二，帮助进行了教育改革。

一些教学改变正在项目国家发生，教师正在把他们在项目中学习到的新知识、新教学理念和新教学法积极应用到教学之中。通过利用"学校联通计划"，积极参与活动、论坛，在很多方面他们都成为改革的先驱者。首先，项目对课堂创新的影响。大多数教师认为他们已在工作中引入了新的思想和方式；许多人把"学校联通计划"在线论坛应用到他们日常课堂活动中；一些教师已经开始使用互联网增加他们的教学材料、在教室里使用新的教学法。其次，改变了课堂文化。项目在线活动的合作性质向学生和教师展示了崭新的更加合作的方式；教师已经引入了合作学习、基于计划的学习（Project-Based Learning，简称 PBL），以及互联网到课堂活动中；在项目所引进的新教学理念指导下，学习活动的重点已从教师转移到了学生；教师把自身更多地当作促进者，并注意到学生变得更加独立、自我导向和自信；教师们认为新的教学理念使得教学变得更加有趣，因此学生更加关注课堂并愿意把更多的时间投入到学校活动中。最后，管理的改变。许多学校校长表明"学校联通计划"给了他们更快地落实课堂变化的机会。超过74%的教师认为他们从学校管理方得到了更多的支持，使他们能把 IT 和课堂结合起来[①]。

第三，项目参与者增加了计算机技能和知识。

首先，项目对学生在新技能需求方面的影响。参与项目的学生认为他们正在发展他们数字世界的技术技能。他们学习到了大量新的计算机应用知识，包括互联网搜索、电子邮件、Word 程序，以及在线讨论；大多数学生认为他们比参加项目之前更频繁地使用互联网；超过一半的学生认为他们的计算机技能是"好的"或"优秀的"。学生们也认为在此过程中学习到了重要的生活技能，比如团队建立和团队合作。此外，使用互联网也增加了学生们学习英语的动

---

① *Evaluation of the School Connectivity Program (SCP) and the Building Respect through Internet Dialogue and Global Education Program (BRIDGE)*, Washington, D. C., Aguirre Division of JBS International, Inc. 2007, p. 6.

力，超过一多半的教师认为互联网对学生学习英语的动力产生了"巨大影响"或"一些影响"。

其次，项目对教师在新技能需求方面的影响。教师新的和改善的计算机技能是尤其重要的，因为这些技能和在线活动的更广泛参与结合了起来；对计算机技能拥有更多自信的教师更多地参与到项目活动中；大多数指导教师也认为他们的计算机技能得到了提高。

最后，对二者的共同影响。学生和教师在计算机能力上得到的显著提高带来的一个重要影响就是他们的自信提高了。因此，学生和教师都愿意尝试新的事物，并和其他人分享他们的知识和计算机技能。项目对教育使用互联网的目的也明显地影响了学生和教师的态度和行为。

第四，公民教育、社区服务和社区外展。

"学校联通计划"把公民教育课程和社区服务活动结合了起来。项目使用社区服务作为方法教给学生关于社会责任感、集体行动和实践主义。活动包括环境清理和保护、帮助弱势人群、传授新技能和在社区组织中当志愿者。大多数教师和学生都表明他们参与了社区服务活动；64%的教师组织并和学生参与了社区服务计划；88%的学生认为参与社区服务活动也促使他们更多地参与项目；92%的学生想要在未来继续这些活动；86%的指导教师认为他们的志愿活动增加了，比如，72.4%的教师认为他们为有特别需求的孩子和社区成员提供了培训以及64.1%的教师认为他们组织了新的活动或项目[1]。

第五，冲突解决与和解。

"学校联通计划"的一个特别点在于强调在教师和学生当中培养国际交流技能，以此作为一种方式来促进民族和宗教间的对话。通过项目课程与在线活动，学生们与来自不同民族和宗教背景的同龄人进行交流，了解了自己家乡之外的日常生活，并找到了他们之间

---

[1] *Evaluation of the School Connectivity Program* (*SCP*) *and the Building Respect through Internet Dialogue and Global Education Program* (*BRIDGE*), Washington, D.C., Aguirre Division of JBS International, Inc. 2007, p.7.

的共同性。尽管项目的主要目标不是解决冲突,但是很明显,对跨文化学习的全球关注促进了种族间的参与和理解。在一些国家,项目还特意设置了主题,如黎巴嫩的"跨越差异,团结起来"(United Beyond Our Diversity)。

第六,英语语言教学和英语语言技能。

"学校联通计划"的主要目标还包括加强并改善英语语言教学、提高参与者的英语语言技能。英语语言技能的获得能使教师作为催化剂把他们的技能应用到课堂教学中。大约70%的在线项目用英语作为工作语言,这意味着项目学生要使用英语作为在线交流的工具。首先,学生和教师都认为他们的英语语言技能得到提高;项目的参与者(学生和教师)认为英语语言技能的提高使他们能够在在线论坛上更好地表达自己的观点;83%的项目学生认为自从参加项目以来,他们的英语语言能力得到改善;80%的学生相信他们在项目中所提高的英语语言能力改善了他们在工作中的表现。其次,项目对英语语言教学的影响。几乎所有的被调查教师(92%)都认为他们从互联网上获取英语语言资源;接近70%的教师认为他们把英语资料融入到了除英语外的其他科目当中;将近67%的教师更新了英语语言课程;56%的教师开发并尝试新的英语语言课程[1]。

第七,项目的乘数效应。

项目在多个领域产生了乘数效应:知识在参与者中分享,在参与者与同事、同龄人、家庭成员和社区成员间分享。这种分享包括数量和内容,其中数量是指多少人从中受益,而内容是指分享的新知识和新技能。首先,学生和教师都热情地与他们的同事和朋友分享他们所学到的内容;在项目参与中获得知识和技能是通过正式与非正式场合,比如在学校、社区、家里;参与项目的教师认为他们每个月和约31个人分享他们的技能;学生认为他们每个月和18个

---

[1] *Evaluation of the School Connectivity Program*(*SCP*)*and the Building Respect through Internet Dialogue and Global Education Program*(*BRIDGE*),Washington,D. C.,Aguirre Division of JBS International,Inc. 2007,p. 9.

人分享他们所学到的内容①。其次，几乎 50% 的教师和其他学校的老师分享了新的英语语言课程和材料；将近 62% 的教师认为他们和参与项目的学校以及未参与学校分享了新的或者修订的课程；大多数教师和学生与他人分享了新技能：大约 57% 的人分享了计算机技能、40% 的人分享了写作学习技能和在线教育资源以及英语语言培训；67% 的学生和其他同学分享了他们的计算机技能；57% 的学生和家庭成员、朋友以及社区成员分享了英语语言培训内容②。

第八，项目持久性。

首先，建立了学校和教师网络。其中，在黎巴嫩的"学校联通计划"已在民间和公共机构建立了全国学校教师网络，并且在过去的三年中，项目网络已从最初的 30 名教师发展成了 80 名教师。其次，保持了联系。80% 的教师在完成项目之后依然保持着专业合作；54% 的指导教师认为他们与项目中的参与者继续保持着专业合作③。再次，在利用资源方面，与其他组织进行合作。通过与参与国家的其他捐赠者所建立的协同合作关系将继续对项目的持久性起到至关重要的作用。比如，项目的一位教师和联合国开发计划署（the United Nations Development Program，简称 UNDP）的一位代表建立了联系之后，联合国开发计划署在一些国家实施了"教室计划"。

（三）爵士乐大使项目

2004 年 6 月，美国国务院教育与文化事务局下属的政策与评估办公室（Office of Policy and Evaluation）与 AMS 计划与调查公司

---

① *Evaluation of the School Connectivity Program（SCP）and the Building Respect through Internet Dialogue and Global Education Program（BRIDGE）*, Washington D. C., Aguirre Division of JBS International, Inc. 2007, p. 10.

② *Evaluation of the School Connectivity Program（SCP）and the Building Respect through Internet Dialogue and Global Education Program（BRIDGE）*, Washington D. C., Aguirre Division of JBS International, Inc. 2007, pp. 10 – 11.

③ *Evaluation of the School Connectivity Program（SCP）and the Building Respect through Internet Dialogue and Global Education Program（BRIDGE）*, Washington D. C., Aguirre Division of JBS International, Inc. 2007, p. 11.

(AMS Planning & Research Corp）以及斐理伯调查评估公司（Philliber Research Associates）合作，对"爵士乐大使项目"进行了评估（自从1997年，"爵士乐大使项目"已经资助了100多位美国音乐家和爵士乐团在世界各地巡回演出），该评估记录了"爵士乐大使项目"的影响。这也验证了美国国务院教育与文化事务局以及它在全世界的大使馆和领事馆如何使用交流项目作为文化外交的方法之一寻求美国外交政策的目标，并促进相互了解和跨文化交流与学习。

"爵士乐大使项目"是对1961年《富布莱特—海斯法案》在美国和其他国家公民间建立文化交流指示的一个回应。起初由教育与文化事务局下属的文化项目部（the Cultural Programs Division）主管。从1997年开始，"爵士乐大使项目"已经由国务院和为其提供后勤服务的各部门共同负责。"爵士乐大使项目"通过提供一种可供选择的方式，使得广泛的公民、政治精英和外交家相聚在一起，促进他们之间的联系，以寻求达到广泛的目标。

评估方法凭借各种技术去收集各种定性定量的数据。①共143位工作人员进行在线调查。包括项目负责人、文化事务和公共事务专家、公共外交官员和助理、文化事务官员和助理以及其他外交人员。②对在最近或过去主持过各种"爵士乐大使项目"的负责人进行现场访问（Site visits），目的是收集来自美国大使、任务负责人、公共事务办公室和文化办公室员工、过去的项目参与者和国内文化教育机构代表们的一手意见。这为定量分析提供了重要数据。③在线调查和电话采访与"爵士乐大使项目"有关的音乐人士。调查计划在127位音乐人士当中进行，最终，调查组联系到了其中104位参与者。受访者描述了整个项目的进行过程，其中45%的经历发生在2003年至2004年期间，另有29%发生在2001年至2002年期间，剩下的发生在2001年之前①。

---

① *Executive Report*: *An Evaluation of the Jazz Ambassadors Program*, AMS Planning & Research Corp., 2006.

经过评估发现：几乎所有评估项目的参与者——从美国大使到音乐学校学生，到东道国广播媒体的代表，再到有关项目专家和美国爵士乐音乐家——都提供了令人瞩目的事实，即"爵士乐大使项目"被认为非常有效地达到了项目目标。

第一，促进相互理解，改善目标国对美国人民的态度和信念；创造信誉；鼓励互相交流；增强对美国文化和价值观的认识（比如创造力、言论自由、改革、思想开阔、独立、多样性，以及个性、公民和人权）。

项目工作人员、音乐人士和在现场访问中接受采访的人皆认为"爵士乐大使项目"在促进相互了解方面是非常有效的。参与者都认为爵士乐展示了美国"人性"的一面，在广泛的公众中产生了亲切感；在加强人与人之间的关系方面非常好地展示了美国价值观，如言论自由和创造力等。其中94%的被调查者认为该项目改善了目标国对美国人民的态度和信念，90%的被调查者认为其促进了国家之间的相互了解，加强了国家之间的联系，98%的爵士乐音乐人士认为总体效果是有效的，尤其是在展示诸如创造力和言论自由的美国价值观等方面[①]。

这个评估认为"爵士乐大使项目"在促进美国和中东伊斯兰国家公民间相互理解方面是非常成功的，是文化外交的重要组成部分。

第二，通过文化外交扩大传统外交的范围和接触面，改善目标国对美国政府的态度和信念；促进国内机构与国外的合作与联系；通过提供对美国及其社会和文化新的视角，促进美国和国外政府的友好关系；为美国外交政策提供支持。

将近90%的被调查者认为文化交流和"爵士乐大使项目"这样的表演艺术形式在帮助完成任务目标方面是很重要的。通过艺术表演形式接触了许多重要人士，包括东道国的国家意见领袖（national

---

① *Executive Report*: *An Evaluation of the Jazz Ambassadors Program*, AMS Planning & Research Corp., 2006.

opinion leaders）和对美国持反对意见的人。在许多国家，那些影响"民族精神"的人——比如大学学者和文化人物——一般来讲很少参加一些被认为"太政治化的"或对美国外交政策支持的活动。爵士乐大使活动作为一项非政治的文化事件，以独特和有意义的方式接触了这些关键的目标群，并增强了与那些重视音乐、艺术及类似文化表达的国家的关系。绝大多数被调查者认为"爵士乐大使项目"对于改善美国政府的态度和信念是有效的。项目更广泛地展现了美国景象，加强了美国和其他国家间的文化纽带，并在政治危机时期"减弱了强硬立场"。项目还提供了独特机会与当地机构建立关系，这也为这些机构和他们的人员带来额外利益。

"爵士乐大使项目"是文化外交的有效工具，成功接触到一些重要人物；项目在加强文化共性方面是有效的，表明了美国对文化艺术的支持并弱化了政治立场。

第三，为外交对话提供一个可选择的机制；提供一个中立的场所来参与并享受音乐，以此作为外交对话可选择的场所，使得反对党、政府领导、外交使团、商业人士等能够走在一起。

"爵士乐大使项目"作为文化外交的一部分，能够接触到重要的上层群体，并提供政治对话的可替代场所。在官方招待会与在官方官邸的私人宴会上，能够使政府官员、立法者、外交使团成员，以及其他重要人物参与更多非正式讨论，从而扩大在其他领域的使团目标。超过90%的项目组织者认为"爵士乐大使项目"在拓展传统外交方面是有效的；超过80%的人认为"爵士乐大使项目"在为政策对话提供可替代场所方面是有效的[①]。"爵士乐大使项目"提高了使团的公共形象，加强了已有的外交联系，重新点燃了休止的关系。项目的许多活动成功地把互相对立的政党带进非正式和非威胁的场景中进行讨论。

---

① *Executive Report*: *An Evaluation of the Jazz Ambassadors Program*, AMS Planning & Research Corp., 2006.

"爵士乐大使项目"对于文化外交来说是成功的工具,为政策对话提供了独特机会。以强调音乐为焦点的私人活动,使得项目工作人员能接触到更广泛的、更高水平的人群,从而扩大使团目标。

第四,以重点公众为目标,同时接触更多的人群。包括不同民族和宗教的人群和低收入人群以及穆斯林中的年轻人等。

97%的项目工作人员认为"爵士乐大使项目"提供了各种活动以接触这些目标人群,并在接触这些人群方面是有效的,包括普通人群、官方贵宾、东道国政府官员、教育和文化机构成员、外交使团成员和当地媒介等。其中活动接触的来自中东伊斯兰国家的年轻人主要来自以下国家:摩洛哥、阿曼和土耳其等。在摩洛哥,爵士乐音乐人为孤儿进行了演出,表明了美国对弱势年轻人的关注。在土耳其,他们为少数种族塞浦路斯人(Cypriots)展示了音乐会。在阿曼,通过男女混合音乐会向穆斯林妇女展示了特别演出。

项目在接触目标人群方面是极其有效的,尤其是中东伊斯兰国家年轻人,他们对爵士乐产生了浓厚兴趣,这也使得项目接触到了来自贫困和少数种族的人群。

第五,通过文化交流培养对美国文化和文化遗产的学习和认识,从而确认文化的共性并为它们之间建立联系。

项目工作人员最常提及的是促进文化交流以加强对美国文化认识这样一个目标、支持文化共性的发现、在美国文化团体和东道国团体间建立关系。通过论坛、硕士班课程和公共表演,爵士乐音乐人士向中东伊斯兰国家民众展示了独特的美国文化产品,从而建立穿越文化、宗教和政治分歧的非言语纽带。项目音乐人和当地音乐人通过交流和共同表演也为其他目标做了铺垫,如培养共同理解、支持文化外交、以重点人群为目标等。

项目工作人员和音乐人士都认为爵士乐作为美国独特的艺术形式,吸引了各个年龄组的人群,并使用了被不同人群所欣赏的广泛的音乐表达形式。他们都认为和美国其他商业文化产品相比,爵士乐是美国文化的"高质量"的代表。首先,大使项目音乐人和他们拜访过的国家的音乐人以及学生间建立了音乐纽带（艺术对话）。其次，公众在表演期间学到了关于爵士乐的知识。再次，项目为美国爵士乐音乐人和国外音乐人之间建立了有效的联系。最后，项目音乐人接触到了从未听说过爵士乐的人群。

"爵士乐大使项目"在培养对美国文化和文化遗产的认识和学习方面是非常有效的。音乐是文化交流非常理想的工具，它能为音乐人和"普通市民"创建纽带，并继续在项目之外进行联系和合作。

第六，提供音乐/爵士乐教育：支持在缺乏音乐教育的地方进行音乐、爵士乐教育；和学生们合作；培训教师；提供各种各样的活动，包括论坛、硕士课程、教学、演讲和学校展演等。

项目工作人员常常以音乐教育的规定作为他们项目部署的重点目标。项目音乐人通过论坛、硕士班课程和其他教育展示为当地音乐学校学音乐的学生、其他非音乐专业的学生以及当地音乐人分享知识和经验。由于音乐教育（尤其是爵士乐教育）在东道国还没有得到普及，对于许多爵士乐大使接触的学生和当地音乐人来说，是第一次接受专业音乐和接触美国人。

超过90%的工作人员认为该项目在接触学生和当地音乐人方面是有效的；超过80%的人认为在接触教育和文化机构方面是有效的；几乎所有的音乐人（98%）认为他们与他们接触的音乐人和学生建立了音乐纽带和艺术对话[1]。工作人员和音乐人士都认为"爵士乐大使项目"被广大参与的人群很热情地接受。这些活动，通常和当地机构合作，促发了更多的人对音乐和爵士乐以及美国文化的兴趣。

"爵士乐大使项目"在为全世界人民提供爵士乐和其他音乐以及文化教育方面是有效的。"爵士乐大使项目"的教育活动使得项目工作人员和当地教育与文化机构合作，把美国文化传播给了学生、当地音乐人和东道国的其他公民。

---

[1] *Executive Report: An Evaluation of the Jazz Ambassadors Program*, AMS Planning & Research Corp., 2006.

第七，增加对项目创始和行动的意识。包括庆祝特别节日，如"美国非裔历史月"（Black History month）、"爵士月"（Jazz month）等；建立和当地机构与组织的联系；支持并促进当地项目；宣布新机构的成立，如美国文化中心、美国角等。

评估发现"爵士乐大使项目"增加了项目创始和行动的意识，让更多的人参与文化交流，了解美国的文化和历史。而且项目增加了与当地机构合作的意识，促进了双方的交流，并给当地机构和会员带来了利益。

"爵士乐大使项目"被融合到其他活动中，增加了项目意识和完成任务的关键设施。爵士乐音乐表演吸引了大量公众并提供了独特机会去和当地机构建立联系，为新的文化交流设施的建立提供了条件。

第八，为音乐人士提供个人发展机会，促进专业发展，扩大艺术视野，丰富个人生活；为音乐人士提供与国外联系的机会，并促使他们参与，和当地音乐人合作，创建音乐纽带。

对大使项目影响最清晰的证明是给予参与的音乐人士以专业、艺术和个人发展方面的机会。大多数爵士乐大使认为项目为参与者提供了改变人生的经历。一位参与者这样表达他的感受："我很幸运在全世界演出。毫无疑问，'爵士乐大使项目'是我这一生最难忘的经历。这种经历为我打开了许多门，使我在音乐和个人方面都有了言论自由。我和来自各行各业的人们联系的方式是更加个人化的，对他们的文化价值观是更加开放的。我对文化多样性有了更深的尊敬和了解。"[①] 项目给个人带来的这种影响来源于看到新地方、经历新文化以及遇见新人群的机会，他们中很多人成为永久的朋友。95%的音乐人认为项目产生了个人影响；89%的人表明爵士乐经历至少在他们的音乐领域方面有一些影响；88%的人认为项目至少在

---

① *Executive Report*: *An Evaluation of the Jazz Ambassadors Program*，AMS Planning & Research Corp.，2006.

他们如何表演和使公众参与方面有一些影响；80%的人认为项目在个人生涯上有"巨大影响"或"一些影响"[①]。就专业发展而言，音乐人士认为大使项目帮助他们取得了更大的知名度，获得了专业方面的提高以追寻更好的未来，赢得了表演机会以及与他们的团队进行更多的合作。在艺术领域方面，音乐人士认为新的音乐风格和思想鼓舞了他们，增加了他们对艺术和表演的追求。

参加"爵士乐大使项目"为音乐人提供了一生难得的机会，这个机会开拓了他们的生涯、他们的音乐和他们的个人生活。音乐人描述这样一次旅行和表演是"显著的"、"令人鼓舞的"和"开阔视野的"。这样一个事实以及其他评估结果表明大使项目对所有参与的人有着积极的影响。

总而言之，评估结果表明了明显的事实：大使项目作为一项文化外交项目不仅是一个传统外交延续的独特方法，而且是相当有效果的。音乐（包括爵士乐）是被全世界所明白的语言，不论社会、政治和文化差异如何。这个世界性语言帮助人们克服了在政府最高层以及生活在最贫困国家的贫困人群间相互理解的长期障碍。大使项目是传递着注满音乐的美国文化遗产和价值观的非常成功的工具。几乎所有参与这个评估的人，无论是美国大使、项目工作人员、已完成任务的美国音乐人、中东伊斯兰国家业余或专业的音乐人、媒体和文化组织负责人，还是年轻的学音乐的学生，都认为这个卓越的项目完成了美国外交政策重要的目标。这些目标包括促进美国和中东伊斯兰国家间更好的理解。事实表明大使项目取得了一定成功。

三 美国与中东伊斯兰国家关系的现实状况

美国通过文化外交的大量项目、活动和倡议来促使中东伊斯兰

[①] *Executive Report: An Evaluation of the Jazz Ambassadors Program*, AMS Planning & Research Corp., 2006.

国家改变对美国的负面态度，项目本身也在某种程度上获得了认可，但是美国中东政策的性质不改变，人们就很难改变对美国的态度。所做的各种民调表明中东伊斯兰国家的许多年轻人对美国的文化、音乐，以及其他娱乐节目都很感兴趣，却无法接受美国的中东政策，因而萨瓦电台的音乐节目和自由电视台的娱乐节目确实吸引了许多听众、观众，但是能否真正改变他们对美国的态度，这与美国的中东政策有很大关系，甚至决定性的关系。例如，参加富布莱特项目并没有改变参与者对美国的态度。他们认为，美国尽管一方面在实施文化交流，但另一方面却将战场引入了伊拉克，使得众多平民百姓无家可归、流离失所。前美国驻埃及公共外交官汤姆·索仁森（Tom Sorensen）与埃及民众进行交流后发现，埃及民众对于美国在埃及的文化交流，尤其是教育交流所带来的影响持肯定的态度。但是对美国支持偏袒以色列的不公平外交政策表示了强烈不满。此外，美国曾驻沙特的公共外交官伊萨·萨巴格（Isa Sabbagh）也认为沙特民众持有同样的想法①。

（一）中东伊斯兰国家对待美国的态度

美国在中东伊斯兰国家的一些政策常常在官方层面和民众层面破坏了美国和中东伊斯兰国家的关系。这些国家的一些政府和非政府组织公认对美国持敌视态度，反对其在一些普遍问题上的政策，并经常通过暴力破坏美国在该地区的利益，尤其是在一些被美国列为支持国际恐怖主义的国家和列为恐怖组织的许多带有军事性质的团体中更加突出。但是另一面也必须看到，"9·11"事件之后，许多美国人提出了质疑："他们为什么恨我们？"问卷调查显示，尽管阿拉伯人厌倦美国政府及其政策，但是阿拉伯人仍对美国的一些文化持肯定态度，比如教育和艺术②。他们赞赏美国的自由表达、多党

---

① William Rugh, *American Encounters with Arabs*, Westport, CT: Praeger Security International, 2006, p. 38.
② David Hoffman, "Beyond Public Diplomacy". *Foreign Affairs*, 2002, p. 88.

体制和法治社会。例如,59% 的黎巴嫩人对美国印象很糟糕,但是另有 65% 的人喜欢美国的电影、音乐和电视。他们赞赏美国的技术、企业精神、教育体制、政治自由和个人成就①。事实上许多阿拉伯人认为"我们喜欢美国人,但是不喜欢美国政府"②。

这种冲突的印象导致穆斯林民众对美国的态度摇摆不定。当美国采取了一项对阿拉伯人和穆斯林都不利的政策时,许多美国人和中东国家的民众通过偶然接触建立的好感很快转变成敌视,甚至是暴力对抗。即使是中东伊斯兰国家中一些对美国持友好态度的政府,它们与美国的关系也矛盾重重,这或者因为它们不赞成美国的一些特殊政策(如对于阿以冲突),或者因为他们被国内反美情绪束缚③。但是部分国家,比如埃及、苏丹和沙特阿拉伯等政府,在经济上依赖美国,并且会花费大量的精力来支持或默许在国内并不被接受的美国政策。而那些不友好的政府借用民众的憎恨作为攻击美国特殊政策之时,也会对民众运动产生不安,视其为政权威胁,转而默认美国政策。

美国在遭受了"9·11"事件之后,投入了大量精力来进行反恐,开展了轰轰烈烈的反恐战争,以打击本·拉登为首的基地组织。然而 2004 年 3 月,皮尤调查中心的调查显示,65% 的巴基斯坦人、55% 的约旦人、45% 的摩洛哥人对本·拉登有好感。数据表明,70% 的阿拉伯人不相信是穆斯林发动了"9·11"袭击④。同时,在过去的五年中,皮尤全球态度调查(Pew Global Attitudes Surveys)一

---

① Edward P. Djerejian, *Changing Minds Winning Peace: A New Strategic Direction for US Public Diplomacy in the Arab and Muslim World.* Report of the Advisory Group on Public Diplomacy for the Arab and Muslim World, submitted to the Committee on Appropriations, US House of Representatives, 2003, p. 24.

② Edward P. Djerejian, *Changing Minds Winning Peace: A New Strategic Direction for US Public Diplomacy in the Arab and Muslim World.* Report of the Advisory Group on Public Diplomacy for the Arab and Muslim World, submitted to the Committee on Appropriations, US House of Representatives, 2003, p. 24.

③ Alfred B. Prados, *Middle East: Attitudes toward the United Sates*, CRS Report for Congress, 2001.

④ William Rugh, *Engaging the Arab and Islamic World through public diplomacy*, USA: Public Diplomacy Council, George Washington University, 2004, p. 23.

直在跟踪对美国领导的反恐战争的国际支持度，而当年的调查表明了支持度减弱的程度之深。在 34 个国家中有 30 个（包括美国自身）对美国的反恐战争的支持自从 2002 年"9·11"事件之后一直在下降。即使在近几年遭受过恐怖袭击的几个国家，如印度尼西亚、孟加拉国、西班牙、约旦、摩洛哥、巴基斯坦和土耳其，大多数人也反对美国开展的反恐战争。这个数据对美国苦心经营的反恐网络无疑是一个打击。

此外，皮尤 2005 年民意调查显示（见图 6-2）：在全世界民众当中，对总统布什的态度与对美国的整体态度有很大关系。在英国、黎巴嫩和约旦，认为美国单方面执行外交政策与对小布什自信的缺乏都促使了反美情绪的增长。在黎巴嫩，反对美国领导的反恐战争也造成对美国态度的不友好。此外，调查中对美国持不欢迎态度的受访者被问到问题在于小布什总统还是美国自身的时候，他们把根源主要放在了总统身上。因为总统代表了政府，是国家对外政策的总决策者。

无论如何，从总体上来讲，中东伊斯兰国家对美国政府和美国人民的态度一直不是很乐观。根据皮尤 2010 年民意调查数据（见图 6-3）显示，西方国家对美国历年好感度普遍在 50% 以上，而中东伊斯兰国家（表中主要指土耳其、埃及、约旦和黎巴嫩）普遍低于 50%，只有土耳其在 2000 年、黎巴嫩在 2008~2010 年略高于 50%。事实上，当前许多伊斯兰国家依然视美国为威胁，尽管一些伊斯兰国家对美国的好感有所增加，但是认为"美国会成为他们国家的威胁"的想法依然在许多伊斯兰国家很普遍。皮尤 2009 年调查报告显示 7 个主要伊斯兰国家中有 6 个国家的大多数被调查者担心美国对他们国家的军事威胁（见图 6-4）。唯一的例外是约旦，不到半数，有 48%。同样的报告还显示（见图 6-5）：在本次调查中，美国人民得到了较大的好感度评价，24 个国家中有 17 个国家的大多数被调查者对美国人民有好感，但是这大多属于西欧国家和部分非洲国家（肯尼亚和尼日利亚）。对美国人民好感度评价最低的是三个伊斯兰国家：土耳其（14%）、巴基斯坦（20%）、巴勒斯坦（20%）。在这三个国家中，从 2002 年到 2009 年期间对美国人民的态度几乎没

	美国的问题在哪里？*			
	布什是 主要根源 %	美国的 总体印象 %	二者 皆有 %	不知 原因 %
西班牙	76	14	7	3 （受访者人数=374）
2003	50	37	12	2
德国	65	29	5	1 （受访者人数=424）
2003	74	22	3	1
荷兰	63	30	6	1 （受访者人数=403）
法国	63	32	5	1 （受访者人数=429）
2003	74	21	4	*
巴基斯坦	51	29	10	10 （受访者人数=730）
2003	62	31	2	5
英国	56	35	8	1 （受访者人数=285）
2003	59	31	8	3
加拿大	54	37	9	0 （受访者人数=188）
2003	60	32	6	2
黎巴嫩	47	32	19	1 （受访者人数=572）
2003	51	32	16	1
土耳其	41	36	17	6 （受访者人数=671）
2003	52	33	12	3
印度尼西亚	43	42	0	15 （受访者人数=577）
2003	69	20	7	4
印度	35	35	14	16 （受访者人数=349）
约旦	22	37	41	1 （受访者人数=798）
2003	42	28	30	*
中国	16	34	42	8 （受访者人数=1,197）
波兰	27	49	14	10 （受访者人数=236）
俄罗斯	30	58	9	3 （受访者人数=401）
2003	43	32	15	10

*根据对美国持不友好态度人群的意见

图 6 - 2 美国的问题在哪里

资料来源：*U. S. Image Up Slightly, But Still Negative*, Pew Research Center, 2005, http://www.pewglobal.org/2005/06/23/us-image-up-slightly-but-still-negative/, 2012。

什么变化。

（二）美国在中东伊斯兰国家的国家形象

美国安全分析家安东尼·科德斯曼（Anthony Cordesman）认为美国在中东伊斯兰国家有一个形象问题[①]。尽管诸如自由表达、多党

---

① Anthony H. Cordesman, "Winning the 'War on Terrorism': A Fundamentally Different Strategy", *Middle East Policy*, Vol. 13, No. 3, Fall 2006, p. 102。转引自 Nathan C. Funk, *Peacemaking between America and the Muslim World: Beginning a New Chapter in US-Islamic Relations?*, CSID 2009 Conference。

236　美国在中东伊斯兰国家的文化外交

美国受欢迎度	1999/2000 %	2002 %	2003 %	2005 %	2006 %	2007 %	2008 %	2009 %	2010 %
美国	--	--	--	83	76	80	84	88	85
英国	83	75	70	55	56	51	53	69	65
法国	62	62	42	43	39	39	42	75	73
德国	78	60	45	42	37	30	31	64	63
西班牙	50	--	38	41	23	34	33	58	61
波兰	86	79	--	62	--	61	68	67	74
俄罗斯	39	61	37	52	43	41	46	44	57
土耳其	52	30	15	23	12	9	12	14	17
埃及	--	--	--	--	30	21	22	27	17
约旦	--	25	1	21	15	20	19	25	21
黎巴嫩	--	36	27	42	--	47	51	55	52
中国	--	--	--	42	47	34	41	47	58
印度	--	66	--	71	56	59	66	76	66
印度尼西亚	75	61	15	38	30	29	37	63	59
日本	77	72	--	--	63	61	50	59	66
巴基斯坦	23	10	13	23	27	15	19	16	17
韩国	58	52	46	--	--	58	70	78	79
阿根廷	50	34	--	--	--	16	22	38	42
巴西	--	--	--	--	--	--	--	--	62
墨西哥	68	64	--	--	--	56	47	69	56
肯尼亚	94	80	--	--	--	87	--	90	94
尼日利亚	46	76	61	--	62	70	64	79	81

由美国国务院调查室提供1999/2000年度数据
皮尤研究中心：问题7a。

图 6-3　美国的受欢迎度

资料来源：*Obama More Popular Abroad Than At Home*，*Global Image of U. S. Continues to Benefit*，Pew Research Center，2010。

体制和法治社会等美国的文化价值观受到中东民众的喜好，但是在中东很多民众的印象中，美国的"牛奶和蜂蜜之地"以及"自由和机会之地"的形象与对伊斯兰社会的蔑视与敌视的形象并存。尼莫（Nimmo）和塞维基（Savage）将形象定义为：人们对客体、事件或人物所表现出来的可觉察的大量特征而形成的构想。将国家作为形象的对象，国家形象可定义为一个国家所表现或被认知的特征[①]。一个国家的国家形象在另一个国家的民众中一旦形成，那么国家共识或国家偏见就会产生。而美国形象发生改变是在1967年的阿以战争中，美国支持以色列反对阿拉伯，以及此后对以色列的不断支持激怒了世界各地的阿拉伯和穆斯林。在美国开展反恐战争后，对伊拉

---

① Suman Lee，*A Theoretical Model of National Image Processing and International Public Relations*，Ph. D. dissertation，Syracuse University，2004，p. 6。转引自陈世阳《国家形象战略研究》，博士学位论文，中共中央党校，2010，第16页。

对美国成为军事威胁的关注

%非常担心/有些担心

	2003	2005	2007	2009	07~09变化
	%	%	%	%	
土耳其	76	65	76	54	-22
约旦	56	67	67	48	-19
埃及	--	--	64	51	-13
印度尼西亚	74	80	84	77	-7
黎巴嫩	58	60	57	57	0
巴勒斯坦	--	--	73	75	+2
巴基斯坦	72	71	72	79	+7

"如果真的存在的话,你有多少担心美国会成为我们国家的军事威胁?"
(问题60)
根据每个国家的全部样本。

图6-4 许多伊斯兰世界依然视美国为威胁

资料来源:*Confidence in Obama Lifts U. S. Image Around*,Pew Research Center,July 23,2009,http://www.pewglobal.org/2009/07/23/confidence-in-obama-lifts-us-image-around-the-world/,2012。

克和阿富汗的战争更是在往伤口上撒盐,被认为是反对伊斯兰和阿拉伯的又一步骤,激怒了所有的阿拉伯人和穆斯林人,因为他们把它视为针对伊斯兰的战争[1]。往伤口上撒盐的举动还有布什总统在媒体上使用了"十字军"(crusade)字眼,这对伊斯兰世界是有消极含义的,以及"邪恶轴心"(axis of evil)也遭到了讥笑[2]。如今,美国形象已经完全改变了。正如科德斯曼所认为的,美国的国家形象在伊斯兰国家中陷入了最低谷。

从2012年席卷中东对美国的抗议上可以看出,美国在中东伊斯兰国家中的形象的确不容乐观。在埃及首都,数千名示威者举行了

---

[1] William Rugh,*Engaging the Arab and Islamic World through public diplomacy*. USA:Public Diplomacy Council,George Washington University,2004.
[2] Peter G. Peterson,*Finding America's voice*:*A strategy for reinvigorating US public diplomacy*,Report of an Independent Task Force Sponsored by the Council on Foregin Relations,2003,p. 26.

238　美国在中东伊斯兰国家的文化外交

对美国人民的好感度	2002 %	2003 %	2004 %	2005 %	2006 %	2007 %	2008 %	2009 %
加拿大	77	75	--	66	--	76	--	74
英国	82	80	72	70	69	70	70	73
法国	71	58	53	64	65	61	64	75
德国	70	64	68	66	66	63	55	64
西班牙	--	47	--	56	37	46	41	52
波兰	72	--	--	68	--	63	70	72
俄罗斯	67	65	64	61	57	54	57	57
土耳其	32	32	32	23	17	13	13	14
埃及	--	--	--	36	31	31	40	
约旦	54	18	21	34	39	36	36	39
黎巴嫩	47	62	--	66	--	69	74	69
巴勒斯坦	--	6				21	--	20
以色列	--	78				75		74
中国	--	--	--	43	50	38	38	42
印度	72	--	--	70	67	58	63	73
印度尼西亚	65	56	--	46	36	42	45	54
日本	73	--	--	--	82	75	65	70
巴基斯坦	17	38	25	22	27	19	20	20
韩国	60	74	--	--	--	70	77	83
阿根廷	32	--	--	--	--	26	24	38
巴西	54	44	--	--	--	45	51	62
墨西哥	56	--	--	--	--	52	44	57
肯尼亚	79	--	--	--	--	86	--	87
尼日利亚	72	67	--	--	56	66	62	76

问题11b

图 6-5　对美国人民的好感度

资料来源：*Confidence in Obama Lifts U. S. Image Around*, Pew Research Center, July 23, 2009, http: //www.pewglobal.org/2009/07/23/confidence-in-obama-lifts-us-image-around-the-world/, 2012。

大规模的示威游行，并围攻了美国驻埃及大使馆；埃及的抗议者还呼吁进行"百万人大游行"。在也门首都萨那（Sana'a），示威者企图进入美国大使馆，放火焚烧大使馆的汽车和美国国旗。在黎巴嫩，约300人的示威者烧了黎北部的一家肯德基快餐厅。阿富汗民众也在贾拉拉巴德市（Jalalabad）举行了示威活动，所喊的口号是"打倒美国"①。在利比亚，数百名抗议者冲入美国驻班加西大使馆，美国驻利比亚大使克里斯托弗·史蒂文斯（Christopher Stevens）以及其他三名外交人员在该事件中丧生。这是美国外交史上的重大悲剧，也是自 1979 年美国驻伊朗大使馆人质劫持事件以来发生的最严重的针对美国大使馆和领事馆工作人员的事件。而更具有讽刺意义的是，该事件发生在被称为利比亚革命堡垒的班加西（Benghazi），一个美国曾帮助其免于毁灭的城市。

正如埃及的一位独立政治分析人士奈尔·沙玛（Nael M. Shama）所认为的："如果电影是在加纳、乌克兰或巴西制作，那么穆斯林的反映可能要缓和得多，因为这些国家以前与伊斯兰世界的互动中没有不信任和反感的因素。"②

总之，美国文化外交本身所带来的影响在一定意义上是好的，在某种程度上也达到了文化外交的目标。但是中东伊斯兰国家对待美国的态度和美国在中东伊斯兰国家的影响力并没有得到显著改善，这与美国文化外交本身的问题不无关系，它同时也是受到美国在中东伊斯兰国家的外交政策影响的。不公平的美国中东政策严重伤害了广大中东伊斯兰国家民众——尤其是阿拉伯民众——的情感，文化外交的影响无论如何，也难以弥补美国中东政策带来的弊端。不过，反过来说，如果美国没有在中东伊斯兰国家实施文化外交，那伊斯兰国家的民众是否会对美国更加"怀恨在心"呢？目前还没有任何一个机构和学者做过这个方面的调查，但是可以预见结果并不会太好。

（三）伊斯兰在美国公众中的形象

"9·11"事件后，无论是政府还是公众所关注的焦点都是如何改善美国在阿拉伯和伊斯兰地区的形象。但是，伊斯兰在美国公众

---

① 陈一鸣等：《反美潮在伊斯兰世界蔓延》，《环球时报》2012 年 9 月 15 日，第 2 版。
② 《阿拉伯人的挫败感在爆发》，中国日报网站，http://www.chinadaily.com.cn/micro-reading/dzh/2012-09-26/content_7113604.html, accessed November 12, 2012。

中的形象又如何？只关注美国形象在伊斯兰国家的下滑是具有欺骗性的、不全面的。谈论二者的关系，应该作为一种对等的交流，是双方面的。这也可以被视为镜子现象。如果一个人仅关注一面，那就意味着图画的一半是缺失的。"我们"如何感觉"他们"也常常反射出"他们"如何看待"我们"。

美国一直努力去纠正其在阿拉伯和伊斯兰世界的反面形象，但是没有看到镜子现象：阿拉伯人和穆斯林人对他们在美国的反面形象也很沮丧。2006年3月，当美国叫嚣它的形象在阿拉伯和伊斯兰地区持续下降的时候，一项由《华盛顿邮报》做的 ABC 民意调查表明伊斯兰在美国人中的形象也同样出现下滑。近一半（46%）被调查的美国人对伊斯兰持不友好态度，而54%的人认为伊斯兰教是一个和平的宗教，33%的人认为主流伊斯兰鼓励暴力对抗非穆斯林人，58%的人认为在伊斯兰国家比其他地区有更多的暴力极端主义者[1]。很多年来，阿拉伯人同样一直关注如何改善他们及伊斯兰在美国人心目中的形象。

1978年，萨义德（Edward Said）就撰写了《东方学》（*Orientalism*），书中描述了西方学者对阿拉伯人和穆斯林所使用的"他者"这样扭曲的异国形象。1981年，萨义德出版了《报道伊斯兰》（*Covering Islam*），书中记录了阿拉伯和伊斯兰在美国媒体中的负面形象。例如，《华盛顿邮报图书世界》（*Washington Post Book World*，2005年7月17日）一幅图画中刻画了一位穿着西装打着领带的白人男性正在逃避一个飞来头巾的袭击，标题是"穆斯林正在到来！"（The Muslims are coming!）在2007年10月23日的《大西洋》（*The Atlantic*）杂志的封面顶头，是滴着血的红色大字"伊斯兰法西斯主义"（Islamofasism），文字下面是穆斯林的祈祷者，旁边的副标题是

---

[1] R. S. Zaharna, *Public Diplomacy through the Looking Glass: Obama, US Public Diplomacy and the Islamic World*, Symposium on Old and New Media, and the Changing Faces of Islam, sponsored by Religion, Media and International Studies Project, Syracuse University, 2009, p. 8.

"美国最危险的词汇"（The Most Dangerous Word in America）。

另外一位著名的大众传媒学者杰克·沙欣（Jack Shaheen）通过1984年的电视节目《电视阿拉伯人》（The TV Arab）和流行电影《坏阿拉伯人》（Reel Bad Arabs）使人们注意到阿拉伯和穆斯林的负面形象。沙欣认为穆斯林阿拉伯男性被描述为暴力的和非理性的，而女性被描述为受压迫的性对象。这些固有的形象不仅在成年人电影中经常出现，如《狂奔天涯》（Not Without My Daughter）、《三角洲部队》（The Delta Force）和《真实的谎言》（True Lies）；也在受欢迎的儿童电影中出现，如《迪士尼的阿拉丁》（Disney's Aladdin）。

2010年6月，许多愤怒的抗议者聚集在纽约世贸中心倒塌现场（Ground Zero）反对在附近修建穆斯林社区中心的提议。中心过去、现在一直是该地区穆斯林和非穆斯林社区关注的焦点，它是由伊斯兰教义指导并向全体公众开放的。换句话说，它是忠实于宽容和友好关系价值观的，即使这样，提议还是招来了很多抗议，抗议者因为在倒塌现场修建任何与伊斯兰有关系的建筑物而愤怒。其中一个抗议者所写的抗议词是："我所知道的伊斯兰就是我从'9·11'所了解的（All I need to know about Islam I learned on 9/11）。"[①] 拍摄电影《穆斯林的无知》（Innocence of Muslims）的导演萨姆·巴奇莱（Sam Bacile）是一位以色列裔美国人，也是加利福尼亚的房地产开发商。他曾经在接受采访的时候称伊斯兰教是"一种癌症"[②]。这也可以理解为什么他拍摄出了影片《穆斯林的无知》，并遭到伊斯兰世界的抵抗。尽管事后美国国务卿希拉里·克林顿（Hilary Clinton）于2012年9月13日出席"美国—摩洛哥战略对话"时一再声明："美国政府绝对与这部影片没有任何关联，我们完全拒绝接受其内容和主题思想。对我们、对我个人而言，这部影片令人作呕，应受到

---

① Azeem Ibrahim, Mehmet Celebi, *How to Improve the United States' Image in the Muslim World*, report of Institute for Social Policy and Understanding, 2010.
② 《美反伊斯兰电影导演知大使遇害，躲起怕遇不测》，中国新华网，http://news.xinhuanet.com/world/2012-09/13/c_123708636.htm，2012年11月22日。

谴责。"① 但是我们无法否认伊斯兰在部分美国人的心中依然是一个负面的形象。约旦《明日报》撰文指出：在许多美国人眼里，伊斯兰是愚昧和落后的代名词，对世界构成威胁，甚至美国知名学者弗朗西斯·福山（Francis Fukuyama）、萨缪尔·亨廷顿（Samuel P. Huntington）等人都认为：冷战之后对美国最大的威胁来自伊斯兰世界，伊斯兰世界是西方民主制度的"真正敌人"。美国新保守主义者更是认定"中东是恐怖主义的温床，伊斯兰教是恐怖主义的土壤"②。

现实状况表明，尽管美国采取了文化外交政策，但是无论从中东伊斯兰国家对待美国的态度，还是从美国在中东伊斯兰国家的国家形象或伊斯兰在美国公众中的形象来看，情况并不容乐观。

四 美国文化外交官方评估与现实状况的差异分析

通过分析三个由官方负责或指导实施的文化外交项目评估案例——青年交流与学习项目、学校联通计划和爵士乐大使项目，可以发现，在各个项目的整体目标上，基本上达到了目标要求。再通过分析现实状况中美国和中东伊斯兰国家的关系，可以发现中东伊斯兰国家对待美国的态度、美国在中东伊斯兰国家的国家形象，以及伊斯兰在美国的形象并没有得到明显的改善，也就是说在实施文化外交的过程中，文化外交试图去改善中东伊斯兰国家对待美国的态度和美国在中东伊斯兰国家的国家形象的目标并没有见到成效。那么造成官方评估与现实状况差异的原因何在？

首先，阶段不同。根据国家公共外交/文化外交项目实施程序的逻辑模型，文化外交实施的逻辑顺序是投入（inputs）、活动（activi-

---

① 《阿拉伯国家民众抗议诋毁伊斯兰教先知的美国影片》，中国新华网，http://news.xinhuanet.com/2012-09/14/c_123713619.htm，2012 年 11 月 22 日。
② 黄培昭、刘睿、孙健、王恬：《美国吞咽中东政策苦果》，《人民日报》2012 年 9 月 15 日，第 3 版。

ties)、产出（outputs）、结果（outcomes）和影响（impact）五个阶段。官方评估对青年交流与学习项目、学校联通计划和爵士乐大使项目的评估主要集中在对"结果"的评估，包括公众对美国知识的增长、项目自身，以及项目机构的发展、目标公众的意识（促进相互理解）等方面，而现实状况则表现在"影响"，包括"更好的关系"和"改善的合作"等方面。可以说，"结果"是文化外交的独有目标，而"影响"并非完全能由文化外交掌控，它受到各种综合因素的影响。因此"结果"容易实现，而"影响"却是难以把握的。

其次，文化外交内容与评估结果的差异。官方评估的大多数项目是以交流项目为主的。正如上文提到的，交流项目自身交流的特点更容易得到对象国参与者的认可。人与人之间通过交流与倾听容易达成相互的理解，因此交流项目更容易达到理想的结果，从而得到最终的认可。青年交流与学习项目使得中东伊斯兰国家的学生有机会到美国亲自与美国人进行沟通与交流，在这样一个过程中达到相互学习、相互理解的目的。这种形式本身就是一个很受参与者欢迎的形式。当然也并非所有的文化外交项目都是开展得一帆风顺，如期达到目的，比如一些大众传播项目的评估效果并不理想。以中东和北非的阿拉伯青年人为目标读者群体的《你好》杂志最终停刊，其原因多种多样，但最根本的原因就是其平面杂志自身的局限性，无法真正与这些阿拉伯青年人进行沟通与交流。

最后，也是最本质的原因——影响评估诸因素的不同。官方评估的是具体的文化外交项目，除了项目自身的因素，包括项目的资金、人员、执行方式、对象国背景等方面，外界的干扰并不多。而现实状况却受到各种综合因素的影响，其中最重要的就是美国不公正的中东政策对受访者思想的影响，比如对待以色列和巴勒斯坦不公平的政策引起了广大阿拉伯和穆斯林的反感。谈及美国与中东伊斯兰国家关系，文化外交只是影响二者关系的其中一个因素，换句话说，文化外交自身的结果再好，如果受到其他因素的影响，那么二者的关系也会表现不佳,具体的体现就是中东伊斯兰国家对待美国的态度与美国在中东伊斯兰国家的国家形象均没有得到明显改善。因此,美国在中东伊斯兰国家的外交政策是影响二者关系的根本因素。

总而言之,美国的中东政策最终决定着对文化外交的评价,文化外交本身很难达到预期目标。所做的各种民调表明,中东伊斯兰国家的许多年轻人对美国的文化、音乐,以及其他娱乐节目都很感兴趣,但是无法接受美国的中东政策。因而萨瓦电台的音乐节目和自由电视台的娱乐节目确实吸引了许多听众、观众,但是能否真正改变他们对美国的态度,还与美国的中东政策有很大关系、甚至有决定性的关系,例如,参加富布莱特项目并没有改变参与者对美国的态度。他们认为,美国尽管一方面在实施文化交流,但另一方面却将战场引入了伊拉克,使得众多平民百姓无家可归、流离失所。正如前文所述,前美国曾驻埃及公共外交官汤姆·索仁森(Tom Sorensen)和曾驻沙特公共外交官伊萨·萨巴格(Isa Sabbagh)分别与埃及和沙特民众进行交流后发现,埃及与沙特民众对于美国在埃及、沙特的文化交流,尤其是教育交流所带来的影响持非常肯定的态度,但是对美国支持偏袒以色列的不公平外交政策也表示了强烈不满。当然,美国文化外交自身也存在许多缺陷,使得美国文化外交发挥的作用很有限。这一切都决定了美国文化外交的官方评估与现实状况的差异。

第二节 美国文化外交的诸多缺陷

一 美国文化外交的执行导向问题

(一)美国文化外交在总体外交政策框架下的执行方式

总体外交是指国家各种外交形式的总集,文化外交作为其中一个子集，必然受到它的指导和制约。文化外交虽然有其特殊性，但不能脱离总体外交，只有在总体外交的指导下，文化外交才能更好地发挥作用①。也就是说，文化外交的工作目标必须围绕国家外交的总体目标展开，文化外交所维护的国家文化利益也必须是国家利益的一部分。一个国家的文化外交要服从和服务于该国外交的全局。

埃及驻美国大使纳比勒·法赫米（Nabil Fahmy）认为美国在中东的形象问题80%在于政策，20%在于不为人知的信息②。政策的制定包括监管社会公共利益的议会、政府和司法等公共领域的各种资源所做的决定。一般来讲，政府是公共政策制定的合法机构，通过包括法律和规章制度等手段来履行职责。在政府政策制定中，公众意见和压力组织等非官方角色也必须考虑进来。因此，最终的结果是，政府想做的和真正做的有很大差异③。如果中东伊斯兰国家对美国政策的观念不改变，文化外交的最终目的无法达到，美国的利益就依然难以实现。美国长期以来煞费苦心地经营中东，在许多伊斯兰国家投入大量的人力和财力，包括众多的文化交流项目，但收效却非常有限。美国驻利比亚大使克里斯托弗·史蒂文斯（Christopher Stevens）与其他三名使馆工作人员于2012年9月11日晚在利比亚第二大城市班加西遇袭身亡事件就是一个很好的证明。造成这一结果的原因有很多，但美国对中东伊斯兰国家政策脱不了干系。因此，问题最重要的方面不在于中东伊斯兰国家，而在于美国政策。如果美国政策的核心没有得到改变，任何交流项目都不可能改变伊斯兰世界民众对美国的看法。当提到美国，伊斯兰世界民众气恼什么呢？从美国领导的伊拉克战争，到美国对阿以冲突的态度，再到

---

① 周永生：《经济外交》，中国青年出版社，2004，第43页。
② N. Fahmy, *Engaging the Arab/ Islamic World: Next Steps for US Public Diplomacy* (Speech), Panel Two: Prospects for Sustaining Dialogue and Cooperation Despite Policy Differences, *Public Diplomacy Forum*, 2004, p. 27.
③ Abbas Maleki, "New Concepts in Cultural Diplomacy", *Iranian Diplomacy*, 2008.

美国在中东地区民主的推广,等等。"9·11"事件之后,美国浪费了很多全球支持。现在,伊斯兰国家中大多数人——70%的印度尼西亚人、80%的约旦人、81%的黎巴嫩人——说他们感到美国"并没有考虑他们的利益"[1]。但事情并非一贯如此。一个世纪之前,美国还被认为是正义的、慈善的,因为美国在中东帮助建立了主导性的学习机构。"9·11"事件后布什政府的政策推进了伊斯兰世界的反美情绪。美国的政策方向必须改变。政府应该把政策关注在好的政府治理和民主上。这些是伊斯兰国家的民众所敬仰的美国,并且希望看到能在他们的国家扎根。总统关于民主的许多演讲必须最终落实成真正的、实质性的新预算中的项目。转变美国的外交政策还包括促进巴以冲突的解决朝向更加公正、公平和安全的方向,使得伊拉克的管理和安全在联合国的领导下国际化。奥巴马执政后,发表了开罗演讲,开始改变策略并主动向伊斯兰世界示好。但美国对中东地区的控制、欲对阿拉伯人进行改造的心态,以及对伊斯兰国家颐指气使的"家长"心态并没有也不可能在短期内得到改变。尤其是美国对以色列在重大问题上的偏袒,更是受历史、国内利益集团等诸多因素影响,不可能立即改变。

  美国文化外交实施的目标是以公共外交的战略目标为导向的。根据哈贝马斯的交往行动理论,美国在中东的公共外交努力在某种程度上可以被认为是隐藏性的战略行动。尽管一方面,美国在该地区的主要目的之一是进行军事扩张,但扩张是通过公共外交来实现的。这非常像前殖民时代传教士扮演的角色,公共外交的实践者们在第三世界进行的公共外交活动中扮演着重要角色。这种隐藏性的战略行动滋长了不信任和误解,而不是促进了参与者之间的沟通[2]。美国强调以价值观为基础的政策。文化交流活动能够促进这些价值

---

[1] Hady Amr, *Our Relationship With the Islamic World: Why It's Broken and How We Can Fix It*, Center for American Progress, 2004.

[2] Mohan J. Dutta‑Bergman, "U.S. Public Diplomacy in the Middle East: A Critical Cultural Approach", *Journal of Communication Inquiry*, 2006, p.108.

观。而且，美国文化外交工作有很大空间在现有的项目和新的有创意的项目中得到改善以更好地展示出这些价值观。但是美国在文化外交中传播着诸如个人自由、民主、平等、对所有人的正义和机会、多样性与容忍性等等这样的美国价值观的时候，自身国内的一些政策措施却与之背道而驰。如2012年美国奥委会选定的伦敦奥运会及残奥会开闭幕式的制服由于是"中国制造"招致美国广播公司（ABC）所谓的"不爱国的批评"，美国参议员2012年7月16日提出立法草案，严格规定"奥运制服必须由美国制造"。美国众议院59名议员17日还致函美国奥委会，愤怒地要求美国奥委会保证"本国运动员将来必须穿着本国产奥运服装"[1]。可见美国的政策制定者和政策与文化外交传递的"正义与机会"、"民主"，以及"平等"等内涵有时是矛盾的。

事实表明世界上大多数穆斯林都在分享美国的价值观（即使他们不能享受到这样的利益），尤其是民主。但正是由于美国的政策让他们和这样的价值观很疏远[2]，他们认为美国是一个军事威胁。所以美国的政策制定者必须明白这点，只有对外政策和文化外交互相支持、相辅相成，才能达到真正的目的。这在当前伊斯兰世界普遍的反面情绪气候下对美国的安全利益是非常重要的[3]。

总之，在这种框架下运作的文化外交必然会部分丢失甚至全部丢失文化外交本身应该具有的特点。它缺少了双向交流，从而使得文化外交参与的双方无法处在平等的地位。这样就容易让对方产生不信任感，起不到文化外交应有的作用，也就达不成双方的互相理解。另外，从远期目标而言，在总体外交政策框架下运作的文化外交缺少其应该具备的目标两重性特点，这样只能是狭隘地单方面满

---

[1] 吴成良等：《美议员撺掇奥运制服立法》，《环球时报》2012年7月19日，第2版。

[2] Azeem Ibrahim & Mehmet Celebi, *How to Improve the United States' Image in the Muslim World*, report of Institute for Social Policy and Understanding, 2010.

[3] Hady Amr, *Our Relationship With the Islamic World: Why It's Broken and How We Can Fix It*, Center for American Progress, 2004.

足自己国家的国家利益，无法实现促使世界和平、和谐发展的国际利益，最终国家利益也难以满足。

（二）抑制政府对外文化交流的相关政策

首先是《爱国者法案》（*The Patriot Act*）。2001年制定的《爱国者法案》带来的影响主要是在慈善捐赠方面。许多基金会被要求提供证据证明接受捐赠者和恐怖活动没有关系，以至于他们很担心一旦被认为支持了错误的受赠人，他们的财产会被冻结。然而，随着时间的推移，他们发现该要求是授予过程中一系列步骤中的一个多余部分。不过，和穆斯林艺术家有关的捐赠依然受到高层的审查[①]。

其次是美国签证问题（U.S. Visas）。外国艺术家的签证问题产生于2001年6月，当时美国公民及移民服务局（the U.S. Citizenship and Immigration Services，简称USCIS）制定了每个人居留15天，除了常规收费320美元之外，还需缴纳1000美元担保费的规定。这种费用对于非营利性的艺术机构和展演者是非常昂贵的，这样就阻止了外国艺术家的美国之旅。在担保费产生之前，签证过程通常需要45天左右，而担保费产生之后，申请者按常规的过程，需等待6个月。新的签证限制使得来自伊斯兰世界的访问者很难进入美国。这种烦琐、耽搁时间较长的签证过程羞辱了而非欢迎国外的阿拉伯人和穆斯林。并且，烦琐的程序也使得美国政府接触普通大使的努力功亏一篑——访问者和学生能够证实美国良好信度的深度和真实性[②]。此外，还经常出现明显的签证延迟，尤其是对官方邀请的来自伊斯兰世界的领导和代表的错误监禁，已证明美国形象的尴尬和被损害。签证推迟应该真正以安全因素为基础，而不是简单地来自某些喜欢或不喜欢来访者观点的利益集团的压力。当美国招待来自并

[①] Karen Hopkins, President, Brooklyn Academy of Music, 2009.
[②] Hady Amr and P. W. Singer, "Engaging the Muslim World: A Communication Strategy to Win the War of Ideas", *Opportunity 08: a Project of the Brookings Institution*, the Brookings Institution, p. 13.

非和美国 100% 结盟的穆斯林领导人的时候，美国有机会直接接触他们，和他们交流思想，并向他们和世界证明，美国的世界正如美国文化中所体现的：是一个容忍和开放的社会①。但是签证问题已对美国向中东伊斯兰国家开展文化外交造成了一定影响。2003 年 3 月，主管签证问题的移民和归化局（the Immigration and Naturalization Service，简称 INS）被废除，其职责被转移到新成立的国土安全部（the Department of Homeland Security）。这次重组反映了一个不信任时代的到来，同时也标志着外国游客到访的日益困难。

最后是外国客座艺术家的所得税预扣（Withholding Taxes on Foreign Guest Artists）问题。对于外国艺术家参与文化交流的最棘手问题是美国国税局（Internal Revenue Service，简称 IRS）要进行 30% 的所得税预扣的规定。在美国工作的非美国居民根据税法和国际税收协定对设置的汇率要缴纳所得税。但是在许多情况下，在美国工作的国外艺术家停留时间短暂，并没有赚到足够的钱以保证 30% 的所得税预扣。虽然通过提交美国纳税申报，可以获得退款，但是这一过程非常漫长且复杂，所以对于许多艺术家，尤其是进行交流的艺术家而言是不现实的。总之，30% 的所得税预扣对于艺术家们来说是一个最大的障碍②。

二　美国文化外交的单向交流方式

由外交委员会（the Council on Foreign Relations）资助的独立工作组（the Independent Task Force）发现公共外交的错误导致了反美情绪不断增长：美国政治不考虑对人们形成美国观念的影响；美国

---

① Hady Amr and P. W. Singer, "Engaging the Muslim World: A Communication Strategy to Win the War of Ideas", *Opportunity 08: a Project of the Brookings Institution*, the Brookings Institution, p. 13.
② Margaret C. Ayers, *Promoting Public and Private Reinvestment in Cultural Exchange-Based Diplomacy*, Robert Sterling Clark Foundation, N. Y.: New York, 2010, p. 25.

没有很好地利用非政府组织和美国显要人物；美国的外交政策倾向于"向下推进"（push - down）的风格，而不是对话，这与它自身所拥护的民主价值观是相违背的[①]。从中东历史文献回顾中可以看出，美国在中东的公共外交努力是以告知并影响中东公众为手段的[②]。从这个意义上讲，交流已经被认可为从美国到中东说服性的单向战略行动；其最终目的是达到在中东的穆斯林人口中态度、观念和行为上的变化；影响而不是理解成为美国公共外交努力的主要目的[③]；美国公共外交主要是一场信息大战，而非与其他人的交流；美国公共外交的使命经常是"让美国的信息出去（get the U. S. message out）"，本质上是单向性的。国内的批评家也承认美国公共外交的侵略性做法是具有反作用的[④]。"9·11"事件后，公共外交中战略性的活动包括许多印刷版的和电子版的小册子，如《恐怖网路》（*The Network of Terrorism*）、《伊拉克：从恐惧到自由》（*Iraq：From Fear to Freedom*）、《自由之声》（*Voices of Freedom*）（这是一本用阿拉伯语写的面向年轻人的杂志），以及18分钟的纪录片《重建阿富汗》（*Rebuilding Afghanistan*）（GAO，2003）。这种隐含着大众导向的公共外交的框架是单向性的；施以影响的机会主要掌握在发送者（美国）的手中，而接受者（中东伊斯兰国家公众）是处在被动的固定位置上。正如哈贝马斯所认为的，这种通过单向交流影响他方的努力可以被归类为战略性行动，因为在这种交流中，相互影响的机会

[①] Mckinney Russell, *A call for action on public diplomacy*, A Report of the Public Diplomacy Council, 2005, p. 3.

[②] Edward P. Djerejian, *Changing Minds Winning Peace：A New Strategic Direction for US Public Diplomacy in the Arab and Muslim World*. Report of the Advisory Group on Public Diplomacy for the Arab and Muslim World, submitted to the Committee on Appropriations, US House of Representatives, 2003.

[③] Mohan J. Dutta - Bergman, "U. S. Public Diplomacy in the Middle East：A Critical Cultural Approach", *Journal of Communication Inquiry*, Vol. 30, 2006, p. 109.

[④] R. S. Zaharna, "Public Diplomacy through the Looking Glass：Obama, US Public Diplomacy and the Islamic World," *Symposium on Old and New Media, and the Changing Faces of Islam*, sponsored by Religion, Media and International Studies Project, Syracuse University, 2009.

并没有被平均分配①。

此外,美国公共外交对于目标公众缺少理解和欣赏。伊斯兰世界被视为一个广泛的统一整体。美国公共外交使用宗教作为最低的共同特征来认同它的目标公众,从而不可避免地把15亿多碰巧有着特定信仰的民众统一在共同的命运和新的认同感中。同时,美国公共外交努力去促进美国文化和价值观会不可避免地使得全世界的穆斯林去保护并促进他们自己的文化和价值观。他们感觉不到理解和尊重,通常认为这些活动是"居高临下"和"侮辱性的"。

跨越国界的交流在不断发展,但构成文化外交的关键包括讲述与倾听双向路的交流。早在2003年,观察家就提出"倾听"作为一种方式来逆转美国对国际社会的傲慢和漠不关心,尽管休斯的倾听之旅失败了,但倾听依然应该是一个高度优先的策略。有效的文化外交"促进、加强并丰富了主要国家的文化"②,但是,在如今广泛的信息和交流网络中,任何形式的外交最终都会因为在"我们"和"他们"的框架中而失败,尽管这样的标签在某些事实中是必需的,但外交更多的是寻求达到某种"我们"。尤其文化外交是把不同背景中的个人融为一体,他们在相互的文化实践中积极参与。不能仅仅制造宣传,还应该以公众为中心建立对话机制,确保相互尊重,建立伙伴关系,奖赏共同合作与计划。这是重建并保护已遭到损坏的信誉的唯一办法。这是强调"讲述"和"倾听"的双向道路,也是对话理论的关键所在。

文化外交应该是双向进行的,而不是单向进行的。美国在同阿拉伯和伊斯兰世界打交道的过程中,忽视了跨文化传播中的文化差异。阿拉伯和伊斯兰世界的文化中,对交流的理解更多地建立在人际关系之上,阿拉伯和穆斯林人所能接受的是双向、对等的沟通,

---

① Mohan J. Dutta-Bergman, "U. S. Public Diplomacy in the Middle East: A Critical Cultural Approach", *Journal of Communication Inquiry*, Vol. 30, 2006, p. 110.
② Linda Constant, "The Foundation of Movement: Cultural Diplomacy", *Huffington Post*, 2010.

而不是单向的灌输,否则会被他们视为侮辱和蔑视。而美国向这些国家和地区的民众推销美国文化的方式粗俗而急躁,不是把对方当作平等的个体的人,而是当作潜在的恐怖分子和美国国家安全的敌人。因此,它始终没能劝服得了阿拉伯和穆斯林人改变对美国的仇恨①。双向交流就必须减少单轨式的宣传,要努力创建平台,发展二者关系,增加美国和伊斯兰世界的对话交流,在其中促进二者间的相互理解,而不是通过单向的努力做单向的宣传或活动,否则就失去了文化外交的意义。既然是对话交流,就应该包括讲述和倾听两个方面,并且倾听是非常重要的环节。倾听是一个人能做的最有影响的事情。它能够建立信任、参与、讨论和协商的平台。它还能够使人们一起有效地工作并了解他们知道的与不知道的②。公共外交教授尼古拉斯·卡尔(Nicholas J. Cull)从历史经验中总结了公共外交的经验,其中第一点就是聆听:对于大部分尝试公共外交的政府,他们首先想到的就是去讲述,这是最大的错误。最好的公共外交首先应该开始于倾听:系统地收集和分析外国公众的意见③。认真倾听穆斯林对美国和中东伊斯兰国家紧张关系背后故事的陈述;有效的公共外交策略开始于倾听来自该地区声音④。倾听的不仅有他们的言语和思想,还有言语和思想背后的情感和经历。积极地倾听,是解决冲突和保持长久对话的有价值技能,也是进行分析不可或缺的工具。在倾听的过程中,美国和其他西方国家可能会意识到他们的意图为什么经常被穆斯林怀疑或者误解。倾听的一个非常重要的功能是确保当美国"讲述"公共外交/文化外交的时候,它所讲述的是正确的,因为如果错了,会毁坏国家的形象。理性

---

① 李智:《文化外交——一种传播学的解读》,北京大学出版社,2005,第44页。
② Steven Green, *New Directions, Culturay Proyeccion Exterior: Nuevos Valores y Estrategias de Accion*, Madrid: Real Instituto Elcano, 2010.
③ Nicholas J. Cull, "Public Diplomacy: Seven Lessons for Its Future from Its Past", *Place Branding and Public Diplomacy*, Vol. 6, 2010, pp. 11 – 17.
④ Anatol Lieven and John Hulsman, *Ethical Realism: A Vision for America's Role in the World*, New York: Random House, 2006, p. xvii.

的实施文化外交可以加深理解，如果不理性（如：电影中违背当地的习俗），就会被认为是文化霸权（cultural imperialism）。文化外交能在正确的时间、正确的地点被正确地实施所依赖的就是倾听。另外，倾听还包括收集关于什么能够提高穆斯林公众对美国印象的数据。包括：对不同的伊斯兰国家全面收集；问卷中有选择性题目，也有开放性题目，以得到穆斯林对美国的建议；询问受访者是通过什么途径获得信息的，这样可以让美国政府以恰当的途径传播信息从而扩大接受群；把穆斯林人群分开层次，获得不同层次人群的意见，包括年龄、性别、社会等级、城市/乡村、种族等。

就美国而言，美国领导人不去倾听或者没有认识到穆斯林的批评加剧了穆斯林愤怒和疏远的态度，并增加了对美国在中东问题观点的抵抗。没有尽力去聆听阿拉伯人，相反却关注于改变他们的思想，这样它的努力会被当作"粗鲁的宣传"而不被接受。你说的不重要，别人听到的才是更重要的[1]。2001年"9·11"恐怖袭击事件发生后，不少美国学者开始反思美国政府对伊斯兰国家的文化外交，并呼吁政府要重新重视与这些国家开展文化外交。但是，美国的外交家和学者只是从实用主义角度、以文化冷战的经验，为美国国家形象和软实力寻找理由、开具药方。美国文化外交在伊斯兰国家之所以难以奏效，不是文化外交本身的错误，而是由于文化外交长期以来在美国被异化成一种难以获得人心的宣传工具，世界人民不能容忍国际宣传中欺骗性的一面[2]。如果美国文化外交以美国和国外公民对话为根基、从双方的角度计划投入且使双方受益，那么会更加有效和有说服力。在接触国际穆斯林公众之前，最好聆听并分析他们的意见和价值观，这样去参与才有可能获得成功。当然这应该是在事实的基础上，而不是在主观臆测的基础上。因此，美国文化外交

---

[1] Christopher Ross, "Public Diplomacy Comes of Age", *The Washington Quarterly*, Vol. 25 (2), 2002, p.77.
[2] 胡文涛：《美国文化外交及其在中国的运用》，世界知识出版社，2008，第106页。

的第一步应该是中东伊斯兰国家和美国的公民社会（civil society）与政府领导间通过对话交流使得相互利益和关注点得到认同。第二步才是共同计划和实施。奥巴马总统在一次阿拉伯卫视台（Al Arabiya television）① 的采访中认为，对美国最重要的事情是"正确地参与"和"开始倾听"②。

三 美国文化外交管理上的缺陷

（一）多部门参与管理问题

对文化外交负有最终责任的单一政府机构的缺乏使得美国很难确定和追求连贯的任务。老布什政府时期，也就是冷战刚刚结束时期，新闻署与国务院成立了跨部门公共外交政策协调委员会。这是美国政府首次成立有关公共外交跨部门的协调机构，包括国防部、中情局、商务部、国家安全委员会等涉及公共外交的有关机构都参与了进来。这无疑为公共外交实施的统一规划和部署带来了很大好处。但是这一时期由于海湾战争的爆发，公共外交政策协调委员会更多的是宣传美国的政策，在文化外交方面起的作用非常有限。目前，美国总共有十几家政府机构对文化外交发挥作用，包括广播理事会（the Broadcasting Board of Governors）、国防部（the Department of Defense）、外交部（the Department of State），以及一些在司法部、商务部和财政部的附属机构，还有美国联邦调查局（FBI）和中央情报局（CIA）③。此外，还有一些文化机构，如国家艺术基金会（the

---

① 阿拉伯卫视台于 2003 年成立，用阿拉伯语播报新闻，主要由沙特和黎巴嫩投资者资助，总部位于阿联酋迪拜。
② Azeem Ibrahim, Mehmet Celebi, *How to Improve the United States' Image in the Muslim World*, report of Institute for Social Policy and Understanding, 2010.
③ International Public Information (IPI) Presidential Decision Directive PDD – 68, 1999. Aftergood, Steven, Federation of American Scientists, http://www.fas.org/irp/offdocs/pdd/pdd – 68.htm, citing IPI Core Group Charter, obtained by The Washington Times (Ben Barber, "Group Will Battle Propaganda Abroad", *The Washington Times*, 1999).

National Endowment for the Arts)、国家人文基金会（the National Endowment for the Humanities）、博物馆和图书馆服务协会（the Institute of Museum and Library Services）、史密森协会（the Smithsonian Institution）和总统艺术与人文委员会（the President's Committee on the Arts and Humanities）。白宫通过国家安全委员会（the National Security Council），或单独、或与国务院以及美国的非营利机构合作，也在文化外交中发挥着一定作用。机构与项目的多样性都在文化外交方面发挥着一定的作用，而它们的运作在某种程度上又具有一定的独立性，这样就造成整体目的的分散化。与此相对应的是，其他国家则有专门部门来统一部署文化外交。如英国的不列颠委员会（British Council）和法国外交部下设的文化事务管理总司。

此外，就美国国务院一个机构而言，就有五大机构向主管公共外交和公共事务的副国务卿汇报工作，它们是：教育与文化事务局（Bureau of Educational and Cultural Affairs，简称 ECA），国际信息局（Bureau of International Information Programs，简称 IIP），公共事务局（Bureau of Public Affairs，简称 PA），政策、规划和资源办公室（the Office of Policy, Planning and Resources，简称 R/PPR），以及民间外联办公室（the Office of Private Sector Outreach，简称 R/PSO）[①]。这五大国务院所属机构承担着重要的文化外交项目。

结果是：美国公共外交/文化外交的运作分散在各个机构。当前的组织机构在区域性机构中责任混乱，缺少统一的权威指导，而先前独立的机构——美国新闻署——可能是更有效的。因此要求合作的声音不断出现。五角大楼国防科学委员会（the Pentagon's Defense Science Board）指出："只有白宫的领导可以带来所要求的彻底改革，……没有什么东西比总统声明更能影响美

[①] Kennon H. Nakamura and Matthew C. Weed, *U. S. Public Diplomacy: Background and Current Issues*, CRS Report for Congress（Congressional Research Service），2009, p. 18.

国政策和全球观念。"① 公共外交协会的一份报告指出：公共外交合作委员会（the Interagency Committee on Public Diplomacy）应该达到内阁级别②。的确，美国公共外交/文化外交组织应该进行重组，因为目前的问题就是结构涣散，应使之合理化，这样公共外交官员能够设计更有效的项目，从而在政策制定过程中更好地反馈他们的发现。此外，有效的公共外交需要深度合作；外交政策必须与公共外交联手合作；主管公共外交和公共事务的副国务卿必须与国家安全委员会紧密合作。只有主管公共外交和公共事务的副国务卿办公室与其他部门共同合作，才能体现出整体性（integration），从而使得美国在伊斯兰世界的文化交流活动更好地开展。不同的美国机构通过合作发展，有着共同目标的交流机制，可以把效率、资源最大化，并用同一个可信的声音说话。

（二）部门领导者问题

首先是领导者喜好问题。大多数文化交流项目不是由美国国会立法或行政命令授权的。相反，它们是通过领导的指示实施的。文化机构的主席或者主管公共外交和公共事务的副国务卿在追求外交目标时，对于各种活动或项目往往有自己的偏好③。这样就不会加强维持某一项目的能力，在美国政府建设性地利用这些项目的时候也无助于建立全球信心。

其次是领导者更换频繁。领导者不断地更换，使得交流项目的持久性难以维持。任何机构对文化外交的运作都缺乏持久性，因为一旦某机构的头把交椅发生变动，机构的员工就没有能力继续维持

---

① *Report of the Defense Science Board Task Force on Strategic Communication*, U. S. Department of Defense, Office of the Under - Secretary of Department for Acquisition, Technology and Logistics, 2004.
② Mckinney Russell, *A Call for Action on Public Diplomacy*, A Report of the Public Diplomacy Council, 2005, p. 4.
③ Margaret C. Ayers, *Promoting Public and Private Reinvestment in Cultural Exchange - Based Diplomacy*, Robert Sterling Clark Foundation, N. Y.: New York, 2010, p. 23.

某个项目。在布什政府时期，国家艺术基金会（NEA）、国家人文基金会（NEH），以及其他一些文化机构的领导权没有发生改变，但是国务院的公共外交领导权却在不停地发生改变。在 1999 年 10 月至 2011 年 4 月，主管公共外交和公共事务的副国务卿换了 6 任，还有 4 年是虚位以待。一个位置的多领导、短时期造成了文化外交的劣势[①]。

（三）美国大使与主管公共外交和公共事务的副国务卿之间的关系

一些美国大使没有利用教育与文化事务局下属的文化项目部运行的文化项目；一些驻海外的文化事务官员也没有提供有效的途径与能够扩展特定文化交往的东道国文化组织合作。这首先是因为资金的短缺，其次人员配备地不足。另外一个重要原因是，在美国，驻海外文化事务官员归属公共事务官主管，公共事务官由大使直接管辖，而大使馆和主管公共外交和公共事务的副国务卿间不存在汇报关系。大使馆归属政治事务副国务卿管辖，而政治事务副国务卿与主管公共外交和公共事务副国务卿是平级的，从而降低了文化外交执行的效率（见图 6-6）。

四 美国文化外交的投入不足问题

（一）冷战后的安乐感

冷战结束后，美国政府有一种安乐感，国会放弃一些支持国际文化交流和外交的责任，白宫也不再为文化交流提供相对直接的支持。

最明显的表现就是，成立于 1953 年的、归白宫直接管辖的美国

---

① Margaret C. Ayers, *Promoting Public and Private Reinvestment in Cultural Exchange - Based Diplomacy*, Robert Sterling Clark Foundation, N. Y.: New York, 2010, p. 23.

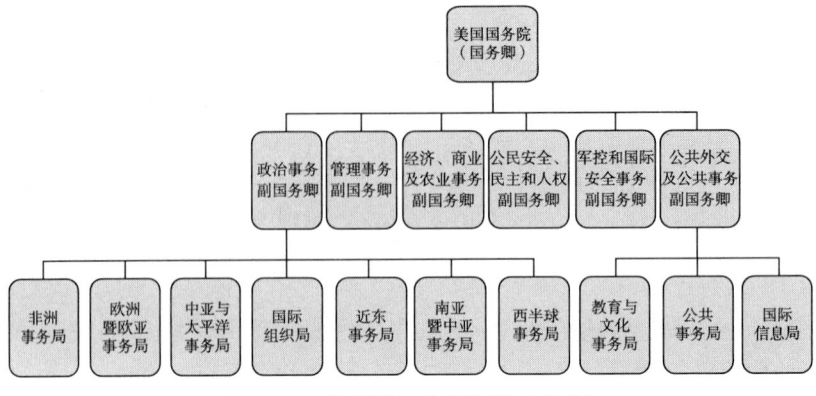

图 6-6 美国国务院结构图（部分）

资料来源：Margaret C. Ayers, *Promoting Public and Private Reinvestment in Cultural Exchange-Based Diplomacy*, Robert Sterling Clark Foundation, N.Y.: New York, 2010, p.25。

新闻署（the U.S. Information Agency，简称 USIA）于 1999 年并入美国国务院。美国新闻署集中了对外文化交流和宣传的主要手段，是美国文化外交的主要执行机构。它的撤并是美国政府冷战后安乐感增加的体现，是文化外交遭受冷落的标志性事件。

安乐感的另外一个表现就是权力精英对文化外交持不支持态度。克林顿总统的第一任国务卿沃伦·克里斯托弗（Warren Christopher）说过，许多华盛顿的权力精英——尤其是在国会，还有行政部门的人——没有意识到冷战后公共外交的必要性。他说："我必须承担起我的那份责任，因为我无法说服国会。我在白宫的一些讨论中取得一定的进步，却看到它在委员会中失败。"当谈及国会的一些议员时，他说："他们说他们对外交政策不是十分了解，然后就继续切断了我们的资金。一些人还很自豪地说他们从来都没有护照，也并不想有护照。"[1] 从此可以看出，美国的权力高层在冷战后对公共外交/文化外交失去了兴趣，没有充分意识到它在当今社会的应用价值。如果权力高层没有给予一定的重视，那么公共外交/文化外交就不可能被放在一个优先考虑的位置。

---

[1] Nicholas Kralev, "Cultural Diplomacy Pays Off, Envoys Say", *The Washington Times*, 2004, A01.

（二）安全考虑

像美国角项目（the American Corners Program）这样的信息中心应该被鼓励。美国角是以技术为基础的缩小版的图书馆，它通常位于繁华地段。20世纪90年代末期，出于安全考虑，美国海外信息中心被安置在了城堡般的安全壁垒中，这使得当地人不愿接近它，也不愿使用它。一些位于大使馆区域内的信息资源中心由于进出制度比较烦琐，访客很少，比如每月到中东地区美国大使馆内信息资源中心的访客要比不在大使馆内的信息资源中心少5/6之多①。在阿拉伯和伊斯兰国家，美国大使馆的极端安全措施使得当地人很难进入图书馆或者与工作人员见面。在一次采访中，美国文化事务官员詹姆斯·布洛克（James Bullock）说他常常不得不走到大街上和忘记带证件的访客见面。他说："很难描述来自堡垒中的世界。"② 到访非大使馆区域内信息资源中心的人数要明显多于位于大使馆区域内的信息资源中心，其中中东地区的月均访问人数分别为843人和139人（见图6-7）。

（三）资金投入比例的相对较少

随着1989年柏林墙的倒塌、1991年苏联的解体，以及美国由于20世纪90年代初经济衰退而受到的财政约束，公共外交开支在1994年达到高峰后，美国在国际事务中的总开支在90年代末无论在名义上还是实质上都大大下降③。"9·11"事件之后，国会开始大力支持所有的文化机构以及国务院的文化项目，但是，支持还没有从美国新闻署1999年被吞并之后大规模的在公共外交投入的降低中恢复过来。对文化交流项目的总体支持虽然在一定程度上得到增加，但是在教育与文化事务局的项

---

① *U. S. Public Diplomacy – Time to Get Back in the Game*, Federation of American Scientists: 2010 Congressional Reports, Senate Committee on Foreign Relations, 2009, p. 2.
② Injy Galal, "The History and Future of US Public Diplomacy", *Global Media Journal*, Volume 4, Issue 7 Fall, 2005.
③ *A Foreign Affairs Budget for the Future: Fixing the Crisis in Diplomatic Readiness*, the American Academy of Diplomacy, 2008, pp. 7–8.

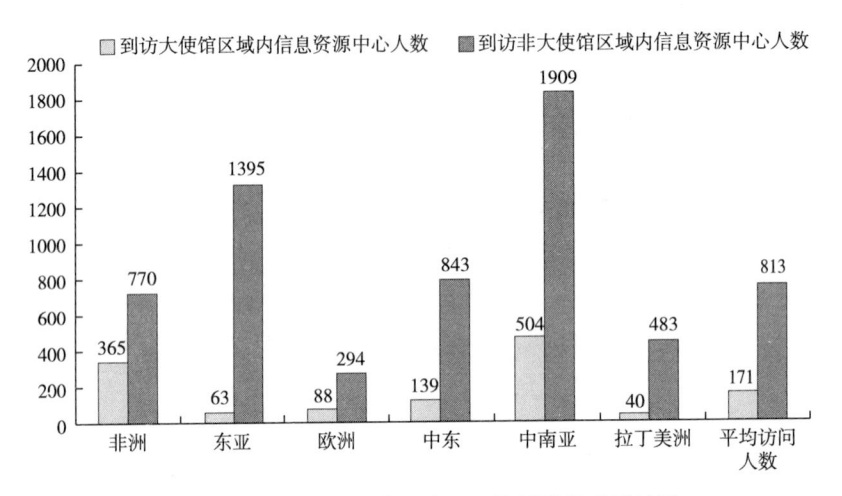

260　美国在中东伊斯兰国家的文化外交

图 6-7　到美国信息资源中心平均月访问者量统计

资料来源：*U. S. Public Diplomacy – Time to Get Back in the Game*, Federation of American Scientists：2010 Congressional Reports, Senate Committee on Foreign Relations, 2009, p. 8。

目投资还是无法和冷战期间由美国新闻署主持的项目花费相提并论的[①]。因此，资金是美国公共外交/文化外交面临的一个重要问题。公共外交预算是每年国防部预算1%中的3/10[②]，这样使得参与交流项目的人数也大大减少，从1995年的45000人降到2001年的29000人，下降率为35.6%[③]。而且，员工数量不足、工资还不能足额支付，员工不能接受像语言这类必要技能的培训[④]。与此形成对比的是，美国共和

---

① Margaret C. Ayers, *Promoting Public and Private Reinvestment in Cultural Exchange – Based Diplomacy*, Robert Sterling Clark Foundation, N. Y.：New York, 2010, p. 22.

② Edward P. Djerejian, *Changing Minds Winning Peace：A New Strategic Direction for US Public Diplomacy in the Arab and Muslim World*. Report of the Advisory Group on Public Diplomacy for the Arab and Muslim World, submitted to the Committee on Appropriations, US House of Representatives, 2003, p. 25.

③ Edward P. Djerejian, *Changing Minds Winning Peace：A New Strategic Direction for US Public Diplomacy in the Arab and Muslim World*. Report of the Advisory Group on Public Diplomacy for the Arab and Muslim World, submitted to the Committee on Appropriations, US House of Representatives, 2003, p. 46.

④ Edward P. Djerejian, *Changing Minds Winning Peace：A New Strategic Direction for US Public Diplomacy in the Arab and Muslim World*. Report of the Advisory Group on Public Diplomacy for the Arab and Muslim World, submitted to the Committee on Appropriations, US House of Representatives, 2003, pp. 26 – 27.

党控制的众议院于 2012 年 7 月 19 日以 326 票对 90 票的压倒性优势通过 2013 财年 6075 亿美元的年度国防拨款法案，其中包括 5190 亿美元的基础国防预算与 885 亿美元的阿富汗与伊拉克战争军费①。这个数字一方面表明美国国内军火生意的如火如荼，另一方面表明国会的议员对于军事这样的硬实力的重视远胜于对于文化这样的软实力的重视程度。美国布鲁金斯学会外交政策研究员海迪·阿姆（Hady Amr）和 P. W. 辛格（P. W. Singer）认为，"投入（investment）应该反映出思想之战的高度策略优先性，以确保美国的安全"②。联邦资金的缺乏使得美国不能应对国外的机会与挑战。

美国前驻也门和阿联酋大使威廉·鲁（William Rugh）认为，三个原因阻碍了美国公共外交（包括文化外交）：安全措施的增加、资金的减少、美国新闻署并入国务院③，这是有一定道理的。

五 美国文化外交工作人员存在的问题

首先是工作人员数量减少。在美国新闻署存在的时候，公共外交/文化外交拥有足够的人员和资源，这样有足够的力量去参与活动。尤其是在阿拉伯世界，最好的交流媒介是面对面的交流④。但是如今资金短缺，公共外交/文化外交员工短缺，因此不能处理大量的工作，也没有时间参与活动，以给公众留下能够产生持久影响力的印象。他们关注比较短期的问题，以产生有效的短缺结果，而不能产生永久成果的、长期的文化关系建构。再者，和美国新闻署并入

---

① 陈一鸣等：《美众议院通过 6000 亿军费拨款》，《环球时报》2012 年 7 月 21 日，第 2 版。
② Hady Amr, P. W. Singer, "Engaging the Muslim World: A Communication Strategy to Win the War of Ideas", *Opportunity 08: a Project of the Brookings Institution*, the Brookings Instsitution, p. 5.
③ William Rugh, *Engaging the Arab and Islamic World through Public Diplomacy*, USA: Public Diplomacy Council, George Washington University, 2004, p. 44.
④ William Rugh, *Engaging the Arab and Islamic World through Public Diplomacy*, USA: Public Diplomacy Council, George Washington University, 2004, p. 16.

国务院同时发生的结构性变化也严重影响了文化教育能力。根据美国前驻阿拉伯和伊斯兰世界的外交官肯顿·基斯（Kenton Keith）表明，在新闻署撤并之前，大使馆的公共外交官员的角色非常重要。在美国新闻署时代，公共外交官员几乎是独立于大使的，他们只向新闻署的上级汇报工作，偶尔向大使呈交报告①。现在公共外交已变成"华盛顿驱使"（Washington driven），而不是"领域驱使"（field driven）②。美国文化外交不充足的员工配备以及他们任职时间均阻碍了与伊斯兰世界接触的努力。此外，文化外交工作人员在伊斯兰世界比在任何其他地方的任职时间都要短暂。根据美国国务院数据，美国在伊斯兰国家的公共外交人员的平均任职时间是 2.1 年，而在非伊斯兰世界的平均任职时间是 2.7 年③。这会影响到一项工作的连续性以及发展良好的个人关系。根据美国国务院 2005 年数据，国务院共在海外设立了 834 个公共外交职位，但是有 124 个（占 15%）职位空缺④。公共外交官员的短缺直接导致文化外交人员的不足。

其次是技能培训的缺失。与文化外交人员短缺同时存在的是伊拉克公共外交官员的短缺，以至于美国不得不让外勤人员补充进来。美国公共外交咨询委员会认为："迅速填补公共外交人员的需求使得公共外交官员得不到完整的培训。"⑤ 此外，公共外交官员有许多行政任务，他们没有充足的时间去进行公共外交/文化外交的推广活动。公共外交委员会建议增加当前公共外交工作人员数量的 3 倍，

---

① William Rugh, *Engaging the Arab and Islamic World through Public Diplomacy*, USA: Public Diplomacy Council, George Washington University, 2004, p. 11.

② Injy Galal, *The History and Future of US Public Diplomacy*, *Global Media Journal*, Volume 4, Issue 7 Fall, 2005.

③ *U. S. Public Diplomacy: State Department Efforts to Engage Muslim Audiences Lack Certain Communication Elements and Face Significant Challenges*, GAO – 06 – 535, Washington, D. C., 2006, p. 36.

④ *U. S. Public Diplomacy: State Department Efforts to Engage Muslim Audiences Lack Certain Communication Elements and Face Significant Challenges*, GAO – 06 – 535, Washington, D. C., 2006, p. 35.

⑤ 2005 *Report*, U. S. Advisory Commission on Public Diplomacy, Washington, D. C., 2005.

增加他们的培训,以及增加文化外交预算的4倍①。在语言方面,美国学界和政界的一些报告已表明和伊斯兰国家公民交流所需的外语能力的缺乏,尤其是阿拉伯语。确实,公共外交咨询委员会2005年的报告中最令人惊奇的发现之一就是只有54位国务院雇员的阿拉伯语测试是高级(4级)或以上、279位只能获得其他相应级别②。甚至在2007年6月,国务院发言人办公室报告在巴格达大使馆的国外服务人员中(包括大使)只有10位阿拉伯语是"流畅的"③。报告指出:当前的需要是配备充足的具有公共外交技能的、能熟练讲阿拉伯语的工作人员,其中每个阿拉伯国家至少5位。当然还有波斯语和土耳其语等。根据美国国务院提供的数据,在伊斯兰国家,30%的有语言需求的公共外交职位由达不到语言要求的官员担任,而在非伊斯兰国家,这个比例是24%。在阿拉伯国家,36%这样的职位由不能说阿拉伯语的官员担任④。许多文化外交官员无法和当地公众用当地语言进行有效的沟通,这也束缚了公共外交整体的工作。《杰雷吉安报告》(*Djerejian Report*)认为:"说、写和读一种外语的能力是有效交流公认的技能之一。能流利讲阿拉伯语的公共外交官员可以向与他们谈话的人传递尊重和关心,而语言的流利能防止曲解的翻译。"⑤ 总之,造成这一现状

---

① Mckinney Russell, *A Call for Action on Public Diplomacy*, A Report of the Public Diplomacy Council, 2005, p. 4.
② Edward P. Djerejian, *Changing Minds Winning Peace: A New Strategic Direction for US Public Diplomacy in the Arab and Muslim World.* Report of the Advisory Group on Public Diplomacy for the Arab and Muslim World, submitted to the Committee on Appropriations, US House of Representatives, 2003.
③ See Press Release, U. S. Department of State, Arabic Speakers – Embassy Baghdad (Taken Question), 2007, available athttp://www.state.gov/r/pa/prs/ps/2007/jun/86792.htm.
④ *U. S. Public Diplomacy: State Department Efforts to Engage Muslim Audiences Lack Certain Communication Elements and Face Significant Challenges*, GAO – 06 – 535, Washington, D. C., 2006, p. 37.
⑤ *U. S. Public Diplomacy: State Department Efforts to Engage Muslim Audiences Lack Certain Communication Elements and Face Significant Challenges*, GAO – 06 – 535, Washington, D. C., 2006, p. 38.

的原因有很多：美国国内培训的缺失、任职期短无法进行语言的熟悉等等。

最后是文化意识的缺失。文化意识对于外交任务的每一部分都是重要的，应该成为外交官培训的一部分。在美国依然有许多国会议员和其他一些官员对文化外交持怀疑态度，他们看不到文化的作用，这种意识自然会给文化外交的实施带来困难。而利用文化资源来实现国家利益，以及文化交流对于实现国际利益所起到的作用已经得到很多专家学者的认可。因此，美国国内一些人士认为，美国外交人员应该有一种文化意识，去和所在国的政府和民众进行文化的沟通，通过文化的交流加强两国人民的友谊，增进相互的理解。正如有的学者认为的：信息的传递者通常比信息更重要[1]。有文化意识的信息传递者能更准确地表达出一个国家的文化理念，从而与其他国家民众更好地沟通。

第三节　美国文化外交的困境

美国文化初期为英国甚至是欧洲文化的翻版，在之后崛起的新观念和民族精神的支配下，逐步独立并有了极大的发展，在不同的门类中都产生了众多著名的艺术家和成功作品，这些也随之融入了世界文化遗产之流。在 19 世纪末，尤其是 20 世纪以后，随着资本的大幅度跨国流动和现代传播媒介的迅猛发展，特别是美国式生活方式的影响迅速扩张，美国文化显现出向世界急剧膨胀的态势，终于在一个世纪里完成了对世界大多数地区的占领。美国文化是在对欧洲传统文化进行反叛和继承的基础上，随着移民文化的汇聚，在新价值观和新生活方式支配下逐步形成的一种

---

[1]　"Council on Foreign Relations: Improving US Public Diplomacy", Editor's preface, *Middle East Quarterly*, 2002, p. 77.

新型现代文化。这种新型现代文化具有强烈的个人意志以及突出的商业特色。

世界是多样性的，随着经济全球化进程的加速，各种文明之间的互动也不断加强，并以前所未有的速度和规模向前发展。全球化是相对于以往民族隔绝、各自在不同空间孤立发展的历史阶段而言的，是世界市场的形成和各民族、各种文明广泛交往的时代，是以各个民族国家经济的相互联系、相互依存为基础的，以达到全球范围的资源合理配置、文化交流、信息共享、民族国家通过合作共同处理人类面临的全球性问题的目的。在全球化浪潮的冲击下，文明和文化的发展呈现出一种平行而又相对的趋势。一方面，一些大众文化和流行文化确实已经裹卷世界，且带有很浓厚的西方文明色彩，尤其是美国文明的色彩，反映出其核心价值观。互联网的出现，在某种程度上也强化和扩展了这种趋势。西方国家，特别是美国也试图搭全球化的便车在全球范围内推广其文化和价值观，并随着经济全球化的实现渗透到世界各个角落。而其他任何传统文化，即使是极其优秀、深厚的，由于必须面对生产和生活方式现代化的强大趋势，也都陷落在被裹卷下的分崩离析之中。美国文化在这种不可阻挡的全球趋势中取得了自己的话语霸权，其表现出的突出特点为：文化发展与科技发展同步，大众文化与大众传媒共生，前者借后者获得强大传播力和推广力，后者借前者获得强大渗透力和影响力。美国文化的构成方式包括基督传统、自由主义和个人主义等三大要素。在这三大要素影响下形成的美国当代价值观，支配着美国文化的创造。而强烈的情绪化、个人化、大众化色彩，是美国当代文化的突出特点，它们构成美国文化的现代性、前卫性和旗帜性，引起全球文化，特别是青年文化的追随和刻意模仿。

在这样一个经济全球化与大众传媒迅速发展的时代背景里，文化外交也成为美国推广其文化和价值观的手段之一，美国通过文化外交的交流项目让人们更多地了解了他们的文化。但是，这种了解是否会削弱自身的文化,还有待考察。美国的文化外交尽管还存在种种问题,但是与世界其他国家相比,美国的文化外交具有自身的优势,并已达到了比较高的水平。美国文化通过文化交流在内的各种方式已经变得丰富起来,并已经在世界各地驻扎,影响着其他国家的文化,包括艺术、教育等各个方面。许多组织和人士对这种影响开始焦虑:这会给世界带来多样性,还是统一性?尤其是一些弱小、贫困国家,他们的接受大于给予,这不免就产生了许多人担心的问题,比如文化霸权和美国化等等。

一 文化霸权

文化霸权最早是由意大利共产党人安东尼奥·葛兰西(Antonio Gramsci)提出并使用的。他对"文化霸权"的陈述如下:"统治阶级将对自己有利的价值观和信仰普遍推行给社会各阶级的过程。"[①] 文化霸权推行的主要手段应该包括两种:一是大量文化产品的输出;二是其他国家的文化产品追随文化霸权输出国的文化价值取向。

首先,文化产品的输出包括出版产业、电影产业、广播产业、流行音乐产业、软件产业,以及动画产业等等。美国商务部统计数据表明:美国文化产业在1996年时国际销售额达602亿美元、1999年达1000亿美元,而2001年已高达1600亿美元,居美国产品出口的首位[②]。2001年比1996年增长了约266%,这个数字是非常惊人的。

其次,由于文化霸权输出国的文化优势,其他国家的文化产品在制作或输出时会追随文化霸权输出国的文化价值取向。比如在美国艺术界最具有影响力,且享誉世界的四项大奖分别是格莱美音乐

[①] 孙晶:《文化霸权理论研究》,社会科学文献出版社,2004,第1页。
[②] Harvey B. Feigenbaum, *Globalization and Cultural Diplomacy*, Center for Arts and Culture, 2002, p. 20.

奖（Grammy）[①]、奥斯卡金像奖（Oscar）[②]、托尼奖（Tony's A-wards）[③]，以及国际艾米奖（Emmys）[④]。这四大奖项分别代表了音乐界、电影界、戏剧界和电视界的最高荣誉。全世界的音乐人、电影人、戏剧人和电视人都梦寐以求获得这样的奖项，正如对于大多数运动员而言，一生的追求就是参加奥运会并获得奖牌一样。那么衡量音乐、电影、戏剧和电视的最高标准也莫过于这几大奖项。但是这四个奖项是由美国人颁发的，它的审美标准是受美国人的文化价值观左右的。因此，其他国家必须按照美国的审美标准去制作文化产品，这样才有可能获得奖项。不过同时也必须看到这四大奖项受关注的其他原因，即它们的权威性、公正性和广泛的影响性。

这种文化的输出说到底是一种信息的输出。近年来，美国提出了全球信息化的"五个原则"：私营化、鼓励竞争、灵活的政策、开放使用和普遍服务，这几乎全是为美国利益服务的，更为美国在全球进一步推行其文化帝国主义找到了极佳的突破口。对于这些原则，广大发展中国家已经清楚地看到了它的消极意义："私营化"——发展中国家的信息和文化产业相对弱小，如果再将国有化转变为私有化，就更加不能与美国媒介公司竞争；"鼓励竞争"——目前发展中

[①] 格莱美音乐大奖是美国国家录音与科学学会举行的一个年度大型音乐评奖活动。格莱美奖被誉为"音乐界奥斯卡"。"格莱美"（Grammy）是英文 Gramophone（留声机）的变异谐音。以它命名的音乐奖迄今已有50年历史，其奖杯形状如一架老式的留声机。

[②] 奥斯卡金像奖，也称奥斯卡奖，原名学院奖，正式名称是"电影艺术与科学学院奖"，设立于1927年，每年一次在美国洛杉矶举行。该奖是由美国电影艺术与科学学院颁发，旨在鼓励优秀电影的创作与发展的奖项，半个多世纪以来一直享有盛誉。

[③] 托尼奖全称为安东尼特·佩瑞奖，由美国戏剧协会为纪念该协会创始人之一安东尼特·佩（Antoinette Perry）女士于1947年设立的，以表彰当年在百老汇剧院上演的杰出剧目，是美国戏剧领域（包括话剧和音乐剧）的最高奖。

[④] 1949年美国电视艺术和科学院创办的电视节目评奖活动。1963年起为外国电视节目增设了国际奖，1969～1972年中断，1973年起国际部分单独设立，成为首届国际艾米奖，每年一届，9～11月在纽约或其他美国城市举行。评奖内容包括新闻报道、戏剧、表演艺术、群众艺术、儿童节目5种。评奖目的是向美国电视界和观众介绍外国的优秀电视节目。

国家的文化产业不可能成为美国公司的对手;"灵活的政策"——淡化国家主权的原则;"开放使用"——这无异于一张同意文化入侵的许可证;"普遍服务"——使得美国的文化信息更直接地影响所有寻常百姓,使美国的文化侵略得以全面实现①。美国作为世界综合实力强国,在实施文化外交的过程中,有文化产品的输出,也就是信息的输出,比如通过广播电视输出的美国流行文化。此外,对象国在接受文化产品的同时,也可能有追随美国文化价值取向的问题。这也正是美国文化在强有力的经济后盾下所表现出的文化强势。当一种文化有足够的力量促使它不断扩散的时候,对象国的民众会在不知不觉中受其影响。而当实施国政府利用这种文化强势去实现一定的政治目的或满足国家利益的时候,它就会演变成文化霸权,即实施国政府利用这种文化强势向对象国推销其价值观理念。美国政府在通过文化外交进行文化输出的过程中,作为综合实力强国,不免具有一定的文化强势,如果一味地做单向交流,不去聆听对方,那就有文化霸权的嫌疑。也有学者认为,如果政府过分积极推行文化外交,必然会被其他国家解读为"文化侵略"或者"文化帝国主义",如果政府放松对文化交流的介入,国际文化交流必然会失去统一协调的步调,不利于实现本国的外交意图②。在这里的"文化侵略"和"文化帝国主义"就是"文化霸权"的具体表现形式。因此,无论是从推行文化外交的力度上而言,还是从实施文化外交的方式而言,或是从其产生的结果来看,我们都可以看到文化霸权的影子。

二 美国化

除了有文化霸权的"嫌疑"之外,不少国家已经开始担心美国的文化外交会制造某种程度的"文化帝国主义",认为全球化(Glo-

---

① 刘继南、周积华、段鹏:《国际传播与国家形象——国际关系的新视角》,北京广播学院出版社,2002,第28页。
② 赵可金:《公共外交的理论与实践》,上海辞书出版社,2007,第246页。

balization)意味着"美国化"(Americanization),以形象的语言说就是整个世界的"麦当劳化"或"可口可乐化"①。"美国化"正成为包括学者、政治家,以及企业家等众多人士关注的一个全球化问题。中国社会科学院王林聪研究员认为,所谓"美国化"(Americanization)是指美国政府通过政治、经济、文化等手段对外推行美国的价值观和民主制度,进而加强美国的影响力的具体过程②。"美国化"是指一种强势文化深入弱势文化的环境中所导致后者发生趋向更像前者的变化,尽管这一过程主要体现了美国文化征服他国之人思想的"文化渗透",但本身也包含着两种不同文化在同一时空环境下的碰撞或互动③。因此要辩证地看待"美国化"。

文明的流动,是不分地域的,一种新的思潮、一种文学艺术、一种学术见解可以不胫而走。濡染性,是文明(或文化)的特性,时代越前进,发展越多样化,观念的濡染性就越强。先进的文明要取代过时的文明,是必然的;然而任何先进的文明都不能无条件地"嫁接"或"取代"另一种文明,因而文明又有对异质文明的排斥性本能④。1901年,英国著名记者威廉·斯特德出版了名为《世界的美国化》一书,表明了20世纪世界发展的主要趋势之一。斯特德认为,美国文明的特殊风味与精力赋予其力量实现对世界的某种统治。美国的商业技术、组织原则、机器、杂志、服饰、运动、资本和价值观正在使美国迈向全世界,改变全球的方式,使之从属于美国⑤。斯特德的这一预言在许多欧洲国家成为现实。因此,"美国

---

① 〔美〕马尔考尔姆·瓦特斯:《全球化》,徐伟杰译,弘智文化事业有限公司,2002。转引自赵可金《公共外交的理论与实践》,上海辞书出版社,2007,第56页。
② 王林聪:《民主化还是美国化——解析美国对中东地区的政治整合与"民主改造"》,《世界经济与政治》2004年第9期。
③ 王晓德:《"克里奥化":对全球"美国化"现象的一种解释》,《美国研究》2008年第3期。
④ 陈乐民、周荣耀:《西方外交思想史》,中国社会科学出版社,1995,第17页。
⑤ William T. Stead, *The Americanization of the World: The Trend of the Twentieth Century*, New York and London: Horace Markley, 1901。转引自王晓德《"克里奥化":对全球"美国化"现象的一种解释》,《美国研究》2008年第3期。

化"并不是一种新的现象,从《世界的美国化》出版之日算起,已经一个多世纪过去了。在人们的视野中,这种现象一直随着美国力量的强大日益加强,以至于世界各地的人无不感受到美国文化的存在。用一位学者的话来说:"世界各地之人喝可口可乐,吃麦当劳化的食品,穿美国生产的或美国样式的服装,看好莱坞电影和 NBA 比赛,储蓄和携带作为硬通货的美元,讲美式英语,使用视窗和英特尔系统日夜上网,过分地关注美国,如果可能的话,在美国学习和工作,加入美国国籍。另一方面,……除了高技术产品,美国人出口他们的价值观、思想、政策和武器。"① "美国化"无疑使其他国家的文化面临着巨大的挑战。如果对 20 世纪初 "美国化"提出至今的 100 多年进行历史的考察,可以看到:在 20 世纪,世界上很少有文化不受到美国文化的影响。但美国文化是否必然使这些文化或者文明失去维系民族凝聚力的 "自我认同",最终趋向一个以美国文化为主导的世界,却仁者见仁、智者见智。持否定观点的学者认为,这并没有因此而导致对象国文化完全失去 "自我",成为美国文化的 "复制品"。相反,民族文化却在美国文化 "入侵"的压力之下通过借鉴和吸收其中的合理成分不断地适应外部形势的变化。"美国化"是一种新型的文化,虽然带有明显的美国文化的特性,但在互动过程中,也具有了他国文化的成分。一个典型的例子就是牛仔裤。在 1849 年开始的美国西部的淘金潮中,工人们穿着一种产于意大利的帆布制作的工装裤,叫作 genoese。后来,这种工装成为大众的新装,逐渐被美国青年所喜爱,并有了新的名字——牛仔裤(jeans)。而如今,牛仔裤早已不是美国独有的文化,而成为世界各国的流行服饰。牛仔裤文化除了蕴含美国人的自由、平等的价值观理念之外,在不同的国家、不同的地域也夹杂了本土文化的特色。因此,这种对外部挑战主动的或被动的回应增强了民族文化的自我更新机制,

---

① Guang Xia, "Review Essay: Globalization at Odds with Americanization", *Current Sociology*, Vol. 51, No. 6, 2003.

最终把被动面临的挑战变成了寻求发展的机遇。这样的结果导致一些欧美学者开始重新审视全球"美国化",他们提出的观点尽管没有得到普遍的认同,且依然存在很多需要进一步探讨之处,但影响很大,对我们研究这一历史与现实的现象的确深有启迪[1]。

另外一些学者认为,在全球化的背景下,美国制定了相应的文化战略,包括文化外交,试图以"美国化"来代替全球化,以美国的文化价值观来重塑整个世界。美国的歌曲、电影和艺术等几十年来一直代表了美国富有活力的文化。而这些东西随着全球化、互联网等的影响早已进入世界各国。当各国人民在自己家附近的电影院看到的是美国大片、吃到的是肯德基、使用的是美国微软公司的电脑软件的时候,人们会感叹自己的生活"美国化"了。美国文化外交通过教育交流项目、艺术交流项目、倡议互动项目和大众传播项目使得对象国的广大民众有了更多接触美国歌曲、电影和艺术等各种文化的机会,在不知不觉中会受到这些美国文化的影响,在价值观念上和行事方式上会在无形中参照美国价值观的标准。

此外,与此相对应的,其他国家保护和发展本土文化(或文明)的趋势也在加强。许多国家已经将文化安全问题提到了议事日程上,并采取种种措施来保护民族文化遗产,弘扬民族文化传统。发展中国家,甚至发达国家,比如法国非常注重保护本国的文化。在法国,禁止商店使用英语标志,甚至禁止在国内的互联网上出现"只使用英语"的网页。

纵观从20世纪初期到21世纪初期100多年的全球文化交流史,可以看到,美国文化在世界文化中具有很重要的地位。在"美国化"的冲击下,其他国家或地区的文化或多或少地感到了自身的危机,也相应地采取了一些措施来避免"美国化"。但"美国化"只是一种表面现象,很大程度上只限于物质文化层面上,很难完全改变一个国家人们心灵深处的民族文化,充其量只是在对影响人们的思维

---

[1] 王晓德:《对全球"美国化"的一种重新审视》,《学术研究》2006年第4期。

和行为方式的价值观中增添了一些新的东西,比如美国的民主、个人主义等等,这些并不会真正动摇一个国家或民族赖以正常运行的社会文化根基。我国美国文化研究学者王晓德教授在其论文中引用了美国新罕布什尔大学传播系教授贝弗里·詹姆斯(Beverly James)的例子。从 1992 年到 1993 年詹姆斯作为富布莱特学者到匈牙利一所大学任教。在此期间,她进行了关于匈牙利人对美国大众文化的问卷调查。结果显示,尽管人们对美国大众文化的态度不一致,但许多人不同意"美国化"会对匈牙利本土文化构成太大的威胁。一些人认为,匈牙利政府会采取有力的措施保护地方文化免遭外国文化的侵蚀。她的结论是,文化整合被认为是一个有益的进程,匈牙利普通老百姓对外国思想、惯例和产品抱着容忍的态度。她以匈牙利人费伦茨的话作为调查报告的结尾:"文化意味着一切。如果你丧失了你的文化或文化变得高度的标准化,你就会丧失你的身份。这种情况不可能在匈牙利发生。"[①] 詹姆斯的这次调查尽管只针对匈牙利一个国家,但所得出的结论却具有普遍意义[②]。王晓德教授认为,如果说一个社会存在"美国化"的话,这种现象在相当程度上只是指美国消费主义文化对生活于该社会的公民追求现代物质或精神享受上的影响,从长远来看不会根本改变他们从上一辈那里继承下来的或通过社会化习得的基本价值观。也就是说,一个人可以在衣着打扮或消费方式等方面完全与美国人一样,但在他的内心深处却保留着自己隶属于那个社会的文化特性。从这个意义上讲,"美国化"并不会真正得到具有深厚文化传统基础的人们的认同,至于要取代全球多元文化的发展趋势,那只是一些具有文化中心主义者的"一厢情愿"而已[③]。

在美国文化外交实施的过程中,随着各项交流项目的展开,美国文化深刻影响着世界其他国家。在这一过程中,如何去看待"文

[①] Beverly James, "The Reception of American Popular Culture by Hungarians", *Jounral of Popular Culture*, Vol. 29, Issue 2, 1995, p. 107.
[②] 王晓德:《美国大众文化的全球扩张及其实质》,《世界经济与政治》2004 年第 4 期。
[③] 王晓德:《美国大众文化的全球扩张及其实质》,《世界经济与政治》2004 年第 4 期。

化霸权"和"美国化"的产生也影响着美国对国外文化外交开展得是否顺利。

首先，文化外交应该是以交流为主要方式的，而不是直接的输出。那么在交流过程中，彼此在讲述自己故事的同时，还要倾听对方的意见和观点，这种状态下的文化外交是可以有效避免产生文化霸权的。但是如果只是一味地讲述，把自己的价值观强加于他人身上，而没有倾听对方，不去理解对方的思维和价值观，那就是文化霸权的体现，导致的结果就是另一种文化的"美国化"。哈贝马斯认为，不同文化类型之间的对话和交流尤其重要，因为，任何局部发生的对抗与冲突都将影响整个世界，危害全人类的生存。在国际交往中，必须倡导这样一条准则，即在没有任何前提的情况下，承认每一个民族或人的群体都拥有选择和保留自己的信仰、社会模式和生活方式的权利和自由。不同文化传统、生活设计、政治和宗教信仰应该相互尊重、互相理解，在不放弃自我的前提下进行平等对话和交流，相互学习对方的长处。这对于保持人类文化的多元性，增进各民族和信仰集团之间的相互信任、友好相处是非常必要的。而要做到这一点，首先必须表现出理解异文化的真诚愿望，克服一切误解和偏见，尤其要克服"西方文化优越论"，放弃同化别人的企图[①]。

因而，美国在文化外交中如果采取了不正确的执行方式，那未免会产生"文化霸权"和"美国化"。

其次，美国在实施文化外交的过程中，也采取了一些措施来避免产生"文化霸权"的嫌疑。比如，在萨瓦电台既播放美国的流行音乐，也播放了阿拉伯的音乐节目。还有富布莱特教育交流项目。为摆脱文化霸权的指责，在国务院的主导下，由其他非政府部门具体管理，如成立于1919年的非营利性非政府组织——国际教育协会

---

① 〔德〕尤尔根·哈贝马斯：《从感性印象到象征表现》，法兰克福苏尔坎普出版社，1997，第57页。转引自〔德〕尤尔根·哈贝马斯、米夏埃尔·哈勒《作为未来的过去——与著名哲学家哈贝马斯对话》，章国锋译，浙江人民出版社，2001，第214页。

(Institute of International Education，简称 IIE），这就使得该项目具有非官方的一面，不是完全服务于政治利益的。另外美国还成立了双边委员会/基金会（Binational Foundations/Commissions），这意味着富布莱特项目的工作不仅由美国人进行管理，还由当事国参与管理，这样，候选人的选拔标准不完全按照美国的价值取向而制定。因此，该项目受到许多国家的欢迎，也在很大程度上避免了被当事国看作是霸权的体现。

最后，要辩证地看待"文化霸权"和"美国化"。比如，有部分人由于担心通过语言教学会把美国的文化和语言强加于他人身上并压制地方传统，这样的说法引起了不安。事实上，不能因为美国教授英语而轻易给它扣上文化霸权的帽子。英语能成为世界性语言，是有各种历史和现实原因的。当前，英语是科技、法律、医学和商业的语言，这已经成为不争的事实。而且全世界英语培训的项目不是由美国一个国家开展的，英国、加拿大和澳大利亚等都在积极参与，因而，不能把学习英语完全归责于美国的文化霸权。退一步讲，即使产生文化霸权和"美国化"，也需要辩证看待：去其糟粕，取其精华。这个世界有无数种的文化，学到一些文明先进的文化也未尝不可。比如美国的艺术大奖，尽管是以美国的价值取向为标准的，但必须看到该奖项的权威性、公正性和广泛影响性，这是它优势的一面，同时也是其他国家在设立奖项时所值得学习的。

总之，这个世界的文化是多样的，文化多样性展现了人类经历漫漫历史长河中形成的经验财富，应该得到保护，有经济和技术力量来阐释文化的富裕国家应该资助缺乏国际参与能力的国家。从本质上讲，文化外交不是要进行文化霸权，更不是为了产生"美国化"。如果说美国文化在世界比较流行、突出，那么人们可以采取取其精华、去其糟粕的态度吸纳美国文化的优秀成分，比如合理的价值观、先进的教育理念和对多样文化的容纳性等等。民主是美国文化价值观的核心，它将会在我们与其他国家文化接触过程中展现出来。尊重文化多样性并不意味着接受所谓以文化为基础的野蛮或滥用的习惯,美国也从世界其他国家学习很多东西。用克林顿总统的话讲,文化交流"完全应该是双向性的(two - way street)"①。通过文化外交,世界并没有变得统一化,而是为了让世界变得更像一个和而不同的和谐的大家庭。

同时也应该看到,日益加剧的全球化景象及"9·11"事件后的国际政治态势,将极大地影响美国在未来很长一段时期内文化外交政策的性质和走向。其中,美国与中东伊斯兰国家的关系问题,也给美国文化外交构成前所未有的挑战。白宫智囊团是美国文化外交的设计师和策划者,同时也是"美国强权之下的世界和平"主张的主要鼓吹者。正像美国21世纪计划执行前副董事托马斯·唐纳利所言,美国现在是一个民主帝国或者说自由帝国。它并没有攻占别国领土,也没有建立殖民统治。但是,它在军事、经济和文化上的势力在全球越来越占统治地位。这种彰显"美国至上"的言论与美国新保守主义思想如出一辙——美国是当今世界唯一超级大国,并且为了美国的利益应该保持这种地位。很明显,这种思想仍未摆脱冷战思维,含有"天定命运论"和"美国例外论"精髓的新保守主义外交理念将在相当长的时期里左右着美国的文化外交政策,文化外交仍将是美国维护国家利益的重要阵地②。

第四节 美国在中东伊斯兰国家文化外交实施中的可鉴之处

一 文化外交实施力量的多样性

文化外交不是一个只关于外交专家的事情,因为它经常由社会

---

① *White House 2000 Conference on Cultural Diplomacy: Final Report*, the Bureau of Educational and Cultural Affairs, Washington, D. C., 2000.
② 陈卉、陈洁菲:《从美国的文化外交看其文化扩张》,《历史教学》2008年第10期。

各界人士，包括艺术家、运动员、演艺人员、学术人物和音乐家等来具体操作。因此，当前世界上许多国家已经意识到要充分利用多样性的力量发展文化外交。美国在中东伊斯兰国家实施的文化外交也不例外，许多穆斯林美国人、其他政府官员、民间大使，以及留学生等充当了文化外交大使，发挥了一定作用。

（一）美国穆斯林

美国穆斯林拥有美国的国籍，又与中东伊斯兰国家的穆斯林有着共同的信仰，他们了解美国的文化，又通晓伊斯兰的传统，因此美国的穆斯林是有说服力的，他们可以为他们的群体代言，尤其是作为文化人物被委派拜访伊斯兰国家，为文化对话寻求了新的机会，美国可以通过美国穆斯林来减少一些美国人对伊斯兰存在的负面形象。但是，美国政府一度忽视了这一群体。当美国既缺乏可信度，又缺乏能够向国外确切地传达观点的能够熟练掌握当地语言的人员时，美国政府和国内穆斯林美国人的距离感是令人震惊的[1]。例如，国务院公共外交和公共事务办公室一直没有美国穆斯林工作人员；直到2006年才首次任命四位穆斯林"民间大使"到东南亚、中东和南太平洋任职。不过当今，国务院、国内安全部（the Homeland Security Department）、司法部（the Justice Department）和国防部（the Defense Department）正在努力更好地把这群力量结合起来，雇佣更多的穆斯林美国人去与海外阿拉伯和穆斯林加强联系以拉近交流的距离。

的确如此，美国穆斯林的年青一代扮演了一个特别的角色，他们使用文化的表达在西方和穆斯林社会中驾起了桥梁[2]。他们在艺术和文化方面的不同领域付出了很多，在寻求"讲述故事"并直接讲

---

[1] For more on this, see Heather Maher, *Islam: Muslim Americans to Improve U. S. Image Abroad*, Radio Free Europe/ Radio Liberty, 2006, http://www.rferl.org/featuresarticle/2006/06/b47f318d - dcef - 4b59 - ac09 - 9a9d33a70805.html.

[2] Hafsa Kanjwal, "American Muslims and the Use of Cultural Diplomacy", *The Gound*, 2008, p. 137.

述人们的经验时,这项工作是非常有建设意义的。

比如穆萨·沙伊德(Musa Syeed),一位年轻的美国穆斯林导演,制作了获奖纪录片《儿子的牺牲》(A Son's Sacrifice)。该片讲述了伊姆润(Imran)的旅程,他是一个年轻的美国穆斯林,努力继承了父亲位于纽约市的屠宰场。在他的作品里,沙伊德寻求探索美国移民的经历,尤其是如何同价值观联系在一起。沙伊德通过他的工作带给观众同质化社区背后的故事,从这个意义上讲,该片拓宽了视角并为分歧驾起了沟通的桥梁。

哈龙·莫格海(Haroon Moghal)是一位纽约的作曲家,为年青一代制作了许多伊斯兰音乐磁带,成功地在艺术品中增加了"人类的共性"元素,他认为一个人可以作为间接的伊斯兰外交官接触到更加广泛的社区。

还有奥斯玛·汗(Ausma Khan)博士是《穆斯林少女》的主编。《穆斯林少女》(Muslim Girl)是一本在美国本土发行的双月刊杂志。读者群为在北美长大的穆斯林女孩,杂志目标是讲述北美穆斯林女孩的真实故事、成为这些女孩的心声、让她们相聚在一起,以及向她们表明她们作为穆斯林能够为社会做出积极的贡献。该杂志 2007 年开始发行,杂志首期发行量达到 2.5 万册。杂志还寻求摆脱对穆斯林作为外来者的偏见,去抵制"服从受压迫的穆斯林妇女"的传统形象。《穆斯林少女》以一场革新的方法展示美国穆斯林的经历,是文化交流的典范,寻求美国穆斯林女孩的"人性"一面,使得人们通过熟悉的方式了解伊斯兰和穆斯林。杂志挖掘了北美穆斯林社区的文化,同时拉近了穆斯林和非穆斯林间的关系。

还有许多美国穆斯林都作为多样性力量的一部分通过各种途径为美国与伊斯兰世界拉近了距离,他们积极为美国在中东伊斯兰国家的文化外交贡献能量。

(二)其他政府官员

美国文化外交的决策者正在充分利用国会、州和当地领导者的专业能力。伊斯兰国家公民社会渴望和美国政策制定者进行对话。国会议员、他们的雇员，以及州和当地官员很适合参与这种公共外交。这样的活动将促使制定政策的各种力量间加强相互理解，反过来促进公共外交，甚至政策决定。

另外还要提及其他不从事公共外交的外交官员。美国一些决策者认为每一个外交官都应该在公共外交／文化外交中扮演一个角色，以最大可能接触公民社会。这样，文化外交和外语培训就能够得到加强。美国国务院在尝试把那些了解伊斯兰世界的外交官——尤其是会说当地语言的——继续安排到伊斯兰世界。

最后，美国高级官员到中东的访问，不仅仅局限于和政府官员之间，也和当地学生、民间团体领导、改革者，甚至保守的宗教与社会领袖进行了交流对话。奥巴马第一任期的国务卿希拉里在中东访问时就是很好的例证。

（三）民间大使

首先是演讲者。通过"演讲者项目"和其他项目，美国派遣了众多的演讲者到伊斯兰国家，加强演讲之旅的影响（speaking tours）。他们中很大一部分知道这些公众真的想谈的是美国的外交政策。通过演讲之旅，一方面，穆斯林公民社会对美国外交政策的制定过程有了更加细微的理解。另一方面，美国演讲者能更好地理解来自伊斯兰世界的关注，从而通过反馈机制能更好地告知美国政策制定者。

其次是艺术家。在许多情况下，一场单纯的艺术表演可能会比大使馆的一个项目更加受欢迎。目前，已经有许多组织向美国艺术家提供国外演出和访问的支持。比如：①表演艺术协会（Association of Performing Arts Presenters）。该协会运作着用于资助表演者的国际差旅文化交流基金（the Cultural Exchange Fund）。②CEC艺术连线（CEC Arts Link）。该组织资助美国艺术家和文化管理人员与他们在俄罗斯中部、欧洲和欧亚大陆的同行进行交流。③大西洋中部艺术基金会（the Mid Atlantic Arts Foundation）。该基金会是"美国国际艺术家"（U.S. Artists International）的大本营。"美国国际艺术家"为美国舞蹈、音乐和戏剧，以及独奏提供支持去参加世界上的大型国际艺术节。④全国艺术表演网络（National Performance Network）。该网络通过它的美国表演项目（the Performing American Program）支持在拉美的文化交流。⑤戏剧交流团（the Theater Communications Group）。通过国际戏剧协会（the International Theater Institute）提供差旅资助以支持美国艺术家、管理人员，以及教育者同他们在俄罗斯、中欧和欧亚大陆的同行们发展艺术伙伴关系。

总之，有效的文化外交有时并不需要一次策划周密的旅游或者展览，或者一项巨大的资金支出。大使馆可以利用民间大使，包括演讲者、艺术家演出，以及杰出人士访问等场合策划活动。这些能够适应当地环境的项目将会更好地发挥作用。

二 政府部门和非政府部门之间的合作

美国文化外交的主导者是政府部门，它的目标是由政府根据时代的变化在公共外交的框架下制定的。在文化外交项目的实施中，部分由政府部门独立完成，有些是由政府倡议、非政府部门具体实施的，还有些是由政府出资、非政府部门具体管理的等等。总之，政府部门和非政府部门的共同合作使得文化外交的开展更加广泛、更加具有渗透性。参与对外文化关系和文化外交的美国非政府力量主要有：个人、学术界、志愿者组织、基金会和私有公司。个人主要是旅行者、学生、神职人员、士兵、海员、记者、小说家、商人、技术专家，甚至向外国人提供生活服务的家庭，他们或者在国外或者在国内与外国人和外国文化产生互动。学术界主要是高等学校、研究所等学术机构，以及学术团体[①]。多洛在研究了美国的文化外交后发现，美国的文化外交更多地依赖三个方面的组织：一是通过个

[①] 胡文涛：《美国文化外交及其在中国的运用》，世界知识出版社，2008，第67页。

人，比如大学生、传教士、实业家、在外国的美国侨民，还有旅游者等；二是美国的大学，特别是最有名望的哈佛大学、耶鲁大学、普林斯顿大学、哥伦比亚大学、芝加哥大学、斯坦福大学等，这些学校举世闻名且极为开放，对于世界各国青年和学者的影响比较大；三是遍布美国的各种基金会，比如洛克菲勒基金会、福特基金会、卡内基基金会等，为其他国家研究美国以及美国研究世界都提供了大量的资助①。当前情势下，美国政府正在保持继续与非政府部门加强合作，共同完善文化外交。这包括两种情况：其一是美国政府与国内非政府部门间的合作；其二是美国政府与国外非政府部门间的合作。作为政府部门，美国国务院和大使馆是文化外交的召集者、代理人，它们以创造性的、催化的方式促进与其他政府部门和非政府部门间的合作，而国务院和大使馆的总负责人国务卿对大部分公共外交/文化外交承担着总负责人的责任，负责协调国内、国外有关部门间的合作。约翰·霍普金斯大学高级国际关系学院著名的美中关系专家兰普顿也说："如果只是谈美国政府的文化外交，那么研究美国文化外交的意义就不大。因为非政府组织和个人在文化外交的作用和投入是政府无法比拟的。"②

民间外联办公室的成立为政府部门和非政府部门之间的合作提供了桥梁。它促使政府部门与美国的民间部门合作，例如，有国际影响力的公司、大学和基金会。国务院和这些组织合作的目的是"促进相互理解、抵抗暴力极端主义、赋予妇女商业领导权、提供所需要的人道主义援助、加强国际教育、倡导健康，并促进全世界的社会和经济发展"③。此外，非常重要的是，通过政府部门与非政府部门的合作，还可以解决资金不足的问题。许多非政府部门，尤其

---

① 〔法〕路易斯·多洛：《国际文化关系》，孙恒译，上海人民出版社，1987，第4页。
② 胡文涛：《美国文化外交及其在中国的运用》，世界知识出版社，2008，第66页。
③ U. S. Department of State, Office of Private Sector Outreach, http://www.state.gov/r/partnerships/, accessed Oct. 14, 2009.

是基金会的加入可以通过资金的投入而增加文化外交的交流项目，使得更多的人参与进来，提供文化外交的广泛性。在美国第 106 届国会上，参议员乔·拜登（Joseph Biden Jr.）和众议员吉姆·利奇（Jim Leach）提交的议案中，提到授予国务卿权力去成立非营利机构以支持国务院的教育、文化和艺术项目。该项提案得到热烈支持。文化外交咨询委员会所发布的报告《文化外交：公共外交的关键》中也强调了非政府组织基金在文化外交中的作用。

前美国驻叙利亚大使爱德华·杰雷吉安（Edward P. Djerejian）在其阿拉伯与穆斯林公共外交咨询委员会报告《杰雷吉安报告》中强调了美国与中东伊斯兰国家非政府部门之间的合作："美国文化外交应该大力支持中东伊斯兰社会当地的非政府组织。这样的组织使我们能深入接触穆斯林社会，并帮助我们找到同盟，愿意分享我们广泛参与社会的热情和对青年人与妇女的关注。"① 如非营利组织拉雅琳娜（Layalina），长期以来坚持制作高质量的纪录片，以向阿拉伯公众展现美国生活。还有一些其他的合作都产生了很好的影响。从冷战时期美国文化外交的巅峰时期到目前，合作与共同制作已被证明是文化参与的非常有效的机制。如 2003 年开罗的《我们的小城》（Our Town）的上映、2007~2008 年在伊拉克埃尔比勒（Erbil）由音乐表演团体美国声音（American Voices）举行的音乐舞蹈研究会等。

三 建立文化外交评估机构

通过评估可以使文化外交项目做出适当调整、变得更加完善。美国国务院为回应阿拉伯和穆斯林公共外交咨询委员会报告《改变

---

① Edward P. Djerejian, *Changing Minds Winning Peace*: *A New Strategic Direction for US Public Diplomacy in the Arab and Muslim World*. Report of the Advisory Group on Public Diplomacy for the Arab and Muslim World, submitted to the Committee on Appropriations, US House of Representatives, 2003, pp. 53 – 54.

观念、赢得和平》的建议而于 2004 年 8 月成立的公共外交和公共事务政策、规划、资源办公室是专门负责美国文化外交评估工作的，其具体工作由下属的"公共外交评估委员会"负责执行，任务是评估国务院的公共外交并向国务院提出建议如何更好地分配资源以达到目标。还有其他部门也通过不同方式对文化外交做出评估。如 2003 年，美国审计总署（GAO）开始了对国务院尝试改善美国形象的综合评估，并连续发布了 3 个主要报告，均声明当前的工作还需要极大的改进。另外，美国还有众多的非政府机构也直接或间接地对美国文化外交做出评估，如皮尤研究中心等。皮尤研究中心致力于六大项目的研究，其中皮尤全球民调项目发布了一系列报告，从中可以反映出美国在中东伊斯兰国家实施文化外交的影响。

此外，文化外交的逻辑模型包括投入、活动、产出、结果和影响五个步骤，评估也分为微观评估和宏观评估。其中微观评估包括的是前四个步骤，即投入、活动、产出和结果，而宏观评估则侧重于最后一个步骤——影响。当前美国文化外交的评估中对这五个步骤均有所涉猎，其中对"投入"和"结果"这两个步骤的评估相对成熟。比如对青年交流与学习项目、学习联通计划和爵士乐大使项目的评估均属于对"结果"的评估。通过对这五个步骤的评估，可以使文化外交的资金、人员和设施得到更加合理的调整和分配、活动内容也更加容易被目标公众接受、规模可以扩大、让更多的目标公众参与进来，从而使目标公众加深对实施国的理解、获取更多的有关实施国的文化知识，最后有利于改善国与国之间的合作、促进国际和谐关系的发展。

最后，建立完善的评估机制，是文化外交实施完善的一个标志。只谈文化外交的实施，而没有具体的评估体制，那文化外交的实施也只能流于形式、昙花一现，无法走得长远。相反，评估体制的完善——从评估机构的建立到评估方法的科学性再到评估内容的全面性——可以表明文化外交的实施走到一个比较成熟的阶段。因此，一个国家在谈到大力发展文化外交的同时，还要积极探索如何建立比较完善的评估体制。如今美国在积极实施文化外交的过程中，不仅在资金、人员和设施的配备，以及项目多样性方面加大了力度，同时也在使评估体制更趋完善。

总之，要真正改变美国在中东伊斯兰国家的国家形象、要获得双方的互相理解，执行系统而又成功的文化外交项目将会发挥很大的作用。但是执行这样一个文化外交项目，需要考虑各方面的因素，包括执行导向问题、双向交流方式、国内各部门的有效配合、参与文化外交的人员问题，以及资金问题等等。这就要求来自政府各机构的领导通力合作并做出英明决策。没有领导权力能够使得文化外交成为优先考虑的政策，那么它的潜力就会被浪费。同时还必须注意每一个文化外交项目的后续行动，包括长远影响和评估机制，只有这样才能发挥出文化外交的潜力。从美国在中东伊斯兰国家文化外交的实施中可以看出，我们国家也应该在实施原则与管理方式、交流方式，以及项目与评估等方面充分利用现有资源、弥补不足，这样才能充分发挥文化外交的作用。

第七章

结　语

一　文化外交是美国中东战略政策的重要组成部分

纵观几十年来美国的对外政策及其实践活动，文化外交构成其对外战略的重要内容，尽管不同时期美国文化外交的内容、方式和手段有所差异，但是，其目标是相同的，即改善美国国家形象、增强其软实力、提升国际影响力、维护国家利益。

同样，在动荡不安的中东地区，文化外交扮演着突出的角色，成为美国在中东地区展开角逐的重要手段。美国政府从维护其在中东战略利益出发，有针对性地开展文化外交，以期加强与中东伊斯兰国家的关系。因此，美国在开展对中东伊斯兰国家文化外交的时候，以国务院、国防部、国家艺术和人文科学基金会、美国国际开发合作署等机构作为实施文化外交的主要机构；以教育交流项目、艺术交流项目、倡议互动项目和大众传播项目等四个方面作为文化外交实施的主要内容，有选择地开展文化外交，从而形成了美国在中东伊斯兰国家的文化外交实践若干特点，具体表现为：

（1）文化外交实施主体的多样性，即由政府部门和私人机构、民间组织共同合作实施文化外交；

（2）文化外交参与群体的广泛性，即根据不同群体和不同需求有层次、有针对性地开展文化外交，以期形成多重参与和全方位满足的局面；

（3）文化外交以美国文教事务局为主，多部门协调性，即在管理方式上凸显教育和文化事务局的主导作用，同时发挥其他部门的辅助作用；

（4）文化外交实施范围的广阔性，即实施文化外交的地点并不局限于中东伊斯兰国家，而是在美国国内同时推进，发挥美国国内民众，尤其是美国穆斯林的桥梁作用，形成文化外交在国内外并举的局面；

（5）文化外交侧重于交流项目，且凸显美国价值观念，即通过与美国普通民众的接触真切感受美国、体验美国的文化及其价值观，因此，美国文化外交实际上扮演了价值观外交的角色；

（6）文化外交目标旨在改善美国在中东伊斯兰国家的形象，从而最大限度地实现美国在中东伊斯兰国家的国家利益，维护美国全球利益。

如前所述，美国对中东伊斯兰国家开展的文化外交，就其作用而言，具有双重性。一方面，美国文化外交在一定程度上加强了美国与中东伊斯兰国家的相互了解；但另一方面，美国文化外交受其价值观导向，并服务于美国中东战略利益，从而在美国与中东伊斯兰国家交往上形成了一系列新的分歧，甚至加剧了中东穆斯林对美国的敌视和不满。

（一）文化外交有助于美国与中东伊斯兰国家的相互认知

通过美国文化外交的实施，有助于中东伊斯兰国家了解美国的先进知识、欣赏美国的流行文化、分享美国的视觉艺术，通过这些认识美国的文化价值观和思维理念。尽管美国通过文化外交的实施并没有完全改变这些国家对美国国家形象的看法，但是不能否认它的确给穆斯林带来了许多生活上的改变：广大穆斯林，尤其是青年人对美国流行文化的喜欢、先进教育理念的应用、一些生活习俗的改变等。许多项目的参与者从最初的几人、几十人，已增长到现在的几百人甚至上千人，而且中东伊斯兰国家的许多政界人士都曾参与过交流项目，如前联合国秘书长布特罗斯·布特罗斯·加利（Boutros Boutros Ghali）、埃及前总统穆罕默德·安瓦尔·萨达特（Mohamed Anwar el–Sadat）、摩洛哥前外交与合作大臣穆罕默德·本·伊萨（Mohammad Benaissa）、也门前总理阿卜杜勒·阿齐兹·阿卜杜勒·加尼（Abdul–Aziz Abdul–Ghani）、埃及前全国妇女委员会主席莱拉·塔克拉（Laila Takla）等等。这充分证明了交流项目在中东伊斯兰国家的受欢迎度以及一定的影响力。

美国政府通过文化交流把一些被认为会成为伟大人物的外国人带到美国，让他们深刻体验美国的文化和方式，并向他们展示美国政治体系的优势和弱点，他们作为国际访问学者来到美国，尽管他们并不完全赞同美国的政策，但留下了对美国人民美好的印象并对美国机构表示尊重。冷战结束后，公共外交/文化外交的优先考虑被终止，资金也大大削减，许多国外的美国文化中心、图书馆和信息中心也被关停，许多项目中断，美国新闻署也于1999年被并入国务院，教育与文化项目的预算只占国务院总预算的4%，大约是五角大楼年度预算的1%的3/10。但是，美国还是实施了诸多的文化外交项目，如以政府机构独立实施，以及和私人机构与民间团体合作实施的方式开展教育交流项目、艺术交流项目、倡议互动项目和大众传播项目等等。尽管存在经费有限、工作人员短缺、多部门管理缺乏统一性、双向交流不足的问题，但是不能否认文化外交的作用所在。有些学者和国会议员怀疑文化外交的价值，认为文化外交真正的功用尚不明确，它带来的短暂成功表面光鲜多于实际成果[1]。然而，从一些已做了评估的项目看，比如学校联通计划，项目的大部分参与者改变了对美国和美国人民的看法，包括美国的价值观、文化和日常生活。

---

[1] Philip Seib, Cultural Diplomacy and the Construction of Trust, 南加大公共外交研究中心网站，http：//uscpublicdiplomacy.org/ index.php/newswire/cpdblog_detail/cultural_diplomacy_and_the_construction_of_trust/，accessed November 27, 2012。

通过美国实施文化外交，中东伊斯兰国家的公众在一定程度上了解了美国，并且对美国文化和价值观的积极方面持接受态度，这点可以从他们对美国流行文化的热衷以及对自由、平等和民主等信念的认可中看出。但是，他们最不能接受的就是美国在中东伊斯兰国家不合理的外交政策。因此，美国文化外交的实施者再如何努力工作，美国不合理的中东政策不改变，文化外交的功效也会被抵消。例如，埃及驻美国大使纳比勒·法赫米（Nabil Fahmy）认为，美国在中东的形象问题80%在于政策，20%在于不为人知的信息。他建议在埃及大学建立美国研究项目，让阿拉伯年轻人学习、了解美国历史、文化和生活。他还建议在美国建立阿以问题研究的项目[①]。

与此同时，通过实施文化外交，也加深了美国民众对中东伊斯兰国家的了解，尤其是一些在美国国内举行的项目，如纽约伊斯兰文化节——穆斯林之声：艺术和思想、阿拉伯风：阿拉伯世界的艺术等等。通过这些项目活动，美国民众亲自了解了来自阿拉伯世界的艺术，体验了伊斯兰文明的魅力所在。这在一定程度上促进了美国人民对中东伊斯兰国家的认知，有助于伊斯兰形象在美国民众心目中的改善。

（二）文化外交并没有改善美国的国家形象

国家形象属于国家软权力的范畴，是国家的文化表现形态，代表国家的价值理念和价值诉求。构建国家形象是一个庞大的系统工程，它涵盖了政治、经济、文化、外交等诸多方面。世界各国，特别是大国，已经意识到良好的国家形象对推进国家整体战略目标、维护国家利益、保护本民族的文化安全，以及提高国家在国际社会中的声誉都具有积极的影响，因而纷纷从文化战略高度对国家形象

[①] Nabil Fahmy, "Engaging the Arab/ Islamic World——Next Steps for US Public Diplomacy" (Speech), Panel Two: Prospects for Sustaining Dialogue and Cooperation Despite Policy Differences. *Public Diplomacy Forum*, 2004.

进行定位,竞相调整或改善国家形象。可以说,国家形象在国际社会中的构建从本质上而言就是一种外交行为,改善国家形象已构成国家外交政策的一项重要内容。在许多国家,通过文化外交来构建国家形象,或已付诸实施、或已提上日程,并将国家形象的塑造置于文化外交战略的大框架下运作。同样,国家在制定文化外交战略过程中,对于本国的国家形象应该有清晰的判断与准确的认识,对于准备构建一个什么样的国家形象应有详细的规划,对于如何构建以及怎样有针对性地改变国际社会对本国的负面看法应有明确的思路与实际行动①。国家形象战略是主权国家为了实现国家利益而综合运用政治、经济、文化、传播等手段来调动、挖掘、协调、整合各种战略资源来追求和塑造国家理想形象的科学与艺术②。在国际政治和外交领域,国家形象既是各国政府追逐的战略目标,也是其谋求国家利益的重要手段。"近代国际关系的历史表明,历史上任何一个大国的盛衰都和其国际社会中的国家形象密切相关。而现代民族国家也已将在国际社会建设、塑造和推销自身的国家形象作为实现国家利益的一项战略选择。"③

美国文化外交因其文化霸权以及由此而推动的美国化意图,不仅不能实现真正意义上的相互认知,反而为真正意义上的平等文化外交制造更多的困难和阻碍。由此看来,在美国与中东伊斯兰世界的关系上,尽管美国拥有丰厚的文化外交资源,但是,其文化外交的实施并没有达成目标,尤其是伴随着美国在中东推行强权政治,美国在中东的国家形象不仅没有得到有效的改善,反而出现了一波又一波的反美主义浪潮,中东各国许多穆斯林对美国的敌视态度和

---

① 乔旋:《从文化外交战略看中国国家形象的构建》,《改革与开发》2010 年 3 月号。
② 张骥、刘艳芳:《论全球化时代国家形象战略与国家利益的实现》,《国际观察》2009 年第 1 期。
③ 吴友富:《构建中国国家品牌形象》,《光明日报》2006 年 1 月 30 日。转引自张骥、刘艳芳《论全球化时代国家形象战略与国家利益的实现》,《国际观察》2009 年第 1 期。

戒备之心从未改变，也难以改变。

国家形象之争是国家软实力竞争的一个基本特征。美国凭借其信息技术及信息设备的优势，占据了国际话语上的霸权地位。它以市场经济扩张为先导，以强大的文化工业为后备，以先进的信息技术设备为基本手段，通过文化外交向第三世界国家的人民大量灌输其崇尚的价值观念，掩盖其社会存在的弊端，美化其国家形象，企图使它们所塑造的国际形象在中东伊斯兰国家彻底的合法化。这种合法化多数是以损毁对方的国家形象为代价的，广大发展中国家在力所能及的范围内进行了抗衡，但由于经济上的差距、文化工业的落后，第三世界国家在这场博弈中处于弱势地位，这些国家的形象不断遭到损坏[①]。根据皮尤全球态度项目调查 2001~2008 年的数据，在这场国家形象之争中，美国的国家形象不仅没有得到改善，相反出现了惊人的恶化现象，其世界影响力也大大减弱。同时，伊斯兰在美国的印象依旧不容乐观。这充分说明了美国文化外交的本质问题：一方面，美国通过实施文化外交，使得许多中东伊斯兰国家的民众有机会深入了解美国文化和价值观；但另一方面，美国文化外交作为公共外交的一个重要组成部分，是美国外交战略不可分割的环节。事实上，美国在中东伊斯兰国家虽然已充分展现出了硬实力，却并没有取得真正意义上的胜利。正如德保尔大学（DePaul University）的副教授凯茜·菲茨帕特里克（Kathy R. Fitzpatrick）所认为的，只有用持久的自由和民主的故事成功地捕获世界各地人们的心灵和思想，才能真正取得最终的胜利。美国前总统尼克松在其《真正的和平》（*Real Peace*）中认为："思想有其自身的力量，我们可以使思想穿越障碍……透过极权的每一道壁垒，传送西方的信息……无论是人员流动，还是通过交换书籍或广播节目，将给这些壁垒后面的亿万人民以希望，并将逐渐侵蚀……到制度的基础，正像渗出

[①] 刘继南、周积华、段鹏：《国际传播与国家形象——国际关系的新视角》，北京广播学院出版社，2002，第 280~281 页。

的地下水能够侵蚀一座监狱的根基那样。"① 1988 年出版的《1999，不战而胜》(1999, *Victory without War*) 中提出："进入二十一世纪，采取武力侵略的代价将会更加高昂，而经济理论和意识形态号召力，将成为决定性的因素。""最终对历史起决定作用的是思想，而非武器。""我们最强大的力量也在于思想。"② 尼克松总统意识到，战争并不是解决冲突的万能钥匙，而思想却能对历史起到决定性的作用。美国在中东伊斯兰国家实施文化外交的最本质特征也正是要捕获这些国家民众的心灵和思想，从而使他们接受美国的文化和价值观。因而美国文化外交的实施原则是以美国利益为基础的。加之美国在实施文化外交的过程中，管理因素、交流方式，以及项目自身所存在的问题，尤其是单向交流远远多于双向交流，使得文化外交的交流产生不平等性。而更重要的原因是美国不公平的中东政策未产生质的改变，那么文化外交的辅助性作用也就是空谈，从而使得文化外交的作用变得有限。这些也正是美国在逐步加强实施文化外交后，其在中东伊斯兰国家的国家形象依然不容乐观的根本所在。

因此，在美国文化外交实施的过程中，遭到中东伊斯兰国家政府和民众在某种程度上的不合作，比如对一些影视项目的抵制等等。这其中既有美国文化外交实施过程中自身的原因，也有中东伊斯兰国家的原因，包括受到伊斯兰传统文化的影响、普通穆斯林民众的疑虑、伊斯兰极端主义分子的敌视等等。特别是，一些参与项目的学生很高兴地来到美国学习，并且把这次学习当作一次非常难得的机会，但是，极端分子的破坏常常造成很大影响，使得这些项目参与者并不敢公开参与其中。另外，文化外交作为美国整体外交的一部分，实际上具有辅助性特点的。因为仅仅选派一小部分学生前往美国参加各类交换项目，或者一部分美国人到中东伊斯兰国家参与

---

① 〔美〕理查德·尼克松：《真正的和平》，钟伟云译，新华出版社，1985，第 111~112 页。
② 〔美〕理查德·尼克松：《1999，不战而胜》，谭朝洁等译，中国人民公安大学出版社，1988，第 379~380 页。

交流，无论如何，其规模都是微小的，其影响也是有限的。

更为重要的是，美国在实施文化外交的过程中，其背后既有推行美国文化霸权的意图，又有美国化的战略构想，从伊拉克战争后布什总统的大中东"民主改造计划"就不难发现，美国对中东伊斯兰国家实施从军事、经济、政治、文化等全方位改造方略，其目的乃是将中东完全美国化，将其置于美国的中东战略体系中，因此，只要美国的文化外交服务于美国的这一利益，就必然与中东伊斯兰国家的利益相背离，与该地区众多穆斯林的切身利益相冲突，这既揭示了美国文化外交的本质所在，也是透视美国与中东伊斯兰国家之间复杂关系的窗口。正像托克维尔所预言的，也是后人所见到的，美国是循着自己的轨迹发展从而向外扩张的：从巩固自己的独立起，进而扩张至整个美洲，再扩张至亚洲太平洋地区，最后涉足欧洲政治，觊觎"世界霸权"[①]。从华盛顿立国起，历经门罗主义、"机会均等"、"门户开放"政策、威尔逊主义，到第二次世界大战后的杜鲁门主义、罗斯福的民族主义、艾森豪威尔主义、肯尼迪的"新边疆"、尼克松主义等等，直到今天的奥巴马实施的政策，都可以看出美国的外交政策是以美国的根本利益为出发点的。同时，由于立国200年的美国以超过历史列强的超强实力出现于世，惯以世界"领袖"自居，并以推行其价值观为"天职"，因而其针对异质文明国家的外交政策便带有一种自傲于世的意识形态色彩，这一点在其针对中东伊斯兰国家所实施的文化外交中也不无体现。

二 正确认识和实施文化外交有助于国际和谐关系的发展

由联合国教科文组织发布的报告——《世界文化报告——文化的多样性、冲突与多元共存》中阐述道：今天有一个矛盾现象，一

[①] 陈乐民、周荣耀：《西方外交思想史》，中国社会科学出版社，1995，第47页。

方面，在个人和群体都拥有平等权作为基本原则被人们普遍接受的背景下，出现的民族的和文化的要求①。所谓平等权就是尊严的权利、使之满足的社会秩序权。这是源于18世纪启蒙运动的原则。在法国大革命发表《人权宣言》的时候，进步的知识分子和政治派别，就已经面临着为文化多元共存的新时代创造条件的挑战。当今世界有一股逆流，它导致了"文化原教旨主义"的产生。其基本出发点认为，不同文化之间的关系从本质上讲是充满敌意、你死我活的关系。这个异常错误的假设在政治实践中导致了种族隔离、排外政策，以及所谓的文明冲突论。这一假设也导致了只能二中选一的暴力冲突。在冲突中，没有协商和讨价还价的余地。从这种观点看来，民族方面的差异是暴力冲突的根本原因，这也使得许多暴力冲突参与者认为他们为之战斗的基本问题是民族的差异。大多数当代暴力冲突的分析家和观察家阐明，不是民族差异，而是统治和不公正致使不同文化的人们成为敌人。冲突指的是对立、争执和竞争，它存在于所有社会生活领域，多样性对人类是一种建设性，它是社会变革和文化创新的重要力量，而且常是推动纠正不公平的力量。社会若没有冲突，的确是很乏味的，但是，冲突转变成暴力，或者冲突源于否定他人尊严、否认他人生存权时，就变成众矢之的了。避免冲突不是根本的解决之道，问题是要在没有屈辱、暴力和死亡的情况下解决冲突②。从国际文化关系视角来看，文化外交展现了当代国际社会交往的基本内涵，即平等交流和相互认知是国家之间、民众之间联系的必然途径，而文化外交恰恰提供了解决冲突的有益平台。与此同时，文化交往的背后则有着价值观念、国家利益等差异，这往往又是矛盾和纷争的诱因，这些显示了文化外交本身的局限性，也意味着作为文化外交的实施者应当具有对不同文化的尊重、理解

---

① 联合国教科文组织：《世界文化报告——文化的多样性、冲突与多元共存》，北京大学出版社，2002，第27页。
② 联合国教科文组织：《世界文化报告——文化的多样性、冲突与多元共存》，北京大学出版社，2002，第27~28页。

和认知，才能推动文化外交在平等、和谐的路径上发展和前行，从而达到相互理解、寻求共识、共同受益等目的。因此，作为文化外交实施主体，如何全面正确地认识和理解文化外交有极其重要的意义。

联合国前秘书长哈马舍尔德在一份报告中首次提出了防御性外交的概念。他指出，联合国"必须关注集团势力分歧之外的新发生的冲突，在这种情况下，预防性行动必须首先填补这个真空，使其不致引起来自任何主要大国一方的行动，联合国在不对任何大国集团承担义务基础上的参与，可以提供一种关系到所有各方的保障，反对来自任何一方的先发制人。对这一特殊需要的特殊可能性，可称之为预防性的外交"[1]。事实上，预防性外交的理念早已蕴含在《联合国宪章》中。根据《宪章》第一章第一条的规定，联合国的"宗旨及原则"是"维持国际和平及安全；并为此目的，采取有效集体办法，以防止且消除对于和平之威胁，制止侵略行为或对其他和平之破坏；并以和平方法且依正义及国际法之原则，调整或解决足以破坏和平之争端或情势。"[2] 预防性外交的第二轨道是结构性预防，旨在消除引发争端或冲突的根源，从根本上防止争端或冲突的爆发。在当今世界上，恐怖主义、极端主义、内战和人道危机的出现有着各种深刻的根源，比如国际政治经济秩序的不公正、殖民历史的遗产、普遍的不发达，以及政治腐败等等。在这方面，国际社会，特别是发达国家，具有重大的责任，但做出的努力仍是远远不够的。预防性外交理念的提出，反映了国际社会观念上的进步，是各国主动建立更美好世界的一种努力。同时，预防性外交的概念仍然存在许多不清之处，其实践也在发展之中，需要国际社会的共同努力，既提升预防国际、国内争端和冲突的能力，也要防止国家主权受到侵蚀，避免预防性外交成为大国进行强权干涉的工具。而文

---

[1] 陈志敏、肖佳灵、赵可金：《当代外交学》，北京大学出版社，2008，第232页。
[2] 陈志敏、肖佳灵、赵可金：《当代外交学》，北京大学出版社，2008，第232页。

化外交作为一种预防性外交将会在国际社会中发挥越来越大的作用，它服从和服务于本国政治、经济、安全等国家整体利益和外交战略。文化外交倚重的是其文化的价值观念，凸显的是文化"软力量"的一面，"如果其文化与意识形态有吸引力，其他国家将更愿意追随其后"。文化是一种"无须投入过多却极其有用的软权力资源"[①]，它往往"不求物质回报"，只要对方听之信之服之。它透过价值观的输送，深入人的内心，以价值观的改变带动对方态度和行为模式上的改变。不像强势的政治、经济、军事给人以压迫感，无须用"政治大棒"恫吓、制裁对方，也不用"军事大棒"威慑、胁迫、强制对方，也无须用"经济胡萝卜"哄骗、利诱、收买对方。正由于文化的这种柔软性、吸引力和催眠性，才使文化外交较政治、军事、经济、科技等刚性外交，更易为目标国（目标国际公众）所接受。也正因为这样，在广泛的国际领域，最直接、最常见的相互关系，更多地体现在文化关系上。

（一）文化外交特性

如何发挥文化外交的功能，首先必须正确认识文化外交的含义所在。文化外交就其本质属性而言，应该具有平等性、相互性、辅助性和两重性等四个特点。在执行文化外交项目的过程中，应该始终以这四个属性为参考标准。只有这样，文化外交才能发挥其应有的功能。

首先是平等性。平等性是针对文化外交参与双方而言的。文化外交是国与国之间通过文化的内容进行互相交往的过程。根据哈贝马斯的观点，通过对真实、适当性和真诚陈述的期盼，交往是可以获得的。交往行动包含在参与者中机会的对等分配，这样任何建议都会产生质疑，任何方案都可以被推荐，并且参与者可以自由表达态度、希望和需求。换句话说，交往行动可行性的根本是通过交互

---

① 〔美〕约瑟夫·奈：《硬权力和软权力》，门洪华译，北京大学出版社，2005，第97、108页。

行为，所有参与者都有平等的机会去得到塑造交往的话语空间。同样重要的是，所有参与者都有可能通过交往的过程而被说服，而这种说服通过合理的辩论和推理对双方是均等的，但是如果在说服不被公开的情况下，参与者之间就出现了不平等的沟通，这种行动实质上是不对称的①。文化外交的目的是促进双方的相互理解，并最终有助于国际合作，从而实现世界和谐的发展。如果交流的双方从一开始的活动就处于不平等状态，那就失去了文化外交的意义，最终的目标也就难以实现。

其次是相互性。相互性是针对文化外交实施方式而言的。文化外交是双向对话交流的，包括讲述和倾听两个方面。对话首次作为公共关系的理论方法而被概念化是在皮尔森（Pearson）的著作中，他认为道德的公共关系是基于对话系统的，而不是独角戏（monologue）的政策②。对话的概念在公共关系中的深入发展是由博坦（Botan）进行的，他认为对话"把公众在对话中交流的地位提升到与组织相对等的地位"③。对话关系具有这样的特质："相互性、开诚布公、直接的、诚实的、自发性、坦率的、没有虚伪、非操纵性的意图、沟通性，以及对彼此的责任感。"④ 约翰尼森（Johannesen）进一步指出"对话的最本质特质是友善的转向并接触对方。对话的一个基本元素是'看见对方'或者'经历对方'"⑤。换句话说，对话是在实施的过程中接触到另一方，其基础是完全自愿加入对方之中。布伯（Buber）认为，对话交流要求真实、移情认同（empa-

---

① Mohan J. Dutta-Bergman, "U. S. Public Diplomacy in the Middle East: A Critical Cultural Approach", *Journal of Communication Inquiry*, 2006, pp. 104 – 105.
② Carl H. Botan, Maureen Taylor, "Public Relations: State of the Field", *Journal of Communication*, Vol. 54, 2003, pp. 645 – 661.
③ Carl H. Botan, Maureen Taylor, "Public Relations: State of the Field", *Journal of Communication*, Vol. 54, 2003, p. 192.
④ Richard L. Johannesen, "The Emerging Concept of Communication as Dialogu", *Quarterly Journal of Speech*, Vol. 57, 1971, p. 375.
⑤ Richard L. Johannesen, "The Emerging Concept of Communication as Dialogu", *Quarterly Journal of Speech*, Vol. 57, 1971, p. 375.

thy)、无条件地积极对待、致意、平等互利的精神，以及对沟通环境的支持①。文化外交中对对话的强调指出参与者要公开诚实地进行相互交流，不应感觉到一方被另一方进行评价。对话的空间助长了自由表达、寻求了相互理解，并避免了价值判断②。不告知国外公众本国国藉和价值观，提供一种被对象国珍视的服务这种方式会更巧妙。比如，不和伊斯兰国家以及穆斯林公众宣传美国，而是主动促进一种被美国人和广大穆斯林共同分享的价值观，这种价值观使穆斯林们经常联想起美国，如自由（liberty），尤其是言论自由和大多数意见③。在紧张的环境中，许多组织和活动已开展来促使西方和伊斯兰世界在国际层面上的对话，很重要的关注点不是改变伊斯兰在西方的负面形象，而是如何去改善西方在伊斯兰世界的形象④。就文化外交而言，不应该谈论如何赢得心灵和思想，也不是尽力去说服任何人远离某国的世界观。文化外交强调的不是把信息从一个位置传递到另一个位置，而是通过文化参与者双方的对话、沟通和交流产生相互理解的意思。说到底，它是一个相互增加理解和尊重的问题，不是通过策略选择最好的说服方式——这是一种独角戏，文化外交是双方的对话。在这样的背景中关系的建立并没有被提前预设的目标所驱使，其目标不是一方说服另一方去接纳一定的价值框架，而是通过相互对话发展一种双方满意的关系。这种关系由尊重和理解彼此及其价值观体系的渴望所驱使，对参与者价值体系的认识和强调为对话提供了基础，因为这是以彼此相互信任为前提的⑤。

再次是辅助性。辅助性是针对文化外交作用而言的。文化因素

---

① Martin Buber, *I and thou*, New York: Macmillan, 1958.
② Mohan J. Dutta - Bergman, "U. S. Public Diplomacy in the Middle East: A Critical Cultural Approach", *Journal of Communication Inquiry*, 2006, p. 120.
③ Azeem Ibrahim, Mehmet Celebi, *How to Improve the United States'Image in the Muslim World*, report of Institute for Social Policy and Understanding, 2010.
④ Hafsa Kanjwal, "American Muslims and the Use of Cultural Diplomacy", *the Gound*, 2008, p. 137.
⑤ Mohan J. Dutta - Bergman, "U. S. Public Diplomacy in the Middle East: A Critical Cultural Approach", *Journal of Communication Inquiry*, 2006, p. 119.

与外交政策不可分离。美国需要做更多的工作以向全世界解释美国文化,增加与世界其他国家的理解与合作。如果说外交是国家向世界其他国家表达自己的一种方式,那么文化外交则是在国家的资助下由政府向世界其他国家政府或民众表达自己的一种方式。因此,文化外交帮助世界了解了一个国家,有助于改进自身的外交政策,让自身的外交政策更容易被人接受,同时也能了解他国的文化价值理念、理解他国的外交政策。因而在外交理念变得越加广义的当今社会,文化外交已经成为传统外交的重要辅助性外交。在文化外交的作用下,传统外交会更加游刃有余地去解决国家间的争端,更有效地避免冲突和武力的使用。另外,文化外交的实施也离不开国家经济这一基础,一个国家的综合实力越强大,它开展文化外交的范围就会越大、效果就会越明显、辅助传统外交的功能就越强大,因此,文化外交是整体外交的一部分,在当代国际社会背景下,对国家整体外交起到重要的辅助性作用,同时文化外交的实施又受到国家整体实力的制约。这一切都说明了文化外交的辅助性特点。

最后是两重性。两重性是针对文化外交目标而言的。具有两重性特点,意味着既能实现民族国家的国家利益,同时又能最大限度地实现国际利益。文化外交的目标分为三个层次:短期、中期和长期。短期目标是增加互相理解;中期是改善国家形象;长期是促进双方寻找共同价值观,促进国际合作,从而使世界和谐发展。从实质上来讲,这三个目标中,前两个属于满足国家的利益,第三个——长期目标——是实现国际利益。具体讲就是实现了前两类目标,即满足了国家利益,就有助于达到第三个目标,即实现国际利益,而反过来讲,实现了国际利益也保证了国家利益,二者是相辅相成的过程。因而可以说文化外交的主观方面是谋取国家利益的一种表现,而客观方面是谋求国际利益的一种表现。如果在文化外交在实施过程中,只单纯满足主观利益——实现国家利益,那就不是本质上的文化外交,而带有强制性输出文化的嫌疑,并且这样的文化外交实施结果最终是竹篮打水一场空。因而在实现国家利益的过程中,一定要考虑对方国家的感受，倾听对方国家的故事。这样在文化外交实施过程中，也在一步步接近长期目标，最终才能使量变变成质变。当然在实现长期目标的过程中，短、中期目标实现的可能性也随之增大。如果只为实现客观利益，不要求主观利益，这也是不切实际的，只有在实现国家利益的基础上，才有可能实现国际利益，主观和客观——国家利益和国际利益——二者是相互依赖的过程，缺一不可。

（二）文化外交与国际和谐关系的发展

在国际关系中，文化的作用越来越受到重视。许多学者论述了文化对国际关系的影响，以及文化是如何对国际关系产生影响的。在国外，以入江昭教授为代表的文化国际主义者主张通过思想观念和人与人之间的交流、通过学术合作，或者通过促进各国间相互理解的努力，将各个国家和民族以各种各样的活动联系起来。在我国，以俞新天研究员为代表的学者提出了国际文化学的理论框架。该框架首先提出思想、观念和原则，然后讲到思想观念的体系认同，接下来产生制度文化，从而对世界政治和经济产生影响。这些都是实施文化外交的重要理论依据，也是文化外交的长期目标，即最终达到和谐的国际文化关系，从而对世界政治和经济有所影响。当然，实施文化外交的前提是必须充分认识到其特性，即平等性、辅助性、相互性和两重性，只有充分认识到其特性，并加以正确利用，才能最大限度地发挥文化外交的功能，避免文化外交产生的消极作用。

首先，文化外交有助于产生共同价值观。

面对多元文化，文化价值观的取向至关重要。目前世界上三种取向最为普遍。第一种是文化中心主义。西方文化中心主义是"统治性"的，发展中国家的文化中心主义是"抵制性"的，它们都是不正确的。第二种是文化相对主义，认为文化无高下优劣之分，各种文化都是相比较而存在的。它对于文化中心论是很大的进步，但是它忽视了客观性、绝对性和同时性，又具有片面性。第三种是普世论，即认为自由、民主、人权等价值观具有普遍性，并非只是西方价值观。这一取向往往被某些人用来掩盖其西方中心主义,因而引起相当的争议。我国国际文化关系学学者俞新天研究员强调了提倡第四种即人类共同价值观的重要意义。各种文化都有贡献优秀价值观的潜力,只不过西方先行一步,完成了从现代化的提炼到世界性的传播的过程,其他文化也能通过这一途径为世界做出更大的贡献。只有在认识和尊重多元文化的基础上,才能达到创造人类共同价值观的境界①。

世界各国不同的文化背景使不同国家拥有不同的思维方式、价值观等。当我们把穆斯林、犹太人、希腊人、基督徒、日本人这样一组文字排列在一起时,人们的第一念头就是从文化认同的角度而不是从地理的角度对它们加以区分。这就是人们的"历史敏感"和"文化敏感",同时,也是文化塑造力量的巨大辐射作用②。亨廷顿的文明冲突论遭到众多的批判,但是他认为:"一个文明冲突的世界无可避免的也是一个双重标准的世界:人们用一种标准对待他们的同类国家,用另一种标准对待别国。"③ 这个观点揭示了冲突的一个主要原因:不同的思维方式和价值观。美国在中东实行偏袒以色列的政策遭到中东国家(尤其是阿拉伯国家)的抵制,这也表明美国和以色列在某种程度上属于同类国家,他们在某些问题上有着相似的思维方式和价值观。美国参众两院的议员们、大部分的政府官员,以及对以色列政策曾提出过批评的评论员们,对于以色列的相关陈述能够接受,而对于巴勒斯坦的有关财产被剥夺、土地被侵占的陈述一直视而不见、置之不理。这也同样与不同的评判标准不无关系。另外,在核武器上,美国对中东地区唯一拥有核武器的以色列持默认态度,而对伊朗的核设施却不断施加压力。此外,2010 年 5 月 31

---

① 俞新天:《国际关系中的文化:类型、作用与命运》,上海社会科学院出版社,2005,第 26 页。
② 刘靖华、东方晓:《现代政治与伊斯兰教》,社会科学文献出版社,2000,第 39 页。
③ 〔美〕穆罕默德·阿尤布:《重新审视"文明的冲突"》,《参考消息》2012 年 8 月 14 日,第 10 版。

日，发生以色列袭击土耳其赴加沙地带救援船事件。美国对以色列公海袭击土耳其国际人道主义救援船并造成九人死亡、数十人受伤的惊人事件没有表示出任何的抗议。美国的双重标准是造成这种表现的主要原因。改变美国的双重标准，使得美国和中东除以色列之外的其他伊斯兰国家或者阿拉伯国家也成为所谓同类国家，在一些冲突问题上产生相似的思维方式，就需要拥有共同的价值观，这是一个很漫长又很艰难的过程。为促进共同理解、改善国家形象而实施的文化外交是产生共同价值观的一个重要手段。

共同价值观的重要体现是人类的共性。文化外交通过艺术与文化等领域的交流合作项目促进了相互理解并帮助构成了国家间所有官方交流的背景，能够使人们就关于人类生存的根本问题进行交流，使我们彼此明白了各自间的差异。这种交流能够渗入我们的人类共性当中，并且可以通过更深层次的互动去加强我们的共性。在2000年的文化外交公约上，时任美国国务卿，也是该次会议的主席奥尔布赖特强调了文化与共同价值观的关系："文化因素在许多我们面临的国际挑战中扮演着重要角色，从建立贸易规则到追求和平中寻找共同点。……我们的文化项目是中心——我强调是美国外交政策成功的中心。"[1] 在强调人类的共性与文化外交的关系时，克林顿总统说过："我们可以找到某种方式去提升我们人类的共性，这也正是文化外交的意义所在。"[2] 的确如此，人类的共性是不同文化共同存在于世的基础，那就是爱、宽容、家庭、对幸福生活的追求，以及更高层次的人类终极关怀（ultimate concern）等。西雅图酋长（Chief Seattle）[3] 在1854年的演讲中强调了人的手足之情，不同国家的人

---

[1] *White House 2000 Conference on Cultural Diplomacy*: *Final Report*, the Bureau of Educational and Cultural Affairs, Washington, D. C., 2000.
[2] *White House 2000 Conference on Cultural Diplomacy*: *Final Report*, the Bureau of Educational and Cultural Affairs, Washington, D. C., 2000.
[3] 西雅图酋长（Chief Seattle, 1786 – 1866），印第安人，是美国华盛顿州境内的印第安人部落的领袖，信奉天主教，乐于与白人移民共处并同西雅图的创立者之一戴维·斯温森·梅纳德建立了私人友谊。

们信奉着同一种精神①。基督教文明认同"博爱"和"爱人如己";伊斯兰教文明认同"你觉得什么是痛苦,就该想到这对所有人来说都是痛苦"②。每个国家的人们都有自己的文化和文化传统。在各自的文化背景下拥有不同的生活故事、经验和个人阅历,同时也形成了不同的观点、叙述模式、洞察力,从而对他人的文化和文化传统有着自己的理解和接受力。

人类只要存在,就有文化共生,从而找到人类的共性。国家间任何领域的交流都包含着文化元素。随着经济全球化趋势的不断增强,世界各国的交往越来越广泛和深入,文化因素在其中的作用也越来越突出。文化的影响不仅表现在文化交往本身,政治、经济合作,以及民间交往也无不含有文化因素。文化上的相互理解,构成一切方面相互理解的基础和桥梁。反之,文化的差异和误解也会造成交往的障碍。可以说,文化是人类一切领域的 DNA。以"尊重差异、包容多样"的原则对待人类文化,符合全人类的根本利益。积极地对待文化差异,尊重文化的多样性,善于进行跨文化的沟通,有利于我们把文化的差异当作互补、互学、共同繁荣的资源③。文化外交就是帮助人们之间进行文化阐释、达成相互理解的很好工具。人们不可能对所有的事情都达成共识,也较难喜欢上同一种事物。但是通过文化交流、对话和倾听,就能让"我"了解"你",或"你"了解"我"的经历和故事,理解"你"或"我"的文化背景和参考体系。在这个过程中,寻找到人类的共性。

其次,共同价值观有助于国际合作的展开与世界和谐发展。

随着全球化的发展,世界各国之间的联系越来越密切。与此同时,人类面临的全球问题也越来越多,甚至有些已经严重威胁到人类共同的生存基本条件,比如恐怖主义、生态环境、核武器的扩散

---

① Chief Seattle's Speech,维基百科全书网,http://en.wikipedia.org/wiki/Chief_Seattle,accessed November 25, 2012。
② 赵启正:《公共外交与跨文化交流》,中国人民大学出版社,2011,第81页。
③ 赵启正:《公共外交与跨文化交流》,中国人民大学出版社,2011,第73~74页。

等。这些问题并非一个国家可以解决的,而是需要各国联起手来共同合作,这种合作被称作国际合作。国际合作也是当今国际社会的趋势,只有通过国际合作,全球性的问题才有解决的可能,才能使得世界和谐地发展。西方学者马克·阿姆斯特茨(Mark R. Amstutz)认为,国际合作有三个特点:①以国家为行为主体的行为是自愿的;②对共同目标的认同与承诺;③通过合作使参与者彼此受益①。

比如,在 19 世纪西方工业化带来物质文明的同时,也带来了对人类社会的负面效应,其最大的伤害莫过于人类生态环境的破坏、人生价值目标的错位和人文精神的失落。在短短的 100 多年里,地球上的森林减少了一半,森林覆盖率如今仅为 22%;生物物种随着生态系统在自然或人为干扰下偏离自然状态,并成千上万地减少;清洁的淡水和新鲜的空气变得稀缺;由于植被的破坏,大片土地正在被沙漠吞噬;过量的放牧造成大片的牧场退化以及地下矿藏濒临枯竭的危险;等等。中东伊斯兰国家的一些地区在 21 世纪将出现水危机。与环境并存的另一大问题是人口问题,人口增长是环境破坏的重要因素。地球上的人口在两个多世纪中增加将近 10 倍。1800 年,世界人口大约只有 10 亿,到 2050 年,全世界人口将达到 75 亿至 105 亿,而地球最大的承受能力是养活 100 亿人口。然而,人口增长又呈现出一种怪现象,越是贫穷的地区,人口增长率越高,对环境的压力就越大,环境破坏得越厉害,经济发展就越困难。上述情形表明,第二次世界大战以来,环境、生态、人口、能源、资源等全球性问题日趋尖锐化,以工具理性为基础的西方科学主义日益暴露出自身的局限性和片面性,这就需要通过国际合作来解决这些问题。

但是,国家之间由于各种历史、文化和地理的原因,产生了不同的价值观理念,因而在进行共同合作时往往难以达成共识:无法对共同目标产生认同。缺少了共同合作,许多国际性的问题就会引

---

① S. D. Krasner, *International Regime*, New York: Cornell University Press, 1983, p. 2.

发冲突，甚至战争，那世界也就谈不上和谐发展。人类应通过文化外交促使国与国之间产生以人类共性为主要体现的共同价值观，从而使拥有不同价值观理念的国家能够交流，对共同目标产生认同，促进国际合作，达到世界和谐发展。按照俞新天研究员的国际文化学理论框架，其最终是通过思想观念的体系认同产生制度文化，从而对世界政治和经济产生影响的。那么通过文化外交产生共同价值观就是产生制度文化的基础，国际合作与世界和谐发展就是对世界产生的影响。

不同文化的人们之间"和谐相处"是理想的完美世界，它保证了生活变化的平等，但是如果其中没有包含自由，它也是不完全的。赫勒说，只有具备自由进入和退出（自然的或选择的）各个文化的条件，才能合作。如果不具备……当与某一身份认同牢固地拴在一起是种需要时，个人呈现的多种身份认同的自由就会减少[1]。和谐世界应该包括三个方面的主要内容：①世界各国和地区共同发展与繁荣。通过促进全球合作达到普遍发展，特别要推动广大发展中国家加快发展，使21世纪真正成为各个国家享有发展的世纪。随着经济全球化的不断深入，世界各国利益相互交织、命运彼此依存。各国在发展时不仅要考虑自己的经济发展，而且要考虑自身经济发展与他国的关系，只有如此才能争取共同发展与繁荣。②各个国家之间应该相互包容。在共同发展的过程中，各国必须求同存异，以一种包容精神尊重其他国家不同的社会制度和发展模式。当今世界是一个多种文化共存的世界，正是这种差别与多样性才使我们的世界变得生机勃勃。我们对这些差别应该持开放、包容的态度，尊重不同的文明和价值观，尊重各国选择社会制度和发展模式的自主权，推动不同文明友好相处、平等对话、发展繁荣，共同构建一个和谐世界。③维护世界的永久和平。就是不仅要消灭战争，而且要求用和平与合作的方式，通过国际合作解决国际争端或冲突，达到共同安

---

[1] A. Heller, "The Many Faces of Multiculturalism", in R. Baubock, A. Heller and A. Zolberg (eds.), *The Challenge of Diversity*, Aldershot, Avebury, 1999.

全。这样才能建立防范和解决传统与非传统安全威胁的国际安全新体系,从而加强国家间的对话与合作。世界和平是人类社会发展和进步的必要条件,是人类共同追求的目标,人类只有生活在和平的环境里,才能实现经济社会的发展,追求幸福生活,创造灿烂文明,没有和平,就没有和谐世界。要构建和谐世界就必须建立共同安全观,减少安全困境出现的可能性,从而维护世界的和平。显然,和谐世界理念要解决的就是人类社会发展共同面临的突出矛盾和问题。

三 积极开展文化外交对中国对外交往的重要意义

文化包含文化传统、价值取向、伦理道德观念、宗教信仰、艺术观念和民族风俗等方面。文化是一国凝聚和激励国民的重要力量,是综合国力的一个重要分力。在信息全球化的今天,一国文化力的建设必须置于全球背景下加以考虑,因为国际社会中的文化交流与合作,冲突与碰撞是如此直接,如此频繁,无论哪个国家都不可能关起国门增强文化力。一国如何在开发中积极促进国际沟通,加强同世界多样文化的交流与融合,同时又要保持本民族的文化特色,加强国民对本土文化的认同感,防止本土文化的变异,是每一个主权国家都要解决的复杂问题①。自由主义者约瑟夫·纳强调制度与文化对大国转变的意义,他证明,"硬"权力的重要性下降,"软"权力的重要性上升。"硬"权力依赖有形的资源、军事或经济的威胁恐吓,直接影响他国行为;"软"权力依赖无形资源,包括文化、意识形态、制度,形成势所必然,间接同化他国的行为②。2000多年前

---

① 刘继南、周积华、段鹏:《国际传播与国家形象——国际关系的新视角》,北京广播学院出版社,2002,第107页。
② Joseph Nye, Bound to Lead: The Changing Nature of American Power, New York, Basic Books, 1990。转引自上海社会科学院信息研究所、上海市社会科学规划办公室编《国外社会科学前沿1998》,上海社会科学院出版社,1999,第3~4页。俞新天:《美国国际关系理论的文化研究》,载《国外社会科学前沿1998》,上海社会科学院出版社,1999,第3~4页。

中国最早的兵书《孙子兵法》指出,"兵者,国之大事","要经之以五事"(指道、天、地、将、法)。意为战争,是国家的大事,决定战争胜负的主要有五种因素——"道"即政治;"天"即天时;"地"即地利;"将"即将帅;"法"即法制。孙武提出"不战而胜,是为上策",意为不经交战就使敌人屈服,才是好中之好的最佳战略目的。也就是说,战争的胜利并非仅仅依仗武力,最理想的是依靠武力之外的各种国家力量获胜。这些都是古代朴素的综合国力思想。在西方,公元前400多年,古希腊伯罗奔尼撒战争期间也曾提出战争的胜利依赖于政治、经济、精神等条件[①]。美国国际关系专家福山把国际政治理论分为"硬权力"和"软权力"。硬权力指的是军事、经济等物质杠杆,是通过经济胡萝卜或军事大棒威逼利诱别人去干他们不想干的事情。软权力指的是意识形态、文化和道德诉求,是通过精神和道德诱惑他们去干想干的事情。软权力是说服别人相信和同意某些行为准则、价值观念和政治制度,以促使他们产生预期的行为。软权力依靠的是文化、传播的强大力量[②]。

文化外交作为实现软权力的一种方式,在当今国际社会得到越来越多的重视,国内外许多学者都将文化外交作为公共外交的一个重要内容进行探讨,而政府也在公共外交实践中将文化外交作为一个重要项目去履行。同时文化外交/公共外交是国家软权力的重要体现,在当代国家社会中扮演着越来越重要的角色。通过文化外交来体现国家的软权力,可以更好地改善国家形象,相互间更好地理解各自文化和价值观,从而更好地改善国家间关系,为开展国际合作打下良好基础。

中国开展文化外交是基于平等的对外政策与和谐世界的基本理念,这是我国不同于美国文化外交之处。尽管如此,美国在中东伊

[①] 刘继南、周积华、段鹏:《国际传播与国家形象——国际关系的新视角》,北京广播学院出版社,2002,第81~82页。
[②] 刘继南、周积华、段鹏:《国际传播与国家形象——国际关系的新视角》,北京广播学院出版社,2002,第280页。

斯兰国家的文化外交以及文化外交在国际文化关系中的作用给中国也带来许多启示，即加强文化外交的重要性。正如上文所提到的，前国家主席江泽民在美国哈佛大学演讲的时候指出："相互了解，是发展国与国关系的前提。惟有相互了解，才能增进信任、加强合作。"① 而相互了解的一个很重要途径就是开展文化交流、进行相互对话。中东伊斯兰国家无论是在国际经济、国际政治，还是在国际能源方面都起着举足轻重的作用。中国与中东伊斯兰国家关系的进一步深化对于中国的发展具有重要的战略意义。美国在中东伊斯兰国家实施硬实力的基础上，加强了软实力在中东伊斯兰国家的渗透。

对于中国来说，一方面，应该认识到文化外交作为软实力的重要性。第一，文化外交有助于提高中国的国家形象。美国在中东伊斯兰国家实施文化外交的首要目的就是促进相互理解、改善美国的国家形象。①中东伊斯兰国家仍然处于世界动荡的地区。中国首先应该了解该地区的局势。正如中国社会科学院西亚非洲所殷罡研究员所认为的："对于中东地区的局势，不妨更多地从文化角度、文明冲突的角度来考虑，分析清楚中东到底有哪些力量在发挥作用，其根本利益是什么，区别出内因和外因的作用，这样我们才会有新的思路来理解和应对这场变局。"② 文化外交不妨是一个很好的途径来理解中东伊斯兰国家。②就中国当前情况而言。中国随着现代化的发展，经济实力逐渐变得强大，这也使得各种丑化、扭曲中国形象的论调破茧而出，如"中国威胁论"、"中国崩溃论"等。此外，在西方的媒体、文学影视作品中经常出现丑化中国人、扭曲中国文化、污蔑中国政府的报道或情节，这使得一些无法获得第一手中国信息的国外人士对中国的国家形象难以形成客观的认识，也使得中国的国际地位和威望难以在世界中提升。文化外交通过各种交流项目让其他国家了解中国、理解中国，是一个很好的改善中国国家形象的

---

① 江泽民：《增进相互了解，加强友好合作》，载《江泽民文选》，2006，第58页。
② 殷罡：《从文化角度理解中东变局》，《世界知识》2012年第1期。

途径。在交流的过程中，项目参与者学习中国的文化、了解中国的历史，从而理解中国的文化价值理念。第二，文化外交有助于中国"和谐发展"理念的传播。中国和谐发展的思想来源于中庸、中和、尚中的思想。子思说道："中也者，天下之大本也。和也者，天下之达道也。"[1] 从周恩来总理的"侵略者总以失败而告终"，到毛泽东主席的"背负青天朝下看、争天下永久之和平"，再到胡锦涛主席的"构建和谐社会"，无不体现出中国的"和谐发展"理念。"和谐发展"的本质就是国与国之间关系融洽、互助合作，从而共同发展，满足国家利益的同时，促进了国际利益的实现。中国通过实施文化外交，可以找到与其他国家的共同价值观，可以与其他国家开展国际合作来解决人类面临的全球问题。在这一过程中，中国了解了其他国家的文化价值观理念，同时也让其他国家了解了中国的"和谐发展"理念。

另一方面，应明确如何实施文化外交来加强软实力建设。中国政府近些年也意识到文化外交的重要性，相继开办孔子学院，举行"文化年"、"文化月"和"文化周"等与世界各国进行文化互动的活动，传播中国的文化和价值理念。这两项活动在世界上引起了强烈反响。孔子学院自 2004 年开办以来，截止到 2011 年 8 月，已有 353 所孔子学院和 473 个孔子课堂，分布在 104 个国家或地区[2]。这些孔子学院和孔子课堂已成为其他国家了解中国文化的平台，成为中国和其他国家加强联系、促进相互理解的桥梁。"文化年"、"文化月"和"文化周"也是中国文化外交的一大特色，至今，中国已成功举办了中法文化年、中俄文化年、科威特文化周、埃及文化年、土耳其文化年等等。"文化年"、"文化月"和"文化周"涉及诸多项目，涵盖了教育、民族、宗教、艺术等各个领域。"文化年"、"文化月"和"文化周"，进一步深化了两个国家的交流，加深了理解。中东伊斯兰国家处在世界热点地区，在许多中国人看来，该地

---

[1] 《四书》，中国文史出版社，2003，第 31 页。
[2] 国家汉办网，http://www.hanban.edu.cn/hb/node_7446.htm，2012 年 12 月 23 日。

区充满战乱与冲突。事实上,中国与伊斯兰世界的友好交往,源远流长,最早可追溯到唐代(其实早在伊斯兰文明兴起之前的汉代,中国的张骞就出使过西域),举世闻名的"丝绸之路"、"郑和下西洋"、"万隆会议"等都是双方交往史上的佳话。今天,在全球化背景下,在建立国际政治经济新秩序,实现国际关系的民主化方面,双方能够互相理解与支持,共识越来越多。这为伊斯兰文明与中华文明的进一步交往创造了有利条件。2004 年 1 月,胡锦涛主席访问了位于埃及开罗的阿拉伯国家联盟总部(League of Arab States),从此中阿合作论坛也正式开始,该论坛促进了中国与中东伊斯兰国家开展文化外交、扩大了文化交流。但是中国在中东伊斯兰国家所建立的孔子学院还为数不多。在 22 个中东伊斯兰国家中,只有埃及、伊朗、约旦、土耳其等 9 个国家设立了孔子学院或孔子课堂。这其中的原因有很多,例如,这些国家的人们学习汉语的初衷、文化的戒备心理、对孔子学院政府背景的怀疑等等。诚然,伊斯兰文明与中华文明之间存在差异,甚至某些方面差异比较大,这是毋庸置疑的。如中华文明强调入世、强调建功立业,而伊斯兰文明主张出世与入世结合;中华文明注重现实、淡漠来世,伊斯兰文明讲究"两世兼顾"、"两世吉庆";中华文明属宗教多元化、多神崇拜并存,而伊斯兰文明强调"认主独一"、"唯主独拜";等等。二者各有侧重,在有许多共性的同时,又表现出差异性。当然,文明之间没有交汇点,无法沟通,也就失去了交往的基础和条件;文明之间没有差异,无法互补,也就失去了交往的动力和意义。这是矛盾的对立统一规律在文明交往领域的反映。世界是多样性与统一性的结合,多样性中包含着统一性,统一性寓于多样性之中,客观世界既是丰富多彩的,又是内在统一的。亚里士多德曾说过:"所有的东西都或者是相反者,或者是由相反者构成的,而'一'和'多'乃是一切相反者的起点。"[1] 只讲

---

[1] 北京大学哲学系外国哲学史教研室编译《古希腊罗马哲学》,商务印书馆,1982,第 239~240 页。

"一"而不讲"多",就否定了世界的丰富性和多样性;只讲"多"而不讲"一",就否定了世界的普遍性和统一性。辩证法大师黑格尔既提出了事物的同一性原则,又强调事物本身包含着差别,凡物莫不本质上不同,差别就是矛盾,矛盾是推动整个世界的原则。求同存异是一种哲学思维;存异求同也是一种哲学思维①。求同存异是在追求"同"的过程中承认差异,承认多样性;而存异求同是在承认多样性的前提下,寻找共同点。"和谐"不一定非要以"相同"为前提条件,只有不同"音符"的有机结合才能演奏出美妙的"交响乐"——"和而不同"才是文明交往的至高境界。

因此,中国文化与中东伊斯兰国家文化是有相通性的。正如阿联酋副总理穆罕默德·本·拉希德(Mohammed Bin Rashid)曾说的:"中国和阿拉伯的文化中都有着谦逊。"② 这种相通性为二者之间加强合作关系奠定了基础。此外,加强艺术交流项目的建设方面。在中东伊斯兰国家,美国音乐和影视作品的影响力是有目共睹的。随着"韩流"的风暴,韩国的影视作品也逐渐在中东伊斯兰国家广泛播映,受到民众的喜爱。但是,中国的影视作品在中东伊斯兰国家还很鲜见。在音乐舞蹈和视觉艺术方面,中国应该加强和中东伊斯兰国家民众的交流。近些年,中国的杂技团、艺术团和歌舞团等团体已经开始在中东伊斯兰的一些国家进行交流,比如阿联酋、利比亚、土耳其、埃及、阿曼和科威特等国家。这是一个很好的开始,应该继续扩大规模,通过影视作品、音乐舞蹈和视觉艺术等传递中国的文化价值观。最后是大众传播项目。出版物和互联网是大众传播项目的重要途径。在中东伊斯兰国家的图书馆和书店中,有关中国的书籍还不是很多。这就要求加强中文书籍阿语、土耳其语和波斯语等语言的翻译工作。通过加强书籍的翻译并出口到中东伊斯兰国家,这些国家的人们才有机会深入地了解中国文化、理解中国文

---

① 参见〔德〕黑格尔《小逻辑》,贺麟译,商务印书馆,1980,第251~259页。
② 黄培绍等:《外媒热议温家宝访问海湾三国》,《环球时报》2012年1月20日,第3版。

化价值观。青年人都热衷的互联网也是另一个了解其他文化的窗口。加之青年人居多是中东伊斯兰国家人口的一个典型特征。因此,加强有关介绍中国文化的阿语、土耳其语和波斯语网站的建设,使得更多的中东伊斯兰国家的年轻人通过互联网了解中国是一项非常有意义的活动。从以上可以看出,我国已经通过开办孔子学院、举办"文化年/月/周"、加强艺术交流项目建设,以及积极进行大众传播项目开始了与中东伊斯兰国家的文化交流活动。但是这些交流活动更多承载的还是中国的传统文化。正如中国社会科学院西亚非洲所贺文萍研究员所认为的:"更重要的是,和博大精深的传统文化相比,我们还应在发展和丰富我们当今的大众与流行文化上多投资、多努力。目前,国际上对中国文化的认知,以及我们自身目前对中国文化的挖掘仍更多地停留在古代传统文化方面,真正为人熟知的现代文化并不多。"[1]因此我们还应该在内容上有所更新与重视。

总之,在文化交流中,通过讲述与倾听可以了解"他人",也可以让"他人"了解自己,这样无论是国家形象的提高还是"和谐发展"理念的传播都会在这一过程中潜移默化地发展。中国作为国际文化关系中的一分子,通过文化外交的实施一定会在寻找共同价值观、促进国际合作、达到世界和谐的过程中做出自己的贡献。因此,积极开展文化外交乃是中国对外交往的必然选择,从根本上符合构建和谐世界的基本理念。"和谐世界"的外交理念,充分体现了中国人民愿与世界各国共同建设和平世界的美好愿望,也标志着中国全球战略的进一步完善,成为今后中国外交的基本战略。我们在构建当前的文化外交战略时必须服从这一外交理念,推动实施"引进来"和"走出去"相结合的对外开放战略。

---

[1] 贺文萍:《推到高墙:论中非关系中的软实力建设》,《西亚非洲》2009 年第 7 期。

参考文献

〔埃及〕艾哈迈德·爱敏:《阿拉伯—伊斯兰文化史》(第一册),纳忠译,商务印书馆,1982。

〔德〕黑格尔:《小逻辑》,贺麟译,商务印书馆,1980。

〔德〕尤尔根·哈贝马斯、米夏埃尔·哈勒:《作为未来的过去——与著名哲学家哈贝马斯对话》,章国锋译,浙江人民出版社,2001。

〔德〕尤尔根·哈贝马斯:《从感性印象到象征表现》,法兰克福苏尔坎普出版社,1997。

〔法〕路易斯·多洛:《国际文化关系》,孙恒译,上海人民出版社,1987。

〔美〕布拉德福德·德隆:《转变中东经济的战争才刚刚开始》,袁奇译,《商务周刊》2003年第13期。

〔美〕布热津斯基:《美国不会失败,也不会被取代》,《参考消息》2012年9月10日。

〔美〕富兰克·宁柯维奇:《美国对外文化关系的历史轨迹[续]》,钱存学编译,《编译参考》1991年第8期。

〔美〕杰里尔·罗塞蒂:《美国对外政策的政治学》,周启朋等译,世界知识出版社,1997。

〔美〕理查德·尼克松:《1999,不战而胜》,谭朝洁等译,中国人民公安大学出版社,1988。

〔美〕理查德·尼克松:《真正的和平》,钟伟云译,新华出版社,1985。

〔美〕路易斯·戴蒙德、约翰·麦克唐纳：《多轨外交——通向和平的多体系途径》，李永辉等译，北京大学出版社，2006。

〔美〕马尔考尔姆·瓦特斯：《全球化》，徐伟杰译，弘智文化事业有限公司，2002。

〔美〕穆罕默德·阿尤布：《重新审视"文明的冲突"》，《参考消息》2012年8月14日。

〔美〕约瑟夫·奈：《硬权力和软权力》，门洪华译，北京大学出版社，2005。

〔美〕富兰克·宁柯维奇：《美国对外文化关系的历史轨迹》，《编译参考》1991年第8期。

〔美〕霍伊特·佩维斯：《J. 威廉·富布赖特：来自美国小镇的国际理解倡导者》，《交流》2004年冬季刊。

〔美〕休·迈尔斯：《意见与异见：半岛电视台的崛起》，黎瑞刚等译，学林出版社，2006。

《阿拉伯国家民众抗议诋毁伊斯兰教先知的美国影片》，中国新华网，http：//news. xinhuanet. com/2012 - 09/14/c_123713619. htm。

《阿拉伯人的挫败感在爆发》，中国日报网站，http：//www. chinadaily. com. cn/micro - reading/dzh/2012 - 09 - 26/content_7113604. html。

《古兰经》，马坚译，社会科学文献出版社，1981。

《美反伊斯兰电影导演知大使遇害，躲起怕遇不测》，中国新华网，http：//news. xinhuanet. com/world/2012 - 09/13/c_123708636. htm。

《美军在阿死亡人数达两千》，《参考消息》2012年8月23日。

《纽约文化节上穆斯林展文明》，"伊斯兰之光"网站，http：//www. norislam. com/？viewnews - 7455。

《四书》，中国文史出版社，2003。

《中东北非百姓深受动荡之苦》，《环球时报》2011年3月3日。

车效梅：《中东中世纪城市的产生、发展与嬗变》，中国社会科学出版社，2004。

陈广元:《伊斯兰文化与社会和谐》,《中国宗教》2011年第3期。

陈卉、陈洁菲:《从美国的文化外交看其文化扩张》,《历史教学》2008年第10期。

陈建民:《当代中东》,北京大学出版社,2002。

陈乐民、周荣耀:《西方外交思想史》,中国社会科学出版社,1995。

陈敏华:《文化误读与文化碰撞——再析西方文明与伊斯兰文明的社会互动》,《国际观察》2009年第4期。

陈双庆:《叙利亚动荡政局及其走势》,《国际资料信息》2011年第6期。

陈一鸣等:《美众议院通过6000亿军费拨款》,《环球时报》2012年7月21日。

陈一鸣等:《反美潮在伊斯兰世界蔓延》,《环球时报》2012年9月15日。

陈玉聃:《音乐的国际关系学:国际关系研究的一个文化视角》,《外交评论》2011年第3期。

陈志敏、肖佳灵、赵可金:《当代外交学》,北京大学出版社,2008。

从日云:《当代世界的民主化浪潮》,天津人民出版社,1999。

东方晓:《北非中东政治变局原因初探》,《现代国际关系》2011年第3期。

东方晓:《伊斯兰与冷战后的世界》,社会科学文献出版社,1999。

方立:《美国对外文化交流中的政治因素》,《高校理论战线》1994年第3、4期。

高祖贵:《冷战后美国的中东政策》,中共中央党校出版社,2001。

国家汉办网,http://www.hanban.edu.cn/hb/node_7446.htm。

韩召颖:《输出美国:美国新闻署与美国公众外交》,天津人民出版社,2000。

贺文萍:《推到高墙:论中非关系中的软实力建设》,《西亚非洲》2009年第7期。

洪育沂：《拉美国际关系史纲》，外语教学与研究出版社，1996。

胡文涛：《美国私人基金会参与文化外交的历程与动因》，《世界历史》2008年第6期。

胡文涛：《美国文化外交及其在中国的运用》，世界知识出版社，2008。

黄培绍等：《外媒热议温家宝访问海湾三国》，《环球时报》2012年1月20日。

黄培昭、刘睿、孙健、王恬：《美国吞咽中东政策苦果》，《人民日报》2012年9月15日。

黄培昭等：《中东为低龄化伤脑筋》，《环球时报》2011年3月7日。

计秋枫、冯梁：《英国文化与外交》，世界知识出版社，2002。

简涛洁：《霸权文化与文化威胁——美国文化外交及其对中国和世界的影响》，《太平洋学报》2011年第6期。

江泽民：《增进相互了解，加强友好合作》，载《江泽民文选》，2006，第58页。

李春辉：《拉丁美洲史稿》（上册），商务印书馆，1983。

李绍先：《伊拉克战争遗患无穷》，《现代国际关系》2007年第5期。

李寿源：《国际关系与中国外交》，北京广播学院出版社，2001。

李妍：《9·11后美国对伊斯兰世界文化外交评析》，硕士学位论文，天津师范大学，2009。

李智：《论文化外交对国家国际威望树立的作用》，《学术探索》2004年第10期。

李智：《试论文化外交》，《外交学院学报》2003年第1期。

李智：《文化外交：一种传播学的解读》，北京大学出版社，2005。

李忠杰：《中国文化外交研究》，博士学位论文，中共中央党校，2006。

联合国教科文组织：《世界文化报告——文化的多样性、冲突与多元共存》，北京大学出版社，2002。

联合早报网，http://www.zaobao.com/wencui/2011/03/hongkong110318m.shtml。

刘继南、周积华、段鹏：《国际传播与国家形象——国际关系的新视角》，北京广播学院出版社，2002。

刘景：《早期中美文化外交中美国传教士的角色探析》，《考试周刊》2010年第40期。

刘靖华、东方晓：《现代政治与伊斯兰教》，社会科学文献出版社，2000。

刘明霞：《试论战后日本文化外交》，硕士学位论文，华东师范大学研究生，2009。

刘睿等：《西方对穆尔西将信将疑》，《环球时报》2012年6月26日。

刘小燕：《国家对外传播载体的另一视角：宗教文化外交》，《现代传播》2010年第1期。

刘勇：《日本对中国的文化外交》，《特区经济》，2009。

刘元培：《阿拉伯国家爆发卫视大战》，国际在线网，http://gb.cri.cn/27824/2009/03/25/3245s2467174.htm。

鲁毅等：《外交学概论》，世界知识出版社，2004。

路红霞：《论冷战早期美国对苏联的文化外交》，硕士学位论文，陕西师范大学，2010。

马坚译：《古兰经》（卷二），中国社会科学出版社，1981。

马明良：《伊斯兰文明的历史轨迹与现实走向》，中国社会科学出版社，2012。

孟亮：《大国策——通向大国之路的软实力》，人民日报出版社，2008。

孟晓驷：《锦上添花："文化外交"的使命》，《人民日报》2005年11月11日。

倪世雄等：《当代西方国际关系理论》，复旦大学出版社，2001。

彭姝祎：《试论法国的文化外交》，《欧洲研究》2009 年第 4 期。

彭树智主编《中东史》，人民出版社，2010。

彭新良：《外交学研究中的一个新领域——关于文化外交的几点思考》，《宁波大学学报》（人文科学版）2006 年第 4 期。

彭新良：《文化外交与中国的软实力——一种全球化的视角》，外交教学与研究出版社，2009。

乔旋：《从文化外交战略看中国国家形象的构建》，《改革与开发》2010 年 3 月。

秦惠彬：《伊斯兰的历程》，上海文艺出版社，2008。

秦惠彬：《伊斯兰文明》，中国社会科学出版社，1999。

邵峰：《美国"大中东计划"的实质和发展前景》，《亚非纵横》2004 年第 4 期。

沈逸：《对突尼斯和埃及局势的深度解读》，《学习月刊》2011 年第 3 期。

宋新宁、陈岳：《国际政治学概论》，中国人民大学出版社，1999。

孙红霞、李爱华：《文化外交的独特价值》，《山大师范大学学报》（人文社会科学版）2007 年第 1 期。

孙晶：《文化霸权理论研究》，社会科学文献出版社，2004。

孙艳晓：《文化外交的过程与成效评估——及对中国文化外交战略的思考》，《南方论坛》2010 年第 8 期。

檀有志：《美国对华公共外交战略》，时事出版社，2011。

王冲：《和美国副国务卿谈公共外交》，大公网，http://www.takungpao.com/mainland/content/2012-06/27/content_575794.htm。

王京烈：《动荡中东多视角分析》，世界知识出版社，1996。

王京烈：《美国中东政策的演变与发展》，《西亚非洲》1993 年第 4 期。

王京烈：《整体考察美国的中东政策》，《阿拉伯世界研究》2007 年第 6 期。

王联：《中东政治与社会》，北京大学出版社，2009。

王林聪:《民主化还是美国化——解析美国对中东地区的政治整合与"民主改造"》,《世界经济与政治》2004 年第 9 期。

王林聪:《中东国家民主化问题研究》,中国社会科学出版社,2007。

王荣英:《美国文化输出与我国文化外交战略》,《求索》2008 年第 3 期。

王彤:《当代中东政治制度》,中国社会科学出版社,2005。

王晓德:《"克里奥化":对全球"美国化"现象的一种解释》,《美国研究》2008 年第 3 期。

王晓德:《对全球"美国化"的一种重新审视》,《学术研究》2006 年第 4 期.

王晓德:《拉丁美洲与美国文化外交的起源》,《拉丁美洲研究》2007 年第 3 期。

王晓德:《美国大众文化的全球扩张及其实质》,《世界经济与政治》2004 年第 4 期。

王晓德:《美国文化与外交》(修订版),天津教育出版社,2008。

王晓德:《美国文化与外交》,世界知识出版社,2000。

吴成良等:《美议员撺掇奥运制服立法》,《环球时报》2012 年 7 月 19 日。

吴友富:《构建中国国家品牌形象》,《光明日报》2006 年 1 月 30 日。

仵胜奇:《布什政府中东公共外交》,世界知识出版社,2010。

肖欢:《国家软实力研究:理论、历史与实践》,军事谊文出版社,2010。

邢悦:《文化如何影响对外政策》,北京大学出版社,2011。

许海山:《美洲历史》,线装书局,2006。

闫坤、张磊:《试论日本文化外交中软权力的应用》,《保定学院学报》2008 年第 2 期。

闫文虎:《美国对中东"民主化"改造战略》,《西亚非洲》

2005 年第 1 期。

杨有孙:《美国文化外交及其在波兰的运用》,《世界历史》2006 年第 4 期。

殷罡:《从文化角度理解中东变局》,《世界知识》2012 年第 1 期。

殷罡:《美国在中东:拔钉子、除隐患、促变革》,《世界知识》2005 年第 6 期。

余惠芬:《文化外交:理论、实践与比较——兼论中国文化外交的独特优势》,硕士学位论文,暨南大学,2009。

余泳:《美国对阿拉伯——伊斯兰世界的传媒外交》,《阿拉伯世界研究》2006 年第 6 期。

俞新天:《国际关系中的文化:类型、作用与命运》,上海社会科学院出版社,2005。

俞新天:《国际认同的危机——从文化的角度看伊拉克战后的国际关系》,《南京大学学报》(哲学、人文科学、社会科学) 2003 年第 4 期。

俞正梁、陈志敏等:《全球化时代的国际关系》,复旦大学出版社,2000。

翟学伟:《人情、面子与权利的再生产——情理社会中的社会交换方式》,《新华文摘》2004 年第 22 期。

张骥、刘艳芳:《论全球化时代国家形象战略与国家利益的实现》,《国际观察》2009 年第 1 期。

张骥、刘中民等:《文化与当代国际政治》,人民出版社,2003。

张士智、赵慧杰:《美国中东关系史》,中国社会科学出版社,1993。

张维真:《从伊斯兰文明的主要特征看回儒对话的前景》,载丁士仁主编《伊斯兰文化》(第二辑),甘肃人民出版社,2009。

张永汀:《中东北非动荡凸显青年问题》,《中国教育报》2011 年 9 月 12 日。

招春袖:《英国构建国际形象的文化外交战略》,《国际新闻界》

2011年第10期。

赵可金:《公共外交的理论与实践》,上海辞书出版社,2007。

赵启正:《公共外交与跨文化交流》,中国人民大学出版社,2011。

赵伟明:《近代伊朗》,上海外语教育出版社,2000。

赵伟明:《中东问题与美国中东政策》,时事出版社,2006。

郑锦扬:《艺术概论》(第二版),高等教育出版社,2007。

郑欣然:《二战时期美国对拉丁美洲的文化外交》,硕士学位论文,河北师范大学,2007。

中国社会科学院世界宗教研究所伊斯兰教研究室:《伊斯兰教文化面面观》,齐鲁出版社,1991。

中国伊斯兰百科全书编委会编《中国伊斯兰百科全书》,四川辞书出版社,1994。

周丹:《美国中东政策的演变》,《国际关系学院学报》2007年第4期。

周永生:《经济外交》,中国青年出版社,2004。

"Council on Foreign Relations: Improving US Public Diplomacy", Editor's preface, *Middle East Quarterly*, 2002.

"International Writing Program Recognized as a Model for Cultural Diplomacy", *US Fed News* (USA), 2010.

2005 Report, U. S. Advisory Commission on Public Diplomacy, Washington, D. C., 2005.

9/11 Commission Report Cites Successes of U. S. international Broadcasting; Calls for increased Funding, Broadcasting Board of Governors, 2004.

A Foreign Affairs Budget for the Future: Fixing the Crisis in Diplomatic Readiness, the American Academy of Diplomacy, 2008.

A New Strategic Direction for U. S. Public Diplomacy in the Arab & Muslim World, Committee on Appropriations House of Advisory Group on Public Diplomacy for the Arab and Muslim World, House of Representatives, Congress, 2003.

Alvin Atkinson & The Sound Merchants in Iraq and Afghanistan, Musical Overtures, http：//exchanges. state. gov/multimedia/musicalovertures/atkinson2. html.

Amr, Hady and P. W. Singer, "Engaging the Muslim World: A Communication Strategy to Win the War of Ideas", *Opportunity 08：a Project of the Brookings Institution*, the Brookings Instsitution, 2007.

Amr Hady, *The need to communicate：How to improve U. S. public diplomacy with the Islamic world*, Washington, D. C. , Saban Center for Middle East Policy at the Brookings Institution, 2004.

Amr, Hady. *Our Relationship With the Islamic World：Why It's Broken and How We Can Fix It*, Center for American Progress, 2004.

Announcement of Re – establishment of the Fulbright Program with Afghanistan in the State Department Treaty Room, U. S. Department of State, 2003.

AnnualReport, United States Advisory Commission on Public Diplomacy, 2002.

Appel Ronit, Assaf Irony, Steven Schmerz and Ayela Ziz, *Cultural Diplomacy：An Important but Neglected Tool in Promoting Israel's Public Image*, Argov Fellows Program in Leadership and Diplomacy, the Interdisciplinary Center Herzliya, Lauder School of Government, Diplomacy and Strategy, 2008.

Arndt Richard T, "Rebuilding America's Cultural Diplomacy", *Foreign Service Journal*, 2006.

Arndt Richard T, *The First Resort of Kings：American Cultural Diplomacy in the Twenty Century*, Dulles：Potomac Books, 2005.

Ayers Margaret C. , *Promoting Public and Private Reinvestment in Cultural Exchange – Based Diplomacy*, Robert Sterling Clark Foundation, N. Y. ：New York, 2010.

Ayer Margaret C. , *Promoting Public and Private Reinvestment in Cultural Exchange – Based Diplomacy*, Robert Sterling Clark Foundation, N. Y. ：

New York, 2010.

Barber Ben, "Group Will Battle Propaganda Abroad", *The Washington Times*, 1999.

Bardos Arthur A., "Public diplomacy: An old art, A New Profession", *Virginia Quarterly Review*, Vol. 77 (3), 2001.

Baritz Loren, *City On a Hill: A History of Ideas and Myths in American*, New York: John Wiley and Sons, 1964.

Barrett, Edward W., *Truth is Our Weapon*, New York: Funk & Wagnalls, 1953.

Bayles, Martha, "Goodwill Hunting", *The Wilson Quarterly*, 2005.

BBC Newsnight, http://www.youtube.com/watch?v=ToCUt4lljpM&feature=player_embedded.

BBG Summary of Resources, Broadcasting Board of Governors, FY 2010 Budget Request.

Beers, Charlotte, *Public Diplomacy Plans for the Future*, 2002.

Bill, James A., Carl Leiden, *The Middle East: Politics and Power*, Boston: Allyn and Bacon, 1974.

Botan, Carl H., Maureen Taylor. "Public Relations: State of the Field", *Journal of Communication*, Vol. 54, 2003.

Bridging the Divide Between the United States and the Muslim World Through Arts and Ideas: Possibilities and Limitations, NYU Center for Dialogues Conference Report, 2009.

Brown John, *America as a Shopping Mall? U. S. Cultural Diplomacy in the Age of Obama*, Vol. II Issue 6, 2010.

Buber Martin, *I and thou*, New York: Macmillan, 1958.

Burns Edward M., *The American Idea of Mission*, Concepts of National Purpose and Destiny, Washington: Rutgers University Press, 1957.

Charney Craig and Nicole Yakatan, *Strategies for a More Fruitful Dialogue with the Muslim World*, Council on Foreign Relations, CSR No.

7, 2005.

Chia Rosina C., Elmer Poe and Karl L. Wuensch, "Attitude Change after Taking a Virtual Global Understanding Course", *International Journal of Human and Social Sciences* 4, No. 2, 2009.

Chief Seattle's Speech, http://en.wikipedia.org/wiki/Chief_Seattle.

Cohen Jon and Jennifer Agiesta, "Most in Poll Back Outreach to Muslims", *Washington Post*, 2009.

Common Concerns About Islamic Extremism, Pew Research Center, 2011, http://www.pewglobal.org/2011/07/21/muslim-western-tensions-persist/.

Confidence in Obama Lifts U. S. Image Around, Pew Research Center, 2009.

Constant Linda, "The Foundation of Movement: Cultural Diplomacy", *Huffington Post*, 2010.

Cook Stephen, "Hearts, Minds and Hearings", *New York Times*, 2004.

Coombs Philip H, *The Fourth Dimension of Foreign Policy: Educational and Cultural Affairs*, New York: Harper and Row, 1964.

Cordesman Anthony H, "Winning the 'War on Terrorism': A Fundamentally Different Strategy", *Middle East Policy*, Vol. 13, No. 3, 2006.

Cull Nicholas J, *The Cold War and the United States Information Agency: American Propaganda and Public Diplomacy, 1945-1989*, Cambridge: Cambridge University Press, 2008.

Cull Nicholas J, "Public Diplomacy: Seven Lessons for Its Future from Its Past", *Place Branding and Public Diplomacy*, Vol. 6, February 2010.

Cultural Diplomacy and Culture in a Changing World, Cultural Diplomacy Conference Report, an International Forum, London, 2009.

Cultural Diplomacy and The National Interests, Arts Industries Policy Forum, the Curb Center for Arts, Enterprise, and Public Policy at Vanderbilt, 2005.

Cultural Diplomacy Outlook Report, Institute for Cultural Diplomacy, the web of Institute of Cultural Diplomacy, www. culturaldiplomacy. org.

Cultural Diplomacy: the Linchpin of Public Diplomacy, U. S. Department of State Bureau of Education and Cultural Affairs, http: //www. state. gov/documents/organization/54374. pdf.

Culture Diplomacy and theUnited States Government: A Survey, Woodrow Wilson School, Prinction University.

Culture's Purpose and the Work of Cultural Diplomacy, website of American University, http: //www. american. edu/sis/ic/International - Communications. cfm.

Cummings Milton C. , *Cultural Diplomacy and the United States Government*, Cultural Diplomacy Research Series, Center for Arts and Culture, 2003.

Cummings Milton. , *Cultural Diplomacy and the United States Government: A Survey*, Washington, D. C. , Center for Arts and Culture, 2003

Curtis Lisa A. , "America's Image Abroad: Room for Improvement", *Heritage Lectures*, No. 1027, 2007.

Davison Roderic H, "Where is theMiddle East?" *Foreign Affairs*, Vol. 38 (4), 1960.

Desai Vishakha N. , Karen Brooks Hopkins and Mustapha Tlili, *Cultural Diploamcy——The Arts can Help America Learn More about Muslims*, PA: Pittsburgh Post - Gazette, 2009.

Detailed development of actions relating to the Near East, Operations Coordinating Board, Washington, D. C. , Author, 1955.

Dhillon Navtej Laurence Chandy and Geoffrey Gertz, *Change We Can Believe in? The Muslim World, America and Obama's Promise*, Wolfensohn Center for Development, 2009.

Digital Outreach Team, Bureau of International Information Programs, U. S. Department of State, 2009.

Djerejian Edward P. , *Changing Minds Winning Peace: A New Strategic*

Direction for US Public Diplomacy in the Arab and Muslim World. Report of the Advisory Group on Public Diplomacy for the Arab and Muslim World, submitted to the Committee on Appropriations, US House of Representatives, 2003.

Duffey Joseph, "Interview with The Journal of Arts Management", *Law & Society*, 1999.

Dutta – Bergman Mohan J., "U. S. Public Diplomacy in the Middle East: A Critical Cultural Approach", *Journal of Communication Inquiry*, 2006.

Eelameya, Asifat Al Saharaa Al, "Media Dessert Storm", *Nisf El Dunnia magazine*, Issue 254, 2002.

Emar Dar, *Project Etana*, http://www.daremar.org/Publishing/etana.htm.

Embassy of theUnited States, London, UK, Public Affairs Section, http://www.usembassy.org.uk/ukpa_irc.html.

Espinosa J. Manuel, *Inter – American Beginnings of U. S Cultural Diplomacy*, 1936 – 1948, Washington, D. C.: Department of State Publication, 1976.

Evaluation of the School Connectivity Program (SCP) and the Building Respect through Internet Dialogue and Global Education Program (BRIDGE), Washington, D. C., Aguirre Division of JBS International, Inc. 2007.

Evaluation of the Youth Exchange and Study Program, InterMedia, 2009.

Executive BudgetSummary, U. S. Department of State, 2010.

Executive Report: An Evaluation of the Jazz Ambassadors Program, AMS Planning & Research Corp., 2006.

Executive Summary, Broadcasting Board of Governors, FY 2009 Budget Request.

Fahmy Nabil, "Engaging the Arab/ Islamic World——Next Steps for US Public Diplomacy" (Speech), Panel Two: Prospects for Sustaining Dialogue and Cooperation Despite Policy Differences. *Public Diplomacy Forum*, 2004.

Fakhreddine Jihad, "U. S public diplomacy in broken Arabic: Evaluating the Shared Values", *Global Media Journal*, Vol. 3 (5), 2003.

Faust Drew Gilpin, "NEH Jefferson Lecturer, From an interview with James Leach", *Humanities*, 2011.

Feigenbaum Harvey B. *Globalization and Cultural Diplomacy*, Center for Arts and Culture, 2002.

Feld Werner J. , *American Foreign Policy: Aspiration and Reality*, New York: John Wiley, 1984.

Finn Helena K. , "The Case for Cultural Diplomacy: Engaging Foreign Audiences", *Foreign Affairs*, 2003.

Finn, Helena Kane, *U. S. Cultural Diplomacy in Turkey*, Council on Foreign Relations, 2002.

Firestein David J, *Culture's Purpose and the Work of Cultural Diplomacy*, School of International Service, American University, 2010.

Fitzpatrick Kathy R. , "U. S. Public Diplomacy", *Vital Speeches of the Day* 70, No. 13, 2004.

Friedman Thomas L. , "Listening to the Future?" *The New York Times*, 2002.

Funk Nathan C. , *Peacemaking between America and the Muslim World: Beginning a New Chapter in US – Islamic Relations?*, CSID 2009 Conference.

Galal Injy, "The History and Future of US Public Diplomacy", *Global Media Journal*, Vol. 4, Issue 7, 2005.

Gedda George, "Radio Sawa: Music as a Tool", *Foreign Service Journal*, 2002.

Gerges Fawaz A. , *America and Political Islam: Clash of Cultures or Clash of Interests?* Cambridge: Cambridge University Press, 1999.

Getting Started, ExchangesConnect, U. S. Department of State, Bureau of Educational and Cultural Affairs, http://connect. state. gov/page/getting – started.

Getting the People Part Right: A Report on the Human Resources

Dimension ofU. S. Public Diplomacy, The United States Advisory Commission on Public Diplomacy, 2008.

Gilboa Eytan, "Diplomacy in the media age: Three Models of Uses and Effects", *Diplomacy and Statecraft*, Vol. 12 (2), 2001.

Green Steven, *New Directions, Culturay Proyeccion Exterior: Nuevos Valores y Estrategias de Accion*, Madrid: Real Instituto Elcano, 2010.

Guang Xia, "Review Essay: Globalization at Odds with Americanization", *Current Sociology*, Vol. 51, No. 6, 2003.

Gutierrez, Robert, Amy Hawthorne, Mary Kirk, and Christopher Powers, *Expanding U. S. Study Abroad in the Arab World: Challenges and Opportunities*, New York: Institute of International Education, 2009.

Hansen Allen C, *USIA: Public Diplomacy in the Computer Age*, Westport CT: Praeger Publisher, 1984.

Harrison Reviews Public Diplomacy Focused on Arab, Muslim Outreach, Department of State, 2004.

Harrison Reviews Public Diplomacy Focused on Arab, Muslim Outreach, Department of State, 2004, http://usinfo.state.gov/mena/Archive/2004/Aug/19-981349.html.

Harrison Patricia S., *Statement before the House of International Relations Committee*, US Department of State, 2004.

Heldt Diane, "UI writing program chief seeks cultural diplomacy", *The Gazette*, 2010.

Heller A., "The Many Faces of Multiculturalism", in R. Baubock, A. Heller and A. Zolberg (eds.), *The Challenge of Diversity*, Aldershot, 1999.

Himelfarb Sheldon and Shamil Idriss, *Special Report* 272, the United States Institute of Peace, 2011.

Hopkins Karen, President, Brooklyn Academy of Music, 2009.

http://citylore.org/

http://en.wikipedia.org

http：//hiphopdiplomacy.org/

http：//hungary.usembassy.gov

http：//iwp.uiowa.edu/programs

http：//news.xinhuanet.com

http：//uscpublicdiplomacy.org/

http：//uscpublicdiplomacy.org/index.php/newswire/cpdblog_detail/cultural_diplomacy_and_the_construction_of_trust/

http：//www.american.edu

http：//www.amideast.org

http：//www.bibalex.org/

http：//www.bronxmuseum.org

http：//www.ce.cn

http：//www.chinadaily.com.cn

http：//www.chinanews.com

http：//www.daremar.org

http：//www.ecu.edu

http：//www.gwu.edu

http：//www.hanban.edu.cn

http：//www.hispantv.com

http：//www.kennedy-center.org

http：//www.neh.gov/

http：//www.norislam.com

http：//www.peacecorps.gov

http：//www.pewglobal.org

http：//www.presstv.ir

http：//www.publicdiplomacy.org

http：//www.rotary.org

http：//www.state.gov

http：//www.takungpao.com

http：//www.theprisma.co.uk

http：//www.usembassy.org.uk

http：//www.whitehouse.gov

http：//www.yfuchina.cn/_d274533712.htm

http：//www.youtube.com

Hughes John,"Cultural diplomacy" is key to winning hearts and minds", *Christian Science Monitor*, 2005.

Hunt Michael H., *Ideology and U.S. Foreign Policy*, New Haven: Yale University Press, 1987.

Hurewitz J.C., *Diplomacy in the Near and Middle East (Volume II)*, Princeton: D. Van Nostrand Company, Inc., 1956.

Ibrahim Azeem and Mehmet Celebi, *How to Improve the United States' Image in the Muslim World*, report of Institute for Social Policy and Understanding, 2010.

IIP Snapshot, Bureau of International Information Programs, U.S. Department of State, 2009.

International Public Information (IPI) Presidential Decision Directive PDD-68, 1999.

Iriye Akira, *Cultural Internationalism and World Order*, Baltimore: Johns Hopkins University Press, 1997.

Irwin Gellman, *Good Neighbor Diplomacy: United States Policies in Latin America*, 1933-1945, Baltimore and London: The Johns Hopkins University Press, 1979.

James Beverly,"The Reception of American Popular Culture by Hungarians", *Jounral of Popular Culture*, Vol.29, Issue 2, 1995.

Johannesen Richard L.,"The Emerging Concept of Communication as Dialogu", *Quarterly Journal of Speech*, Vol.57, 1971.

Johnson Stephen and Helle Dale,"How to Reinvigorate U.S. Public Diplomacy", *Heritage Foundation Backgrounder*, No.1645, 2003.

Johnson Stephen C. , *Improving US Public Diplomacy towards the Middle East*. The Heritage Foundation, 2004.

Kanjwal Hafsa, "American Muslims and the Use of Cultural Diplomacy", *The Gound*, 2008.

Keddie Nikki R. , "Is There aMiddle East?" *International journal of Middle East Studies*, Vol. 4, No. 3. 1973.

Koppes C. R. , "Captain Mahan, General Gordon and the Origin of the Term 'Middle East'", *Middle Eastern Studies*, 1976.

Kralev Nicholas, "Cultural Diplomacy Pays Off, Envoys Say", *The Washington Times*, 2004.

Krasner S. D. , *International Regime*, New York: Cornell University Press, 1983.

Lafeber Walter, ed. , *John Quency Adams and American Continental Empire: Letters, Speeches and Papers*, Chicago: Times Book, 1965.

Lee Suman, *A Theoretical Model of National Image Processing and International Public Relations*, Ph. D. dissertation, Syracuse University, 2004.

Leveraging Hip Hop in US foreign policy, http://hiphopdiplomacy.org/tag/cultural-diplomacy/.

Lewytzkyj Maria, "Instead of a tambourine you play a daff? Cultural diplomacy at the table and away from the table", *San Francisco Examiner*, 2009.

Lieven Anatol and John Hulsman, *Ethical Realism: A Vision for America's Role in the World*, New York: Random House, 2006.

Maher Heather, *Islam: Muslim Americans to Improve U. S. Image Abroad*, Radio Free Europe/ Radio Liberty, 2006, http://www.rferl.org/featuresarticle/2006/06/b47f318d-dcef-4b59-ac09-9a9d33a70805.html.

Maleki Abbas, "New Concepts in Cultural Diplomacy", *Iranian Diplomacy*, 2008.

Mandaville Peter, *Transformative Partnerships in U. S. - Muslim World Relations*, the Brookings Project on U. S. Relations with the Islamic

World 2010 U. S - Islamic World Forum Papers, 2010.

Mark Simon A., *Comparative Study of the Cultural Diplomacy of Canada, New Zealand and India*, dissertation of the University of Auckland, 2008.

Matwiczak Kenneth, *Assessing U. S. Public Diplomacy: A Notional Model*, The United States Advisory Commission on Public Diplomacy, 2010.

McMurry Ruth Emily and Muna Lee, *The Cultural Approach*, Chapel Hill: University of North Carolina Press, 1947.

Medalis Christopher, *American Cultural Diplomacy, the Fulbright Program, and U. S. - Hungarian Higher Education Relations in the Twentieth Century*, the dissertation of Columbia University, 2009.

Miller Aaron David, "Winning hearts and minds", *Al - Hayat*, 2005.

Miller Sarah Bryan, *American Voices spreads its brand of cultural diplomacy, Post - Dispatch Classical Music Critic* (Fourth Edition), 2012.

Mitchell J. M., *International Cultural Relations*, London: Allen and Unwin, 1986.

Mulcahy Kevin, "Cultural Diplomacy in the Post - Cold War World", *Journal of Arts Management*, 2003.

Nakamura Kennon H. and Matthew C. Weed, *U. S. Public Diplomacy: Background and Current Issues*, CRS Report for Congress (Congressional Research Service), 2009.

New Fulbright Program Creating Bridges to Islamic Scholars, the web of America - Mideast Education and Training Services, http://www.amideast.org/news - resources/feature - stories/new - fulbright - program - creating - bridges - islamic - scholars.

Ninkovich Frank A., *The Diplomacy of Ideas: U. S. Foreign Policy and Cultural Relations*, 1938 - 1950, Cambirdge: Cambridge University Press, 1981.

Ninkovich Frank A., *U. S. Information Policy and Cultural Diplomacy*, New York: Foreign Policy Association, 1996.

Ninkovich Frank, "The Currents of Cultural Diplomacy: Art and the State Department, 1938 – 1947", *Diplomacy History*, 1997.

Nye Joseph, "Hard Power, Soft Power", *The Boston Globe*, 1999 (6).

Obama More Popular Abroad Than At Home, Global Image of U. S. Continues to Benefit, Pew Research Center, 2010.

Obama More Popular Abroad Than At Home, Global Image of U. S. Continues to Benefit, Pew Research Center, 2010, http://www.pewglobal.org/2010/06/17/obama – more – popular – abroad – than – at – home/.

Obama sends Muslim country singer to Middle East, http://hiphopdiplomacy.org/tag/cultural – diplomacy/.

Office of the Spokesman, *Mrs. Laura Bush Launches "Global Cultural Initiative" to Enhance U. S. Cultural Diplomacy*, Government Press Releases (USA), 2006.

Pattiz Narman J., "Radio Sawa and Alhurra TV: Opening Channels of Mass Communication in theMiddle East", in William Rugh (ed.), *Engaging the Arab and Islamic Worlds through Public Diplomacy*, the Public Diplomacy Council, 2004.

Performance Overview, Broadcasting Board of Governors, FY 2009 Budget Request.

Peterson Peter G., "Public Diplomacy and the War on Terrorism", *Foreign Affairs*, 2002.

Peterson Peter G., *Finding America's voice: A strategy for reinvigorating US public diplomacy*, Report of an Independent Task Force Sponsored by the Council on Foregin Relations, 2003.

Prados Alfred B., *Middle East: Attitudes toward the United Sates*, CRS Report for Congress, 2001.

Press TV, Presstv. ir. 2010 – 09 – 27, http://www.presstv.ir/About.html.

Proposed information program for Iraq, American Embassy in Iraq, 1952.

QU ES HISPANTV, www.hispantv.com, http://www.hispantv.com/About.aspx.

Remarks of the President at the Ceremonies in the Rose Garden in Connection with the 15th Anniversary of the Fulbright Act, Office of the White House Press Secretary, 1961.

Report of the Defense Science Board Task Force on Strategic Communication, Office of the Under Secretary of Defense for Acquisition, Technology, and Logistics, Defense Science Board, 2004.

Revilla Monika, *A New President, a New Era for CD?*, http://www.culturaldiplomacy.org/culturaldiplomacynews/index.php?aid=1182.

Rice Announces New Public Diplomacy Award for Private Sector – Benjamin Franklin Award will honor efforts to boost cultural understanding, Government Press Releases (USA), 2007.

Riding Alan, "Rerun Our Cold War Cultural Diplomacy", *The New York Times*, 2005.

Rising Environmental Concern in 47-Nation Survey, Pew Research Center, 2007.

Ross Christopher, "Public diplomacy comes of age", *The Washington Quarterly*, Vol.25, 2002.

Rugh William, *American Encounters with Arabs*, Westport, CT: Praeger Security International, 2006.

Rugh William, *Engaging the Arab and Islamic World through public diplomacy*, USA: Public Diplomacy Council, George Washington University, 2004.

Rugh William, *Engaging the Arab and Islamic World through public diplomacy*, Public Diplomacy Council, George Washington University, 2004.

Russell Mckinney, *A call for action on public diplomacy*, A Report of the Public Diplomacy Council, 2005.

Saleh Ibrahim, *Using Multimedia to Initiate Cross-cultural Communication*, Digimedia Conference 2005.

Sanner Ann, *U.S. to expand arts and cultural diplomacy efforts worldwide*, Associated Press Archive, 2006.

Schleifer Yigal, "The Young Syrian", *The Jerusalem Report*, 2004.

Schneider Cynthia P., and Kristina Nelson. *Mightier Than the Sword: Arts and Culture in the U. S. – Muslim World Relationship*, the Brookings Project on U. S. Relations with the Islamic World, 2008.

Schneider Cynthia P., "*Cultural Diplomacy: the Humanizing Factor*", *International Cultural Policies and Power*, edited by J. P. Singh, New York: Palgrave Macmillan, 2010.

Schneider Cynthia P., *A New Forward: Encouraging Greater Cultural Engagement with Muslim Communities*, Project on U. S. Relations with the Islam World, 2009.

Schneider Cynthia P., *Diplomacy That Works: "Best Practice" in Cultural Diplomacy*, Center for Arts and Culture, 2003.

Schneider Cynthia, *America Public Diplomacy after the Bush Presidency*, Center for International and Regional Studies, Brief No. 2, 2009.

Schneider Cynthia P., "Empowering Egyptian Women Through Music", *The Huffington Post*, 2012.

Seib Philip, Cultural Diplomacy and the Construction of Trust.

Smyth Rosaleen, "Mapping US public diplomacy in the 21st century", *Australian Journal of International Affairs*, Vol. 55 (3), 2001.

Snow Nancy, "U. S. Public Diplomacy: Its History, Problem, and Promise", *Jowett Reader*, 2005.

Spanish language TV channel in Iran, the website of the prisma, www. theprisma. co. uk.

State Alumni: Online Community, U. S. Department of State, http://fulbright. state. gov/alumni/state – alumni.

State Department Launches Global Cultural Initiative – Laura Bush, State's Hughes cite expansion of arts exchanges, cultural diplomacy, Government Press Releases (USA), 2006.

Stead William T., *The Americanization of the World: The Trend of the*

Twentieth Century, New York and London: Horace Markley, 1901.

Stephens Oren, *Facts to a Candid World: America's Overseas Information Program*, Stanford: Stanford University Press, 1955.

Taneja Nalini, "US Cultural Diplomacy As Imperialist Foreign Policy", *People's Democracy*, Vol. XXX, No. 34, 2006.

Thayer Marc, *Marc Thayer Talks about Cultural Diplomacy*, Cultural Diplomacy in Your Neighborhood and Abroad, St. Louis Arts Roundtable, 2011.

The Ambassador's Fund for Cultural Preservation 2001 *Report*, Bureau of Educational and Cultural Affairs.

The National Security Archive Electronic Briefing Book, No. 177, 2006, http://www.gwu.edu/-nsarchiv/NSAEBB/NSAEBB177/index.htm.

The Opportunity of the Obama Era: Can CivilSociety Help Bridge Divides between the United States and a Diverse Muslim World?, the Institute of Brookings, 2009.

Thuy Tran Le, "When Winning a Fulbright Means Having to Hide Your Face", *In The Fray Magazine*, 2006.

Trescott Jacqueline, "Cultural Diplomacy Gets a New Worldview", *Los Angeles Times*, 2006.

Tutwiler Emphasizes Need to reach Beyond Foreign Elite, Department of State, 2004, http://usinfo.state.gov/xarchivs/display.html?p=washfile-english&y=2004&m=February&x=20040226184958adynned0.4296076&t=xarchives/xarchitem.html.

U. S. Department of State, Office of Private Sector Outreach, http://www.state.gov/r/partnerships/.

U. S. Image Up Slightly, But Still Negative, Pew Research Center, 2005.

U. S. Public Diplomacy: Interagency Coordination Efforts Hampered by the Lack of a National Communication Strategy, GAO-05-323, 2005.

U. S. Public Diplomacy: Interagency Coordination Efforts Hampered by the Lack of a National Communication Strategy, GAO-05-323, 2005.

U. S. Public Diplomacy: *State Department Efforts to Engage Muslim Audiences Lack Certain Communication Elements and Face Significant Challenges*, GAO-06-535, Washington, D. C., 2006.

U. S. Public Diplomacy - Time to Get Back in the Game, Federation of American Scientists: 2010 Congressional Reports, Senate Committee on Foreign Relations, 2009.

U. S. - Funded Radio and Television Make Significant Gains in Middle East Despite Anti - American Sentiments, Broadcasting Board of Governors, 2004.

United States objectives and policies with respect to the Near East. Washington, D. C., Office of the President, 1954.

US Public Diplomacy: *Key Issues for Congressional Oversight*, GAO-09-679SP, Washington, D. C., 2009.

Weinberg Albert, *Manifest Destiny: A Study of Nationalist Expansionism in American History*, Chicago, 1935.

What is Public Diplomacy, United States Information Agency Alumni Association, available from: http://www.publicdiplomacy.org/1.htm, 2005.

White House 2000 Conference on Cultural Diplomacy: Final Report, the Bureau of Educational and Cultural Affairs, Washington, D. C., 2000.

Wieck Randolph, *Ignorance Abroad: American Educational Cultural Foreign Policy and the Office of the Assistant Secretary of State*, Westport: Praeger, 1992.

Winock Michel, *Parlez - moi de la France*, Paris: Plon, 1995.

Wyszomirski Margaret J. and Christopher Burgess, *International Cultural Relations: A Multi - Country Comparison*, Center for Arts and Culture, 2003.

Zaharna R. S., "Public Diplomacy through the Looking Glass: Obama, US Public Diplomacy and the Islamic World," *Symposium on Old and New Media, and the Changing Faces of Islam*, sponsored by Religion, Media and International Studies Project, Syracuse University, 2009.

Zwiebel Michael J., *More Effective Public Diplomacy in the Arab and Muslim World*, master thesis of the U. S. Army War College, 2005.

后 记

本书是我在博士论文的基础上修订而成的。

很久以前我就在思考，美国与中东伊斯兰国家除了战争、石油之外的交往还有哪些。在北京外国语大学召开的"美国中期选举与奥巴马执政前景暨美国的亚洲政策"学术会议上，一位专家在小组讨论中讲到美国在中东地区有许多文化交流活动有待去关注。这便激发了我的兴趣：去探索美国在中东伊斯兰国家的文化外交活动。当把这个想法告知导师张晓东先生时，他非常支持，并在开题之际给予了我诚恳的鼓励。在先生重病期间，他通过面谈、电子邮件等方式对我的选题与思路给予指导与建议。但令人痛惜的是，就在我完成初稿并准备送给先生过目的时候，噩耗从三亚传来，先生不幸离去。面对此情此景，想到先生对我的一次次扶掖，都让我不断进步。屡屡春晖，潺潺清渭，先生的谆谆教诲让我终生难忘。在此，学生谨以本书来表达对先生的感激之情，祝先生在天国一路走好！

先生离去之后，西亚非洲研究所国际关系室主任王林聪研究员，在公务缠身、学术繁重的情况下接替了对我论文指导的工作。王老师从主体结构的安排、框架的设计、观点的阐述以及遣词造句、行文推敲等方面对我进行了热诚而又悉心的指导，提出了许多中肯的修改建议，使我更加明晰了论文的主线和理论观点，有一种豁然开朗、茅塞顿开的感觉。可以说论文的完成深深浸润着王老师不可或缺的倾心点拨与心血付出。感谢王老师对我无私的帮助！如果说文中存在不足与遗憾，只能是学生学力不济、生性愚钝了。

还要感谢参与论文开题、评审以及答辩的各位专家，他们是：中国社会科学院西亚非洲研究所所长杨光研究员、中国社会科学院西亚非洲研究所殷罡研究员、中国社会科学院西亚非洲研究所非洲研究室主任贺文萍研究员、中国社会科学院美国研究所副所长倪峰研究员、中国现代国际关系研究院副院长李绍先研究员、对外经贸大学外语学院院长杨言洪教授、中国现代国际关系研究院原西亚非洲研究所所长李荣研究员、西北大学中东研究所所长黄民兴教授和副所长韩志斌教授。他们睿智的学识和独特的学术眼光使我在思想上受到了启发，所给予的褒奖与鼓励以及中肯的意见让我受益良多，从而也使得本书得以顺利出版。此外，杨光所长对我在生活和学习中的关心与爱护让我非常珍视，他兢兢业业的工作精神与温和谦逊的待人态度给我留下了深刻印象。感谢西亚非洲研究所丁燚老师和樊少华老师的辛勤工作，他们细致入微的帮助使我在研究生院的生活和学习更加顺利地进行！

此外，为完成本作品，我与总部位于德国的文化外交协会（Institute for Cultural Diplomacy）执行主席马克·唐弗瑞德（Mark C. Donfried）、文化外交专家/前美国驻波兰大使/美国乔治城大学教授辛西娅·施耐德（Cynthia P. Schneider）博士、南加州大学公共外交研究中心教授尼古拉斯·卡尔（Nicholas J. Cull）博士，以及美国文化外交项目"韵律之路：美国音乐世界行"的代表乐队"波士顿男孩"发言人保罗·洛（Paul Rockower）等人通过电子邮件取得了联系，感谢他们在与我未曾谋面的情况下，给我提供的很多论文需要的最新资料信息！在本书出版之际，一个好消息传来，我非常荣幸地获得了国家留学基金委的资助，即将前往美国南加州大学师从卡尔教授进行访问学习。相信这将使我的学术研究之路更加任重道远！

感谢与我在一起学习的西亚非洲研究所的师弟师妹们的帮助，与他们一起在北京坐地铁、挤公交去所里上课、听讲座的欢乐时光永远停留在我的脑海之中。

  最后要感谢的是家人。家人是我心灵的港湾、力量的源泉。读博期间，我的父亲母亲、岳父岳母，以及妻子郭晓会承担了烦琐的家务，让我能够专心攻读学业，没有后顾之忧，他们的宽容与期望使我不断产生论文写作所渴求的灵感与激情。最让我欣慰的是，女儿的成长伴随着我的读博岁月。如今，女儿已经四岁了，她给我在学业之外带来了无尽的快乐。祝我的家人健康平安！

郭 威
2013 年 12 月于太原

图书在版编目（CIP）数据

美国在中东伊斯兰国家的文化外交/郭威著 .—北京：
社会科学文献出版社，2014.7
（国际战略研究丛书）
ISBN 978 - 7 - 5097 - 5868 - 7

Ⅰ.①美… Ⅱ.①郭… Ⅲ.①文化交流 - 美国对外
政策 - 研究 - 中东 Ⅳ.①G171.25 ②G137.05

中国版本图书馆 CIP 数据核字（2014）第 067140 号

·国际战略研究丛书·
美国在中东伊斯兰国家的文化外交

著　　者 / 郭　威

出 版 人 / 谢寿光
出 版 者 / 社会科学文献出版社
地　　址 / 北京市西城区北三环中路甲 29 号院 3 号楼华龙大厦
邮政编码 / 100029

责任部门 / 全球与地区问题出版中心　　　责任编辑 / 董晓舒
　　　　　（010）59367004　　　　　　　　　　　　　王玉敏
电子信箱 / bianyibu@ ssap. cn　　　　　　责任校对 / 李文明
项目统筹 / 王玉敏　　　　　　　　　　　　责任印制 / 岳　阳
经　　销 / 社会科学文献出版社市场营销中心（010）59367081　59367089
读者服务 / 读者服务中心（010）59367028

印　　装 / 北京季蜂印刷有限公司
开　　本 / 787mm×1092mm　1/16　　　　印　张 / 21.75
版　　次 / 2014 年 7 月第 1 版　　　　　　字　数 / 302 千字
印　　次 / 2014 年 7 月第 1 次印刷
书　　号 / ISBN 978 - 7 - 5097 - 5868 - 7
定　　价 / 69.00 元

本书如有破损、缺页、装订错误，请与本社读者服务中心联系更换
▲ 版权所有　翻印必究